高等学校公共基础课系列教材

高等数学·习题精选精练

（下册）

杭州电子科技大学数学系　编

西安电子科技大学出版社

内 容 简 介

本书是与同济大学数学系编写的《高等数学(第七版)》(高等教育出版社出版)相配套的同步辅导教材,分上、下两册出版. 书中各章均包括本章内容和学习要求、基础巩固、应用提升、综合拓展及本章自测题五个部分.

本书为下册,内容包括向量代数与空间解析几何、多元函数微分法及其应用、重积分及其应用、曲线积分与曲面积分以及无穷级数. 本书精选了多种类型的习题,并将其归为基础巩固、应用提升和综合拓展三个递进层次,每章末及书末附录中分别编排了本章自测题和期末模拟试卷,旨在加强学生对高等数学基本概念、基本理论及基本方法的理解和认知,提升其综合解题能力.

本书可作为理工类和经管类各专业学生学习"高等数学"课程的同步辅导教材或参加数学竞赛和硕士研究生考试的理想复习资料,也可作为任课教师的教学参考书.

图书在版编目(CIP)数据

高等数学·习题精选精练. 下册 / 杭州电子科技大学
数学系编. —西安:西安电子科技大学出版社,2021.11(2025.6 重印)
ISBN 978 - 7 - 5606 - 6182 - 7

Ⅰ. ① 高…　Ⅱ. ① 杭…　Ⅲ. ① 高等数学—高等学校—习题集　Ⅳ. ① O13 - 44

中国版本图书馆 CIP 数据核字(2021)第 195040 号

策　　划　陈　婷
责任编辑　赵远璐　陈　婷
出版发行　西安电子科技大学出版社(西安市太白南路 2 号)
电　　话　(029)88202421　88201467　　　　邮　　编　710071
网　　址　www. xduph. com　　　　　　电子邮箱　xdupfxb001@163.com
经　　销　新华书店
印刷单位　陕西天意印务有限责任公司
版　　次　2021 年 11 月第 1 版　2025 年 6 月第 6 次印刷
开　　本　787 毫米×1092 毫米　1/16　印张　15.5
字　　数　367 千字
定　　价　36.00 元
ISBN 978 - 7 - 5606 - 6182 - 7

XDUP 6484001 - 6

＊＊＊如有印装问题可调换＊＊＊

前　　言

　　高等数学是高等院校理工类和经管类各专业的一门重要基础理论课程，也是这些专业硕士研究生入学考试必考的科目之一．因此，为了提高高等数学课程的教学质量，培养学生的数学思维和素养，强化学生对基本概念、基本理论的认知，加强学生对基本方法的训练，促进学生综合解题能力的提升，我们编写了本书．

　　本书根据同济大学数学系编写的《高等数学（第七版）》（高等教育出版社出版）教材，规划为12章，分上、下两册出版，内容涵盖函数与极限、一元函数微积分学及其应用、多元函数微积分学及其应用、向量代数与空间解析几何、常微分方程以及无穷级数等．

　　本书根据题目的难易程度，按照由浅入深、循序渐进、逐步提高的原则，将习题分为三个层次，具体设计如下：

　　基础巩固：注重基础知识的训练，精编选择题、填空题、计算题、证明题和应用题，题型全面、丰富，重在基本知识点的练习，巩固所学．

　　应用提升：将知识点综合，选取富有技巧性和启发性的题目，并适量补充近几年的考研真题，培养学生的综合应用能力和逻辑推理与计算能力．

　　综合拓展：编选的题目综合性强，旨在开拓学生的思路，提升学生的归纳和抽象思维能力以及综合解题能力．

　　本书适合大学新生和高年级学生课外提升练习，是他们在"高等数学"课程学习和复习时的好帮手，能为学生掌握数学知识、提升数学素养、提高分析能力和解题能力助一臂之力．同时，本书也适合作为数学老师习题课或单元测验选题的参考书．

　　本书是历年来杭州电子科技大学数学系老师们集体教学经验的积累，最早于数年前由当时的数学教研室老师们编写并作为讲义使用，后又有很多数学系老师参与了习题的建设．在此基础上，我们展开了此次编写工作，对习题重新甄选或补充，对相应答案反复纠查，对内容编排进行合理优化，并多次组织数学系老师共同研讨、审核，广泛吸取老师和学生们的宝贵意见和建议，力求使本书更适合当前教学的需要．

　　本书最终成功出版，离不开学校教务处、理学院领导的鼓励和支持，离不开编修过程中数学系老师们的不懈努力和无私奉献，也离不开此次正式出版过程中谢强军、吴惠仙、熊瑜、金波、司君如、贺明艳、杨建芳、刘建贞、郦钦龙和王国卯等老师的辛苦付出，编者在此表示衷心感谢．

本书获杭州电子科技大学教材立项出版资助,并得到西安电子科技大学出版社领导及编辑的大力支持,编者在此一并表示感谢.

由于编者水平有限,书中难免存在不妥之处,恳请读者批评指正,不胜感激.

杭州电子科技大学数学系

2021 年 7 月

目　　录

第 8 章　向量代数与空间解析几何

8.1　本章内容和学习要求

本章内容：向量的线性运算、数量积、向量积，向量垂直、平行条件，向量的模、方向角、方向余弦，单位向量，向量的投影，平面方程，空间直线方程，两平面、两直线、直线与平面的夹角，点到直线、点到平面等的距离，曲面方程，空间曲线方程，空间曲线在坐标面上的投影.

学习要求：

（1）掌握向量的线性运算、方向角与方向余弦、向量的坐标，会利用坐标表达式进行向量的线性运算.

（2）掌握向量的数量积和向量积，会利用坐标表达式进行向量的数量积和向量积的运算.

（3）掌握平面的点法式方程和一般方程，掌握平面束的定义与运算，会求两平面的夹角.

（4）掌握空间直线的一般方程、点向式方程和参数方程，会求两直线的夹角、直线与平面的夹角、点到直线的距离和点到平面的距离，会判断直线与平面的位置关系.

（5）理解曲面方程的概念，了解常用的二次曲面方程及其图形，掌握球面、以坐标轴为轴的旋转曲面（主要是锥面、抛物面）和母线平行于坐标轴的柱面方程.

（6）了解空间曲线的一般方程和参数方程，会求空间曲线在坐标面上的投影曲线方程.

8.2　基 础 巩 固

习　题

一、选择题

1. 母线平行于 x 轴，且通过曲线 $\begin{cases} 2x^2 + y^2 + z^2 = 16, \\ x^2 - y^2 + z^2 = 0 \end{cases}$ 的柱面方程是（　　）.

A. $3x^2 + 2z^2 = 16$　　　　　　　　　B. $x^2 + 2y^2 = 16$

C. $3y^2 - z^2 = 16$　　　　　　　　　D. $3y^2 - z = 16$

2. 设空间直线的对称式方程为 $\dfrac{x}{0} = \dfrac{y}{1} = \dfrac{z}{2}$，则该直线过原点且（　　）.

A. 垂直于 x 轴　　　　　　　　　B. 垂直于 y 轴,但不平行于 x 轴

C. 垂直于 z 轴,但不平行于 x 轴　　D. 平行于 x 轴

3. 曲面 $x^2+y^2+z^2=a^2$ 与 $x^2+y^2=2az(a>0)$ 的交线是(　　).

A. 抛物线　　　　　　　　　　　B. 双曲线

C. 圆周　　　　　　　　　　　　D. 椭圆

4. 方程 $\begin{cases} x^2-4y^2+z^2=25, \\ x=-3 \end{cases}$ 表示(　　).

A. 单叶双曲面　　　　　　　　　B. 双曲柱面

C. 双曲柱面在平面 $x=0$ 上的投影　D. 平面 $x=-3$ 与旋转单叶双曲面的交线

5. 下列等式成立的是(　　).

A. $a(b \cdot b)=|b|^2 a$　　　　　　B. $a(a \cdot b)=|a|^2 b$

C. $(a \cdot b)^2=|a|^2|b|^2$　　　　　D. $(a \cdot b)\times c=a\times(b \cdot c)$

6. 下列结论正确的是(　　).

A. 若 $a\neq 0$, $a \cdot b=a \cdot c$, 则 $b=c$

B. 若 $a\neq 0$, $a\times b=a\times c$, 则 $b=c$

C. 若 $a\times b=0$, 则 $(a \cdot b)^2=|a|^2|b|^2$

D. 若 $a \cdot b=0$, 则 $a\times b=0$

7. 原点关于平面 $x-2y+3z+21=0$ 的对称点是(　　).

A. $(-3, 6, -9)$　　　　　　　　B. $(-4, 7, -8)$

C. $(-3, 12, -9)$　　　　　　　D. $(1, -2, 3)$

8. 过 y 轴与点 $(1, -2, 3)$ 的平面方程是(　　).

A. $x-y-z=0$　　　　　　　　　B. $3x-z=0$

C. $2x+y=0$　　　　　　　　　　D. $3x+2y=0$

9. 曲线 $\begin{cases} y=2\sqrt{x}, \\ z=0 \end{cases}$ 绕 y 轴旋转所形成的旋转面的方程为(　　).

A. $y^2=4\sqrt{x^2+z^2}$, $x\geqslant 0$　　B. $y^4=16(x^2+z^2)$, $x\geqslant 0$

C. $y^2=\pm 4\sqrt{x^2+z^2}$, $x\geqslant 0$　D. $y=2\sqrt[4]{x^2+z^2}$

10. 已知直线 L: $\begin{cases} x+3y+2z+1=0, \\ 2x-y-10z+3=0 \end{cases}$ 及平面 $\varPi$: $x-2y+z=1$, 则直线 L 与平面 $\varPi$ 的

位置关系是(　　).

A. $L\perp \varPi$　　　　　　　　　　B. $L /\!/ \varPi$, 但 L 不在 $\varPi$ 内

C. L 在 $\varPi$ 内　　　　　　　　　D. L 与 $\varPi$ 斜交

二、填空题

1. 已知两点 $M_1(0, 1, 2)$ 和 $M_2(1, -1, 0)$, 则与向量 $\overrightarrow{M_1M_2}$ 同方向的单位向量

$a=$ _____.

2. 由柱面 $x^2+y^2=a^2(a>0)$, 锥面 $z=\sqrt{x^2+y^2}$ 及平面 $z=2a$ 所围成的包含原点的

有界闭区域 Ω 用不等式组表示为 _____.

3. 设空间两直线 $\dfrac{x-1}{1}=\dfrac{y+1}{2}=\dfrac{z-1}{\lambda}$ 与 $x+1=y-1=z$ 相交于一点,则 $\lambda=$ _____.

4. 已知 $\boldsymbol{a}=2\boldsymbol{i}+\boldsymbol{j}-3\boldsymbol{k}$,$\boldsymbol{b}=3\boldsymbol{j}+\boldsymbol{k}$,则 $\boldsymbol{a}$ 与 $\boldsymbol{b}$ 夹角的正弦等于_____.

5. 已知向量 $\boldsymbol{a}$ 与向量 $\boldsymbol{b}=(4,7,-4)$ 平行且反向,若 $|\boldsymbol{a}|=27$,则向量 $\boldsymbol{a}=$ _____.

6. 向量 $\boldsymbol{b}=(1,1,-4)$ 在向量 $\boldsymbol{a}=(2,-2,1)$ 方向上的投影等于_____.

7. 已知 $\boldsymbol{a}=(2,-1,4)$,$\boldsymbol{b}=(m,3,n)$ 且 $\boldsymbol{a}\times\boldsymbol{b}=\boldsymbol{0}$,则 $m=$ _____,$n=$ _____.

8. 已知 $\boldsymbol{a}=(-2,2,1)$,$\boldsymbol{b}=(3,6,2)$,$\boldsymbol{c}=\lambda\boldsymbol{a}+\mu\boldsymbol{b}$,且 $\boldsymbol{c}$ 与 y 轴垂直,则 λ、μ 应满足关系式_____.

9. 平面 $2x-2y+z-1=0$ 与平面 $2x-2y+z+5=0$ 之间的距离为_____.

10. 曲线 $\begin{cases}3x-y+2z=0,\\ x^2+y^2-z^2-2x+1=0\end{cases}$ 在 zOx 面上的投影方程是_____.

11. 一单位正方形绕其一条对角线旋转所得旋转体的体积为_____.

12. 设一平面经过原点及点 $(6,-3,2)$,且与平面 $4x-y+2z=8$ 垂直,则此平面方程为_____.

三、计算及证明题

1. 已知向量 $\boldsymbol{p}$,$\boldsymbol{q}$,$\boldsymbol{r}$ 两两垂直,且 $|\boldsymbol{p}|=1$,$|\boldsymbol{q}|=2$,$|\boldsymbol{r}|=3$,求 $\boldsymbol{s}=\boldsymbol{p}+\boldsymbol{q}+\boldsymbol{r}$ 的模以及 $\boldsymbol{s}$ 与 $\boldsymbol{p}$ 的夹角余弦.

2. 设点 $A(1,0,-1)$,向量 $\overrightarrow{AB}$ 的方向角 $\alpha=60°$,$\beta=45°$,且 $|\overrightarrow{AB}|=10$,求:

(1) 向量 $\overrightarrow{AB}$ 的方向角 γ;

(2) 点 B 的坐标.

3. 已知三点 A,B,C 的向径分别为 $\overrightarrow{OA}=2\boldsymbol{i}+4\boldsymbol{j}+\boldsymbol{k}$,$\overrightarrow{OB}=3\boldsymbol{i}+7\boldsymbol{j}+5\boldsymbol{k}$,$\overrightarrow{OC}=4\boldsymbol{i}+10\boldsymbol{j}+9\boldsymbol{k}$,试证 A,B,C 三点在同一直线上.

4. 设 $\boldsymbol{c}=2\boldsymbol{a}+\boldsymbol{b}$,$\boldsymbol{d}=k\boldsymbol{a}+\boldsymbol{b}$,其中 $|\boldsymbol{a}|=1$,$|\boldsymbol{b}|=2$,$\boldsymbol{a}\perp\boldsymbol{b}$.

(1) k 为何值时,$\boldsymbol{c}\perp\boldsymbol{d}$?

(2) k 为何值时,以 $\boldsymbol{c}$ 与 $\boldsymbol{d}$ 为边的三角形的面积为 3?

5. 试求向量 $\boldsymbol{s}=(\sqrt{2},-3,-5)$ 在与 x 轴、z 轴构成角 $\alpha=45°$、$\gamma=60°$ 而与 y 轴构成锐角 β 的轴上的投影.

6. 已知四点 $A(1,-2,3)$,$B(4,-4,-3)$,$C(2,4,3)$,$D(8,6,6)$,求向量 $\overrightarrow{AB}$ 在 $\overrightarrow{CD}$ 方向上的投影.

7. 设两非零向量 $\boldsymbol{a}$,$\boldsymbol{b}$ 不共线,试确定 k 值,使两个向量 $k\boldsymbol{a}+\boldsymbol{b}$ 和 $\boldsymbol{a}+k\boldsymbol{b}$ 共线.

8. 通过点 $A(-5,10,12)$ 作两个平面,其中一个通过 x 轴,另一个通过 y 轴,试求这两个平面的夹角.

9. 要使直线 $\dfrac{x-a}{3}=\dfrac{y}{-2}=\dfrac{z+1}{a}$ 在平面 $3x+4y-az=3a-1$ 上,求 a.

10. 求直线 L：$\begin{cases} 2x-y+z-1=0, \\ x+y-z+1=0 \end{cases}$ 在平面 Π：$x+2y-z=0$ 上的投影直线的方程.

11. 求与原点关于平面 $6x+2y-9z+121=0$ 对称的点.

12. 一平面通过两平面 Π_1：$x+5y+z=0$ 和 Π_2：$x-z+4=0$ 的交线且与平面 Π_3：$x-4y-8z+12=0$ 成 $45°$ 角，求此平面的方程.

13. 一动点与点 $(1,0,0)$ 的距离为与平面 $x=4$ 距离的一半，试求其轨迹方程，并说明轨迹的类型.

14. 求一椭球面，使其对称轴与坐标轴重合且过曲线 $\begin{cases} \dfrac{x^2}{9}+\dfrac{y^2}{16}=1, \\ z=0 \end{cases}$ 和点 $M_0(1,2,\sqrt{23})$.

15. 已知曲线 L：$\begin{cases} 2y^2+z^2+4x=4z, \\ y^2+3z^2-8x=12z, \end{cases}$ 求过曲线 L 且母线平行于 x 轴的投影柱面与过曲线 L 且母线平行于 z 轴的投影柱面的交线方程.

16. 将曲线 $\begin{cases} x=0, \\ 2|y|+|z|=2a \end{cases}$ $(a>0)$ 分别绕 y 轴和 z 轴旋转一周得到两个旋转曲面，试写出这两个旋转曲面的方程.

17. 求两个相同半径的直交圆柱面 $x^2+z^2=a^2$ 和 $y^2+z^2=a^2$ 的交线在各坐标面上的投影曲线.

习 题 详 解

一、选择题

1. C. **解析**：由 $\begin{cases} 2x^2+y^2+z^2=16, \\ x^2-y^2+z^2=0 \end{cases}$ 消去 x，可得 $3y^2-z^2=16$，它表示母线平行于 x 轴的柱面，且该柱面通过所给的曲线，故选 C.

2. A. **解析**：直线 $\dfrac{x}{0}=\dfrac{y}{1}=\dfrac{z}{2}$ 的方向向量为 $(0,1,2)$，x 轴的方向向量为 $(1,0,0)$，则有 $1\times0+0\times1+0\times2=0$，因此该直线垂直于 x 轴，显然其他选项均不成立.

3. C. **解析**：曲面 $x^2+y^2+z^2=a^2$ 与 $x^2+y^2=2az$ $(a>0)$ 的交线方程 $\begin{cases} x^2+y^2+z^2=a^2, \\ x^2+y^2=2az \end{cases}$ 可化为 $\begin{cases} x^2+y^2+z^2=a^2, \\ z=(\sqrt{2}-1)a, \end{cases}$ 故此交线为圆周.

4. D. **解析**：方程 $\begin{cases} x^2-4y^2+z^2=25, \\ x=-3 \end{cases}$ 表示平面 $x=-3$ 与旋转单叶双曲面 $x^2-4y^2+z^2=25$ 的交线，故选 D.

5. A. **解析**：$a(a\cdot b)$ 是一个与 a 平行的向量，$|a|^2b$ 是一个与 b 平行的向量，而 a 与 b 本身不一定平行，所以 $a(a\cdot b)$ 与 $|a|^2b$ 也就不一定平行，故选项 B 不正确；$(a\cdot b)^2=|a|^2|b|^2\cos^2\theta$，$\theta$ 为 a 与 b 的夹角，所以选项 C 不正确；$a\cdot b$ 是一个数，不能与向量 c 做向量积，故选项 D 不正确；由于 $b\cdot b=|b|^2$，因此选项 A 正确.

6. C. **解析**：将 $a=(0,0,1)$，$b=(2,4,0)$，$c=(2,1,0)$ 代入选项 A 中，知 A 不正

确，即向量的数量积并不满足消去律；将 $a=(0,1,0)$，$b=(2,4,0)$，$c=(2,1,0)$ 代入选项 B 中，知 B 不正确；将 $a=(0,0,1)$，$b=(0,1,0)$ 代入选项 D 中，知 D 不正确；对于选项 C，由 $a\times b=0$ 可得 a 与 b 共线，从而它们的夹角为 0 或 π，故 C 正确.

7. A. **解析**：设原点 $O=(0,0,0)$，$M=(-3,6,-9)$，则 $\overrightarrow{OM}$ 垂直于平面 $x-2y+3z+21=0$，OM 的中点 $\left(\dfrac{-3}{2},3,\dfrac{-9}{2}\right)$ 在平面 $x-2y+3z+21=0$ 上，故 A 正确. 事实上，

过对称点与原点的直线方程可写为 $\dfrac{x}{1}=\dfrac{y}{-2}=\dfrac{z}{3}$，令 $\dfrac{x}{1}=\dfrac{y}{-2}=\dfrac{z}{3}=t$，则 $t-2\times(-2t)+$

$3\times(3t)+21=0$，解得 $t=-\dfrac{3}{2}$，即直线与平面的交点为 $\left(\dfrac{-3}{2},3,\dfrac{-9}{2}\right)$，从而对称点为

$M=2\left(-\dfrac{3}{2},3,-\dfrac{9}{2}\right)-(0,0,0)=(-3,6,-9)$.

8. B. **解析**：$(0,0,0)$，$(0,1,0)$ 均在 y 轴上，四个选项中只有选项 B 所表示的平面过上面两点及点 $(1,-2,3)$，所以 B 正确. 事实上，当平面过 y 轴时，它的法向量垂直于 y 轴，四个选项中仅 B 符合.

9. D. **解析**：求曲线 $\begin{cases} y=2\sqrt{x}, \\ z=0 \end{cases}$ 绕 y 轴旋转所形成的旋转面的方程，则保持 y 不变，将

x 变为 $\pm\sqrt{x^2+z^2}$. 由于 $y\geqslant 0$，从而有 $y=2\sqrt{\sqrt{x^2+z^2}}$，故选 D.

10. D. **解析**：直线 L：$\begin{cases} x+3y+2z+1=0, \\ 2x-y-10z+3=0 \end{cases}$ 的方向向量是 $a=(1,3,2)\times(2,-1,$

$-10)=(-28,14,-7)$，平面 Π：$x-2y+z=1$ 的法向量为 $b=(1,-2,1)$，a 与 b 既不垂直也不平行，所以 L 与 Π 斜交.

二、填空题

1. $\left(\dfrac{1}{3},-\dfrac{2}{3},-\dfrac{2}{3}\right)$. **解析**：$\overrightarrow{M_1M_2}=(1,-2,-2)$，单位化即可得 $a=\left(\dfrac{1}{3},-\dfrac{2}{3},-\dfrac{2}{3}\right)$.

2. $\left\{(x,y,z)\,\middle|\,x^2+y^2\leqslant a^2,\ \sqrt{x^2+y^2}\leqslant z\leqslant 2a\right\}$. **解析**：画出这三个曲面，可知所求的有界闭区域 Ω 应满足 $x^2+y^2\leqslant a^2$，且 $\sqrt{x^2+y^2}\leqslant z\leqslant 2a$.

3. $\dfrac{5}{4}$. **解析**：联立 $\dfrac{x-1}{1}=\dfrac{y+1}{2}$ 与 $x+1=y-1=z$，可求得 $x=5$，$y=7$，$z=6$，再将其

代入第一个直线方程中，即可解得 $\lambda=\dfrac{5}{4}$.

4. 1. **解析**：由 $a\cdot b=0$ 可得 $a\perp b$.

5. $(-12,-21,12)$. **解析**：a 与 b 平行且反向，可设 $a=\lambda(4,7,-4)$，$\lambda<0$，则 $|a|=-9\lambda=27$，故 $\lambda=-3$，从而 $a=(-12,-21,12)$.

6. $-\dfrac{4}{3}$. **解析**：由向量的数量积得 $\text{Prj}_a b=\dfrac{a\cdot b}{|a|}=\dfrac{1\times 2+1\times(-2)+(-4)\times 1}{\sqrt{2^2+(-2)^2+1^2}}=-\dfrac{4}{3}$.

7. -6，-12. **解析**：由 $a\times b=0$ 可知 a 与 b 共线，所以 $\dfrac{2}{m}=-\dfrac{1}{3}=\dfrac{4}{n}$，解得 $m=-6$，

$n=-12$.

8. $\lambda+3\mu=0$. **解析**：$c=\lambda a+\mu b=(-2\lambda+3\mu, 2\lambda+6\mu, \lambda+2\mu)$，取 $\alpha=(0, 1, 0)$，则 $c\perp\alpha$，所以 $c\cdot\alpha=2(\lambda+3\mu)=0$.

9. 2. **解析**：所求距离为 $d=\dfrac{|-1-5|}{\sqrt{2^2+(-2)^2+1^2}}=\dfrac{6}{3}=2$.

10. $\begin{cases}10x^2+12xz+3z^2-2x+1=0, \\ y=0.\end{cases}$ **解析**：将 $y=3x+2z$ 代入 $x^2+y^2-z^2-2x+1=0$ 中，化简得 $10x^2+12xz+3z^2-2x+1=0$，所以曲线在 zOx 面上的投影方程是 $\begin{cases}10x^2+12xz+3z^2-2x+1=0, \\ y=0.\end{cases}$

11. $\dfrac{\sqrt{2}}{6}\pi$. **解析**：所得几何体可视为两个圆锥，故 $V=2\cdot\dfrac{1}{3}\pi\left(\dfrac{\sqrt{2}}{2}\right)^2\dfrac{\sqrt{2}}{2}=\dfrac{\sqrt{2}}{6}\pi$.

12. $2x+2y-3z=0$. **解析**：设所求平面方程为 $Ax+By+Cz+D=0$，由题中条件可得 $\begin{cases}D=0, \\ 6A-3B+2C=0, \\ 4A-B+2C=0,\end{cases}$ 解得 $\begin{cases}C=-\dfrac{3}{2}A, \\ B=A,\end{cases}$ 令 $A=2$ 即可得到平面方程.

三、计算及证明题

1. **解**：因为向量 p，q，r 两两垂直，且 $|p|=1$，$|q|=2$，$|r|=3$，所以
$$|s|=\sqrt{|p|^2+|q|^2+|r|^2}=\sqrt{14},$$
而 $s\cdot p=p\cdot p=1$，于是
$$\cos(\widehat{s, p})=\frac{s\cdot p}{|s||p|}=\frac{\sqrt{14}}{14}.$$

2. **解**：(1) 因为 $\alpha=60°$，$\beta=45°$，且 $\cos^2\alpha+\cos^2\beta+\cos^2\gamma=1$，所以
$$\cos^2\gamma=\frac{1}{4}, \quad \cos\gamma=\pm\frac{1}{2},$$
于是 $\gamma=60°$ 或 $120°$.

(2) $\overrightarrow{AB}=10\times\left(\dfrac{1}{2}, \dfrac{\sqrt{2}}{2}, \pm\dfrac{1}{2}\right)=(5, 5\sqrt{2}, \pm5)$，所以 $B=(6, 5\sqrt{2}, 4)$ 或 $(6, 5\sqrt{2}, -6)$.

3. **证明**：因为
$$\overrightarrow{AB}=\overrightarrow{OB}-\overrightarrow{OA}=i+3j+4k,$$
$$\overrightarrow{AC}=\overrightarrow{OC}-\overrightarrow{OA}=2i+6j+8k,$$
所以 $\overrightarrow{AC}//\overrightarrow{AB}$，于是 A，B，C 三点共线.

4. **解**：(1) 因为 $c\cdot d=2k|a|^2+|b|^2=2k+4$，所以当 $k=-2$ 时，$c\cdot d=0$，即 $c\perp d$.
(2) 因为
$$c\times d=2a\times b+b\times ka=(2-k)a\times b \quad \text{(注意反交换律)},$$
$$S=\frac{1}{2}|c\times d|=\frac{1}{2}|2-k|\cdot|a||b|=|2-k|=3,$$
所以当 $k=-1$ 或 5 时，以 c 与 d 为边的三角形的面积为 3.

5. **解：** 由题意知 $\cos^2\alpha+\cos^2\beta+\cos^2\gamma=1$，从而 $\cos^2\beta=\dfrac{1}{4}$．由于 β 为锐角，则 $\cos\beta=\dfrac{1}{2}$，故 $\beta=60°$．于是，此轴对应的单位向量为 $\boldsymbol{l}_0=\left(\dfrac{\sqrt{2}}{2},\dfrac{1}{2},\dfrac{1}{2}\right)$，所以 $\boldsymbol{s}=(\sqrt{2},-3,-5)$ 在此轴上的投影为 $\boldsymbol{s}\cdot\boldsymbol{l}_0=(\sqrt{2},-3,-5)\cdot\left(\dfrac{\sqrt{2}}{2},\dfrac{1}{2},\dfrac{1}{2}\right)=1-\dfrac{3}{2}-\dfrac{5}{2}=-3$．

6. **解：** 由题意知 $\overrightarrow{AB}=(3,-2,-6)$，$\overrightarrow{CD}=(6,2,3)$，所以与 $\overrightarrow{CD}$ 方向相同的单位向量为 $\boldsymbol{l}_0=\left(\dfrac{6}{7},\dfrac{2}{7},\dfrac{3}{7}\right)$，于是向量 $\overrightarrow{AB}$ 在 $\overrightarrow{CD}$ 方向上的投影为

$$\overrightarrow{AB}\cdot\boldsymbol{l}_0=\dfrac{6}{7}\times3-2\times\dfrac{2}{7}-\dfrac{3}{7}\times6=-\dfrac{4}{7}.$$

7. **解：** 要使向量 $k\boldsymbol{a}+\boldsymbol{b}$ 与 $\boldsymbol{a}+k\boldsymbol{b}$ 共线，只需 $(k\boldsymbol{a}+\boldsymbol{b})\times(\boldsymbol{a}+k\boldsymbol{b})=\boldsymbol{0}$，所以

$$(k\boldsymbol{a}+\boldsymbol{b})\times(\boldsymbol{a}+k\boldsymbol{b})=k^2\boldsymbol{a}\times\boldsymbol{b}+\boldsymbol{b}\times\boldsymbol{a}=\boldsymbol{0}.$$

又 $\boldsymbol{a},\boldsymbol{b}$ 不共线且非零，所以由向量积的反交换律知 $k^2=1$，解得 $k=\pm1$．

8. **解：** 过点 $A(-5,10,12)$ 作两个平面均过 OA（O 为坐标原点）．由于 $\overrightarrow{OA}=(-5,10,12)$，则过 x 轴的平面的法向量为

$$\boldsymbol{\alpha}=(1,0,0)\times(-5,10,12)=(0,-12,10),$$

过 y 轴的平面的法向量为

$$\boldsymbol{\beta}=(0,1,0)\times(-5,10,12)=(12,0,5),$$

所以这两个平面的夹角的余弦值为

$$\dfrac{|\boldsymbol{\alpha}\cdot\boldsymbol{\beta}|}{|\boldsymbol{\alpha}||\boldsymbol{\beta}|}=\dfrac{50}{2\sqrt{61}\times13}=\dfrac{25\sqrt{61}}{793},$$

于是这两个平面的夹角为 $\arccos\dfrac{25\sqrt{61}}{793}$．

9. **解：** 取直线 $\dfrac{x-a}{3}=\dfrac{y}{-2}=\dfrac{z+1}{a}$ 上不同两点 $(a,0,-1)$，$(a+3,-2,a-1)$，代入平面方程得 $\begin{cases}3a+a=3a-1,\\3(a+3)-8-a(a-1)=3a-1,\end{cases}$ 解得 $a=-1$．

注： 也可用点 $(a,0,-1)$ 在平面内、直线的方向向量与平面的法向量垂直即 $(3,-2,a)\perp(3,4,-a)$ 来计算出结果．

10. **解：**（方法一）采用平面束方程的方法求解．设过 L 的平面束为

$$2x-y+z-1+\lambda(x+y-z+1)=0,$$

即

$$(2+\lambda)x+(\lambda-1)y+(1-\lambda)z+\lambda-1=0,$$

它与 Π：$x+2y-z=0$ 是垂直的，从而有

$$(2+\lambda)+2(-1+\lambda)+(-1)(1-\lambda)=0,$$

解得 $\lambda=\dfrac{1}{4}$，故 $3x-y+z-1=0$，即所求直线方程为

$$\begin{cases} 3x - y + z - 1 = 0, \\ x + 2y - z = 0. \end{cases}$$

（方法二）过直线 L：$\begin{cases} 2x - y + z - 1 = 0, \\ x + y - z + 1 = 0 \end{cases}$ 且与平面 Π：$x + 2y - z = 0$ 垂直的平面上的

任一点 (x, y, z) 可表示为 $(x_0 + t, y_0 + 2t, z_0 - t)$，其中 (x_0, y_0, z_0) 在直线 L 上，t 为一实数，则有

$$L：\begin{cases} 2(x - t) - (y - 2t) + z + t - 1 = 0, \\ x - t + y - 2t - z - t + 1 = 0, \end{cases}$$

所以

$$\begin{cases} 2x - y + z + t - 1 = 0, \\ x + y - z - 4t + 1 = 0, \end{cases}$$

消去 t 得 $3x - y + z - 1 = 0$，于是，所求投影直线方程为

$$\begin{cases} 3x - y + z - 1 = 0, \\ x + 2y - z = 0. \end{cases}$$

11. **解**：过原点与平面 $6x + 2y - 9z + 121 = 0$ 垂直的直线方程为 $\dfrac{x}{6} = \dfrac{y}{2} = \dfrac{z}{-9}$，解方程

组 $\begin{cases} 6x + 2y - 9z + 121 = 0, \\ \dfrac{x}{6} = \dfrac{y}{2} = \dfrac{z}{-9}, \end{cases}$ 得到 $\begin{cases} x = -6, \\ y = -2, \\ z = 9, \end{cases}$ 即直线与平面交于点 $(-6, -2, 9)$. 对点

$(-6, -2, 9)$，有 $\dfrac{-6}{6} = \dfrac{-2}{2} = \dfrac{9}{-9} = -1$，从而与原点关于点 $(-6, -2, 9)$ 对称的直线

$\dfrac{x}{6} = \dfrac{y}{2} = \dfrac{z}{-9}$ 上的点满足 $\dfrac{x}{6} = \dfrac{y}{2} = \dfrac{z}{-9} = -2$，所以所求点为 $(-12, -4, 18)$.

12. **解**：设通过两平面 Π_1：$x + 5y + z = 0$ 和 Π_2：$x - z + 4 = 0$ 的交线的平面束方程为

Π：$x + 5y + z + \lambda(x - z + 4) = 0$，整理得 $(1 + \lambda)x + 5y + (1 - \lambda)z + 4\lambda = 0$，又平面 Π 与平

面 Π_3：$x - 4y - 8z + 12 = 0$ 成 $45°$ 角，因此有

$$\frac{|(\lambda + 1) \times 1 - 20 + (-8) \times (1 - \lambda)|}{\sqrt{1^2 + (-4)^2 + (-8)^2}\sqrt{(1 + \lambda)^2 + 5^2 + (1 - \lambda)^2}} = \frac{\sqrt{2}}{2},$$

解得 $\lambda = -\dfrac{3}{4}$，则一个平面方程为 $x + 20y + 7z - 12 = 0$.

另一方面，由于平面 $x - z + 4 = 0$ 也满足要求，即有

$$\frac{|(1, 0, -1) \cdot (1, -4, -8)|}{\sqrt{1^2 + 0^2 + (-1)^2}\sqrt{1^2 + (-4)^2 + (-8)^2}} = \frac{\sqrt{2}}{2} = \cos 45°,$$

故所求的平面有两个，分别为 $x + 20y + 7z - 12 = 0$ 和 $x - z + 4 = 0$.

13. **解**：设动点坐标为 (x, y, z)，则由题意可得

$$\sqrt{(x - 1)^2 + y^2 + z^2} = \frac{1}{2}|x - 4|,$$

所以

$$(x-1)^2+y^2+z^2=\frac{1}{4}(x-4)^2,$$

化简得

$$\frac{x^2}{4}+\frac{y^2}{3}+\frac{z^2}{3}=1,$$

故该动点的轨迹方程为 $\dfrac{x^2}{4}+\dfrac{y^2}{3}+\dfrac{z^2}{3}=1$，它是一个旋转椭球面．

14.　**解**：由于所求的椭球面的对称轴与坐标轴重合，故可设其方程为 $\dfrac{x^2}{a^2}+\dfrac{y^2}{b^2}+\dfrac{z^2}{c^2}=1$．

因为椭球面通过曲线 $\begin{cases}\dfrac{x^2}{9}+\dfrac{y^2}{16}=1,\\ z=0,\end{cases}$ 将其代入上面的方程，可得 $a^2=9$，$b^2=16$．又因为椭球

面过点 $M_0(1,2,\sqrt{23})$，所以

$$\frac{1}{9}+\frac{2^2}{16}+\frac{23}{c^2}=1,$$

可得 $c^2=36$．故所求椭球面方程为

$$\frac{x^2}{9}+\frac{y^2}{16}+\frac{z^2}{36}=1.$$

15.　**解**：由 $\begin{cases}2y^2+z^2+4x=4z,\\ y^2+3z^2-8x=12z,\end{cases}$ 消去 x 得 $y^2+(z-2)^2=4$，

此即过曲线 L：$\begin{cases}2y^2+z^2+4x=4z,\\ y^2+3z^2-8x=12z,\end{cases}$ 且母线平行于 x 轴的投影柱面方程．

由 $\begin{cases}2y^2+z^2+4x=4z,\\ y^2+3z^2-8x=12z,\end{cases}$ 消去 z 得 $y^2+4x=0$，此即过曲线 L：$\begin{cases}2y^2+z^2+4x=4z,\\ y^2+3z^2-8x=12z,\end{cases}$ 且母

线平行于 z 轴的投影柱面方程．

综上，所求交线方程为

$$\begin{cases}y^2+(z-2)^2=4,\\ y^2+4x=0.\end{cases}$$

16.　**解**：将曲线 $\begin{cases}x=0,\\ 2|y|+|z|=2a\end{cases}$ $(a>0)$ 绕 y 轴旋转一周，所得旋转曲面的方程为 $2|y|$

$+\sqrt{x^2+z^2}=2a$，即 $x^2+z^2=4(|y|-a)^2$；将曲线 $\begin{cases}x=0,\\ 2|y|+|z|=2a\end{cases}$ $(a>0)$ 绕 z 轴旋转

一周，所得旋转曲面的方程为 $2\sqrt{x^2+y^2}+|z|=2a$，即 $x^2+y^2=\dfrac{1}{4}(|z|-2a)^2$．

17.　**解**：交线为 $\begin{cases}x^2+z^2=a^2,\\ y^2+z^2=a^2.\end{cases}$ 因为柱面 $x^2+z^2=a^2$ 与坐标面 xOz 相垂直，所以交线

在坐标面 xOz 上的投影方程为 $\begin{cases}x^2+z^2=a^2,\\ y=0;\end{cases}$ 因为柱面 $y^2+z^2=a^2$ 与坐标面 yOz 相垂直，

所以交线在坐标面 yOz 上的投影方程为 $\begin{cases} y^2+z^2=a^2, \\ x=0; \end{cases}$ 由交线的方程消去 z 得到

$x^2-y^2=0$，所以交线在坐标面 xOy 上的投影方程为 $\begin{cases} x=\pm y, \\ z=0. \end{cases}$

8.3 应用提升

习　题

一、选择题

1. 已知向量 $\boldsymbol{a}=-\boldsymbol{i}+3\boldsymbol{j}$，$\boldsymbol{b}=3\boldsymbol{i}+\boldsymbol{j}$，向量 $\boldsymbol{c}$ 的模 $|\boldsymbol{c}|=r$，则当 $\boldsymbol{c}$ 满足关系式 $\boldsymbol{a}=\boldsymbol{b}\times\boldsymbol{c}$ 时，r 的最小值为(　　).

A. $\dfrac{\sqrt{10}}{10}$ 　　　　　 B. 1 　　　　　 C. $\dfrac{\sqrt{35}}{5}$ 　　　　　 D. 2

2. 已知直线 L_1：$\begin{cases} y=1-x, \\ z=2+x \end{cases}$ 和直线 L_2：$\begin{cases} x=1+y, \\ z=-1-2y, \end{cases}$ 则 L_1 与 L_2 的关系是(　　).

A. $L_1\perp L_2$ 　　　　　　　　　　　 B. $L_1/\!/L_2$

C. L_1 与 L_2 相交 　　　　　　　　　 D. L_1 与 L_2 为异面直线

3. 设有直线 L_1：$\dfrac{x-1}{1}=\dfrac{y-5}{-2}=\dfrac{z+8}{1}$ 与 L_2：$\begin{cases} x-y=6, \\ 2y+z=3, \end{cases}$ 则 L_1 与 L_2 的夹角为(　　).

A. $\dfrac{\pi}{6}$ 　　　　　 B. $\dfrac{\pi}{4}$ 　　　　　 C. $\dfrac{\pi}{3}$ 　　　　　 D. $\dfrac{\pi}{2}$

二、填空题

1. 已知两直线分别为 L_1：$\dfrac{x-1}{1}=\dfrac{y-2}{0}=\dfrac{z-3}{-1}$，$L_2$：$\dfrac{x+2}{2}=\dfrac{y-1}{1}=\dfrac{z}{1}$，则过 L_1 且平行于 L_2 的平面方程是＿＿＿＿＿＿.

2. 过点 $(-1,2,3)$，垂直于直线 $\dfrac{x}{4}=\dfrac{y}{5}=\dfrac{z}{6}$ 且平行于平面 $7x+8y+9z+10=0$ 的直线方程是＿＿＿＿＿＿.

3. 与两直线 $\begin{cases} x=1, \\ y=-1+t, \\ z=2+t \end{cases}$ 及 $\dfrac{x+1}{1}=\dfrac{y+2}{2}=\dfrac{z-1}{1}$ 都平行，且过原点的平面方程为＿＿＿＿＿＿.

4. 设 $(\boldsymbol{a}\times\boldsymbol{b})\cdot\boldsymbol{c}=2$，则 $[(\boldsymbol{a}+\boldsymbol{b})\times(\boldsymbol{b}+\boldsymbol{c})]\cdot(\boldsymbol{c}+\boldsymbol{a})=$＿＿＿＿＿＿.

三、计算及证明题

1. 设 $\boldsymbol{a}=(1,0,2)$，$\boldsymbol{b}=(2,-2,-1)$，求模最小的 $\boldsymbol{c}$，使 $\boldsymbol{a}=\boldsymbol{b}\times\boldsymbol{c}$.

2. 一向量与 xOy，yOz，zOx 三个坐标面的夹角分别为 φ，θ，ω，试证：
$$\cos^2\varphi+\cos^2\theta+\cos^2\omega=2.$$

3. 证明：直线 L_1：$\begin{cases} 4x+z-1=0, \\ x-2y+3=0 \end{cases}$ 与直线 L_2：$\begin{cases} 3x+y-z+4=0, \\ y+2z-8=0 \end{cases}$ 相交.

4. 求经过点 $(2,1,1)$ 且平行于直线 $\dfrac{x-2}{3}=\dfrac{y+1}{2}=\dfrac{z-2}{-1}$ 又垂直于平面 $x+2y-3z+5=0$ 的平面方程.

5. 过直线 L：$\begin{cases} x+y-z=0, \\ x+2y+z=0 \end{cases}$ 作两个相互垂直的平面，且其中一个过已知点 $M(0,1,-1)$，求这两个平面方程.

6. 设一平面垂直于 $z=0$ 并且通过从点 $P(1,-1,1)$ 到直线 L：$\begin{cases} x=0, \\ y-z+1=0 \end{cases}$ 的垂线，求此平面方程.

7. 已知直线 L：$\begin{cases} x-y=3, \\ 3x-y+z=1 \end{cases}$ 及点 $P_0(1,0,-1)$，求 P_0 到直线 L 的距离.

8. 求直线 L：$\dfrac{x-1}{1}=\dfrac{y}{1}=\dfrac{z-1}{-1}$ 在平面 Π：$x-y+2z-1=0$ 上的投影直线 L_0 的方程.

9. 求垂直于平面 Π_1：$5x-y+3z-2=0$ 且过该平面与 xOy 平面的交线 L_1 的平面方程.

10. 试求过点 $M_1(4,1,2)$ 与 $M_2(-3,5,-1)$，且垂直于平面 $6x-2y+3z+7=0$ 的平面方程.

习 题 详 解

一、选择题

1. B. **解析：** 由 $\boldsymbol{a}=\boldsymbol{b}\times\boldsymbol{c}$ 得到 $|\boldsymbol{a}|=|\boldsymbol{b}|\cdot|\boldsymbol{c}|\sin(\widehat{\boldsymbol{b},\boldsymbol{c}})$，代入数值再根据 $\sin(\widehat{\boldsymbol{b},\boldsymbol{c}})$ 的最大值即可求得 r 的最小值为 1.

2. D. **解析：** 直线方程可写为 L_1：$\dfrac{x}{1}=\dfrac{y-1}{-1}=\dfrac{z-2}{1}$ 和 L_2：$\dfrac{x}{1}=\dfrac{y+1}{1}=\dfrac{z-1}{-2}$，根据它们的方向向量 $\boldsymbol{s}_1=(1,-1,1)$ 和 $\boldsymbol{s}_2=(1,1,-2)$，可知它们不平行、不垂直；由两条直线方程联立所得方程组没有解，可知它们没有交点；取 L_1 上的点 $M_1(0,1,2)$，取 L_2 上的点 $M_2(0,-1,1)$，得向量 $\overrightarrow{M_1M_2}=(0,-2,-1)$，从而它们之间的距离为 $d=\left|\dfrac{(\boldsymbol{s}_1\times\boldsymbol{s}_2)\cdot\overrightarrow{M_1M_2}}{|\boldsymbol{s}_1\times\boldsymbol{s}_2|}\right|=\dfrac{8}{\sqrt{14}}$，这说明它们是异面直线.

3. C. **解析：** L_1 与 L_2 的方向向量分别为 $\boldsymbol{s}_1=(1,-2,1)$ 和 $\boldsymbol{s}_2=(1,-1,0)\times(0,2,1)=(-1,-1,2)$，从而 L_1 与 L_2 的夹角 θ 的余弦值为 $\cos\theta=\dfrac{|\boldsymbol{s}_1\cdot\boldsymbol{s}_2|}{|\boldsymbol{s}_1||\boldsymbol{s}_2|}=\dfrac{1}{2}$，故 $\theta=\dfrac{\pi}{3}$.

二、填空题

1. $x-3y+z+2=0$. **解析：** 所求平面的法向量为 $(1,0,-1)\times(2,1,1)=(1,-3,1)$，再取直线 L_1 上的一点 $(1,2,3)$，根据点法式即可得到平面方程.

2. $\dfrac{x+1}{1}=\dfrac{y-2}{-2}=\dfrac{z-3}{1}$. **解析**：所求直线的方向向量为

$$(4,5,6)\times(7,8,9)=-3\times(1,-2,1).$$

3. $x-y+z=0$. **解析**：所求平面的法向量为$(0,1,1)\times(1,2,1)=(-1,1,-1)$.

4. 4. **解析**：$\big[(a+b)\times(b+c)\big]\cdot(c+a)=(a\times b+a\times c+b\times c)\cdot(c+a)$

$$=(a\times b)\cdot c+(b\times c)\cdot a$$
$$=2(a\times b)\cdot c=4.$$

三、计算及证明题

1. **解**：设 $c=(x,y,z)$，则

$$b\times c=\begin{vmatrix} i & j & k \\ 2 & -2 & -1 \\ x & y & z \end{vmatrix}=(-2z+y,-2z-x,2y+2x).$$

因为 $a=b\times c=(1,0,2)$，从而有

$$\begin{cases} -2z+y=1, \\ -2z-x=0, \\ 2y+2x=2, \end{cases}$$

则得到

$$\begin{cases} x=-2z, \\ y=2z+1, \end{cases}$$

故

$$|c|^2=4z^2+(2z+1)^2+z^2=9z^2+4z+1,$$

当 $z=-\dfrac{2}{9}$ 时，$|c|^2$ 最小，所以 $c=\left(\dfrac{4}{9},\dfrac{5}{9},-\dfrac{2}{9}\right)$.

2. **证明**：设该向量为 (x,y,z)，则

$$\cos^2\varphi=\dfrac{x^2+y^2}{x^2+y^2+z^2},\quad \cos^2\theta=\dfrac{z^2+y^2}{x^2+y^2+z^2},\quad \cos^2\omega=\dfrac{z^2+x^2}{x^2+y^2+z^2},$$

故

$$\cos^2\varphi+\cos^2\theta+\cos^2\omega=\dfrac{z^2+x^2+x^2+y^2+z^2+y^2}{x^2+y^2+z^2}=2.$$

3. **证明**：对方程组 $\begin{cases} 4x+z-1=0, \\ x-2y+3=0, \\ 3x+y-z+4=0, \\ y+2z-8=0 \end{cases}$ 　求解，则该方程组的增广矩阵为

$$\begin{bmatrix} 4 & 0 & 1 & 1 \\ 1 & -2 & 0 & -3 \\ 3 & 1 & -1 & -4 \\ 0 & 1 & 2 & 8 \end{bmatrix}，进行若干次初等行变换后为 \begin{bmatrix} 1 & -2 & 0 & -3 \\ 0 & 1 & 2 & 8 \\ 0 & 0 & -15 & -51 \\ 0 & 0 & 0 & 0 \end{bmatrix}，可知原方程组$$

存在唯一解，所以两直线有且只有一个交点.

4. **解**：由题意可得所求平面的法向量为 $(3,2,-1)\times(1,2,-3)=(-4,8,4)$. 因为平面过点 $(2,1,1)$，所以，所求平面方程为

$$-4(x-2)+8(y-1)+4(z-1)=0,$$

即

$$x-2y-z+1=0.$$

5. **解**：设平面 Π_1 为过直线 $L:\begin{cases}x+y-z=0,\\x+2y+z=0\end{cases}$ 且过已知点 $M(0,1,-1)$ 的平面，则可设它的方程为 $x+y-z+\lambda(x+2y+z)=0$，即 $(1+\lambda)x+(1+2\lambda)y+(-1+\lambda)z=0$，把 $M(0,1,-1)$ 代入，解得 $\lambda=-2$，因此 Π_1 的方程为 $x+3y+3z=0$.

设平面 Π_2 为过直线 $L:\begin{cases}x+y-z=0,\\x+2y+z=0\end{cases}$ 且与 Π_1 垂直的平面，则可设它的方程为

$$x+y-z+\mu(x+2y+z)=0,$$

即

$$(1+\mu)x+(1+2\mu)y+(-1+\mu)z=0,$$

由于它与 Π_1 垂直，则

$$1+\mu+3\times(1+2\mu)+3\times(-1+\mu)=0,$$

解得 $\mu=-\dfrac{1}{10}$，因此 Π_2 的方程为 $9x+8y-11z=0$.

6. **解**：因 L 的方向向量为 $(1,0,0)\times(0,1,-1)=(0,1,1)$，故与直线 $L:\begin{cases}x=0,\\y-z+1=0\end{cases}$ 相垂直的平面可表示为 $y+z=C$，其中 C 为一实数. 由于所求平面过点 $P(1,-1,1)$，将其代入平面方程，得到 $C=0$，解方程组 $\begin{cases}x=0,\\y-z+1=0,\\y+z=0\end{cases}$，得 $\begin{cases}x=0,\\y=-\dfrac{1}{2},\\z=\dfrac{1}{2},\end{cases}$ 于

是，直线 L 与此平面的交点为 $\left(0,-\dfrac{1}{2},\dfrac{1}{2}\right)$. 又由于所求平面与 $z=0$ 垂直，则它平行于 z 轴，故可设其方程为 $Ax+By+D=0$. 因为所求平面过点 $P(1,-1,1)$ 和点 $\left(0,-\dfrac{1}{2},\dfrac{1}{2}\right)$，故有 $\begin{cases}A-B+D=0,\\-\dfrac{B}{2}+D=0,\end{cases}$ 由此解得 $A=D$，$B=2D$. 因此，所求平面方程为 $Dx+2Dy+D=0$，即 $x+2y+1=0$.

7. **解**：直线 $L:\begin{cases}x-y=3,\\3x-y+z=1\end{cases}$ 可写成 $\dfrac{x-3}{1}=\dfrac{y}{1}=\dfrac{z+8}{-2}$，则 P_0 到直线 L 的距离为

$$d=\frac{\left\|\begin{matrix}\boldsymbol{i}&\boldsymbol{j}&\boldsymbol{k}\\3-1&0&-8-(-1)\\1&1&-2\end{matrix}\right\|}{\sqrt{1^2+1^2+(-2)^2}}=\frac{|(7,-3,2)|}{\sqrt{6}}=\frac{\sqrt{93}}{3}.$$

8. **解**：平面 Π：$x-y+2z-1=0$ 的法向量为 $(1,-1,2)$. 设直线 L 与投影直线 L_0 所确定的平面为 α，α 上的点 (x,y,z) 可表示为 (x_0+t,y_0-t,z_0+2t)，其中

(x_0,y_0,z_0) 为直线 L 上的点，t 为一实数，由 $\begin{cases} x=x_0+t, \\ y=y_0-t, \\ z=z_0+2t \end{cases}$ 得 $\begin{cases} x_0=x-t, \\ y_0=y+t, \\ z_0=z-2t, \end{cases}$ 代入 L 的方程

有 $\dfrac{x-t-1}{1}=\dfrac{y+t}{1}=\dfrac{z-2t-1}{-1}$，消去 t 得到 $-x+3y+2z=1$，从而投影直线 L_0 的方程为

$\begin{cases} x-y+2z-1=0, \\ -x+3y+2z=1, \end{cases}$ 或由 L_0 的方向向量为 $(-4,-2,1)$，可将方程化为 $\dfrac{x}{-4}=\dfrac{y}{-2}=$

$\dfrac{z-\dfrac{1}{2}}{1}$.

注：此题也可采用平面束的方法来求解.

9. **解**：平面 Π_1 的法向量 $\boldsymbol{n}_1=(5,-1,3)$，交线 L_1 的方程是

$$\begin{cases} 5x-y+3z-2=0, \\ z=0, \end{cases}$$

它的方向向量是

$$\boldsymbol{s}_1=\begin{vmatrix} \boldsymbol{i} & \boldsymbol{j} & \boldsymbol{k} \\ 0 & 0 & 1 \\ 5 & -1 & 3 \end{vmatrix}=\boldsymbol{i}+5\boldsymbol{j}.$$

因为所求的平面的法向量 $\boldsymbol{n}$ 既垂直于 $\boldsymbol{n}_1$，又垂直于 $\boldsymbol{s}_1$，故可取

$$\boldsymbol{n}=\boldsymbol{s}_1\times\boldsymbol{n}_1=\begin{vmatrix} \boldsymbol{i} & \boldsymbol{j} & \boldsymbol{k} \\ 1 & 5 & 0 \\ 5 & -1 & 3 \end{vmatrix}=15\boldsymbol{i}-3\boldsymbol{j}-26\boldsymbol{k},$$

且因交线 L_1 上的点 $M_1(0,-2,0)$ 亦在所求平面上，故所求平面方程为

$$15x-3(y+2)-26z=0, \quad 即\ 15x-3y-26z-6=0.$$

10. **解**：（方法一）向量 $\overrightarrow{M_1M_2}=(-7,4,-3)$，所给平面的法向量为 $\boldsymbol{n}_1=(6,-2,3)$，而所求平面的法向量 $\boldsymbol{n}$ 既垂直于 $\boldsymbol{n}_1$ 又垂直于 $\overrightarrow{M_1M_2}$，故可取

$$\boldsymbol{n}=\overrightarrow{M_1M_2}\times\boldsymbol{n}_1=\begin{vmatrix} \boldsymbol{i} & \boldsymbol{j} & \boldsymbol{k} \\ -7 & 4 & -3 \\ 6 & -2 & 3 \end{vmatrix}=(6,3,-10),$$

于是，所求平面方程为 $6(x-4)+3(y-1)-10(z-2)=0$，即 $6x+3y-10z-7=0$.

（方法二）设所求平面方程为 $Ax+By+Cz+D=0$，它的法向量为 $\boldsymbol{n}$，则因 $\boldsymbol{n}$ 垂直于所给平面的法向量 $\boldsymbol{n}_1=(6,-2,3)$，故有 $6A-2B+3C=0$. 又因为点 $M_1(4,1,2)$，$M_2(-3,5,-1)$ 在所求的平面上，于是有 $4A+B+2C+D=0$ 及 $-3A+5B-C+D=0$，解方程组

$$\begin{cases} 6A-2B+3C=0, \\ 4A+B+2C+D=0, \\ -3A+5B-C+D=0, \end{cases}$$

$$得\begin{cases} A=-\dfrac{3}{5}C, \\[2mm] B=-\dfrac{3}{10}C, \\[2mm] D=\dfrac{7}{10}C, \end{cases}$$ 因此，所求平面方程为 $6x+3y-10z-7=0$.

（方法三） 设 $M(x,y,z)$ 为所求平面上的任意一点，则向量 $\overrightarrow{M_1M}=(x-4,y-1,z-2)$，$\overrightarrow{M_1M_2}=(-7,4,-3)$ 与 $\boldsymbol{n}_1=(6,-2,3)$ 共面，于是有 $(\boldsymbol{n}_1\times\overrightarrow{M_1M_2})\cdot\overrightarrow{M_1M}=0$，即 $\begin{vmatrix} x-4 & y-1 & z-2 \\ 6 & -2 & 3 \\ -7 & 4 & -3 \end{vmatrix}=0$，化简得 $6x+3y-10z-7=0$.

8.4　综合拓展

习　题

一、选择题

1. 设矩阵 $\begin{pmatrix} a_1 & b_1 & c_1 \\ a_2 & b_2 & c_2 \\ a_3 & b_3 & c_3 \end{pmatrix}$ 是满秩的，则直线 $L_1:\dfrac{x-a_3}{a_1-a_2}=\dfrac{y-b_3}{b_1-b_2}=\dfrac{z-c_3}{c_1-c_2}$ 与另一条直线 $L_2:\dfrac{x-a_1}{a_2-a_3}=\dfrac{y-b_1}{b_2-b_3}=\dfrac{z-c_1}{c_2-c_3}$ 的关系是（　　）.

A. 相交于一点　　　　B. 重合　　　　　　C. 平行但不重合　　　　D. 异面

2. 已知某一平面上三条不同直线分别为

$$L_1:\begin{cases} ax+2by+3c=0, \\ z=0, \end{cases}$$

$$L_2:\begin{cases} bx+2cy+3a=0, \\ z=0, \end{cases}$$

$$L_3:\begin{cases} cx+2ay+3b=0, \\ z=0, \end{cases}$$

其中 a,b,c 不全为 0，则这三条直线相交于一点的充要条件是（　　）.

A. $a+b+c\neq0$　　　　　　　　　B. $a+b+c=0$

C. $a+b+c=1$　　　　　　　　　D. $a+b+c\neq1$

3. 将曲线 L 的参数方程 $\begin{cases} x=a\cos\omega t, \\ y=a\sin\omega t, \\ z=b\omega t \end{cases}$ $(-\infty<t<+\infty)$ 化为一般方程为（　　）.

A. $\begin{cases} x^2+y^2=a^2, \\ y=a\sin\dfrac{z}{b} \end{cases}$　　　　　　　B. $\begin{cases} x^2+y^2=a^2, \\ y=\pm a\sin\dfrac{z}{b} \end{cases}$

C. $\begin{cases} x = a\cos\dfrac{z}{b}, \\ y = \pm a\sin\dfrac{z}{b} \end{cases}$ 　　　　　　　D. $\begin{cases} x = a\cos\dfrac{z}{b}, \\ y = a\sin\dfrac{z}{b} \end{cases}$

4. 已知 a 与 b 均为非零向量且不共线, 作 $c = \lambda a + b$, 其中 λ 为实数, 则使 $|c|$ 最小的数 λ 是（　　）.

A. $-\dfrac{a \cdot b}{|a|^2}$ 　　　　　　　　　　B. $\dfrac{a \cdot b}{|a|^2}$

C. $-\dfrac{a \cdot b}{|b|^2}$ 　　　　　　　　　　D. $\dfrac{a \cdot b}{|b|^2}$

5. 设 p, q, r 为两两垂直的单位向量, 以 $a = p - 3q + r, b = 2p + q - 2r$ 和 $c = p + q + r$ 为邻边的平行六面体的体积是（　　）.

A. 0 　　　　　　B. 5 　　　　　　C. 16 　　　　　　D. 25

6. 直线 L: $\dfrac{x-1}{0} = \dfrac{y}{1} = \dfrac{z}{1}$ 绕 z 轴旋转一周所得旋转曲面的方程是（　　）.

A. $x^2 + y^2 + z^2 = 1$ 　　　　　　　B. $x^2 + y^2 - z^2 = 1$

C. $x^2 + y^2 + z^2 = 0$ 　　　　　　　D. $x^2 + y^2 - z^2 = 0$

二、填空题

1. 若 a 为非零向量, 则极限 $\lim\limits_{x \to 0} \dfrac{|a + xb| - |a - xb|}{x} = $ ＿＿＿＿＿＿.

2. 设 $|c| = 2$, $|d| = 3$, $(c\overset{\wedge}{,}d) = \dfrac{\pi}{3}$, 则以向量 $a = 2c - d$ 和 $b = c + 3d$ 为邻边的平行四边形的对角线的长为＿＿＿＿＿.

3. 直线 $\dfrac{x-1}{1} = \dfrac{y}{1} = \dfrac{z-1}{-1}$ 在平面 $x - y + 2z - 1 = 0$ 上的投影直线 L_0 的方程为 ＿＿＿＿＿, 此投影直线绕 y 轴旋转一周所得曲面的方程为＿＿＿＿＿.

4. 以 $A(5, 0, 0)$ 为顶点, 母线与球面 $x^2 + y^2 + z^2 = 9$ 相切的圆锥面方程为＿＿＿＿＿.

5. 空间中的两条直线 L_1: $\dfrac{x+1}{2} = \dfrac{y-1}{1} = \dfrac{z}{-3}$ 和 L_2: $\dfrac{x-2}{4} = \dfrac{y-3}{-1} = \dfrac{z+4}{2}$ 之间的距离为 ＿＿＿＿＿.

三、计算题

1. 已知 $a + 3b$ 与 $7a - 5b$ 垂直, 且 $7a - 2b$ 与 $a - 4b$ 垂直, 求 a 与 b 的夹角.

2. 设平面 $\varPi$: $x + y + 2z - 1 = 0$ 与球面 $x^2 + y^2 + z^2 = 1$ 相交成一个圆, 试求这个圆的圆心.

3. 设柱面的母线平行于直线 $x = y = z$, 其准线为 $\varGamma$: $\begin{cases} x^2 + y^2 + z^2 = 1, \\ x + y + z = 0, \end{cases}$ 求此柱面方程.

4. 求平面 $x - 3y + 2z - 5 = 0$ 和 $3x - 2y - z + 3 = 0$ 的夹角的平分面的方程.

5. 试在平面 $x + y + z - 1 = 0$ 与三坐标面所围成的四面体内求一点, 使它与四面体各侧面的距离相等, 并求内切于该四面体的球面方程.

6. 已知直线 $L_1: \dfrac{x-9}{4}=\dfrac{y+2}{-3}=\dfrac{z}{1}$ 及直线 $L_2: \dfrac{x}{-2}=\dfrac{y+7}{9}=\dfrac{z-2}{2}$, 试求 L_1 与 L_2 的公垂线方程.

7. 求过直线 $L_1: \dfrac{x}{2}=\dfrac{y}{-1}=\dfrac{z-1}{2}$ 且与直线 $L_2: \begin{cases} y=-z, \\ x=z \end{cases}$ 平行的平面方程.

8. 求过点 $M_1(-1, 0, 4)$, 且与平面 $\Pi_1: 3x-4y+z-10=0$ 平行, 又与直线 $L_1: \dfrac{x+1}{3}=y-3=\dfrac{z}{2}$ 相交的直线方程.

习 题 详 解

一、选择题

1. A. **解析**: (方法一) 采用代入特殊值的方法, 令 $a_1=b_2=c_3=1$, 矩阵中的其余数均为零, 则两条直线变为 $L_1: \dfrac{x}{1}=\dfrac{y}{-1}=\dfrac{z-1}{0}$ 与 $L_2: \dfrac{x-1}{0}=\dfrac{y}{1}=\dfrac{z}{-1}$, 它们有交点 $(1, -1, 1)$ 且不重合.

注: 本题如果直接求交点会比较复杂.

(方法二) 采用排除法. 对矩阵进行初等变换, 并不改变其秩, 从而有

$$\begin{pmatrix} a_1 & b_1 & c_1 \\ a_2 & b_2 & c_2 \\ a_3 & b_3 & c_3 \end{pmatrix} \rightarrow \begin{pmatrix} a_1-a_2 & b_1-b_2 & c_1-c_2 \\ a_2-a_3 & b_2-b_3 & c_2-c_3 \\ a_3 & b_3 & c_3 \end{pmatrix}.$$

由变换后的矩阵仍满秩, 知第一行与第二行对应不成比例, 故两直线不平行, 可排除选项 B 和 C; 又由 $\begin{vmatrix} a_1-a_2 & b_1-b_2 & c_1-c_2 \\ a_2-a_3 & b_2-b_3 & c_2-c_3 \\ a_3-a_1 & b_3-b_1 & c_3-c_1 \end{vmatrix}=0$, 知它们不是异面的, 故排除选项 D.

2. B. **解析**: 事实上, 可证明选项 B 对应的条件即充要条件.

必要性: 设三条直线交于点 C, 则方程组 $\begin{cases} ax+2by+3c=0, \\ bx+2cy+3a=0, \\ cx+2ay+3b=0 \end{cases}$ 有唯一解, 从而方程组的增广矩阵的秩为 2, 即有

$$\begin{vmatrix} a & 2b & -3c \\ b & 2c & -3a \\ c & 2a & -3b \end{vmatrix}=6(a+b+c)(a^2+b^2+c^2-ab-ac-bc)$$

$$=3(a+b+c)[(a-b)^2+(a-c)^2+(b-c)^2]=0.$$

由三个方程互不相同, 知 $(a-b)^2+(a-c)^2+(b-c)^2\neq0$, 则 $a+b+c=0$.

充分性: 由于 $a+b+c=0$, 因此 $\begin{vmatrix} a & 2b & -3c \\ b & 2c & -3a \\ c & 2a & -3b \end{vmatrix}=0$. 又

$$\begin{vmatrix} a & 2b \\ b & 2c \end{vmatrix} = 2(ac - b^2) = -2\left[\left(a + \frac{1}{2}b\right)^2 + \frac{3}{4}b^2\right] \neq 0 \quad (将 c = -a - b 代入得到此式),$$

所以由三条直线的方程组成的方程组的系数矩阵的秩为 2,增广矩阵的秩也为 2,则该方程组有唯一解,故三条直线相交于一点.

3. D. **解析**:显然,选项 A 与 B 中的 $x^2 + y^2 = a^2$ 是由 $\begin{cases} x = a\cos\omega t, \\ y = a\sin\omega t, \quad (-\infty < t < +\infty) \\ z = b\omega t \end{cases}$

中的前两个方程平方后相加得到的,这就使原来方程增加了根,故均错误. 选项 C 中的第二个方程有正负号,不是一个函数,故选项 C 错误. 因此选 D. 事实上,可由 $z = b\omega t$ 解出 ωt,将其代入第一、二个方程中,即得曲线 L 的一般方程.

4. A. **解析**:可设

$$f(\lambda) = |c|^2 = (\lambda a + b) \cdot (\lambda a + b) = \lambda^2 |a|^2 + 2\lambda(a \cdot b) + |b|^2,$$

令 $f'(\lambda) = 0$,可得 $2\lambda|a|^2 + 2(a \cdot b) = 0$,从而有 $\lambda_0 = -\dfrac{a \cdot b}{|a|^2}$. 又 $f''(\lambda_0) = 2|a|^2 > 0$,所以当 $\lambda_0 = -\dfrac{a \cdot b}{|a|^2}$ 时,$|c|^2$ 最小,也就是 $|c|$ 最小,故选 A.

5. C. **解析**:以三个向量为邻边的平行六面体的体积即这三个向量的混合积的绝对值,从而有

$$|(a \times b) \cdot c| = \left| \begin{vmatrix} 1 & -3 & 1 \\ 2 & 1 & -2 \\ 1 & 1 & 1 \end{vmatrix} \right| = |16| = 16.$$

6. B. **解析**:在直线上任取一点 $P_0(x_0, y_0, z_0)$,则必有 $x_0 = 1$. 当直线绕 z 轴旋转一周时,由 P_0 生成的动点 $P(x, y, z)$ 的轨迹的高度 $z = z_0$ 保持不变,动点 $P(x, y, z)$ 的轨迹到 z 轴的距离也不变,设为 d,从而有 $d^2 = x_0^2 + y_0^2 = 1 + y_0^2 = x^2 + y^2$. 又由直线方程知 $y_0 = z_0$,所以有 $x^2 + y^2 = 1 + y_0^2 = 1 + z_0^2 = 1 + z^2$,故所求的曲面方程为 $x^2 + y^2 - z^2 = 1$,它是一个旋转单叶双曲面.

二、填空题

1. $2|b|\cos(\overset{\frown}{a, b})$. **解析**:

$$\lim_{x \to 0} \frac{|a + xb| - |a - xb|}{x} = \lim_{x \to 0} \frac{|a + xb|^2 - |a - xb|^2}{x(|a + xb| + |a - xb|)}$$

$$= \lim_{x \to 0} \frac{(a + xb) \cdot (a + xb) - (a - xb) \cdot (a - xb)}{x(|a + xb| + |a - xb|)}$$

$$= \lim_{x \to 0} \frac{4x a \cdot b}{x(|a + xb| + |a - xb|)}$$

$$= \frac{2a \cdot b}{|a|} = 2|b|\cos(\overset{\frown}{a, b}).$$

2. $6\sqrt{3}, 2\sqrt{31}$. **解析**:由向量相加的平行四边形法则,知所求的对角线有两条,其长度分别为 $|a + b|$ 和 $|a - b|$.

$$|a+b|=|(2c-d)+(c+3d)|=|3c+2d|$$
$$=\sqrt{(3c+2d)\cdot(3c+2d)}$$
$$=\sqrt{9|c|^2+12c\cdot d+4|d|^2}$$
$$=\sqrt{36+72\cos\frac{\pi}{3}+36}=6\sqrt{3}.$$

同理，可计算出 $|a-b|=|c-4d|=2\sqrt{31}$.

3. $\begin{cases}x-3y-2z+1=0,\\ x-y+2z-1=0\end{cases}$, $4x^2-17y^2+4z^2+2y-1=0$. **解析**：将直线方程写成

$\begin{cases}x-y-1=0,\\ y+z-1=0,\end{cases}$ 则过此直线的平面束方程为

$$x-y-1+\lambda(y+z-1)=0,\quad 即\ x+(\lambda-1)y+\lambda z-\lambda-1=0,$$

当它与平面 $x-y+2z-1=0$ 垂直时，有 $(1,\lambda-1,\lambda)\cdot(1,-1,2)=1-\lambda+1+2\lambda=0$，解得 $\lambda=-2$，从而所求投影直线 L_0 的方程为

$$\begin{cases}x-3y-2z+1=0,\\ x-y+2z-1=0.\end{cases}$$

考虑直线 L_0 绕 y 轴旋转一周，改写其方程为 $\begin{cases}x=2y,\\ z=-\dfrac{1}{2}(y-1).\end{cases}$ 设所求的旋转曲面为

Σ，取 Σ 上任意一点为 $P(x,y,z)$，显然 $P(x,y,z)$ 为直线 $\begin{cases}x-3y-2z+1=0,\\ x-y+2z-1=0\end{cases}$ 上的一点

$P_0(x_0,y_0,z_0)$ 绕 y 轴旋转得到的，由纵坐标不变及 $P(x,y,z)$ 和 $P_0(x_0,y_0,z_0)$ 到 y 轴的距离相等，可得 $x^2+z^2=x_0^2+z_0^2$，$y=y_0$，因此

$$x^2+z^2=(2y)^2+\left[-\frac{1}{2}(y-1)\right]^2,\quad 即\ 4x^2-17y^2+4z^2+2y-1=0.$$

4. $9(x-5)^2-16y^2-16z^2=0$. **解析**：设任一母线与球面 $x^2+y^2+z^2=9$ 相切于点 (x_0,y_0,z_0)，则母线方程为 $\dfrac{x-5}{x_0-5}=\dfrac{y}{y_0}=\dfrac{z}{z_0}$. 令 $\dfrac{x-5}{x_0-5}=\dfrac{y}{y_0}=\dfrac{z}{z_0}=\dfrac{1}{t}$，得 $x_0=5+t(x-5)$，$y_0=yt$，$z_0=zt$，将其代入球面方程，有

$$[(x-5)^2+y^2+z^2]t^2+10(x-5)t+16=0.$$

由于 (x_0,y_0,z_0) 为切点，因此该方程有重根，所以

$$\Delta=100(x-5)^2-64[(x-5)^2+y^2+z^2]=0,$$

从而所求的方程为

$$9(x-5)^2-16y^2-16z^2=0.$$

5. $\dfrac{11\sqrt{293}}{293}$. **解析**：（方法一）过 L_1 且与 L_2 平行的平面 Π 的法向量为

$$n=(2,1,-3)\times(4,-1,2)=(-1,-16,-6).$$

由于平面 Π 过点 $(-1,1,0)$，因此其方程为 $x+16y+6z-15=0$，从而 L_2 上的点 $(2,3,-4)$ 到该平面的距离为

$$d = \frac{|2+16\times3+6\times(-4)-15|}{\sqrt{1+256+36}} = \frac{11}{\sqrt{293}} = \frac{11\sqrt{293}}{293},$$

它即所求的距离.

（方法二）设 L_1 过点 $M_1(-1,1,0)$，L_2 过点 $M_2(2,3,-4)$，利用异面直线的距离公式求解：

$$d = \left| \frac{(s_1 \times s_2) \cdot \overrightarrow{M_1M_2}}{|s_1 \times s_2|} \right| = \left| \frac{\begin{vmatrix} 2 & 1 & -3 \\ 4 & -1 & 2 \\ 2-(-1) & 3-1 & -4-0 \end{vmatrix}}{\begin{Vmatrix} i & j & k \\ 2 & 1 & -3 \\ 4 & -1 & 2 \end{Vmatrix}} \right| = \frac{11}{\sqrt{293}} = \frac{11\sqrt{293}}{293}.$$

三、计算题

1. 解：由于 $a+3b$ 与 $7a-5b$ 垂直，且 $7a-2b$ 与 $a-4b$ 垂直，因此

$$(a+3b) \cdot (7a-5b) = 7a^2 + 16a \cdot b - 15b^2$$

$$= 7|a|^2 - 15|b|^2 + 16|a||b|\cos(\widehat{a,b}) = 0, \qquad (1)$$

$$(7a-2b) \cdot (a-4b) = 7a^2 - 30a \cdot b + 8b^2$$

$$= 7|a|^2 + 8|b|^2 - 30|a||b|\cos(\widehat{a,b}) = 0. \qquad (2)$$

联立式(1)和式(2)，求得 $\cos(\widehat{a,b}) = \dfrac{|b|}{2|a|}$，将其代入式(1)，得 $|a|^2 = |b|^2$，从而有 $|a| = |b|$，所以 $\cos(\widehat{a,b}) = \dfrac{1}{2}$，故 $(\widehat{a,b}) = \dfrac{\pi}{3}$.

2. 解：设该圆的圆心为 $M_0(x_0,y_0,z_0)$，由球面方程知球心的坐标为 $O(0,0,0)$，从而有直线 OM_0 垂直于平面 Π：$x+y+2z-1=0$. 因为 $n=(1,1,2)$ 为平面 Π 的一个法向量，所以有 $\overrightarrow{OM_0} /\!/ n$，即 $\dfrac{x_0}{1} = \dfrac{y_0}{1} = \dfrac{z_0}{2}$. 由于点 M_0 在平面 Π 上，因此 $x_0+y_0+2z_0-1=0$，于是 $x_0 = \dfrac{1}{6}$，$y_0 = \dfrac{1}{6}$，$z_0 = \dfrac{1}{3}$，即 $M_0\left(\dfrac{1}{6},\dfrac{1}{6},\dfrac{1}{3}\right)$.

3. 解：设 $M(x,y,z)$ 为柱面上任意一点，该点所在的母线与准线 Γ 相交于点 $M_1(x_1,y_1,z_1)$，则向量 $\overrightarrow{MM_1}$ 平行于直线 $x=y=z$，从而有 $\dfrac{x_1-x}{1} = \dfrac{y_1-y}{1} = \dfrac{z_1-z}{1}$. 由于 $M_1(x_1,y_1,z_1) \in \Gamma$，因此 $x_1^2+y_1^2+z_1^2=1$ 且 $x_1+y_1+z_1=0$. 联立上述三个方程，得

$$x_1 = \frac{2x-y-z}{3}, \quad y_1 = \frac{2y-z-x}{3}, \quad z_1 = \frac{2z-x-y}{3},$$

将其代入 $x_1^2+y_1^2+z_1^2=1$ 中，得柱面方程为

$$(x-y)^2 + (y-z)^2 + (z-x)^2 = 3.$$

4. 解：设 $M(x,y,z)$ 为角平分面上的任一点，则有

$$\frac{|x-3y+2z-5|}{\sqrt{1+9+4}} = \frac{|3x-2y-z+3|}{\sqrt{9+4+1}},$$

所以有
$$x-3y+2z-5=\pm(3x-2y-z+3),$$
故所求角平分面的方程为
$$2x+y-3z+8=0 \text{ 或 } 4x-5y+z-2=0.$$

5. **解**：设该点坐标为 (x_0, y_0, z_0)，由题意可得
$$x_0=y_0=z_0=\frac{|x_0+y_0+z_0-1|}{\sqrt{1+1+1}}, \quad x_0\geqslant 0, y_0\geqslant 0, z_0\geqslant 0, x_0+y_0+z_0\leqslant 1,$$
从而可求得 $x_0=y_0=z_0=\dfrac{3-\sqrt{3}}{6}$. 于是，相应的球面方程为
$$\left(x-\frac{3-\sqrt{3}}{6}\right)^2+\left(y-\frac{3-\sqrt{3}}{6}\right)^2+\left(z-\frac{3-\sqrt{3}}{6}\right)^2=\left(\frac{3-\sqrt{3}}{6}\right)^2.$$

6. **解**：直线 $L_1: \dfrac{x-9}{4}=\dfrac{y+2}{-3}=\dfrac{z}{1}$ 的方向向量为 $(4,-3,1)$，直线 $L_2: \dfrac{x}{-2}=\dfrac{y+7}{9}=$ $\dfrac{z-2}{2}$ 的方向向量为 $(-2,9,2)$，则两直线公垂线的方向向量为 $(4,-3,1)\times$ $(-2,9,2)=5\times(-3,-2,6)$. 设公垂线过 L_1 上的点 (x_0,y_0,z_0)，同时存在一个 t，使点 (x_0-3t, y_0-2t, z_0+6t) 在 L_2 上，从而有
$$\frac{x_0-9}{4}=\frac{y_0+2}{-3}=\frac{z_0}{1}, \quad \frac{x_0-3t}{-2}=\frac{y_0-2t+7}{9}=\frac{z_0+6t-2}{2},$$
联立以上两个方程可得 $x_0=1, y_0=4, z_0=-2, t=1$，所以公垂线的方程为
$$\frac{x-1}{-3}=\frac{y-4}{-2}=\frac{z+2}{6}.$$

7. **解**：（方法一）直线 L_1 的方向向量为 $s_1=(2,-1,2)$，直线 L_2 的方向向量为
$$s_2=\begin{vmatrix} i & j & k \\ 0 & 1 & 1 \\ 1 & 0 & -1 \end{vmatrix}=(-1,1,-1),$$
于是，可取所求平面的法向量为
$$n=s_1\times s_2=\begin{vmatrix} i & j & k \\ 2 & -1 & 2 \\ -1 & 1 & -1 \end{vmatrix}=(-1,0,1),$$
又平面过点 $(0,0,1)$，故所求的平面方程为 $-1\times(x-0)+0\times(y-0)+1\times(z-1)=0$，即 $x-z+1=0$.

（方法二）设所求的平面方程为 $Ax+By+Cz+D=0$，它的法向量是 $n=(A,B,C)$. 由 $n\perp s_1$ 及 $n\perp s_2$，知 $\begin{cases} 2A-B+2C=0, \\ -A+B-C=0, \end{cases}$ 这里 s_1 及 s_2 同方法一. 又点 $(0,0,1)$ 在所求的平面上，故 $C+D=0$，联立三个方程，解得 $\begin{cases} A=D, \\ B=0, \\ C=-D, \end{cases}$ 于是所求的平面方程为 $x-z+1=0$.

8. **解**：（方法一）平面 Π_1 的法向量为 $n_1=(3,-4,1)$，则过点 $M_1(-1,0,4)$，且平

行于平面 Π_1 的平面方程为
$$3(x+1)-4(y-0)+(z-4)=0, \quad \text{即} \ 3x-4y+z-1=0.$$
作过点 $M_1(-1, 0, 4)$ 与直线 L_1 的平面 Π_2，设它的法向量为 n_2. 因为直线 L_1 上的点 $M_2(-1, 3, 0)$ 与点 $M_1(-1, 0, 4)$ 均在平面 Π_2 上，所以 $n_2 \perp \overrightarrow{M_1M_2}$. 又 n_2 垂直于直线 L_1 的方向向量 $s_1=(3, 1, 2)$，$\overrightarrow{M_1M_2}=(0, 3, -4)$，故可取
$$n_2 = s_1 \times \overrightarrow{M_1M_2} = \begin{vmatrix} i & j & k \\ 3 & 1 & 2 \\ 0 & 3 & -4 \end{vmatrix} = (-10, 12, 9),$$
于是，平面 Π_2 的方程为
$$-10(x+1)+12(y-0)+9(z-4)=0, \quad \text{即} \ 10x-12y-9z+46=0,$$
因此所求直线 L 的方程为 $\begin{cases} 3x-4y+z-1=0, \\ 10x-12y-9z+46=0. \end{cases}$

（方法二）设所求直线 L 与已知直线 L_1 的交点为 $M_0(x_0, y_0, z_0)$，则所求直线 L 的方向向量 $s=(x_0+1, y_0, z_0-4)$. 因为所求直线 L 平行于已知平面 Π_1，故 s 与平面 Π_1 的法向量 $n_1=(3, -4, 1)$ 垂直，于是 $3(x_0+1)-4y_0+z_0-4=0$. 又交点 $M_0(x_0, y_0, z_0)$ 在已知直线 L_1：$\dfrac{x+1}{3}=y-3=\dfrac{z}{2}$ 上，所以有 $\dfrac{x_0+1}{3}=y_0-3$ 及 $y_0-3=\dfrac{z_0}{2}$，解方程组
$$\begin{cases} 3(x_0+1)-4y_0+z_0-4=0, \\ x_0+1=3(y_0-3), \\ z_0=2(y_0-3), \end{cases} \quad \text{得} \ x_0=\frac{41}{7}, \ y_0=\frac{37}{7}, \ z_0=\frac{32}{7}. \ \text{因此，所求直线} \ L \ \text{的方程为}$$
$\dfrac{x+1}{\frac{41}{7}+1}=\dfrac{y}{\frac{37}{7}}=\dfrac{z-4}{\frac{32}{7}-4}$，化简得 $\dfrac{x+1}{12}=\dfrac{4y}{37}=\dfrac{z-4}{1}$.

（方法三）设所求直线 L 的方程为 $\dfrac{x+1}{l}=\dfrac{y}{m}=\dfrac{z-4}{n}$，这里 L 的方向向量 $s=(l, m, n)$. 因为直线 L_1 的方向向量 $s_1=(3, 1, 2)$，点 $M_1(-1, 0, 4)$ 及直线 L_1 上的点 $M_2(-1, 3, 0)$ 均在由直线 L 与 L_1 所确定的平面上，故有 $(s \times s_1) \cdot \overrightarrow{M_1M_2}=0$，即 $\begin{vmatrix} l & m & n \\ 3 & 1 & 2 \\ 0 & 3 & -4 \end{vmatrix}=0$，整理得 $-10l+12m+9n=0$. 又所求直线 L 与平面 Π_1：$3x-4y+z-10=0$ 平行，所以 $3l-4m+n=0$. 解方程组 $\begin{cases} -10l+12m+9n=0, \\ 3l-4m+n=0 \end{cases}$ 得 $l=12n$，$m=\dfrac{37}{4}n$. 故所求直线 L 的方程为 $\dfrac{x+1}{12}=\dfrac{4y}{37}=\dfrac{z-4}{1}$.

8.5　本章自测题

一、选择题(每小题 3 分，共 24 分)

1. 设 a，b，c 均为非零向量，则与 a 不垂直的向量是(　　　).

A. $(\boldsymbol{a} \cdot \boldsymbol{c})\boldsymbol{b} - (\boldsymbol{a} \cdot \boldsymbol{b})\boldsymbol{c}$ 　　　　　B. $\boldsymbol{b} - \dfrac{\boldsymbol{a} \cdot \boldsymbol{b}}{\boldsymbol{a}^2}\boldsymbol{a}$

C. $\boldsymbol{a} \times \boldsymbol{b}$ 　　　　　　　　　D. $\boldsymbol{a} + (\boldsymbol{a} \times \boldsymbol{b}) \times \boldsymbol{a}$

2. 向量 $\boldsymbol{a} = (6, -1, 2)$ 在向量 $\boldsymbol{b} = (7, -4, 4)$ 上的投影为(　　).

A. 3　　　　　B. 6　　　　　C. -2　　　　　D. -4

3. 曲线 $\begin{cases} x^2 + 4y^2 - z^2 = 16, \\ 4x^2 + y^2 + z^2 = 4 \end{cases}$ 在 xOy 面上的投影方程为(　　).

A. $\begin{cases} x^2 + 4y^2 = 16, \\ z = 0 \end{cases}$ 　　　　　B. $\begin{cases} 4x^2 + y^2 = 4, \\ z = 0 \end{cases}$

C. $\begin{cases} x^2 + y^2 = 4, \\ z = 0 \end{cases}$ 　　　　　D. $x^2 + y^2 = 4$

4. 已知曲线方程 $\begin{cases} x^2 - y^2 = 4, \\ z = 0, \end{cases}$ 则该曲线绕 x 轴旋转所形成的曲面方程为(　　).

A. $x^2 - y^2 - z^2 = 4$ 　　　　　B. $x^2 - y^2 + z^2 = 4$

C. $x^2 + y^2 - z^2 = 4$ 　　　　　D. $x^2 + y^2 + z^2 = 4$

5. 已知两直线 $\dfrac{x}{2} = \dfrac{y+2}{-2} = \dfrac{1-z}{-1}$ 和 $\dfrac{x-1}{4} = \dfrac{y-3}{M} = \dfrac{z+1}{-2}$ 相互垂直,则 M 等于(　　).

A. 3　　　　　B. 5　　　　　C. -2　　　　　D. -4

6. 已知两直线 $\dfrac{x-4}{2} = \dfrac{y+1}{3} = \dfrac{z+2}{5}$ 和 $\dfrac{x+1}{-3} = \dfrac{y-1}{2} = \dfrac{z-3}{4}$,则它们的位置关系是(　　).

A. 相交　　　　　　　　　　B. 异面

C. 平行,但不重合　　　　　　D. 重合

7. 已知两直线 $L_1 : \dfrac{x+1}{1} = \dfrac{y-5}{-2} = \dfrac{z+8}{1}$ 和 $L_2 : \begin{cases} x - y = 6, \\ 2y + z = 3, \end{cases}$ 则 L_1 与 L_2 的夹角为(　　).

A. $\dfrac{\pi}{6}$　　　　　B. $\dfrac{\pi}{4}$　　　　　C. $\dfrac{\pi}{3}$　　　　　D. $\dfrac{\pi}{2}$

8. 已知直线 $L : \begin{cases} x + 3y + 2z + 1 = 0, \\ 2x - y - 10z + 3 = 0 \end{cases}$ 和平面 $\varPi : 4x - 2y + z - 2 = 0$,则直线 L 和平面 $\varPi$ 的位置关系为(　　).

A. $L \perp \varPi$　　　　　　　　B. $L /\!/ \varPi$,但 L 不在 $\varPi$ 内

C. L 在 $\varPi$ 内　　　　　　　D. L 与 $\varPi$ 斜交

二、填空题(每小题 3 分,共 12 分)

1. 已知 $\boldsymbol{a} = (1, 0, 2)$, $\boldsymbol{b} = (1, 1, 3)$, $\boldsymbol{d} = \boldsymbol{a} + \lambda(\boldsymbol{a} \times \boldsymbol{b}) \times \boldsymbol{a}$,若 $\boldsymbol{b} /\!/ \boldsymbol{d}$,则 $\lambda = $ _____.

2. 一条直线过点 $(2, -3, 4)$,且垂直于直线 $\dfrac{x-2}{1} = \dfrac{1-y}{1} = \dfrac{z+5}{2}$ 和直线 $\dfrac{x-4}{3} = \dfrac{y+2}{-2} = \dfrac{z-1}{1}$,则该直线方程是 _____.

3. 点 $(2, 1, 0)$ 到平面 $3x + 4y + 5z = 0$ 的距离为 _____.

4. 经过已知点$(1，-1，4)$和直线$\dfrac{x+1}{2}=\dfrac{y}{5}=\dfrac{1-z}{-1}$的平面方程是_____.

三、计算题(每小题 6 分，共 36 分)

1. 已知$|\boldsymbol{a}|=\sqrt{3}$，$|\boldsymbol{b}|=1$，$\boldsymbol{a}$ 与 $\boldsymbol{b}$ 的夹角为$\dfrac{\pi}{6}$，求向量 $\boldsymbol{a}+\boldsymbol{b}$ 和 $\boldsymbol{a}-\boldsymbol{b}$ 的夹角.

2. 求过原点 O 并包含直线$\begin{cases}x=3-t，\\ y=1+2t，\\ z=t\end{cases}$的平面方程.

3. 求平行于平面 $x+y+z=100$ 且与球面 $x^2+y^2+z^2=4$ 相切的平面方程.

4. 求点 $A(4，1，-2)$ 到直线$\begin{cases}x-y+z+5=0，\\ 2x+z-4=0\end{cases}$的距离.

5. 求过点 $A(2，-3，1)$ 且与直线$\dfrac{x-1}{2}=\dfrac{y+1}{-1}=\dfrac{z-3}{3}$垂直相交的直线方程.

6. 求过点 $A(2，3，1)$ 且与两条直线 $L_1：\begin{cases}x+y=0，\\ x-y+z+4=0\end{cases}$ 和 $L_2：\begin{cases}x+3y-1=0，\\ y+z-2=0\end{cases}$均相交的直线方程.

四、应用及证明题(第 1、2 小题每题 8 分，第 3 小题 12 分，共 28 分)

1. 求直线 $L_1：\dfrac{x+5}{6}=\dfrac{1-y}{1}=\dfrac{z+3}{1}$ 与直线 $L_2：\begin{cases}x+5y+z=0，\\ x+y-z+4=0\end{cases}$之间的最短距离.

2. 在一切过直线 $L：\begin{cases}x+y+z=-1，\\ 2x+y+z=0\end{cases}$ 的平面中找一个平面，使原点到其距离最长.

3. 证明：通过两条平行直线$\begin{cases}x=a_i+lt，\\ y=b_i+mt，\\ z=c_i+nt\end{cases}(i=1，2)$的平面方程可写成行列式方程

$$\Pi：\begin{vmatrix} x-a_1 & y-b_1 & z-c_1 \\ a_2-a_1 & b_2-b_1 & c_2-c_1 \\ l & m & n \end{vmatrix}=0.$$

第 9 章 多元函数微分法及其应用

9.1 本章内容和学习要求

本章内容： 多元函数的基本概念，二元函数的几何意义，二元函数的极限与连续，有界闭区域上的多元连续函数的有界性定理和介值定理，多元函数的偏导数和全微分，多元复合函数的求导法则，隐函数的求导公式，方向导数与梯度，空间曲线的切线与法平面，曲面的切平面与法线，多元函数的极值和条件极值，多元函数的最值.

学习要求：

（1）理解多元函数的概念、极限和连续性，了解有界闭区域上多元连续函数的性质，掌握二元函数的连续性及其极限的求法.

（2）掌握多元函数偏导数、全微分的求法和多元复合函数一阶、二阶偏导数的计算方法.

（3）理解隐函数存在定理，掌握隐函数偏导数的求法.

（4）掌握方向导数与梯度的求法.

（5）会求空间曲线的切线方程、法平面方程和曲面的切平面方程、法线方程.

（6）理解二元函数极值存在的必要条件、充分条件，掌握求二元函数极值的方法，会用拉格朗日乘数法求条件极值，会求解一些简单的最大值和最小值的应用问题.

9.2 基 础 巩 固

习 题

一、选择题

1. 二元函数 $f(x,y)$ 在点 (x_0,y_0) 处两个偏导数 $f_x(x_0,y_0)$、$f_y(x_0,y_0)$ 存在是 $f(x,y)$ 在点 (x_0,y_0) 处连续的（   ）.

A. 充分条件而非必要条件

B. 必要条件而非充分条件

C. 充分必要条件

D. 既非充分条件又非必要条件

2. 设 $z=2^{x+y^2}$，则 z_y 等于（   ）.

A. $y \cdot 2^{x+y^2}\ln 4$

B. $(x^2+y^2) \cdot 2y\ln 4$

C. $2y(x+y^2)e^{x+y^2}$

D. $2y \cdot 4^{x+y^2}$

3. 设 $u = \arccos\sqrt{1-xy}$，则 u_x 等于(　　　　).

A. $\dfrac{y}{\sqrt{1-xy}}$

B. $\dfrac{y}{\sqrt{1-(1-xy)^2}}$

C. $\dfrac{y\sin\sqrt{1-xy}}{\sqrt{1-(1-xy)^2}}$

D. $\dfrac{y}{2\sqrt{xy(1-xy)}}$

4. 设 $z = 3^{xy}$，而 $x = f(y)$ 且 $f(y)$ 可导，则 $\dfrac{\mathrm{d}z}{\mathrm{d}y}$ 等于(　　　　).

A. $3^{xy}[y + x \cdot f'(y)] \cdot \ln 3$

B. $3^{xy}[x + y \cdot f'(y)] \cdot \ln 3$

C. $\dfrac{3^{xy}}{\ln 3}[x + y \cdot f'(y)]$

D. $z_x \cdot f'(y) + z_y - 3^{xy}[x + y \cdot f'(y)]\ln 3$

5. 函数 $z = f(x, y)$ 在点 (x_0, y_0) 处具有偏导数是它在该点存在全微分的(　　　).

A. 必要条件而非充分条件

B. 充分条件而非必要条件

C. 充分必要条件

D. 既非充分条件又非必要条件

6. 设 $z = \tan\left(x + yx^2 - \dfrac{\pi}{3}\right)$，则 z_x 等于(　　　　).

A. $\dfrac{1+2xy}{1+\left(x+yx^2-\dfrac{\pi}{3}\right)^2}$

B. $\dfrac{1+2xy-\dfrac{\sqrt{3}}{2}}{1+\left(x+yx^2-\dfrac{\pi}{3}\right)^2}$

C. $(1+2xy) \cdot \sec^2\left(x+x^2y-\dfrac{\pi}{3}\right)$

D. $\left(1+2xy-\dfrac{\pi}{3}\right) \cdot \sec^2\left(x+x^2y-\dfrac{\pi}{3}\right)$

7. 设 $z = \sec(xy-1)$，则 z_x 等于(　　　　).

A. $\sec(xy-1)\tan(xy-1)$

B. $y\sec(xy-1)\tan(xy-1)$

C. $y\tan^2(xy-1)$

D. $-y\tan^2(xy-1)$

8. 设 $u = (x-y)^z$，而 $z = x^2 + y^2$，则 $u_x + u_y$ 等于(　　　　).

A. $2[z(x-y)^{z-1} + (x+y)(x-y)^z\ln(x-y)]$

B. $2z(x-y)^z$

C. $2(x-y)^z(x+y)\ln(x-y)$

D. $2(x-y)^{z+1}\ln(x-y)$

9. 曲线 $x = t$，$y = -t^2$，$z = t^3$ 的所有切线中，与平面 $x + 2y + z = 4$ 平行的切线(　　　).

A. 只有 1 条

B. 只有 2 条

C. 至少有 3 条

D. 不存在

10. 曲线 $\begin{cases} x = y^2 \\ z = x^2 \end{cases}$ 上点 $(1, 1, 1)$ 处的法平面方程是(　　　).

A. $2x - y - 4z + 3 = 0$

B. $2x - y + 4z - 5 = 0$

C. $2x + y + 4z - 7 = 0$

D. $-2x - y + 4z - 1 = 0$

11. 函数 $u = u(x, y, z)$ 在点 (x, y, z) 处可微，则它在该点沿方向 $l = (\cos\alpha, \cos\beta,$ $\cos\gamma)$ 的方向导数 $\dfrac{\partial u}{\partial l}$ 为(　　　).

A. $\dfrac{\partial u}{\partial x}\boldsymbol{i}+\dfrac{\partial u}{\partial y}\boldsymbol{j}+\dfrac{\partial u}{\partial z}\boldsymbol{k}$ 　　　　B. $\dfrac{\partial u}{\partial x}\cos\alpha\boldsymbol{i}+\dfrac{\partial u}{\partial y}\cos\beta\boldsymbol{j}+\dfrac{\partial u}{\partial z}\cos\gamma\boldsymbol{k}$

C. $\dfrac{\partial u}{\partial x}\cos\alpha+\dfrac{\partial u}{\partial y}\cos\beta+\dfrac{\partial u}{\partial z}\cos\gamma$ 　　D. $\left(\dfrac{\partial u}{\partial x}\cos\alpha+\dfrac{\partial u}{\partial y}\cos\beta+\dfrac{\partial u}{\partial z}\cos\gamma\right)\boldsymbol{l}$

12. 设 $z=y\cos u+u^2\sin y$，其中 $u=f(x,y)$ 为可导函数，则 $\dfrac{\partial z}{\partial x}=(\qquad)$.

A. $y\sin u+2u\sin y$

B. $-y\sin u+\cos u+2u\sin y+u^2\cos y$

C. $(2u\sin y-y\sin u)f_x$

D. $\cos u+u^2\cos y+(2u\sin y-y\sin u)f_x$

13. 设 $z=\mathrm{arccot}(x+y)$，则 z_y 等于（　　）.

A. $\dfrac{1}{1+(x+y)^2}$ 　　　　B. $-\dfrac{\sec^2(x+y)}{1+(x+y)^2}$

C. $\dfrac{-1}{1+(x+y)^2}$ 　　　　D. $-\dfrac{1}{\sqrt{1-(x+y)^2}}$

14. 设 $u=2xy-z^2$，则 u 在点 $(2,-1,1)$ 处的方向导数的最大值为（　　）.

A. $2\sqrt{6}$ 　　　　　　　　B. 4

C. $2\sqrt{2}$ 　　　　　　　　D. 24

15. （2017 年数学一）函数 $f(x,y,z)=x^2y+z^2$ 在点 $(1,2,0)$ 处沿向量 $\boldsymbol{u}=(1,2,2)$ 的方向导数为（　　）.

A. 12 　　　　　　　　　　B. 6

C. 4 　　　　　　　　　　D. 2

16. （2017 年数学三）二元函数 $z=xy(3-x-y)$ 的极值点是（　　）.

A. $(0,0)$ 　　　B. $(0,3)$ 　　　C. $(3,0)$ 　　　　D. $(1,1)$

二、填空题

1. 函数 $z=\ln(8-x^2-y^2)+\sqrt{x^2-1}+\ln(|y|-1)$ 的定义域为_____.

2. 设函数 $z=\mathrm{e}^{xy}$，$y=\varphi(x)$，且 $\varphi(x)$ 为可导函数，则 $\dfrac{\mathrm{d}z}{\mathrm{d}x}=$_____.

3. 设函数 $z=y\sin(xy)-(1-y)\arctan x+\mathrm{e}^{-2y}$，则 $\dfrac{\partial z}{\partial x}\Big|_{\substack{x=1\\y=0}}=$_____.

4. （2015 年数学一）若函数 $z=z(x,y)$ 由方程 $\mathrm{e}^z+xyz+x+\cos x=2$ 确定，则 $\mathrm{d}z|_{(0,1)}=$_____.

5. （2016 年数学一、三）设函数 $f(u,v)$ 可微，而函数 $z=z(x,y)$ 由方程 $(x+1)z-y^2=x^2f(x-z,y)$ 所确定，则 $\mathrm{d}z|_{(0,1)}=$_____.

6. 设 $z=\dfrac{1}{x}f(xy)+y\varphi(x+y)$，其中函数 f，φ 都具有二阶连续导数，那么 $\dfrac{\partial^2 z}{\partial x\partial y}=$

_____.

7. 设 $z=\mathrm{e}^{\sin(xy)}$，则 $\mathrm{d}z=$_____.

8. 设 $x=x(y,z)$ 由方程 $\arctan(x\mathrm{e}^z)+y\mathrm{e}^x=1$ 确定，则 $x_z=$ _____.

9. 设 $z=xyf\left(\dfrac{y}{x}\right)$，$f(u)$ 可导，则 $xz_x+yz_y=$ _____.

10. 数量场 $f(x,y,z)=(x+2y+3z)^2$ 在点 $(-1,2,0)$ 的梯度是 _____.

11. 函数 $u=\ln(x^2+y^2+z^2)$ 在点 $M(1,2,-2)$ 的梯度是 _____.

12. 函数 $z=x^2-y^2+2xy-4x+8y$ 的驻点是 _____.

13. 函数 $z=z(x,y)$ 由方程 $x^2+y^2+z^2-2x+2y-4z-10=0$ 确定，则 $\dfrac{\partial z}{\partial x}=$ _____.

14. 曲线 $x=t^2$，$y=t^3$，$z=\sqrt[3]{t^2}$ 在点 $(1,1,1)$ 处的一个切向量与 Oz 轴正向的夹角为钝角，则它与 Ox 轴正向夹角的余弦 $\cos\alpha=$ _____.

15. (2014 年数学一)曲面 $z=x^2(1-\sin y)+y^2(1-\sin x)$ 在点 $(1,0,1)$ 处的切平面方程为 _____.

16. 函数 $z=x^2+3xy$ 在点 $(1,2)$ 处沿 x 轴正方向的方向导数等于 _____.

17. 设函数 $z=f(u,v,w)$ 具有一阶连续偏导数，其中 $u=x^2$，$v=\sin\mathrm{e}^y$，$w=\ln y$，则 $\dfrac{\partial z}{\partial y}=$ _____.

18. 设函数 $z=\ln(x^2+xy+y^2)$，则 $x\dfrac{\partial z}{\partial x}+y\dfrac{\partial z}{\partial y}=$ _____.

19. 若函数 $f(x,y)=2x^2+ax+xy^2+2y$ 在点 $(1,-1)$ 取得极值，则常数 $a=$ _____.

20. 若函数 $z=z(x,y)$ 由方程 $\tan(xy^2)+3\mathrm{e}^{xy}\sin(zx)=1$ 确定，则 $z_y=$ _____.

三、计算题

1. 求 $\lim\limits_{\substack{x\to\infty\\y\to\infty}}\dfrac{x+y}{x^2-xy+y^2}$.

2. 求 $\lim\limits_{\substack{x\to+\infty\\y\to+\infty}}\left(\dfrac{xy}{x^2+y^2}\right)^{x^2}$.

3. 设 $f(x,y)=\sqrt{x^2+y^4}$，则 $f_x(0,0)$，$f_y(0,0)$ 是否存在？若存在，求其值.

4. 设 $z=x\mathrm{e}^{-xy}+\sin(xy)$，求 z_x，z_y.

5. 设 $z=xy\mathrm{e}^{x+y^2}+\sin\dfrac{x}{y^2}$，求 $\dfrac{\partial z}{\partial x}$ 和 $\dfrac{\partial z}{\partial y}$.

6. 设 $u=\arctan\dfrac{x+y}{1-xy}$，求其一阶和二阶偏导函数.

7. 已知 $z=\arctan\dfrac{x+y}{x-y}$，求 $\mathrm{d}z$.

8. 设 $u=f(x^2+y^2+z^2)$，求 $\dfrac{\partial^2 u}{\partial x^2}$ 及 $\dfrac{\partial^2 u}{\partial x\partial y}$.

9. 设 $y = xf(x-u)$ 且当 $x=1$ 时，$y = u^2 + \mathrm{e}^u$，试求 $f'(x)$ 和 $f'(2)$.

10. 设 $u = f(x)g(y)p(z)$，且 f，g，p 均为可导函数，求 $\dfrac{\partial u}{\partial x}$，$\dfrac{\partial u}{\partial y}$，$\dfrac{\partial u}{\partial z}$.

11. 设 $u = yf\left(\dfrac{x}{y}\right) + xg\left(\dfrac{y}{x}\right)$，$f$ 与 g 二阶连续可微，求 $x\dfrac{\partial^2 u}{\partial x^2} + y\dfrac{\partial^2 u}{\partial x \partial y}$.

12. 设 f，g 为连续可微函数，$u = f(x, xy)$，$v = g(x + xy)$，求 $u_x \cdot v_x$.

13. 设 $u = \dfrac{1}{2}\left[\varphi(x+at) + \varphi(x-at)\right] + \dfrac{1}{2a}\displaystyle\int_{x-at}^{x+at} \psi(\xi)\mathrm{d}\xi$，其中 ψ 与 φ 分别具有连续的一、二阶偏导数，试求 $\dfrac{\partial^2 u}{\partial t^2} - a^2 \dfrac{\partial^2 u}{\partial x^2}$.

14. 设 $z = f(u)$，方程 $u = \varphi(u) + \displaystyle\int_y^x P(t)\mathrm{d}t$ 确定 u 是 x，y 的函数，其中 $f(u)$，$\varphi(u)$ 可微，$P(t)$，$\varphi'(u)$ 连续，且 $\varphi'(u) \neq 1$，求 $P(y)\dfrac{\partial z}{\partial x} + P(x)\dfrac{\partial z}{\partial y}$.

15. 设 $\begin{cases} u^2 + xv = y, \\ v^3 + yu = x^2, \end{cases}$ 而 $z = xy$，求 z_u 和 z_v.

16. 设 $u = \dfrac{\cos x^2}{y} + (xy)^{\frac{y}{x}}$，求 $\mathrm{d}u$.

17. 设方程 $x + y + z = \mathrm{e}^z$ 确定 z 为 x，y 的函数，求 $\dfrac{\partial z}{\partial x}$.

18. 求函数 $z = \ln(x^2 + y^2)$ 在点 $M_0(x_0, y_0)$ 处沿与过此点的等位线成垂直方向的方向导数.

19. 求椭球面 $x^2 + 2y^2 + z^2 = 1$ 上平行于平面 $x - y + 2z = 0$ 的切平面方程.

20. 求曲面 $x^2 + y^2 + z^2 - xy - 3 = 0$ 上同时垂直于平面 $z = 0$ 与 $x + y + 1 = 0$ 的切平面方程.

21. 求曲面 $x(y+z)(xy-z) + 8 = 0$ 在点 $(2, 1, 3)$ 处的切平面方程.

22. 求曲面 $z = \dfrac{x^2}{2} + y^2$ 上平行于平面 $2x + 2y - z = 0$ 的切平面方程.

23. 求曲线 $x = \dfrac{t^4}{4}$，$y = \dfrac{t^3}{3}$，$z = \dfrac{t^2}{2}$ 在点 $\left(\dfrac{1}{4}, \dfrac{1}{3}, \dfrac{1}{2}\right)$ 处的切线方程.

24. 求曲线 $\begin{cases} x^2 + z^2 = 10, \\ y^2 + z^2 = 10 \end{cases}$ 在点 $M(1, 1, 3)$ 处的切线方程和法平面方程.

25. 求椭圆 $x^2 + 2xy + 5y^2 - 16y = 0$ 与直线 $x + y - 8 = 0$ 之间的最短距离.

26. (2017 年数学一、二)设函数 $f(u, v)$ 具有二阶连续偏导数，$y = f(\mathrm{e}^x, \cos x)$，求 $\dfrac{\mathrm{d}y}{\mathrm{d}x}\Big|_{x=0}$，$\dfrac{\mathrm{d}^2 y}{\mathrm{d}x^2}\Big|_{x=0}$.

27. 设 $z = z(x, y)$ 是由方程 $x^2 + y^2 - z = \varphi(x+y+z)$ 所确定的函数，其中 φ 具有二阶导数且 $\varphi' \neq -1$.

(1) 求 $\mathrm{d}z$；

(2) 记 $u(x, y) = \dfrac{1}{x-y}\left(\dfrac{\partial z}{\partial x} - \dfrac{\partial z}{\partial y}\right)$，求 $\dfrac{\partial u}{\partial x}$.

28. 求函数 $u = x^2 + y^2 + z^2$ 在约束条件 $z = x^2 + y^2$ 和 $x + y + z = 4$ 下的最大值和最小值.

29. (2015年数学一)已知函数 $f(x, y) = x + y + xy$，曲线 $C : x^2 + y^2 + xy = 3$，求 $f(x, y)$ 在曲线 C 上的最大方向导数.

30. (2016年数学二)已知函数 $z = z(x, y)$ 由方程 $(x^2 + y^2)z + \ln z + 2(x + y + 1) = 0$ 所确定，试求函数 $z = z(x, y)$ 的极值.

四、证明题

1. 设 $z = \dfrac{y}{f(x^2 - y^2)}$，求证：$\dfrac{1}{x}\dfrac{\partial z}{\partial x} + \dfrac{1}{y}\dfrac{\partial z}{\partial y} = \dfrac{z}{y^2}$.

2. 设 $z = f[x + g(y)]$，证明：$\dfrac{\partial z}{\partial x} \cdot \dfrac{\partial^2 z}{\partial x \partial y} = \dfrac{\partial z}{\partial y} \cdot \dfrac{\partial^2 z}{\partial x^2}$.

3. 证明函数 $u = \dfrac{1}{\sqrt{x^2 + y^2 + z^2}}$ 在点 $P_0(x_0, y_0, z_0)$ 的梯度与球面 $x^2 + y^2 + z^2 = r_0^2$ 垂直，其中 $r_0 = \sqrt{x_0^2 + y_0^2 + z_0^2}$.

习 题 详 解

一、选择题

1. D. **解析**：多元函数的偏导数存在性与多元函数的连续性没有关系. 例如函数 $z = f(x, y) = \begin{cases} \dfrac{xy}{x^2 + y^2}, & x^2 + y^2 \neq 0, \\ 0, & x^2 + y^2 = 0 \end{cases}$ 在点 $(0, 0)$ 处偏导数存在，但不连续. 多元函数连续但偏导数不存在的反例可类似一元函数情况给出.

2. A. **解析**：$z_y = 2^{x+y^2} \ln 2 \cdot \dfrac{\partial}{\partial y}(x + y^2) = y \cdot 2^{x+y^2} \ln 4$.

3. D. **解析**：$u_x = \dfrac{-1}{\sqrt{1-(\sqrt{1-xy})^2}}\dfrac{\partial}{\partial x}(\sqrt{1-xy}) = \dfrac{-1}{\sqrt{xy}} \cdot \dfrac{-y}{2\sqrt{1-xy}} = \dfrac{y}{2\sqrt{xy(1-xy)}}$.

4. B. **解析**：$\dfrac{\mathrm{d}z}{\mathrm{d}y} = \dfrac{\partial z}{\partial x} \cdot \dfrac{\mathrm{d}x}{\mathrm{d}y} + \dfrac{\partial z}{\partial y} = [y \cdot f'(y) + x] \cdot 3^{xy} \ln 3$.

5. A. **解析**：多元函数可微 $\Rightarrow$ 偏导数存在，反之不真.

6. C. **解析**：$z_x = \sec^2\left(x + x^2 y - \dfrac{\pi}{3}\right) \cdot (1 + 2xy)$.

7. B. **解析**：$z_x = \sec(xy-1)\tan(xy-1) \cdot y$.

8. C. **解析**：利用对数恒等式，改写 $u = (x-y)^z = \mathrm{e}^{z\ln(x-y)}$，直接计算可得

$$u_x = \mathrm{e}^{z\ln(x-y)} \cdot \left[(2x)\ln(x-y) + z\dfrac{1}{x-y}\right],$$

$$u_y = \mathrm{e}^{z\ln(x-y)} \cdot \left[(2y)\ln(x-y) + z\dfrac{-1}{x-y}\right].$$

两者相加得

$$u_x + u_y = 2e^{z\ln(x-y)} \cdot (x+y)\ln(x-y) = 2(x-y)^z(x+y)\ln(x-y).$$

9. **B**. **解析**：曲线上任意一点处的切向量为 $s = (1, -2t, 3t^2)$，平面 $x+2y+z=4$ 的法线向量为 $n = (1, 2, 1)$．切线与平面平行即 $s \perp n$，所以 $1-4t+3t^2=0$，解得 $t_1=1$，$t_2 = \dfrac{1}{3}$，故曲线上有两个点处的切线平行于已知平面．

10. **C**. **解析**：曲线方程改写为参数式 $\begin{cases} x = y^2, \\ y = y, \\ z = y^4 \end{cases}$（注意参数取为 y），则曲线上点 $(1, 1, 1)$ 处的切向量为 $s = (2, 1, 4)$，它也是法平面的法线向量，只有选项 C 正确．

11. **C**. **解析**：由方向导数计算公式知选项 C 正确．

12. **C**. **解析**：由多元复合函数求导法则，可知 $\dfrac{\partial z}{\partial x} = y(-\sin u) \cdot u_x + 2u \cdot u_x \sin y$，再将 $u_x = f_x$ 代入即可．

13. **C**. **解析**：$z_y = -\dfrac{1}{1+(x+y)^2}$．

14. **A**. **解析**：方向导数的最大值即梯度的模，计算

$$\mathbf{grad}\, u(2, -1, 1) = (2y, 2x, -2z)\big|_{(2, -1, 1)} = (-2, 4, -2),$$

于是 $|\mathbf{grad}\, u(2, -1, 1)| = 2\sqrt{6}$．

15. **D**. **解析**：计算 $\mathbf{grad}\, f = (2xy, x^2, 2z)$，将点 $(1, 2, 0)$ 代入得

$$\mathbf{grad}\, f(1, 2, 0) = (4, 1, 0),$$

从而有

$$\frac{\partial f}{\partial u}\bigg|_{(1, 2, 0)} = \mathbf{grad}\, f(1, 2, 0) \cdot \frac{\boldsymbol{u}}{|\boldsymbol{u}|} = (4, 1, 0) \cdot \left(\frac{1}{3}, \frac{2}{3}, \frac{2}{3}\right) = 2.$$

16. **D**. **解析**：$\dfrac{\partial z}{\partial x} = y(3-x-y) - xy = 3y-2xy-y^2$，$\dfrac{\partial z}{\partial y} = 3x-x^2-2xy$，

$$\frac{\partial^2 z}{\partial x^2} = -2y, \quad \frac{\partial^2 z}{\partial y^2} = -2x, \quad \frac{\partial^2 z}{\partial x \partial y} = \frac{\partial^2 z}{\partial y \partial x} = 3-2x-2y.$$

解方程组 $\begin{cases} \dfrac{\partial z}{\partial x} = 3y-2xy-y^2 = 0, \\ \dfrac{\partial z}{\partial y} = 3x-x^2-2xy = 0, \end{cases}$　得四个驻点 $(0, 0)$，$(0, 3)$，$(3, 0)$，$(1, 1)$．对每个驻点验证 $AC-B^2$，发现在点 $(1, 1)$ 处满足 $AC-B^2=3>0$，且 $A=C=-2<0$，即 $(1, 1)$ 为函数的极大值点，在其他点处都有 $AC-B^2<0$，不能取到极值．

二、填空题

1. $\{(x, y) \mid x^2+y^2<8, |x| \geq 1, |y|>1\}$．**解析**：函数的定义域可由 $\begin{cases} 8-x^2-y^2>0, \\ x^2-1 \geq 0, \\ |y|-1>0 \end{cases}$　得到．

2. $e^{x\varphi(x)}\left[\varphi(x)+x\varphi'(x)\right]$. **解析**：将 $y=\varphi(x)$ 代入，得 $z=e^{x\varphi(x)}$，求导即可.

3. $-\dfrac{1}{2}$. **解析**：因为 $y=0$，所以

$$\frac{\partial z}{\partial x}\bigg|_{\substack{x=1\\y=0}}=\frac{\mathrm{d}}{\mathrm{d}x}(1-\arctan x)\bigg|_{x=1}=-\frac{1}{1+x^2}\bigg|_{x=1}=-\frac{1}{2}.$$

4. $-\mathrm{d}x$. **解析**：令 $F(x,y,z)=e^z+xyz+x+\cos x-2$，则

$$F_x=yz+1-\sin x,\quad F_y=xz,\quad F_z=e^z+xy.$$

又当 $x=0$，$y=1$ 时，$z=0$，所以

$$\frac{\partial z}{\partial x}\bigg|_{(0,1)}=-\frac{F_x}{F_z}=-1,\quad \frac{\partial z}{\partial y}\bigg|_{(0,1)}=-\frac{F_y}{F_z}=0,$$

因而 $\mathrm{d}z\,|_{(0,1)}=-\mathrm{d}x$.

5. $-\mathrm{d}x+2\mathrm{d}y$. **解析**：对方程 $(x+1)z-y^2=x^2f(x-z,y)$ 两边分别关于 x,y 求偏导数得

$$z+(x+1)z_x=2xf(x-z,y)+x^2f_1'(x-z,y)(1-z_x),$$
$$(x+1)z_y-2y=x^2[f_1'(x-z,y)(-z_y)+f_2'(x-z,y)].$$

将 $x=0$，$y=1$ 代入原方程有 $z=1$，再将 $x=0$，$y=1$，$z=1$ 代入前两式，解得 $z_x=-1$，$z_y=2$，从而有 $\mathrm{d}z\,|_{(0,1)}=-\mathrm{d}x+2\mathrm{d}y$.

6. $yf''(xy)+\varphi'(x+y)+y\varphi''(x+y)$. **解析**：因为

$$\frac{\partial z}{\partial x}=\left[\frac{1}{x}f'(xy)\cdot y-\frac{1}{x^2}f(xy)\right]+y\varphi'(x+y),$$

$$\frac{\partial^2 z}{\partial x\partial y}=\frac{\partial}{\partial y}\left(\frac{\partial z}{\partial x}\right)$$

$$=\frac{1}{x}[f'(xy)+yf''(xy)\cdot x]-\frac{1}{x^2}f'(xy)\cdot x+[\varphi'(x+y)+y\varphi''(x+y)]$$

$$=yf''(xy)+\varphi'(x+y)+y\varphi''(x+y).$$

7. $e^{\sin(xy)}\cdot\cos(xy)\cdot(y\mathrm{d}x+x\mathrm{d}y)$. **解析**：由全微分形式不变性知

$$\mathrm{d}z=e^{\sin(xy)}\mathrm{d}\sin(xy)=e^{\sin(xy)}\cdot\cos(xy)\cdot(y\mathrm{d}x+x\mathrm{d}y).$$

8. $\dfrac{-xe^z}{e^z+ye^x(1+x^2e^{2z})}$. **解析**：令 $F(x,y,z)=\arctan(xe^z)+ye^x-1$，则

$$F_x=\frac{e^z}{1+(xe^z)^2}+ye^x,\quad F_z=\frac{xe^z}{1+(xe^z)^2},$$

于是

$$x_z=-\frac{F_z}{F_x}=\frac{-xe^z}{e^z+ye^x(1+x^2e^{2z})}.$$

9. $2z$. **解析**：因为

$$z_x=y\left[f\left(\frac{y}{x}\right)+x\cdot f'\left(\frac{y}{x}\right)\cdot\left(-\frac{y}{x^2}\right)\right]$$

$$=y\left[f\left(\frac{y}{x}\right)-\frac{y}{x}f'\left(\frac{y}{x}\right)\right],$$

$$z_y = x\left[f\left(\frac{y}{x}\right) + y \cdot f'\left(\frac{y}{x}\right) \cdot \left(\frac{1}{x}\right)\right]$$

$$= x\left[f\left(\frac{y}{x}\right) + \frac{y}{x}f'\left(\frac{y}{x}\right)\right],$$

所以 $xz_x + yz_y = 2z$.

10. $(6, 12, 18)$. **解析:**

$$\mathbf{grad}\, f(x, y, z)\big|_{(-1, 2, 0)} = (f_x(x, y, z), f_y(x, y, z), f_z(x, y, z))\big|_{(-1, 2, 0)}$$
$$= (6, 12, 18).$$

11. $\left(\frac{2}{9}, \frac{4}{9}, -\frac{4}{9}\right)$. **解析:**

$$\mathbf{grad}\, u(x, y, z)\big|_{(1, 2, -2)} = (u_x(x, y, z), u_y(x, y, z), u_z(x, y, z))\big|_{(1, 2, -2)}$$
$$= \left(\frac{2}{9}, \frac{4}{9}, -\frac{4}{9}\right).$$

12. $(-1, 3)$. **解析:** 求出方程组 $\begin{cases} z_x = 2x + 2y - 4 = 0 \\ z_y = -2y + 2x + 8 = 0 \end{cases}$ 的解,可得驻点的坐标为 $(-1, 3)$.

13. $\frac{1-x}{z-2}$. **解析:** 令 $F(x, y, z) = x^2 + y^2 + z^2 - 2x + 2y - 4z - 10$,则

$$F_x = 2x - 2, \quad F_z = 2z - 4,$$

于是 $\dfrac{\partial z}{\partial x} = -\dfrac{F_x}{F_z} = \dfrac{1-x}{z-2}$.

14. $-\frac{6}{11}$. **解析:** 空间曲线 $x = t^2$, $y = t^3$, $z = \sqrt[3]{t^2}$ 在点 $(1, 1, 1)$ 处的一个切向量与 Oz 轴正向的夹角为钝角即该点处切向量的第三个分量为负,这时曲线在点 $(1, 1, 1)$ 处的一个切向量为 $\boldsymbol{s} = -\left(2t, 3t^2, \frac{2}{3}t^{-\frac{1}{3}}\right)\Big|_{t=1} = -\left(2, 3, \frac{2}{3}\right)$,单位化后得

$$(\cos\alpha, \cos\beta, \cos\gamma) = -\left(\frac{6}{11}, \frac{9}{11}, \frac{2}{11}\right),$$

所以 $\cos\alpha = -\frac{6}{11}$.

15. $2x - y - z - 1 = 0$. **解析:** 令 $F(x, y, z) = x^2(1 - \sin y) + y^2(1 - \sin x) - z$,从而有

$$F_x = 2x(1 - \sin y) - \cos x \cdot y^2, \quad F_y = -\cos y \cdot x^2 + 2y(1 - \sin x), \quad F_z = -1,$$
于是
$$F_x\big|_{(1, 0, 1)} = 2, \quad F_y\big|_{(1, 0, 1)} = -1, \quad F_z\big|_{(1, 0, 1)} = -1,$$
所以曲面在点 $(1, 0, 1)$ 处的切平面方程为
$$2(x-1) + (-1)(y-0) + (-1)(z-1) = 0, \quad 即 \ 2x - y - z - 1 = 0.$$

16. 8. **解析:** 平面上 x 轴正方向的方向余弦为 $\cos\alpha = 1$, $\cos\beta = 0$,于是所求方向导数为 $(2x + 3y)\big|_{(1, 2)} = 8$.

17. $e^y \cos e^y \cdot f_v + \frac{1}{y} \cdot f_w$. **解析:**

$$\frac{\partial z}{\partial y} = \frac{\partial f}{\partial u} \cdot \frac{\mathrm{d}u}{\mathrm{d}y} + \frac{\partial f}{\partial v} \cdot \frac{\mathrm{d}v}{\mathrm{d}y} + \frac{\partial f}{\partial w} \cdot \frac{\mathrm{d}w}{\mathrm{d}y} = \mathrm{e}^y \cos \mathrm{e}^y \cdot f_v + \frac{1}{y} \cdot f_w.$$

18. 2. **解析**：因为 $\dfrac{\partial z}{\partial x} = \dfrac{2x+y}{x^2+xy+y^2}$，$\dfrac{\partial z}{\partial y} = \dfrac{2y+x}{x^2+xy+y^2}$，所以

$$x \frac{\partial z}{\partial x} + y \frac{\partial z}{\partial y} = \frac{x(2x+y)+y(2y+x)}{x^2+xy+y^2} = 2.$$

19. -5. **解析**：由取得极值的必要条件知

$$\begin{cases} f_x(1, -1) = (4x+a+y^2)\big|_{(1, -1)} = 0, \\ f_y(1, -1) = (2xy+2)\big|_{(1, -1)} = 0, \end{cases}$$

故 $a = -5$.

20. $\dfrac{-3\mathrm{e}^{xy}\sin(zx) - 2y\sec^2(xy^2)}{3\mathrm{e}^{xy}\cos(zx)}$. **解析**：令

$$F(x, y, z) = \tan(xy^2) + 3\mathrm{e}^{xy}\sin(zx) - 1,$$

则

$$F_y = \sec^2(xy^2) \cdot 2xy + 3\mathrm{e}^{xy} \cdot x \cdot \sin(zx), \quad F_z = 3\mathrm{e}^{xy} \cdot [\cos(zx) \cdot x],$$

于是

$$z_y = -\frac{F_y}{F_z} = \frac{-3\mathrm{e}^{xy}\sin(zx) - 2y\sec^2(xy^2)}{3\mathrm{e}^{xy}\cos(zx)}.$$

三、计算题

1. **解**：由 $2|xy| \leqslant x^2+y^2$，得 $x^2+y^2-xy \geqslant 2|xy|-xy \geqslant |xy|$，从而有

$$0 \leqslant \left| \frac{x+y}{x^2-xy+y^2} - 0 \right| \leqslant \frac{|x|+|y|}{|xy|} = \frac{1}{|x|} + \frac{1}{|y|}.$$

又 $\lim\limits_{\substack{x\to\infty \\ y\to\infty}} \left(\dfrac{1}{|x|} + \dfrac{1}{|y|} \right) = 0$，所以 $\lim\limits_{\substack{x\to\infty \\ y\to\infty}} \dfrac{x+y}{x^2-xy+y^2} = 0$.

2. **解**：因为当 $x, y > 0$ 时，$xy \leqslant \dfrac{1}{2}(x^2+y^2)$，从而 $0 < \left(\dfrac{xy}{x^2+y^2} \right)^{x^2} \leqslant \left(\dfrac{1}{2} \right)^{x^2}$. 又

$\lim\limits_{x\to+\infty} \left(\dfrac{1}{2} \right)^{x^2} = 0$，所以 $\lim\limits_{\substack{x\to+\infty \\ y\to+\infty}} \left(\dfrac{xy}{x^2+y^2} \right)^{x^2} = 0$.

3. **解**：由偏导数的定义知

$$f_x(0, 0) = \lim_{x\to 0} \frac{f(x, 0) - f(0, 0)}{x-0} = \lim_{x\to 0} \frac{\sqrt{x^2}}{x} = \lim_{x\to 0} \frac{|x|}{x},$$

$$f_y(0, 0) = \lim_{y\to 0} \frac{f(0, y) - f(0, 0)}{y-0} = \lim_{y\to 0} \frac{\sqrt{y^4}}{y} = \lim_{y\to 0} y = 0.$$

所以 $f_x(0, 0)$ 不存在，$f_y(0, 0) = 0$.

4. **解**：$z_x = \mathrm{e}^{-xy} + x\mathrm{e}^{-xy} \cdot (-y) + y\cos(xy) = (1-xy)\mathrm{e}^{-xy} + y\cos(xy),$

$z_y = x\mathrm{e}^{-xy} \cdot (-x) + x\cos(xy) = -x[x\mathrm{e}^{-xy} - \cos(xy)].$

5. **解**：
$$\frac{\partial z}{\partial x} = y\mathrm{e}^{x+y^2} + xy\mathrm{e}^{x+y^2} + \frac{1}{y^2}\cos\frac{x}{y^2},$$

$$\frac{\partial z}{\partial y} = x\,\mathrm{e}^{x+y^2} + 2xy^2\,\mathrm{e}^{x+y^2} - \frac{2x}{y^3}\cos\frac{x}{y^2}.$$

6. **解**：先求出一阶偏导数：

$$\frac{\partial u}{\partial x} = \frac{\dfrac{(1-xy)-(x+y)(-y)}{(1-xy)^2}}{1+\left(\dfrac{x+y}{1-xy}\right)^2} = \frac{1+y^2}{(1-xy)^2+(x+y)^2} = \frac{1}{1+x^2};$$

由对称性，同理得 $\dfrac{\partial u}{\partial y} = \dfrac{1}{1+y^2}$. 因此，

$$\frac{\partial^2 u}{\partial x^2} = -\frac{2x}{(1+x^2)^2}, \quad \frac{\partial^2 u}{\partial y^2} = -\frac{2y}{(1+y^2)^2}, \quad \frac{\partial^2 u}{\partial x \partial y} = \frac{\partial^2 u}{\partial y \partial x} = 0.$$

7. **解**：

$$\mathrm{d}z = \frac{\mathrm{d}\left(\dfrac{x+y}{x-y}\right)}{1+\left(\dfrac{x+y}{x-y}\right)^2} = \frac{(\mathrm{d}x+\mathrm{d}y)\cdot(x-y)-(\mathrm{d}x-\mathrm{d}y)\cdot(x+y)}{(x-y)^2+(x+y)^2} = \frac{-y\,\mathrm{d}x+x\,\mathrm{d}y}{x^2+y^2}.$$

8. **解**：因为 $\dfrac{\partial u}{\partial x} = 2xf'(x^2+y^2+z^2)$，所以

$$\frac{\partial^2 u}{\partial x^2} = 2f'(x^2+y^2+z^2) + 4x^2 f''(x^2+y^2+z^2),$$

$$\frac{\partial^2 u}{\partial x \partial y} = \frac{\partial}{\partial y}\left[2xf'(x^2+y^2+z^2)\right] = 4xy f''(x^2+y^2+z^2).$$

9. **解**：由已知条件知 $f(1-u) = u^2 + \mathrm{e}^u$，亦即 $f(v) = (1-v)^2 + \mathrm{e}^{1-v}$，从而 $f'(v) = -2(1-v) - \mathrm{e}^{1-v}$，故 $f'(x) = 2(x-1) - \mathrm{e}^{1-x}$，$f'(2) = 2 - \mathrm{e}^{-1}$.

10. **解**：$\dfrac{\partial u}{\partial x} = f'(x)g(y)p(z)$，$\dfrac{\partial u}{\partial y} = f(x)g'(y)p(z)$，$\dfrac{\partial u}{\partial z} = f(x)g(y)p'(z)$.

11. **解**：因为

$$\frac{\partial u}{\partial x} = yf'\left(\frac{x}{y}\right)\cdot\frac{1}{y} + g\left(\frac{y}{x}\right) + xg'\left(\frac{y}{x}\right)\cdot\left(-\frac{y}{x^2}\right) = f'\left(\frac{x}{y}\right) + g\left(\frac{y}{x}\right) - \frac{y}{x}g'\left(\frac{y}{x}\right),$$

所以

$$\frac{\partial^2 u}{\partial x^2} = \frac{1}{y}f''\left(\frac{x}{y}\right) + g'\left(\frac{y}{x}\right)\cdot\left(-\frac{y}{x^2}\right) - \left(-\frac{y}{x^2}\right)g'\left(\frac{y}{x}\right) - \frac{y}{x}g''\left(\frac{y}{x}\right)\cdot\left(-\frac{y}{x^2}\right)$$

$$= \frac{1}{y}f''\left(\frac{x}{y}\right) + \frac{y^2}{x^3}g''\left(\frac{y}{x}\right),$$

$$\frac{\partial^2 u}{\partial x \partial y} = f''\left(\frac{x}{y}\right)\cdot\left(-\frac{x}{y^2}\right) + \frac{1}{x}g'\left(\frac{y}{x}\right) - \frac{y}{x}\cdot g''\left(\frac{y}{x}\right)\cdot\frac{1}{x} - g'\left(\frac{y}{x}\right)\cdot\frac{1}{x}$$

$$= -\frac{x}{y^2}f''\left(\frac{x}{y}\right) - \frac{y}{x^2}\cdot g''\left(\frac{y}{x}\right),$$

于是

$$x\frac{\partial^2 u}{\partial x^2} + y\frac{\partial^2 u}{\partial x \partial y} = x\left[\frac{1}{y}f''\left(\frac{x}{y}\right) + \frac{y^2}{x^3}g''\left(\frac{y}{x}\right)\right] + y\left[-\frac{x}{y^2}f''\left(\frac{x}{y}\right) - \frac{y}{x^2}\cdot g''\left(\frac{y}{x}\right)\right] = 0.$$

12. **解**：$u_x \cdot v_x = (f'_1 + f'_2 \cdot y) \cdot \dfrac{\partial g}{\partial x} = g'(x + xy) \cdot (1 + y) \cdot (f'_1 + f'_2 \cdot y)$.

13. **解**：先求出一阶偏导数：

$$\frac{\partial u}{\partial t} = \frac{a}{2}[\varphi'(x+at) - \varphi'(x-at)] + \frac{1}{2}[\psi(x+at) + \psi(x-at)],$$

$$\frac{\partial u}{\partial x} = \frac{1}{2}[\varphi'(x+at) + \varphi'(x-at)] + \frac{1}{2a}[\psi(x+at) - \psi(x-at)].$$

再求出二阶偏导数：

$$\frac{\partial^2 u}{\partial t^2} = \frac{a^2}{2}[\varphi''(x+at) + \varphi''(x-at)] + \frac{a}{2}[\psi'(x+at) - \psi'(x-at)],$$

$$\frac{\partial^2 u}{\partial x^2} = \frac{1}{2}[\varphi''(x+at) + \varphi''(x-at)] + \frac{1}{2a}[\psi'(x+at) - \psi'(x-at)].$$

于是 $\dfrac{\partial^2 u}{\partial t^2} - a^2 \dfrac{\partial^2 u}{\partial x^2} = 0$.

14. **解**：将方程 $u = \varphi(u) + \displaystyle\int_y^x P(t)\mathrm{d}t$ 两端分别对 x，y 求偏导数得

$$\frac{\partial u}{\partial x} = \varphi'(u)\frac{\partial u}{\partial x} + P(x), \quad \frac{\partial u}{\partial y} = \varphi'(u)\frac{\partial u}{\partial y} - P(y),$$

从而

$$\frac{\partial u}{\partial x} = \frac{P(x)}{1 - \varphi'(u)}, \quad \frac{\partial u}{\partial y} = -\frac{P(y)}{1 - \varphi'(u)},$$

$$\frac{\partial z}{\partial x} = f'(u)\frac{\partial u}{\partial x} = \frac{f'(u)P(x)}{1 - \varphi'(u)}, \quad \frac{\partial z}{\partial y} = f'(u)\frac{\partial u}{\partial y} = -\frac{f'(u)P(y)}{1 - \varphi'(u)}.$$

经过简单计算得 $P(y)\dfrac{\partial z}{\partial x} + P(x)\dfrac{\partial z}{\partial y} = 0$.

15. **解**：由方程组确定隐函数 $x = x(u, v)$ 和 $y = y(u, v)$，将方程组中两个方程两端分别对 u，v 求偏导数得

$$\begin{cases} 2u + v\dfrac{\partial x}{\partial u} = \dfrac{\partial y}{\partial u}, \\[2mm] u\dfrac{\partial y}{\partial u} + y = 2x\dfrac{\partial x}{\partial u} \end{cases} \text{和} \quad \begin{cases} v\dfrac{\partial x}{\partial v} + x = \dfrac{\partial y}{\partial v}, \\[2mm] 3v^2 + u\dfrac{\partial y}{\partial v} = 2x\dfrac{\partial x}{\partial v}, \end{cases}$$

解得

$$\frac{\partial x}{\partial u} = -\frac{y + 2u^2}{uv - 2x}, \quad \frac{\partial y}{\partial u} = 2u - v\left(\frac{y + 2u^2}{uv - 2x}\right),$$

$$\frac{\partial x}{\partial v} = -\frac{ux + 3v^2}{uv - 2x}, \quad \frac{\partial y}{\partial v} = x - v\left(\frac{ux + 3v^2}{uv - 2x}\right),$$

于是

$$z_u = x\frac{\partial y}{\partial u} + y\frac{\partial x}{\partial u} = \frac{-1}{uv - 2x}(y^2 + 2u^2 y + 4ux^2 + vxy),$$

$$z_v = x\frac{\partial y}{\partial v} + y\frac{\partial x}{\partial v} = \frac{-1}{uv - 2x}(2x^3 + 3v^3 x + 3v^2 y + uxy).$$

16. **解**：将原式改写为 $u = \dfrac{1}{y}\cos x^2 + e^{\frac{y}{x}(\ln x + \ln y)}$，则

$$du = -\dfrac{dy}{y^2}\cos x^2 + \dfrac{1}{y}(-\sin x^2)(2x)dx + e^{\frac{y}{x}(\ln x + \ln y)}\left[\left(\dfrac{dy}{x} - \dfrac{ydx}{x^2}\right)(\ln x + \ln y) + \dfrac{y}{x}\left(\dfrac{dx}{x} + \dfrac{dy}{y}\right)\right]$$

$$= \left\{-\dfrac{2x\sin x^2}{y} + \left[\dfrac{y}{x^2} - \dfrac{y\ln(xy)}{x^2}\right]e^{\frac{y}{x}(\ln x + \ln y)}\right\}dx + \left\{-\dfrac{\cos x^2}{y^2} + \left[\dfrac{1 + \ln(xy)}{x}\right]e^{\frac{y}{x}(\ln x + \ln y)}\right\}dy.$$

17. **解**：将方程两边对 x 求偏导数得 $1 + \dfrac{\partial z}{\partial x} = e^z\dfrac{\partial z}{\partial x}$，由此解出 $\dfrac{\partial z}{\partial x} = \dfrac{1}{e^z - 1}$.

18. **解**：函数 $z = \ln(x^2 + y^2)$ 在点 $M_0(x_0, y_0)$ 的梯度为 $\mathbf{grad}\, z\,|_{M_0} = \dfrac{2}{x_0^2 + y_0^2}(x_0, y_0)$，它与过此点的等位线的法线方向平行，所以所求的方向导数为

$$\pm\,|\mathbf{grad}z\,|_{M_0}| = \pm\dfrac{2}{\sqrt{x_0^2 + y_0^2}}.$$

19. **解**：椭球面上任意一点 (x, y, z) 处的一个法向量为 $\mathbf{n} = (2x, 4y, 2z)$，它平行于平面 $x - y + 2z = 0$ 的一个法线向量 $(1, -1, 2)$，从而 $\dfrac{2x}{1} = \dfrac{4y}{-1} = \dfrac{2z}{2} = k$，则 $x = \dfrac{k}{2}$，$y = -\dfrac{k}{4}$，$z = k$，代入椭球面方程解得 $k = \pm\dfrac{4}{\sqrt{22}}$，于是椭球面上平行于已知平面的切平面有两个，分别经过椭球面上的点 $\left(\dfrac{2}{\sqrt{22}}, -\dfrac{1}{\sqrt{22}}, \dfrac{4}{\sqrt{22}}\right)$ 和 $\left(-\dfrac{2}{\sqrt{22}}, \dfrac{1}{\sqrt{22}}, -\dfrac{4}{\sqrt{22}}\right)$. 又切平面的法线向量可取为 $(1, -1, 2)$，故所求切平面方程为

$$\left(x - \dfrac{2}{\sqrt{22}}\right) - \left(y + \dfrac{1}{\sqrt{22}}\right) + 2\left(z - \dfrac{4}{\sqrt{22}}\right) = 0 \ \text{和} \ \left(x + \dfrac{2}{\sqrt{22}}\right) - \left(y - \dfrac{1}{\sqrt{22}}\right) + 2\left(z + \dfrac{4}{\sqrt{22}}\right) = 0.$$

亦即

$$x - y + 2z = \dfrac{\sqrt{22}}{2} \ \text{和} \ x - y + 2z = -\dfrac{\sqrt{22}}{2}.$$

20. **解**：曲面上任意一点 (x, y, z) 处的一个法向量为 $\mathbf{n} = (2x - y, 2y - x, 2z)$，它同时垂直于向量 $(0, 0, 1)$ 和 $(1, 1, 0)$，从而 $2z = 0$，$2x - y + 2y - x = 0$，即 $x = -y$，$z = 0$，代入曲面方程解得 $x = \pm 1$，$y = \mp 1$，$z = 0$，于是曲面上垂直于已知平面的切平面有两个，分别经过曲面上的点 $(1, -1, 0)$ 和 $(-1, 1, 0)$. 又相应的切平面的法线向量分别为

$$\mathbf{n}_1 = (3, -3, 0) \quad \text{和} \quad \mathbf{n}_2 = (-3, 3, 0),$$

故所求切平面方程为

$$3(x - 1) - 3(y + 1) = 0 \ \text{和} \ -3(x + 1) + 3(y - 1) = 0,$$

即

$$x - y - 2 = 0 \ \text{和} \ -x + y - 2 = 0.$$

21. **解**：令 $f(x, y, z) = x(y + z)(xy - z) + 8$，则

$$\begin{cases} f_x(x, y, z) = (2xy - z)(y + z), \\ f_y(x, y, z) = 2x^2y - xz + x^2z, \\ f_z(x, y, z) = x^2y - 2xz - xy, \end{cases}$$

故曲面上点(2，1，3)处的一个法向量为

$$\boldsymbol{n}=(f_x(2,1,3),f_y(2,1,3),f_z(2,1,3))=2(2,7,-5),$$

于是所求切平面方程为

$$2(x-2)+7(y-1)-5(z-3)=0, \quad 即\ 2x+7y-5z+4=0.$$

22. 解： 曲面上任意一点(x,y,z)处的一个法向量为$\boldsymbol{n}=(x,2y,-1)$，它平行于平面$2x+2y-z=0$的法线向量$(2,2,-1)$，从而$\dfrac{x}{2}=\dfrac{2y}{2}=\dfrac{-1}{-1}$，则$x=2$，$y=1$，代入曲面方程解得$z=3$，故切点坐标为$(2,1,3)$. 又切平面的法线向量可取为$(2,2,-1)$，于是所求切平面方程为$2(x-2)+2(y-1)-(z-3)=0$，即$2x+2y-z-3=0$.

23. 解： 曲线上点$\left(\dfrac{1}{4},\dfrac{1}{3},\dfrac{1}{2}\right)$对应参数$t=1$，从而曲线在点$\left(\dfrac{1}{4},\dfrac{1}{3},\dfrac{1}{2}\right)$处的一个切向量为

$$\boldsymbol{s}=(t^3,t^2,t)\big|_{t=1}=(1,1,1),$$

于是所求切线方程为

$$x-\frac{1}{4}=y-\frac{1}{3}=z-\frac{1}{2}.$$

24. 解： 由方程组确定一对隐函数$z=z(x)$，$y=y(x)$. 将方程组中两个方程两端分别对x求导数得$\begin{cases}x+z\cdot z'(x)=0,\\ y\cdot y'(x)+z\cdot z'(x)=0,\end{cases}$解得$z'(x)=-\dfrac{x}{z}$，$y'(x)=\dfrac{x}{y}$，则曲线上任意一点处的一个切向量为$\boldsymbol{s}=\left(1,\dfrac{x}{y},-\dfrac{x}{z}\right)$，于是曲线在点$M(1,1,3)$处的一个切向量为$\left(1,1,-\dfrac{1}{3}\right)$，因此所求切线方程为

$$\frac{x-1}{1}=\frac{y-1}{1}=\frac{z-3}{-\dfrac{1}{3}},$$

所求法平面方程为

$$(x-1)+(y-1)-\frac{1}{3}(z-3)=0, \quad 即\ 3x+3y-z-3=0.$$

25. 解： 记椭圆上的点到直线的距离为d，则$d^2=\dfrac{(x+y-8)^2}{2}$. 令

$$L(x,y)=\frac{(x+y-8)^2}{2}+\lambda(x^2+2xy+5y^2-16y),$$

由

$$\begin{cases}L_x=x+y-8+2\lambda x+2\lambda y=0,\\ L_y=x+y-8+2\lambda x+10\lambda y-16\lambda=0,\\ x^2+2xy+5y^2-16y=0\end{cases}$$

解得$x=2$，$y=2$或$x=-6$，$y=2$，即驻点为$(2,2)$和$(-6,2)$，它们到已知直线的距离分别为

$$d_1 = \frac{|2+2-8|}{\sqrt{2}} = 2\sqrt{2},$$

$$d_2 = \frac{|-6+2-8|}{\sqrt{2}} = 6\sqrt{2},$$

故所求最短距离为 $2\sqrt{2}$.

26. 解：由 $y = f(e^x, \cos x)$ 知 $y(0) = f(1, 1)$，从而有

$$\frac{\mathrm{d}y}{\mathrm{d}x}\bigg|_{x=0} = \left[f'_1 e^x + f'_2 (-\sin x) \right]\big|_{x=0} = f'_1(1, 1) \cdot 1 + f'_2(1, 1) \cdot 0 = f'_1(1, 1).$$

又

$$\frac{\mathrm{d}^2 y}{\mathrm{d}x^2} = e^x f'_1 + e^x \left[f''_{11} e^x + f''_{12}(-\sin x) \right] - \cos x\, f'_2 + (-\sin x)\left[f''_{21} e^x + f''_{22}(-\sin x) \right],$$

所以

$$\frac{\mathrm{d}^2 y}{\mathrm{d}x^2}\bigg|_{x=0} = f'_1(1, 1) \cdot 1 + f''_{11}(1, 1) - f'_2(1, 1).$$

综上，

$$\frac{\mathrm{d}y}{\mathrm{d}x}\bigg|_{x=0} = f'_1(1, 1),$$

$$\frac{\mathrm{d}^2 y}{\mathrm{d}x^2}\bigg|_{x=0} = f'_1(1, 1) + f''_{11}(1, 1) - f'_2(1, 1).$$

27. 解：(1) 将方程两端求全微分，利用一阶全微分形式不变性可得

$$2x\,\mathrm{d}x + 2y\,\mathrm{d}y - \mathrm{d}z = \varphi'(x+y+z) \times (\mathrm{d}x + \mathrm{d}y + \mathrm{d}z),$$

即

$$\left[2x - \varphi'(x+y+z) \right]\mathrm{d}x + \left[2y - \varphi'(x+y+z) \right]\mathrm{d}y = \left[1 + \varphi'(x+y+z) \right]\mathrm{d}z.$$

于是

$$\mathrm{d}z = \frac{2x - \varphi'(x+y+z)}{1 + \varphi'(x+y+z)}\mathrm{d}x + \frac{2y - \varphi'(x+y+z)}{1 + \varphi'(x+y+z)}\mathrm{d}y.$$

(2) 由(1)可知

$$\frac{\partial z}{\partial x} = \frac{2x - \varphi'(x+y+z)}{1 + \varphi'(x+y+z)}, \qquad \frac{\partial z}{\partial y} = \frac{2y - \varphi'(x+y+z)}{1 + \varphi'(x+y+z)},$$

从而

$$u(x, y) = \frac{1}{x-y}\left(\frac{\partial z}{\partial x} - \frac{\partial z}{\partial y} \right)$$

$$= \frac{1}{x-y}\left[\frac{2x - \varphi'(x+y+z)}{1 + \varphi'(x+y+z)} - \frac{2y - \varphi'(x+y+z)}{1 + \varphi'(x+y+z)} \right]$$

$$= \frac{2}{1 + \varphi'(x+y+z)},$$

所以

$$\frac{\partial u}{\partial x} = -\frac{2}{\left[1 + \varphi'(x+y+z) \right]^2}\varphi''(x+y+z)\left(1 + \frac{\partial z}{\partial x} \right)$$

$$=-\frac{2\varphi''(x+y+z)}{[1+\varphi'(x+y+z)]^2}\left[1+\frac{2x-\varphi'(x+y+z)}{1+\varphi'(x+y+z)}\right]$$

$$=-\frac{2(1+2x)\varphi''(x+y+z)}{[1+\varphi'(x+y+z)]^3}.$$

28. **解**：令 $F(x,y,z)=x^2+y^2+z^2+\lambda_1(x^2+y^2-z)+\lambda_2(x+y+z-4)$，由

$$\begin{cases}F_x=2x+2x\lambda_1+\lambda_2=0,\\F_y=2y+2y\lambda_1+\lambda_2=0,\\F_z=2z-\lambda_1+\lambda_2=0,\\x^2+y^2-z=0,\\x+y+z-4=0\end{cases}$$

解得

$$\begin{cases}x=-2,\\y=-2,\\z=8\end{cases}或\begin{cases}x=1,\\y=1,\\z=2.\end{cases}$$

由于此问题可转化为旋转抛物面 $z=x^2+y^2$ 和平面 $x+y+z=4$ 相交的曲线上的点到坐标原点的距离的平方，因此所求最大值和最小值一定存在，从而有

$$u_{\max}=(-2)^2+(-2)^2+8^2=72,\quad u_{\min}=1^2+1^2+2^2=6.$$

29. **解**：由方向导数与梯度的关系可知，函数沿梯度方向的方向导数最大，方向导数的最大值为梯度的模．又 **grad** $f(x,y)=(1+y,1+x)$，故 $f(x,y)$ 在曲线 C 上的最大方向导数为 $\sqrt{(1+y)^2+(1+x)^2}$，其中 x,y 满足 $x^2+y^2+xy=3$，于是该问题可转化为求函数 $z=(1+y)^2+(1+x)^2$ 在约束条件 $x^2+y^2+xy-3=0$ 下的最值，从而构造拉格朗日函数 $F(x,y)=(1+y)^2+(1+x)^2+\lambda(x^2+y^2+xy-3)$，由

$$\begin{cases}\dfrac{\partial F}{\partial x}=2(1+x)+2\lambda x+\lambda y=0,\\\dfrac{\partial F}{\partial y}=2(1+y)+2\lambda y+\lambda x=0,\\x^2+y^2+xy-3=0,\end{cases}$$

可得驻点为 $(1,1)$，$(-1,-1)$，$(2,-1)$，$(-1,2)$．因为 $z(1,1)=8$，$z(-1,-1)=0$，$z(2,-1)=9=z(-1,2)$，所以 $f(x,y)$ 在曲线 C 上的最大方向导数为 3．

30. **解**：对方程 $(x^2+y^2)z+\ln z+2(x+y+1)=0$ 两边分别关于 x,y 求偏导数得

$$2xz+(x^2+y^2)\frac{\partial z}{\partial x}+\frac{1}{z}\frac{\partial z}{\partial x}+2=0,\tag{1}$$

$$2yz+(x^2+y^2)\frac{\partial z}{\partial y}+\frac{1}{z}\frac{\partial z}{\partial y}+2=0.\tag{2}$$

令 $\dfrac{\partial z}{\partial x}=0$ 且 $\dfrac{\partial z}{\partial y}=0$，可得 $\begin{cases}xz+1=0,\\yz+1=0,\end{cases}$ 解得 $z=0$（由 $\ln z$ 的定义域可知应舍去）或 $x=y$．当 $x\neq0$ 时，将 $\begin{cases}z=-\dfrac{1}{x},\\y=x\end{cases}$ 代入原方程，可得方程 $2x^2\left(-\dfrac{1}{x}\right)+\ln\left(-\dfrac{1}{x}\right)+2(2x+1)=0$，解得

$x=-1$，$y=-1$，$z=1$，故 $(-1,-1)$ 为驻点．对 (1) 分别关于 x，y 求偏导数，对 (2) 关于 y 求偏导数，得

$$2z+2x\frac{\partial z}{\partial x}+2x\frac{\partial z}{\partial x}+(x^2+y^2)\frac{\partial^2 z}{\partial x^2}+\left(-\frac{1}{z^2}\right)\left(\frac{\partial z}{\partial x}\right)^2+\frac{1}{z}\frac{\partial^2 z}{\partial x^2}=0,$$

$$2x\frac{\partial z}{\partial y}+2y\frac{\partial z}{\partial x}+(x^2+y^2)\frac{\partial^2 z}{\partial x\partial y}-\frac{1}{z^2}\frac{\partial z}{\partial y}\frac{\partial z}{\partial x}+\frac{1}{z}\frac{\partial^2 z}{\partial x\partial y}=0,$$

$$2z+2y\frac{\partial z}{\partial y}+2y\frac{\partial z}{\partial y}+(x^2+y^2)\frac{\partial^2 z}{\partial y^2}-\frac{1}{z^2}\left(\frac{\partial z}{\partial y}\right)^2+\frac{1}{z}\frac{\partial^2 z}{\partial y^2}=0,$$

将 $x=-1$，$y=-1$，$z=1$ 代入，解得 $A=\frac{\partial^2 z}{\partial x^2}\bigg|_{(-1,-1,1)}=-\frac{2}{3}$，$B=\frac{\partial^2 z}{\partial x\partial y}\bigg|_{(-1,-1,1)}=0$，

$C=\frac{\partial^2 z}{\partial y^2}\bigg|_{(-1,-1,1)}=-\frac{2}{3}$．由于 $AC-B^2=\frac{4}{9}>0$ 且 $A<0$，因此 $(-1,-1)$ 为极大值点，极大值为 $z=1$．

四、证明题

1. **证明**：因为

$$\frac{\partial z}{\partial x}=-\frac{2xyf'(x^2-y^2)}{f^2(x^2-y^2)},$$

$$\frac{\partial z}{\partial y}=\frac{2y^2f'(x^2-y^2)}{f^2(x^2-y^2)}+\frac{1}{f(x^2-y^2)},$$

所以

$$\frac{1}{x}\frac{\partial z}{\partial x}+\frac{1}{y}\frac{\partial z}{\partial y}=\frac{1}{yf(x^2-y^2)}=\frac{z}{y^2}.$$

2. **证明**：因为

$$\frac{\partial z}{\partial x}=f'[x+g(y)],$$

$$\frac{\partial z}{\partial y}=f'[x+g(y)]\cdot g'(y),$$

所以

$$\frac{\partial^2 z}{\partial x\partial y}=\frac{\partial}{\partial y}\left(\frac{\partial z}{\partial x}\right)=f''[x+g(y)]\cdot g'(y),\quad \frac{\partial^2 z}{\partial x^2}=f''[x+g(y)],$$

于是

$$\frac{\partial z}{\partial x}\cdot\frac{\partial^2 z}{\partial x\partial y}=\frac{\partial z}{\partial y}\cdot\frac{\partial^2 z}{\partial x^2}.$$

3. **证明**：因为

$$\frac{\partial u}{\partial x}=\frac{-x}{(x^2+y^2+z^2)^{\frac{3}{2}}},\quad \frac{\partial u}{\partial y}=\frac{-y}{(x^2+y^2+z^2)^{\frac{3}{2}}},\quad \frac{\partial u}{\partial z}=\frac{-z}{(x^2+y^2+z^2)^{\frac{3}{2}}},$$

所以

$$\mathbf{grad}u(x_0,y_0,z_0)=\frac{-1}{(x_0^2+y_0^2+z_0^2)^{\frac{3}{2}}}(x_0,y_0,z_0).$$

又球面在点 $P_0(x_0, y_0, z_0)$ 处的切平面的一个法线向量为 $\boldsymbol{n} = (x_0, y_0, z_0)$，从而 $\mathbf{grad}\, u(x_0, y_0, z_0) \times \boldsymbol{n} = \boldsymbol{0}$，即梯度与球面在点 $P_0(x_0, y_0, z_0)$ 处的切平面垂直，亦即梯度与球面垂直.

9.3 应 用 提 升

习　　题

一、选择题

1. 已知 $\dfrac{(x+ay)\mathrm{d}x + y\mathrm{d}y}{(x+y)^2}$ 为某函数的全微分，则 a 等于（　　）.

A. -1　　　　　　B. 0　　　　　　C. 1　　　　　　D. 2

2. 设 $z = f(u, v, w)$，而 $u = \varphi(x, y)$，$v = \psi(x)$，$w = F(y)$，其中 $f(u, v, w)$ 具有连续的一阶偏导数，$\varphi(x, y)$，$\psi(x)$，$F(y)$ 均可导，则 $\dfrac{\partial z}{\partial x}$ 等于（　　）.

A. $f_u \cdot \varphi_x + f_v$
　　　　　　　　B. $f_u \cdot \varphi_x + f_v \cdot \psi'(x) + f_w \cdot F'(y)$

C. $f_u \cdot \varphi_x + f_v \cdot \psi'(x)$
　　　　　　D. $f_u \cdot \varphi_x + f_u \cdot \varphi_y + f_v \cdot \psi'(x) + f_w \cdot F'(y)$

3. 曲线 $x = t - \sin t$，$y = 1 - \cos t$，$z = 4\sin\dfrac{t}{2}$ 在对应于 $t = \dfrac{\pi}{2}$ 的点处的切线方程是（　　）.

A. $\dfrac{x - \dfrac{\pi}{2} + 1}{1} = \dfrac{y - 1}{-1} = \dfrac{z - 2\sqrt{2}}{\sqrt{2}}$
　　　　B. $\dfrac{x + 1 - \dfrac{\pi}{2}}{-1} = \dfrac{y - 1}{-1} = \dfrac{z - 2\sqrt{2}}{\sqrt{2}}$

C. $x + 3 - \dfrac{\pi}{2} = y + 1 = \dfrac{z}{\sqrt{2}}$
　　　　　　D. $x + 3 - \dfrac{\pi}{2} = y + 1 = \dfrac{z - 2\sqrt{2}}{\sqrt{2}}$

4. 函数 $u = 3xy^2 + 2x^3y - 1$ 在点 $M_0(3, 2)$ 沿分别与 x 轴和 y 轴的正向夹角分别为 $\dfrac{\pi}{3}$ 和 $\dfrac{\pi}{6}$ 方向的方向导数等于（　　）.

A. $60\sqrt{3} + 45$
　　　　　　　　B. $60 + 45\sqrt{3}$

C. $-60\sqrt{3} - 45$
　　　　　　　　D. $-60 - 45\sqrt{3}$

5. 设 $u = f(\sin z - xy)$，其中 $z = \varphi(x)$，$y = \mathrm{e}^x$，已知 f，φ 都是可微函数，则 $\dfrac{\mathrm{d}u}{\mathrm{d}x} = $（　　）.

A. $(\sin z - xy)f' + [\cos z \cdot \varphi'(x) - y - x\mathrm{e}^x]f$

B. $\cos z \cdot \varphi'(x) \cdot f_1' + (y - x\mathrm{e}^x) \cdot f_2'$

C. $\varphi'(x) \cdot \cos z - (\mathrm{e}^x + y)f_x$

D. $[\varphi'(x) \cdot \cos\varphi(x) - \mathrm{e}^x(x+1)] \cdot f'[\sin\varphi(x) - x\mathrm{e}^x]$

6. 设函数 $y = y(x, z)$ 由方程 $yz = \sin(x + y)$ 所确定，则 $\dfrac{\partial y}{\partial x}$ 等于（　　）.

A. $\dfrac{\cos(x+y)}{z}$
　　　　　　　　　　B. $\dfrac{1}{z - \cos(x+y)}$

C. $\dfrac{\cos(x+y)}{z-\cos(x+y)}$ 　　　　　　　　　D. $\dfrac{1+\cos(x+y)}{z-\cos(x+y)}$

7. 曲面 $z=y+\ln\dfrac{x}{z}$ 在点 $(1，1，1)$ 的法线方程是（　　）.

　A. $x-1=y-1=\dfrac{z-1}{-1}$ 　　　　　　　B. $x-1=y-1=\dfrac{z-1}{2}$

　C. $x-1=\dfrac{y-1}{-1}=\dfrac{z-1}{-2}$ 　　　　　D. $x=y=\dfrac{3-z}{2}$

8. （2016 年数学二、三）已知函数 $f(x，y)=\dfrac{\mathrm{e}^x}{x-y}$，则（　　）.

　A. $f_x-f_y=0$ 　　　　　　　　　　　B. $f_x+f_y=0$
　C. $f_x-f_y=f$ 　　　　　　　　　　　D. $f_x+f_y=f$

9. （2018 年数学一）过点 $(1，0，0)$ 与 $(0，1，0)$，且与 $z=x^2+y^2$ 相切的平面方程为（　　）.
　A. $z=0$ 与 $x+y-z=1$ 　　　　　　B. $z=0$ 与 $2x+2y-z=2$
　C. $y=x$ 与 $x+y-z=1$ 　　　　　　D. $y=x$ 与 $2x+2y-z=2$

10. （2020 年数学一）函数 $f(x，y)$ 在 $(0，0)$ 处可微，$f(0，0)=0$，$\boldsymbol{n}=\left(\dfrac{\partial f}{\partial x}，\dfrac{\partial f}{\partial y}，-1\right)\Big|_{(0,0)}$，非零向量 $\boldsymbol{\alpha}$ 与 $\boldsymbol{n}$ 垂直，则（　　）.

　A. $\displaystyle\lim_{(x，y)\to(0，0)}\dfrac{|\boldsymbol{n}\cdot(x，y，f(x，y))|}{\sqrt{x^2+y^2}}$ 存在

　B. $\displaystyle\lim_{(x，y)\to(0，0)}\dfrac{|\boldsymbol{n}\times(x，y，f(x，y))|}{\sqrt{x^2+y^2}}$ 存在

　C. $\displaystyle\lim_{(x，y)\to(0，0)}\dfrac{|\boldsymbol{\alpha}\cdot(x，y，f(x，y))|}{\sqrt{x^2+y^2}}$ 存在

　D. $\displaystyle\lim_{(x，y)\to(0，0)}\dfrac{|\boldsymbol{\alpha}\times(x，y，f(x，y))|}{\sqrt{x^2+y^2}}$ 存在

11. （2020 年数学二）关于函数 $f(x，y)=\begin{cases}xy，& xy\neq0，\\ x，& y=0，\\ y，& x=0，\end{cases}$ 给出下列结论：

(1) $\dfrac{\partial f}{\partial x}\Big|_{(0,0)}=1$；(2) $\dfrac{\partial^2 f}{\partial x\partial y}\Big|_{(0,0)}=1$；(3) $\displaystyle\lim_{(x，y)\to(0，0)}f(x，y)=0$；(4) $\displaystyle\lim_{x\to0}\lim_{y\to0}f(x，y)=0$.

其中正确的个数为（　　）.
　A. 4 　　　　　　B. 3 　　　　　　C. 2 　　　　　　D. 1

12. （2021 年数学一、二、三）设函数 $f(x，y)$ 可微分，且 $f(x+1，\mathrm{e}^x)=x(x+1)^2$，$f(x，x^2)=2x^2\ln x$，则 $\mathrm{d}f(1，1)=$（　　）.
　A. $\mathrm{d}x+\mathrm{d}y$ 　　　B. $\mathrm{d}x-\mathrm{d}y$ 　　　C. $\mathrm{d}y$ 　　　　　D. $-\mathrm{d}y$

二、填空题

1. 设 $z=\ln(\mathrm{e}^x+\mathrm{e}^y)$，其中 $y=\dfrac{x^3}{3}+x$，则 $\dfrac{\mathrm{d}z}{\mathrm{d}x}=$ _____ .

2. 设 $2\sin(x+2y-3z)=x+2y-3z$，则 $\dfrac{\partial z}{\partial x}+\dfrac{\partial z}{\partial y}=$ _____.

3. 设 $f(x,y,z)=\mathrm{e}^x yz^2$，其中 $z=z(x,y)$ 是由 $x+y+z+xyz=0$ 确定的隐函数，则 $f_x(0,1,-1)=$ _____.

4. 设 $\dfrac{-xy^2\mathrm{d}x+yx^2\mathrm{d}y}{(x^2+y^2)^m}(x^2+y^2\neq 0)$ 是某二元函数的全微分，则 $m=$ _____.

5. 曲线 $\begin{cases}x^2+y^2+z^2=6,\\ x^2+y^2-z^2=4\end{cases}$ 在点 $(2,1,1)$ 处的切线与 y 轴夹角的余弦是 _____.

6. 过空间曲线 $x=f(y)$，$y=g(z)$（其中 $f(y)$，$g(z)$ 均是可微函数）上相应于 $z=z_0$ 点处的切线方程是 _____.

7. 设 $f(u,v)$，$g(u,v)$ 皆具有连续偏导数，且 $f_v\cdot g_v\neq 0$，则曲线 $f(x,y)=0$，$g(y,z)=0$ 在点 (x_0,y_0,z_0) 处的切线方程是 _____.

8. 曲线 $\begin{cases}3x^2+2y^2=12,\\ z=0\end{cases}$ 绕 y 轴旋转一周得到的旋转面在点 $(0,\sqrt{3},\sqrt{2})$ 处的指向外侧的单位法向量为 _____.

9. 设 $z=f(u,v)$，其中 $u=\sqrt{\phi(x,y)}$，$v=\tan(x^2y)$ 且 $f(u,v)$ 具有连续的一阶偏导数，$\phi(x,y)$ 恒为正值且可导，则 $\dfrac{\partial z}{\partial x}=$ _____.

10. 函数 $z=xy$ 在闭区域 $\{(x,y)\mid x\geqslant 0,y\geqslant 0,x+y\leqslant 1\}$ 上的最大值是 _____.

11. 设函数 $z=z(x,y)$ 由方程 $x^2+2y^2+3z^2+xy-z-9=0$ 所确定，则函数 z 的驻点是 _____.

12. (2017 年数学二、三) 设函数 $f(x,y)$ 具有一阶连续偏导数，且 $\mathrm{d}f(x,y)=y\mathrm{e}^y\mathrm{d}x+x(1+y)\mathrm{e}^y\mathrm{d}y$，$f(0,0)=0$，则 $f(x,y)=$ _____.

13. (2015 年数学二、三) 若函数 $z=z(x,y)$ 由方程 $\mathrm{e}^{x+2y+3z}+xyz=1$ 确定，则 $\mathrm{d}z|_{(0,0)}=$ _____.

14. (2018 年数学二) 设函数 $z=z(x,y)$ 由方程 $\ln z+\mathrm{e}^{z-1}=xy$ 确定，则 $\dfrac{\partial z}{\partial x}\Big|_{(2,\frac{1}{2})}=$ _____.

15. 设 $z=\left(\dfrac{y}{x}\right)^{\frac{x}{y}}$，则 $\dfrac{\partial z}{\partial x}\Big|_{(1,2)}=$ _____.

16. (2019 年数学一) 设函数 $f(u)$ 可导，$z=f(\sin y-\sin x)+xy$，则 $\dfrac{1}{\cos x}\dfrac{\partial z}{\partial x}+\dfrac{1}{\cos y}\dfrac{\partial z}{\partial y}=$ _____.

17. (2019 年数学二) 设函数 $f(u)$ 可导，$z=yf\left(\dfrac{y^2}{x}\right)$，则 $2x\dfrac{\partial z}{\partial x}+y\dfrac{\partial z}{\partial y}=$ _____.

18. (2020 年数学一) 设 $f(x,y)=\displaystyle\int_0^{xy}\mathrm{e}^{xt^2}\mathrm{d}t$，则 $\dfrac{\partial^2 f}{\partial x\partial y}\Big|_{(1,1)}=$ _____.

19. (2020 年数学二、三) 设 $z=\arctan[xy+\sin(x+y)]$，则 $\mathrm{d}z|_{(0,\pi)}=$ _____.

20. (2020 年数学三) 曲线 $x + y + e^{2xy} = 0$ 在点 $(0, -1)$ 处的切线方程为 _____.

21. (2021 年数学二) 设函数 $z = z(x, y)$ 由方程 $(x+1)z + y\ln z - \arctan(2xy) = 1$ 确定，则 $\dfrac{\partial z}{\partial x}\Big|_{(0, 2)} = $ _____.

三、计算题

1. 设函数 $f(x, y)$ 具有连续的一阶偏导数，$f(1, 1) = 1$，$f_1'(1, 1) = a$，$f_2'(1, 1) = b$，且 $\phi(x) = f\{x, f[x, f(x, x)]\}$，求 $\phi(1)$，$\phi'(1)$.

2. 设 $z = x^3 f(xy^2, \sin xy)$，其中 f 具有二阶连续偏导数，试求 $\dfrac{\partial^2 z}{\partial x \partial y}$.

3. 设 $z = f(u, x, y)$，$u = xe^y$，其中 f 具有连续的二阶偏导数，求 $\dfrac{\partial^2 z}{\partial x \partial y}$.

4. 设 $z = f(2x - y) + g(x, xy)$，其中 f 二阶可导，g 具有二阶连续偏导数，求 $\dfrac{\partial^2 z}{\partial x \partial y}$.

5. 设 $z = f(2x - y, y\sin x)$，其中 $f(u, v)$ 具有连续的二阶偏导数，求 $\dfrac{\partial^2 z}{\partial x \partial y}$.

6. 设 $z = x^3 f\left(xy, \dfrac{y}{x}\right)$，$f$ 具有二阶连续偏导数，求 $\dfrac{\partial z}{\partial y}$，$\dfrac{\partial^2 z}{\partial x \partial y}$ 与 $\dfrac{\partial^2 z}{\partial y^2}$.

7. 设 $f(x, y) = \begin{cases} xy - \dfrac{x^3 + y^3}{x^2 + y^2}, & (x, y) \neq (0, 0), \\ 0, & (x, y) = (0, 0), \end{cases}$ 求 $f_x(0, 0)$ 和 $f_y(0, 0)$.

8. 设函数 $u = f(e^x \cos y, \ln y, 3x^2)$ 具有连续的二阶偏导数，求 $\dfrac{\partial^2 u}{\partial y \partial x}$.

9. 设 $z = (x^2 + y^2)e^{-\arctan\frac{y}{x}}$，求 $\mathrm{d}z$ 与 $\dfrac{\partial^2 z}{\partial x \partial y}$.

10. 已知 $\sqrt{x^2 + y^2 + z^2} + xyz = \sqrt{2}$，求 $\mathrm{d}z\big|_{(1, 0, -1)}$.

11. 已知 $x^2 + z^2 = y\varphi\left(\dfrac{z}{y}\right)$，$\varphi$ 具有连续导数，求 $\dfrac{\partial z}{\partial x}$，$\dfrac{\partial z}{\partial y}$.

12. 设 $u = f(x, y, z)$ 具有连续偏导数，$y = y(x)$ 和 $z = z(x)$ 分别由方程 $e^{xy} - y = 0$ 和 $e^z - xz = 0$ 所确定，求 $\dfrac{\mathrm{d}u}{\mathrm{d}x}$.

13. 设 $y = y(x)$，$z = z(x)$ 是由方程 $z = xf(x+y)$ 和 $F(x, y, z) = 0$ 所确定的函数，其中 f 和 F 分别具有一阶连续导数和一阶连续偏导数，求 $\dfrac{\mathrm{d}z}{\mathrm{d}x}$.

14. 设 $u = f(x, y, z)$，$\varphi(x^2, e^y, z) = 0$，$y = \sin x$，其中 f，φ 具有一阶连续偏导数，且 $\dfrac{\partial \varphi}{\partial z} \neq 0$，求 $\dfrac{\mathrm{d}u}{\mathrm{d}x}$.

15. 设变换 $\begin{cases} u = x - 2y, \\ v = x + ay, \end{cases}$ 可把方程 $6\dfrac{\partial^2 z}{\partial x^2} + \dfrac{\partial^2 z}{\partial x \partial y} - \dfrac{\partial^2 z}{\partial y^2} = 0$ 简化为 $\dfrac{\partial^2 z}{\partial u \partial v} = 0$，求常数 a.

16. 设 $\boldsymbol{n}$ 是曲面 $2x^2 + 3y^2 + z^2 = 6$ 在点 $P(1, 1, 1)$ 处指向外侧的法向量，求函数 $u = $

$\dfrac{\sqrt{6x^2+8y^2}}{z}$ 在点 P 处沿方向 $\boldsymbol{n}$ 的方向导数.

17. 求函数 $u=\dfrac{x}{\sqrt{x^2+y^2+z^2}}$ 在点 $P(1,-2,1)$ 处沿曲线 $l:\begin{cases}x^2+y^2+z^2=6,\\ x+y+z=0\end{cases}$ 的切线方向(两个方向)的方向导数.

18. 求函数 $u=\ln(x+\sqrt{y^2+z^2})$ 在点 $A(1,0,1)$ 处沿点 A 指向点 $B(3,-2,2)$ 方向的方向导数.

19. 求函数 $u=\dfrac{x^2}{9}+\dfrac{y^2}{4}+z-1$ 在点 $M(x_1,y_1,z_1)$ 处沿圆锥曲线 $l:\begin{cases}ax^2+by^2+cz^2=1,\\ x+y+z=1\end{cases}(a,b,c$ 为常数)上该点处切线方向的方向导数.

20. 求内接于椭球面,且棱平行于对称轴的长方体体积的最大值.

21. (2014 年数学一、二、三)设函数 $f(u)$ 具有 2 阶连续导数,且 $f(0)=0$,$f'(0)=0$,若 $z=f(\mathrm{e}^x\cos y)$ 满足 $\dfrac{\partial^2 z}{\partial x^2}+\dfrac{\partial^2 z}{\partial y^2}=(4z+\mathrm{e}^x\cos y)\mathrm{e}^{2x}$,求 $f(u)$ 的表达式.

22. (2014 年数学二)已知函数 $f(x,y)$ 满足 $\dfrac{\partial f}{\partial y}=2(y+1)$,且 $f(y,y)=(y+1)^2-(2-y)\ln y$.求曲线 $f(x,y)=0$ 所围图形绕直线 $y=-1$ 旋转所成旋转体的体积.

23. (2019 年数学二)已知函数 $u(x,y)$ 满足 $2\dfrac{\partial^2 u}{\partial x^2}-2\dfrac{\partial^2 u}{\partial y^2}+3\dfrac{\partial u}{\partial x}+3\dfrac{\partial u}{\partial y}=0$,求 a,b 的值,使得在变换 $u(x,y)=v(x,y)\mathrm{e}^{ax+by}$ 下,上述等式可以化为 $v(x,y)$ 不含一阶偏导数的等式.

24. (2019 年数学三)已知 $f(u,v)$ 具有二阶连续偏导数,且 $g(x,y)=xy-f(x+y,x-y)$.求 $\dfrac{\partial^2 g}{\partial x^2}+\dfrac{\partial^2 g}{\partial x\partial y}+\dfrac{\partial^2 g}{\partial y^2}$.

25. (2020 年数学一、二)求函数 $f(x,y)=x^3+8y^3-xy$ 的极值.

26. (2021 年数学一)已知曲线 $C:\begin{cases}x^2+2y^2-z=6,\\ 4x+2y+z=30,\end{cases}$ 求 C 上的点到 xOy 坐标面距离的最大值.

27. (2021 年数学三)求函数 $f(x,y)=2\ln|x|+\dfrac{(x-1)^2+y^2}{2x^2}$ 的极值.

四、证明题

1. 证明:$f(x,y)=\begin{cases}(x^2+y^2)\sin\dfrac{1}{x^2+y^2},&x^2+y^2\neq 0,\\ 0,&x^2+y^2=0\end{cases}$ 的偏导数 $f_x(x,y)$ 及 $f_y(x,y)$ 在原点 $(0,0)$ 的邻域内存在,但它们在 $(0,0)$ 处均不连续.

2. 已知 $xy=xf(z)+yg(z)$,$xf'(z)+yg'(z)\neq 0$,其中 $z=z(x,y)$ 是 x 和 y 的函数.求证:$[x-g(z)]\dfrac{\partial z}{\partial x}=[y-f(z)]\dfrac{\partial z}{\partial y}$.

3. 设 $F(u,v)$ 具有连续的一阶偏导数，且 $w=F(xy,yz)$，证明：

$$x\frac{\partial w}{\partial x}+z\frac{\partial w}{\partial z}=y\frac{\partial w}{\partial y}.$$

4. 证明：两曲面 $F(x,y,z)=0$ 及 $G(x,y,z)=0$ 在其交点 $M(x,y,z)$ 处正交的充要条件为

$$\frac{\partial F}{\partial x}\cdot\frac{\partial G}{\partial x}+\frac{\partial F}{\partial y}\cdot\frac{\partial G}{\partial y}+\frac{\partial F}{\partial z}\cdot\frac{\partial G}{\partial z}=0,$$

并验证曲面 $x^2+y^2+z^2=ax$ 和曲面 $x^2+y^2+z^2=by$ 互相正交.

5. 设曲面 Σ 的方程为 $F(z-ax,z-by)=0$，其中 $F(u,v)$ 具有一阶连续偏导数，且 $F'_u+F'_v\neq 0$，试证：曲面 Σ 上任意一点处的法线恒与一常矢量垂直.

6. 设函数 $u=F(x,y,z)$ 在条件 $\Phi(x,y,z)=0$ 下有极值 $u_0=F(x_0,y_0,z_0)$，其中函数 F 和 Φ 具有连续的一阶偏导数且不全为零. 试证：曲面 $F(x,y,z)=0$ 与曲面 $\Phi(x,y,z)=0$ 在点 (x_0,y_0,z_0) 处有相同的切平面(即两曲面相切).

习 题 详 解

一、选择题

1. D. **解析**：设该函数为 $z(x,y)$，则 $\dfrac{\partial z}{\partial x}=\dfrac{x+ay}{(x+y)^2}$，$\dfrac{\partial z}{\partial y}=\dfrac{y}{(x+y)^2}$，故

$$\frac{\partial}{\partial y}\left(\frac{\partial z}{\partial x}\right)=\frac{\partial^2 z}{\partial x\partial y}=\frac{(a-2)x-ay}{(x+y)^3},$$

$$\frac{\partial}{\partial x}\left(\frac{\partial z}{\partial y}\right)=\frac{\partial^2 z}{\partial y\partial x}=\frac{-2y}{(x+y)^3}.$$

由 $\dfrac{\partial^2 z}{\partial x\partial y}=\dfrac{\partial^2 z}{\partial y\partial x}$ 解得 $a=2$.

2. C. **解析**：利用多元复合函数求导法则直接计算即可.

3. C. **解析**：曲线上对应于 $t=\dfrac{\pi}{2}$ 的点为 $\left(\dfrac{\pi}{2}-1,1,2\sqrt{2}\right)$. 又曲线在给定点处的切向量为

$$s=\left(1-\cos t,\sin t,2\cos\frac{t}{2}\right)\Big|_{t=\frac{\pi}{2}}=(1,1,\sqrt{2}),$$

所以所求切线方程为

$$x+1-\frac{\pi}{2}=y-1=\frac{z-2\sqrt{2}}{\sqrt{2}},$$

等式各边都加 2 即得选项 C 正确.

4. B. **解析**：分别与 x 轴和 y 轴正向成 $\dfrac{\pi}{3}$ 和 $\dfrac{\pi}{6}$ 角方向的方向余弦为

$$\cos\alpha=\cos\frac{\pi}{3}=\frac{1}{2},\qquad\cos\beta=\cos\frac{\pi}{6}=\frac{\sqrt{3}}{2},$$

函数 u 在点 $M_0(3, 2)$ 的梯度为

$$\mathbf{grad}\, u(x, y)\big|_{(3, 2)} = (3y^2 + 6x^2 y, 6xy + 2x^3)\big|_{(3, 2)} = (120, 90),$$

所以所求方向导数为 $\dfrac{1}{2} \times 120 + \dfrac{\sqrt{3}}{2} \times 90 = 60 + 45\sqrt{3}$.

5. D. **解析**：利用全导数的计算公式直接计算即可.

6. C. **解析**：令 $F(x, y, z) = yz - \sin(x + y)$，则 $F_x = -\cos(x + y)$，$F_y = z -$ $\cos(x + y)$，故 $\dfrac{\partial y}{\partial x} = -\dfrac{F_x}{F_y} = \dfrac{\cos(x + y)}{z - \cos(x + y)}$.

7. D. **解析**：令 $F(x, y, z) = z - y - \ln\dfrac{x}{z}$，则

$$F_x = -\frac{1}{x}, \quad F_y = -1, \quad F_z = 1 - \frac{z}{x} \cdot \left(-\frac{x}{z^2}\right) = 1 + \frac{1}{z},$$

故曲面在点 $(1, 1, 1)$ 处法线的方向向量为 $s = (F_x, F_y, F_z)\big|_{(1, 1, 1)} = (-1, -1, 2)$，从而只有选项 D 满足. 事实上选项 D 是该点处法线方程的另一个表达式(类似本大题第 3 小题).

8. D. **解析**：显然 $f_x = \dfrac{e^x(x - y) - e^x}{(x - y)^2}$，$f_y = \dfrac{e^x}{(x - y)^2}$，从而

$$f_x + f_y = \frac{e^x(x - y) - e^x + e^x}{(x - y)^2} = \frac{e^x}{x - y} = f,$$

而其他选项均不满足，故选 D.

9. B. **解析**：过点 $(1, 0, 0)$ 与 $(0, 1, 0)$，且与 $z = x^2 + y^2$ 相切的平面方程有两个，而 $z = 0$ 显然与曲面 $z = x^2 + y^2$ 相切，排除选项 C，D. 对于选项 A，平面 $x + y - z = 1$ 的法线向量为 $(1, 1, -1)$，曲面 $z = x^2 + y^2$ 的法向量为 $(2x, 2y, -1)$，由平面与曲面相切可得 $\dfrac{1}{2x} = \dfrac{1}{2y} = \dfrac{-1}{-1}$，解得 $x = \dfrac{1}{2}$，$y = \dfrac{1}{2}$，代入曲面方程和平面方程 $x + y - z = 1$ 中得 z 不相等，故排除选项 A.

10. A. **解析**：因为 $f(x, y)$ 在 $(0, 0)$ 处可微，且 $f(0, 0) = 0$，所以

$$\lim_{(x, y) \to (0, 0)} \frac{f(x, y) - f(0, 0) - f_x(0, 0)x - f_y(0, 0)y}{\sqrt{x^2 + y^2}} = 0,$$

也即

$$\lim_{(x, y) \to (0, 0)} \frac{f(x, y) - f_x(0, 0)x - f_y(0, 0)y}{\sqrt{x^2 + y^2}}$$

$$= \lim_{(x, y) \to (0, 0)} \frac{(-f_x(0, 0), -f_y(0, 0), 1)(x, y, f(x, y))}{\sqrt{x^2 + y^2}} = 0.$$

故选 A.

11. B. **解析**：(1) $\dfrac{\partial f}{\partial x}\Big|_{(0, 0)} = \lim_{x \to 0} \dfrac{f(x, 0) - f(0, 0)}{x} = 1$.

(2) 当 $xy \neq 0$ 时，$\dfrac{\partial f}{\partial x} = y$，此时

$$\frac{\partial^2 f}{\partial x \partial y}\bigg|_{(0,0)} = \lim_{y \to 0} \frac{f_x(0, y) - f_x(0, 0)}{y} = \lim_{y \to 0} \frac{y-1}{y} = \infty,$$

所以 $\dfrac{\partial^2 f}{\partial x \partial y}\bigg|_{(0,0)}$ 不存在.

(3) 当 $xy \neq 0$ 时, $\lim\limits_{(x,y)\to(0,0)} f(x, y) = \lim\limits_{(x,y)\to(0,0)} xy = 0$; 当 $x = 0$ 时, $\lim\limits_{(x,y)\to(0,0)} f(x, y) = \lim\limits_{(x,y)\to(0,0)} y = 0$; 当 $y = 0$ 时, $\lim\limits_{(x,y)\to(0,0)} f(x, y) = \lim\limits_{(x,y)\to(0,0)} x = 0$. 因此 $\lim\limits_{(x,y)\to(0,0)} f(x, y) = 0$.

(4) 当 $xy \neq 0$ 时, $\lim\limits_{x\to 0}\lim\limits_{y\to 0} f(x, y) = \lim\limits_{x\to 0}\lim\limits_{y\to 0} xy = 0$; 当 $x = 0$ 时, $\lim\limits_{x\to 0}\lim\limits_{y\to 0} f(x, y) = \lim\limits_{x\to 0}\lim\limits_{y\to 0} y = 0$; 当 $y = 0$ 时, $\lim\limits_{x\to 0}\lim\limits_{y\to 0} f(x, y) = \lim\limits_{x\to 0}\lim\limits_{y\to 0} x = 0$. 因此 $\lim\limits_{x\to 0}\lim\limits_{y\to 0} f(x, y) = 0$. 故选 B.

12. C. **解析**：将题中两个等式两边分别对 x 求导，得

$$f'_1(x+1, e^x) + e^x f'_2(x+1, e^x) = (x+1)^2 + 2x(x+1),$$
$$f'_1(x, x^2) + 2x f'_2(x, x^2) = 4x\ln x + 2x.$$

在第一个式子中代入 $x = 0$，第二个式子中代入 $x = 1$，得

$$f'_1(1, 1) + f'_2(1, 1) = 1,$$
$$f'_1(1, 1) + 2f'_2(1, 1) = 2,$$

解得 $f'_1(1, 1) = 0$, $f'_2(1, 1) = 1$，所以

$$\mathrm{d}f(1, 1) = f'_1(1, 1)\mathrm{d}x + f'_2(1, 1)\mathrm{d}y = \mathrm{d}y.$$

二、填空题

1. $\dfrac{e^x + e^y(x^2+1)}{e^x + e^y}$. **解析**：利用全导数的计算公式直接计算，得

$$\frac{\mathrm{d}z}{\mathrm{d}x} = \frac{e^x + e^y(x^2+1)}{e^x + e^y}.$$

2. 1. **解析**：令 $F(x, y, z) = 2\sin(x+2y-3z) - x - 2y + 3z$，则

$$F_x = 2\cos(x+2y-3z) - 1,$$
$$F_y = 4\cos(x+2y-3z) - 2,$$
$$F_z = -6\cos(x+2y-3z) + 3,$$

于是 $\dfrac{\partial z}{\partial x} + \dfrac{\partial z}{\partial y} = -\dfrac{F_x + F_y}{F_z} = 1$.

3. 1. **解析**：令 $F(x, y, z) = x + y + z + xyz$，则 $F_x = 1 + yz$, $F_z = 1 + xy$，所以

$$z_x(0, 1, -1) = -\frac{1+yz}{1+xy}\bigg|_{(0,1,-1)} = 0,$$

故 $f_x(0, 1, -1) = y(e^x z^2 + 2z e^x z_x)\big|_{(0,1,-1)} = 1$.

4. 2. **解析**：设二元函数为 $z(x, y)$，利用 $\dfrac{\partial^2 z}{\partial y \partial x} = \dfrac{\partial^2 z}{\partial x \partial y}$，解得 $m = 2$.

5. $\dfrac{2}{\sqrt{5}}$. **解析**：令 $F(x, y, z) = x^2 + y^2 + z^2 - 6$, $G(x, y, z) = x^2 + y^2 - z^2 - 4$，则这两个曲面在点 $(2, 1, 1)$ 处的法向量分别为 $\boldsymbol{n}_1 = (2, 1, 1)$, $\boldsymbol{n}_2 = (2, 1, -1)$，于是曲线在点 $(2, 1, 1)$ 处的一个切向量为 $\boldsymbol{s} = \dfrac{1}{2}\boldsymbol{n}_1 \times \boldsymbol{n}_2 = (-1, 2, 0)$，单位化得曲线在该点处的切线与

y 轴夹角的余弦是 $\dfrac{2}{\sqrt{5}}$.

6. $\dfrac{x-f[g(z_0)]}{f'[g(z_0)]\cdot g'(z_0)}=\dfrac{y-g(z_0)}{g'(z_0)}=\dfrac{z-z_0}{1}$. **解析**：空间曲线的参数方程为

$$\begin{cases} x=f[g(z)], \\ y=g(z), \\ z=z, \end{cases}$$

所以所求切线方程为 $\dfrac{x-f[g(z_0)]}{f'[g(z_0)]\cdot g'(z_0)}=\dfrac{y-g(z_0)}{g'(z_0)}=\dfrac{z-z_0}{1}$.

7. $\dfrac{x-x_0}{[f_y g_z]_{(x_0,y_0,z_0)}}=\dfrac{y-y_0}{[-f_x g_z]_{(x_0,y_0,z_0)}}=\dfrac{z-z_0}{[f_x g_y]_{(x_0,y_0,z_0)}}$. **解析**：因为 $f_y\neq 0$，$g_z\neq 0$，

所以方程 $f(x,y)=0$，$g(y,z)=0$ 可以分别确定隐函数 $y=y(x)$，$z=z(y)$，于是曲线

方程可写为 $\begin{cases} x=x, \\ y=y(x), \\ z=z[y(x)]. \end{cases}$ 又 $y'(x)=-\dfrac{f_x}{f_y}$，$z'[y(x)]=-\dfrac{g_y}{g_z}$，从而曲线的切向量为

$$\left(1,\ y'(x),\ z'[y(x)]\cdot y'(x)\right)=\left(1,\ -\dfrac{f_x}{f_y},\ \left(-\dfrac{g_y}{g_z}\right)\cdot\left(-\dfrac{f_x}{f_y}\right)\right),$$

代入点 (x_0,y_0,z_0) 的坐标可得切线方程为

$$\dfrac{x-x_0}{[f_y g_z]_{(x_0,y_0,z_0)}}=\dfrac{y-y_0}{[-f_x g_z]_{(x_0,y_0,z_0)}}=\dfrac{z-z_0}{[f_x g_y]_{(x_0,y_0,z_0)}}.$$

8. $\left(0,\ \dfrac{2}{\sqrt{10}},\ \dfrac{3}{\sqrt{15}}\right)$. **解析**：旋转面的方程为 $3x^2+3z^2+2y^2=12$，它在点 $(0,\sqrt{3},\sqrt{2})$

处的指向外侧（第三个分量为正）的法向量为 $\boldsymbol{n}=(0,\ 2\sqrt{3},\ 3\sqrt{2})$，单位化

得 $\left(0,\ \dfrac{2}{\sqrt{10}},\ \dfrac{3}{\sqrt{15}}\right)$.

9. $\dfrac{\phi_x\cdot f_u}{2\sqrt{\phi(x,y)}}+2xy\sec^2(x^2 y)\cdot f_v$. **解析**：利用多元复合函数的求导法则可得

$$\dfrac{\partial z}{\partial x}=\dfrac{\phi_x\cdot f_u}{2\sqrt{\phi(x,y)}}+2xy\sec^2(x^2 y)\cdot f_v.$$

10. $\dfrac{1}{4}$. **解析**：函数 $z=xy$ 在开区域 $\{(x,y)|x>0,\ y>0,\ x+y<1\}$ 内无极值，利用

拉格朗日乘数法求函数 $z=xy$ 在条件 $x+y=1$ 下的极值，得函数在边界 $x+y=1$ 上取得

最大值 $\dfrac{1}{4}$，它也是函数 $z=xy$ 在闭区域 $\{(x,y)|x\geqslant 0,\ y\geqslant 0,\ x+y\leqslant 1\}$ 上的最大值.

11. $(0,0)$. **解析**：令 $F(x,y,z)=x^2+2y^2+3z^2+xy-z-9$，解方程组

$$\begin{cases} z_x(x,y)=-\dfrac{F_x(x,y,z)}{F_z(x,y,z)}=0, \\ z_y(x,y)=-\dfrac{F_y(x,y,z)}{F_z(x,y,z)}=0, \end{cases}$$

得驻点为$(0, 0)$.

12. $xy\mathrm{e}^y$. **解析**：由于 $f_x = y\mathrm{e}^y$，$f_y = x(1+y)\mathrm{e}^y$，$f(x, y) = \int y\mathrm{e}^y \mathrm{d}x = xy\mathrm{e}^y + c(y)$，

因此 $f_y = x\mathrm{e}^y + xy\mathrm{e}^y + c'(y) = x(1+y)\mathrm{e}^y$，得 $c'(y) = 0$，即有 $c(y) = C$．又 $f(0, 0) = 0$，故 $f(x, y) = xy\mathrm{e}^y$．

13. $-\dfrac{1}{3}\mathrm{d}x - \dfrac{2}{3}\mathrm{d}y$. **解析**：将 $x = 0$，$y = 0$ 代入方程 $\mathrm{e}^{x+2y+3z} + xyz = 1$ 得 $z = 0$，将方程两边分别对 x，y 求偏导数得

$$\mathrm{e}^{x+2y+3z} \cdot \left(3\frac{\partial z}{\partial x} + 1\right) + yz + xy\frac{\partial z}{\partial x} = 0,$$

$$\mathrm{e}^{x+2y+3z} \cdot \left(3\frac{\partial z}{\partial y} + 2\right) + xz + xy\frac{\partial z}{\partial y} = 0,$$

代入 $x = 0$，$y = 0$，$z = 0$ 可得 $\dfrac{\partial z}{\partial x}\Big|_{x=0} = -\dfrac{1}{3}$，$\dfrac{\partial z}{\partial y}\Big|_{y=0} = -\dfrac{2}{3}$，所以 $\mathrm{d}z\,|_{(0, 0)} = -\dfrac{1}{3}\mathrm{d}x - \dfrac{2}{3}\mathrm{d}y$.

14. $\dfrac{1}{4}$. **解析**：将方程两边同时对 x 求偏导数，得 $\dfrac{1}{z}\dfrac{\partial z}{\partial x} + \mathrm{e}^{z-1}\dfrac{\partial z}{\partial x} = y$．又当 $x = 2$，$y = \dfrac{1}{2}$ 时，$z = 1$，所以 $\dfrac{\partial z}{\partial x}\Big|_{(2, \frac{1}{2})} = \dfrac{1}{4}$.

15. $\dfrac{\sqrt{2}}{2}(\ln 2 - 1)$. **解析**：令 $u = \dfrac{y}{x}$，$v = \dfrac{x}{y}$，则 $z = u^v$，对方程两边取对数得 $\ln z = v\ln u$，该方程两边对 x 求导得 $\dfrac{1}{z}\dfrac{\partial z}{\partial x} = v_x\ln u + \dfrac{v}{u}u_x = \dfrac{1}{y}\ln\dfrac{y}{x} - \dfrac{1}{y}$，从而

$$\frac{\partial z}{\partial x}\Big|_{(1, 2)} = z\left(\frac{1}{y}\ln\frac{y}{x} - \frac{1}{y}\right)\Big|_{(1, 2)} = \left(\frac{y}{x}\right)^{\frac{x}{y}}\left(\frac{1}{y}\ln\frac{y}{x} - \frac{1}{y}\right)\Big|_{(1, 2)} = \frac{\sqrt{2}}{2}(\ln 2 - 1).$$

16. $\dfrac{y}{\cos x} + \dfrac{x}{\cos y}$. **解析**：由复合函数求导法则，知

$$\frac{\partial z}{\partial x} = f'(\sin y - \sin x)(-\cos x) + y, \qquad \frac{\partial z}{\partial y} = f'(\sin y - \sin x)\cos y + x,$$

将结果代入 $\dfrac{1}{\cos x}\dfrac{\partial z}{\partial x} + \dfrac{1}{\cos y}\dfrac{\partial z}{\partial y}$，即得

$$\frac{1}{\cos x}\frac{\partial z}{\partial x} + \frac{1}{\cos y}\frac{\partial z}{\partial y} = \frac{y}{\cos x} + \frac{x}{\cos y}.$$

17. $yf\left(\dfrac{y^2}{x}\right)$. **解析**：由复合函数求导法则，知

$$\frac{\partial z}{\partial x} = yf'\left(\frac{y^2}{x}\right)y^2\left(-\frac{1}{x^2}\right), \qquad \frac{\partial z}{\partial y} = f\left(\frac{y^2}{x}\right) + yf'\left(\frac{y^2}{x}\right)\cdot\frac{2y}{x},$$

从而

$$2x\frac{\partial z}{\partial x} + y\frac{\partial z}{\partial y} = -\frac{2y^3}{x}f'\left(\frac{y^2}{x}\right) + yf\left(\frac{y^2}{x}\right) + f'\left(\frac{y^2}{x}\right)\frac{2y^3}{x} = yf\left(\frac{y^2}{x}\right).$$

18. $4\mathrm{e}$. **解析**：因为 $\dfrac{\partial f}{\partial y} = \mathrm{e}^{x(xy)^2}x = x\mathrm{e}^{x^3y^2}$，所以

$$\frac{\partial^2 f}{\partial x \partial y} = \frac{\partial \left(\frac{\partial f}{\partial y}\right)}{\partial x} = 3x^3 y^2 e^{x^3 y^2} + e^{x^3 y^2},$$

代入 $x=1$, $y=1$, 得 $\left.\dfrac{\partial^2 f}{\partial x \partial y}\right|_{(1,1)} = 4e$.

19. $(\pi-1)dx - dy$. **解析**: 因为

$$\frac{dz}{dx} = \frac{y + \cos(x+y)}{1 + [xy + \sin(x+y)]^2}, \quad \frac{dz}{dy} = \frac{x + \cos(x+y)}{1 + [xy + \sin(x+y)]^2},$$

所以

$$\left.\frac{dz}{dx}\right|_{(0,\pi)} = \frac{\pi + \cos\pi}{1 + (\sin\pi)^2} = \pi - 1, \quad \left.\frac{dz}{dy}\right|_{(0,\pi)} = \frac{\cos\pi}{1 + (\sin\pi)^2} = -1,$$

从而 $\left.dz\right|_{(0,\pi)} = (\pi-1)dx - dy$.

20. $y = x-1$. **解析**: 将方程两端对 x 求导, 得 $1 + \dfrac{dy}{dx} + e^{2xy}\left(2y + 2x\dfrac{dy}{dx}\right) = 0$, 从而 $\left.\dfrac{dy}{dx}\right|_{(0,-1)} = 1$, 所以所求切线方程为 $y = x-1$.

21. 1. **解析**: 将方程两端对 x 求导, 得

$$z + (x+1)\frac{\partial z}{\partial x} + y\frac{1}{z}\frac{\partial z}{\partial x} - \frac{2y}{1 + 4x^2 y^2} = 0.$$

又当 $x=0$, $y=2$ 时, $z=1$, 所以 $\left.\dfrac{\partial z}{\partial x}\right|_{(0,2)} = 1$.

三、计算题

1. **解**: 由题可知 $\phi(1) = f\{1, f[1, f(1,1)]\} = f(1,1) = 1$. 因为

$$\phi'(x) = f'_1\{x, f[x, f(x,x)]\} \cdot 1 + $$
$$f'_2\{x, f[x, f(x,x)]\} \cdot \{f'_1[x, f(x,x)] \cdot 1 + $$
$$f'_2[x, f(x,x)] \cdot [f'_1(x,x) + f'_2(x,x)]\},$$

所以

$$\phi'(1) = f'_1\{1, f[1, f(1,1)]\} \cdot 1 + $$
$$f'_2\{1, f[1, f(1,1)]\} \cdot \{f'_1[1, f(1,1)] \cdot 1 + $$
$$f'_2[1, f(1,1)] \cdot [f'_1(1,1) + f'_2(1,1)]\}$$
$$= f'_1(1,1) + f'_2(1,1)\{f'_1(1,1) + f'_2(1,1) \cdot [f'_1(1,1) + f'_2(1,1)]\}$$
$$= a + b[a + b(a+b)]$$
$$= a + ab + ab^2 + b^3.$$

2. **解**: 因为

$$\frac{\partial z}{\partial x} = 3x^2 f(xy^2, \sin xy) + x^3[f'_1(xy^2, \sin xy) \cdot y^2 + f'_2(xy^2, \sin xy) \cdot y\cos xy],$$

所以

$$\frac{\partial^2 z}{\partial x \partial y} = \frac{\partial}{\partial y}\left(\frac{\partial z}{\partial x}\right)$$

$$= 3x^2 [f'_1(xy^2, \sin xy) \cdot 2xy + f'_2(xy^2, \sin xy) \cdot x \cos xy] +$$
$$x^3 \{ 2y f'_1(xy^2, \sin xy) + y^2 [f''_{11}(xy^2, \sin xy) \cdot 2xy +$$
$$f''_{12}(xy^2, \sin xy) \cdot x \cos xy] +$$
$$[f''_{21}(xy^2, \sin xy) \cdot 2xy + f''_{22}(xy^2, \sin xy) \cdot x \cos xy] \cdot y \cos xy +$$
$$f'_2(xy^2, \sin xy) \cdot (\cos xy - xy \sin xy) \}$$
$$= 8x^3 y f'_1 + 4x^3 f'_2 \cdot \cos xy - x^4 y f'_2 \cdot \sin xy + 2x^4 y^3 f''_{11} +$$
$$3x^4 y^2 f''_{12} \cdot \cos xy + x^4 y f''_{22} \cdot \cos^2 xy.$$

3. **解**：因为
$$\frac{\partial z}{\partial x} = f_u(u, x, y) \cdot \frac{\partial u}{\partial x} + f_x(u, x, y) \cdot 1 + f_y(u, x, y) \cdot 0$$
$$= f_u(u, x, y) \cdot e^y + f_x(u, x, y),$$

所以

$$\frac{\partial^2 z}{\partial x \partial y} = \frac{\partial}{\partial y} \left(\frac{\partial z}{\partial x} \right)$$
$$= e^y f_u(u, x, y) +$$
$$e^y \left[f_{uu}(u, x, y) \cdot \frac{\partial u}{\partial y} + f_{ux}(u, x, y) \cdot 0 + f_{uy}(u, x, y) \cdot 1 \right] +$$
$$f_{xu}(u, x, y) \cdot \frac{\partial u}{\partial y} + f_{xx}(u, x, y) \cdot 0 + f_{xy}(u, x, y) \cdot 1$$
$$= e^y f_u(u, x, y) + e^y f_{uu}(u, x, y) \cdot x e^y + e^y f_{uy}(u, x, y) +$$
$$f_{xu}(u, x, y) \cdot x e^y + f_{xy}(u, x, y)$$
$$= e^y f_u(u, x, y) + x e^{2y} f_{uu}(u, x, y) + e^y f_{uy}(u, x, y) +$$
$$x e^y f_{xu}(u, x, y) + f_{xy}(u, x, y).$$

4. **解**：因为
$$\frac{\partial z}{\partial x} = 2f'(2x - y) + g'_1 \cdot 1 + g'_2 \cdot y = 2f'(2x - y) + g'_1 + y g'_2,$$

所以

$$\frac{\partial^2 z}{\partial x \partial y} = \frac{\partial}{\partial y} \left(\frac{\partial z}{\partial x} \right)$$
$$= 2f''(2x - y) \cdot (-1) + g''_{11} \cdot 0 + g''_{12} \cdot x + y g''_{21} \cdot 0 + y g''_{22} \cdot x + g'_2$$
$$= -2f''(2x - y) + x g''_{12} + xy g''_{22} + g'_2.$$

5. **解**：因为
$$\frac{\partial z}{\partial x} = 2f_u(2x - y, y \sin x) + f_v(2x - y, y \sin x) \cdot y \cos x,$$

所以

$$\frac{\partial^2 z}{\partial x \partial y} = \frac{\partial}{\partial y} \left(\frac{\partial z}{\partial x} \right)$$
$$= 2[f_{uu}(2x - y, y \sin x) \cdot (-1) + f_{uv}(2x - y, y \sin x) \cdot \sin x] +$$
$$[f_v(2x - y, y \sin x) + y f_{vu}(2x - y, y \sin x) \cdot (-1) +$$

$$yf_{vv}(2x-y, y\sin x)\sin x]\cos x$$

$$=-2f_{uu}(2x-y, y\sin x)+2f_{uv}(2x-y, y\sin x)\cdot\sin x+$$

$$[f_v(2x-y, y\sin x)-yf_{vu}(2x-y, y\sin x)+$$

$$yf_{vv}(2x-y, y\sin x)\sin x]\cos x.$$

6. 解：由多元复合函数的求导法则知

$$\frac{\partial z}{\partial y}=x^3\left[f_1'\left(xy, \frac{y}{x}\right)\cdot x+f_2'\left(xy, \frac{y}{x}\right)\cdot\left(\frac{1}{x}\right)\right]$$

$$=x^4f_1'\left(xy, \frac{y}{x}\right)+x^2f_2'\left(xy, \frac{y}{x}\right),$$

从而

$$\frac{\partial^2 z}{\partial x\partial y}=\frac{\partial^2 z}{\partial y\partial x}$$

$$=x^4\left[f_{11}''\left(xy, \frac{y}{x}\right)\cdot y+f_{12}''\left(xy, \frac{y}{x}\right)\cdot\left(-\frac{y}{x^2}\right)\right]+4x^3f_1'\left(xy, \frac{y}{x}\right)+$$

$$x^2\left[f_{21}''\left(xy, \frac{y}{x}\right)\cdot y+f_{22}''\left(xy, \frac{y}{x}\right)\cdot\left(-\frac{y}{x^2}\right)\right]+2xf_2'\left(xy, \frac{y}{x}\right)$$

$$=x^4yf_{11}''\left(xy, \frac{y}{x}\right)+4x^3f_1'\left(xy, \frac{y}{x}\right)-yf_{22}''\left(xy, \frac{y}{x}\right)+2xf_2'\left(xy, \frac{y}{x}\right),$$

$$\frac{\partial^2 z}{\partial y^2}=x^4\left[f_{11}''\left(xy, \frac{y}{x}\right)\cdot x+f_{12}''\left(xy, \frac{y}{x}\right)\cdot\frac{1}{x}\right]+x^2\left[f_{21}''\left(xy, \frac{y}{x}\right)\cdot x+\right.$$

$$\left.f_{22}''\left(xy, \frac{y}{x}\right)\cdot\frac{1}{x}\right]$$

$$=x^5f_{11}''\left(xy, \frac{y}{x}\right)+2x^3f_{12}''\left(xy, \frac{y}{x}\right)+xf_{22}''\left(xy, \frac{y}{x}\right).$$

7. 解：

$$f_x(0, 0)=\lim_{x\to 0}\frac{f(x, 0)-f(0, 0)}{x}=\lim_{x\to 0}\frac{-x-0}{x}=-1,$$

$$f_y(0, 0)=\lim_{y\to 0}\frac{f(0, y)-f(0, 0)}{y}=\lim_{y\to 0}\frac{-y-0}{y}=-1.$$

8. 解：因为

$$\frac{\partial u}{\partial y}=f_1'\cdot(-e^x\sin y)+f_2'\cdot\frac{1}{y}+f_3'\cdot 0=-e^x\sin yf_1'+\frac{1}{y}f_2',$$

所以

$$\frac{\partial^2 u}{\partial y\partial x}=\frac{\partial}{\partial x}\left(\frac{\partial u}{\partial y}\right)$$

$$=-\sin y[e^xf_1'+e^x(e^x\cos yf_{11}''+6xf_{13}'')]+\frac{1}{y}(e^x\cos yf_{21}''+6xf_{23}'').$$

9. 解： $\mathrm{d}z=e^{-\arctan\frac{y}{x}}\cdot(2x\mathrm{d}x+2y\mathrm{d}y)-(x^2+y^2)e^{-\arctan\frac{y}{x}}\cdot\dfrac{\dfrac{\mathrm{d}y}{x}-\dfrac{y\mathrm{d}x}{x^2}}{1+\dfrac{y^2}{x^2}}$

$$=e^{-\arctan\frac{y}{x}}[(2x+y)\mathrm{d}x+(2y-x)\mathrm{d}y].$$

$$\frac{\partial^2 z}{\partial x \partial y} = \frac{\partial}{\partial y} [\mathrm{e}^{-\arctan\frac{y}{x}}(2x+y)] = \mathrm{e}^{-\arctan\frac{y}{x}} + (2x+y) \left[-\mathrm{e}^{-\arctan\frac{y}{x}} \cdot \left(\frac{\frac{1}{x}}{1+\frac{y^2}{x^2}} \right) \right]$$

$$= \frac{y^2 - xy - x^2}{x^2 + y^2} \mathrm{e}^{-\arctan\frac{y}{x}}.$$

10. **解**：对方程两端求微分得

$$\frac{x\,\mathrm{d}x + y\,\mathrm{d}y + z\,\mathrm{d}z}{\sqrt{x^2+y^2+z^2}} + yz\,\mathrm{d}x + xz\,\mathrm{d}y + xy\,\mathrm{d}z = 0,$$

从而

$$\mathrm{d}z = -\frac{x + yz\sqrt{x^2+y^2+z^2}}{z + xy\sqrt{x^2+y^2+z^2}}\,\mathrm{d}x - \frac{y + xz\sqrt{x^2+y^2+z^2}}{z + xy\sqrt{x^2+y^2+z^2}}\,\mathrm{d}y,$$

代入坐标 $(x, y, z) = (1, 0, -1)$，得 $\mathrm{d}z\,|_{(1,0,-1)} = \mathrm{d}x - \sqrt{2}\,\mathrm{d}y$.

11. **解**：对方程两端求微分得

$$2x\,\mathrm{d}x + 2z\,\mathrm{d}z = \varphi\left(\frac{z}{y}\right)\mathrm{d}y + y\varphi'\left(\frac{z}{y}\right) \cdot \left(\frac{y\,\mathrm{d}z - z\,\mathrm{d}y}{y^2} \right)$$

$$= \left[\varphi\left(\frac{z}{y}\right) - \frac{z}{y}\varphi'\left(\frac{z}{y}\right) \right]\mathrm{d}y + \varphi'\left(\frac{z}{y}\right)\mathrm{d}z,$$

从而

$$\mathrm{d}z = \frac{-2x}{2z - \varphi'\left(\dfrac{z}{y}\right)}\,\mathrm{d}x + \frac{\varphi\left(\dfrac{z}{y}\right) - \dfrac{z}{y}\varphi'\left(\dfrac{z}{y}\right)}{2z - \varphi'\left(\dfrac{z}{y}\right)}\,\mathrm{d}y,$$

于是

$$\frac{\partial z}{\partial x} = \frac{2x}{\varphi'\left(\dfrac{z}{y}\right) - 2z}, \quad \frac{\partial z}{\partial y} = \frac{\varphi\left(\dfrac{z}{y}\right) - \dfrac{z}{y}\varphi'\left(\dfrac{z}{y}\right)}{2z - \varphi'\left(\dfrac{z}{y}\right)}.$$

12. **解**：由全导数公式，知

$$\frac{\mathrm{d}u}{\mathrm{d}x} = \frac{\partial f}{\partial x} + \frac{\partial f}{\partial y} \cdot \frac{\mathrm{d}y}{\mathrm{d}x} + \frac{\partial f}{\partial z} \cdot \frac{\mathrm{d}z}{\mathrm{d}x}.$$

利用隐函数求导公式，分别可得

$$\frac{\mathrm{d}y}{\mathrm{d}x} = \frac{y\mathrm{e}^{xy}}{1 - x\mathrm{e}^{xy}} = \frac{y^2}{1 - xy}, \quad \frac{\mathrm{d}z}{\mathrm{d}x} = \frac{z}{\mathrm{e}^z - x} = \frac{z}{x(z-1)},$$

从而

$$\frac{\mathrm{d}u}{\mathrm{d}x} = \frac{\partial f}{\partial x} + \frac{y^2}{1 - xy} \cdot \frac{\partial f}{\partial y} + \frac{z}{x(z-1)} \cdot \frac{\partial f}{\partial z}.$$

13. **解**：对方程 $z = xf(x+y)$ 和 $F(x, y, z) = 0$ 的两端分别求微分，得

$$\begin{cases} \mathrm{d}z = f(x+y)\mathrm{d}x + xf'(x+y) \cdot (\mathrm{d}x + \mathrm{d}y) = [f(x+y) + xf'(x+y)]\mathrm{d}x + xf'(x+y)\mathrm{d}y, \\ F_x(x, y, z)\mathrm{d}x + F_y(x, y, z)\mathrm{d}y + F_z(x, y, z)\mathrm{d}z = 0, \end{cases}$$

亦即

$$\begin{cases} \dfrac{\mathrm{d}z}{\mathrm{d}x} - xf'(x+y)\dfrac{\mathrm{d}y}{\mathrm{d}x} = f(x+y) + xf'(x+y), \\[3mm] F_z(x,\ y,\ z)\dfrac{\mathrm{d}z}{\mathrm{d}x} + F_y(x,\ y,\ z)\dfrac{\mathrm{d}y}{\mathrm{d}x} = -F_x(x,\ y,\ z), \end{cases}$$

消去 $\dfrac{\mathrm{d}y}{\mathrm{d}x}$，解得 $\dfrac{\mathrm{d}z}{\mathrm{d}x} = \dfrac{(f+xf')F_y - xf' \cdot F_x}{F_y + xf' \cdot F_z}$.

14. 解：对 $u = f(x,\ y,\ z)$ 求微分，得 $\mathrm{d}u = f_x \cdot \mathrm{d}x + f_y \cdot \mathrm{d}y + f_z \cdot \mathrm{d}z$，即

$$\frac{\mathrm{d}u}{\mathrm{d}x} = f_x + f_y \cdot \frac{\mathrm{d}y}{\mathrm{d}x} + f_z \cdot \frac{\mathrm{d}z}{\mathrm{d}x}. \tag{1}$$

对 $\varphi(x^2,\ \mathrm{e}^y,\ z) = 0$ 求微分，得 $2x\varphi'_1 \mathrm{d}x + \mathrm{e}^y \varphi'_2 \mathrm{d}y + \varphi'_3 \mathrm{d}z = 0$，即

$$2x\varphi'_1 + \mathrm{e}^y \varphi'_2 \frac{\mathrm{d}y}{\mathrm{d}x} + \varphi'_3 \frac{\mathrm{d}z}{\mathrm{d}x} = 0. \tag{2}$$

由 $y = \sin x$ 得 $\dfrac{\mathrm{d}y}{\mathrm{d}x} = \cos x$，代入式(2)解出 $\dfrac{\mathrm{d}z}{\mathrm{d}x}$，再代入式(1)得

$$\frac{\mathrm{d}u}{\mathrm{d}x} = f_x + f_y \cdot \cos x - f_z \cdot \frac{1}{\varphi'_3} \cdot (2x\varphi'_1 + \mathrm{e}^y \cos x \cdot \varphi'_2).$$

15. 解：设 $z = z(u,\ v)$，其中 $\begin{cases} u = x - 2y, \\ v = x + ay, \end{cases}$ 则

$$\frac{\partial z}{\partial x} = \frac{\partial z}{\partial u} \cdot \frac{\partial u}{\partial x} + \frac{\partial z}{\partial v} \cdot \frac{\partial v}{\partial x} = \frac{\partial z}{\partial u} + \frac{\partial z}{\partial v},$$

$$\frac{\partial z}{\partial y} = \frac{\partial z}{\partial u} \cdot \frac{\partial u}{\partial y} + \frac{\partial z}{\partial v} \cdot \frac{\partial v}{\partial y} = -2\frac{\partial z}{\partial u} + a\frac{\partial z}{\partial v},$$

从而

$$\frac{\partial^2 z}{\partial x \partial y} = \frac{\partial}{\partial y}\left(\frac{\partial z}{\partial x}\right) = \frac{\partial}{\partial y}\left(\frac{\partial z}{\partial u} + \frac{\partial z}{\partial v}\right)$$

$$= \frac{\partial^2 z}{\partial u^2} \cdot \frac{\partial u}{\partial y} + \frac{\partial^2 z}{\partial u \partial v} \cdot \frac{\partial v}{\partial y} + \frac{\partial^2 z}{\partial v^2} \cdot \frac{\partial v}{\partial y} + \frac{\partial^2 z}{\partial u \partial v} \cdot \frac{\partial u}{\partial y}$$

$$= -2\frac{\partial^2 z}{\partial u^2} + (a-2)\frac{\partial^2 z}{\partial u \partial v} + a\frac{\partial^2 z}{\partial v^2},$$

$$\frac{\partial^2 z}{\partial x^2} = \frac{\partial}{\partial x}\left(\frac{\partial z}{\partial u} + \frac{\partial z}{\partial v}\right)$$

$$= \frac{\partial^2 z}{\partial u^2} \cdot \frac{\partial u}{\partial x} + \frac{\partial^2 z}{\partial u \partial v} \cdot \frac{\partial v}{\partial x} + \frac{\partial^2 z}{\partial v^2} \cdot \frac{\partial v}{\partial x} + \frac{\partial^2 z}{\partial u \partial v} \cdot \frac{\partial u}{\partial x}$$

$$= \frac{\partial^2 z}{\partial u^2} + 2\frac{\partial^2 z}{\partial u \partial v} + \frac{\partial^2 z}{\partial v^2},$$

$$\frac{\partial^2 z}{\partial y^2} = \frac{\partial}{\partial y}\left(-2\frac{\partial z}{\partial u} + a\frac{\partial z}{\partial v}\right)$$

$$= -2\left(\frac{\partial^2 z}{\partial u^2} \cdot \frac{\partial u}{\partial y} + \frac{\partial^2 z}{\partial u \partial v} \cdot \frac{\partial v}{\partial y}\right) + a\left(\frac{\partial^2 z}{\partial v^2} \cdot \frac{\partial v}{\partial y} + \frac{\partial^2 z}{\partial u \partial v} \cdot \frac{\partial u}{\partial y}\right)$$

$$=4\frac{\partial^2 z}{\partial u^2}-4a\frac{\partial^2 z}{\partial u\partial v}+a^2\frac{\partial^2 z}{\partial v^2}.$$

简单计算后得

$$6\frac{\partial^2 z}{\partial x^2}+\frac{\partial^2 z}{\partial x\partial y}-\frac{\partial^2 z}{\partial y^2}=(10+5a)\frac{\partial^2 z}{\partial u\partial v}+(6+a-a^2)\frac{\partial^2 z}{\partial y^2}.$$

由题设知 $10+5a\neq0$, $6+a-a^2=0$, 解得 $a=3$.

16. 解: 曲面在点 P 处的法向量为 $\pm(4x,6y,2z)|_{(1,1,1)}=\pm(4,6,2)$, 而指向外侧的法向量为 $\boldsymbol{n}=(4,6,2)$, 单位化后得 $\boldsymbol{n}_0=\dfrac{1}{\sqrt{14}}(2,3,1)$. 又

$$\mathbf{grad}\, u(x,y,z)|_{(1,1,1)}=\left(\frac{6}{\sqrt{14}},\frac{8}{\sqrt{14}},-\sqrt{14}\right),$$

于是所求方向导数为 $\dfrac{\partial u}{\partial n}\bigg|_{(1,1,1)}=\dfrac{11}{7}$.

17. 解: 函数 u 在点 P 的梯度为

$$\mathbf{grad}u(x,y,z)|_{(1,-2,1)}=(u_x,u_y,u_z)|_{(1,-2,1)}=\left(\frac{5\sqrt{6}}{36},\frac{2\sqrt{6}}{36},-\frac{\sqrt{6}}{36}\right),$$

曲线 l 在点 P 处的切向量为

$$\boldsymbol{l}=\pm(x,y,z)_{(1,-2,1)}\times(1,1,1)_{(1,-2,1)}=\pm\begin{vmatrix} \boldsymbol{i} & \boldsymbol{j} & \boldsymbol{k} \\ 1 & -2 & 1 \\ 1 & 1 & 1 \end{vmatrix}=\pm(-3,0,3),$$

单位化后得 $\boldsymbol{l}_0=\pm\left(-\dfrac{1}{\sqrt{2}},0,\dfrac{1}{\sqrt{2}}\right)$, 于是所求方向导数为

$$\frac{\partial u}{\partial l}\bigg|_{(1,-2,1)}=\mp\left(\frac{5\sqrt{6}}{36}\times\frac{1}{\sqrt{2}}+\frac{\sqrt{6}}{36}\times\frac{1}{\sqrt{2}}\right)=\mp\frac{\sqrt{3}}{6}.$$

18. 解: 向量 $\overrightarrow{AB}=(2,-2,1)$ 单位化后得 $\left(\dfrac{2}{3},-\dfrac{2}{3},\dfrac{1}{3}\right)$, 而函数 $u=\ln(x+\sqrt{y^2+z^2})$ 在点 $A(1,0,1)$ 的梯度为 $\mathbf{grad}\,u(x,y,z)|_{(1,0,1)}=(u_x,u_y,u_z)|_{(1,0,1)}=\left(\dfrac{1}{2},0,\dfrac{1}{2}\right)$, 于是所求方向导数为 $\dfrac{2}{3}\times\dfrac{1}{2}+\dfrac{1}{3}\times\dfrac{1}{2}=\dfrac{1}{2}$.

19. 解: 函数 u 在点 M 的梯度为

$$\mathbf{grad}\,u(x,y,z)|_{(x_1,y_1,z_1)}=(u_x,u_y,u_z)|_{(x_1,y_1,z_1)}=\left(\frac{2x_1}{9},\frac{y_1}{2},1\right),$$

曲线 l 在点 M 处的切向量为

$$\boldsymbol{l}=\pm(ax,by,cz)_{(x_1,y_1,z_1)}\times(1,1,1)_{(x_1,y_1,z_1)}=\pm(by_1-cz_1,cz_1-ax_1,ax_1-by_1),$$

单位化后得

$$\boldsymbol{l}_0=\frac{\pm1}{\sqrt{(by_1-cz_1)^2+(cz_1-ax_1)^2+(ax_1-by_1)^2}}(by_1-cz_1,cz_1-ax_1,ax_1-by_1),$$

于是所求方向导数为

$$\left.\frac{\partial u}{\partial l}\right|_{(x_1,\,y_1,\,z_1)}=\pm\frac{\dfrac{2x_1(by_1-cz_1)}{9}+\dfrac{y_1(cz_1-ax_1)}{2}+(ax_1-by_1)}{\sqrt{(by_1-cz_1)^2+(cz_1-ax_1)^2+(ax_1-by_1)^2}}.$$

20.解：建立适当坐标系使得椭球面方程为 $\dfrac{x^2}{a^2}+\dfrac{y^2}{b^2}+\dfrac{z^2}{c^2}=1$，则所求长方体的体积

$V(x,\,y,\,z)=8xyz,\,0<x\leqslant a,\,0<y\leqslant b,\,0<z\leqslant c.$ 记

$$L(x,\,y,\,z)=8xyz+\lambda\left(\frac{x^2}{a^2}+\frac{y^2}{b^2}+\frac{z^2}{c^2}-1\right),$$

由

$$\begin{cases} L_x=8yz+\dfrac{2\lambda x}{a^2}=0,\\[2mm] L_y=8xz+\dfrac{2\lambda y}{b^2}=0,\\[2mm] L_z=8xy+\dfrac{2\lambda z}{c^2}=0,\\[2mm] \dfrac{x^2}{a^2}+\dfrac{y^2}{b^2}+\dfrac{z^2}{c^2}-1=0 \end{cases}$$

解出唯一的驻点 $(x_0,\,y_0,\,z_0)$ 的坐标为 $\left(\dfrac{a}{\sqrt{3}},\,\dfrac{b}{\sqrt{3}},\,\dfrac{c}{\sqrt{3}}\right)$. 由问题的实际意义，得

$$\max\{V(x,\,y,\,z)\}=V(x_0,\,y_0,\,z_0)=\frac{8\sqrt{3}}{9}abc.$$

21.解：由 $z=f(\mathrm{e}^x\cos y)$，知

$$\frac{\partial z}{\partial x}=f'(\mathrm{e}^x\cos y)\cdot\mathrm{e}^x\cos y,\quad\frac{\partial z}{\partial y}=f'(\mathrm{e}^x\cos y)\cdot(-\mathrm{e}^x\sin y),$$

从而

$$\frac{\partial^2 z}{\partial x^2}=f''(\mathrm{e}^x\cos y)\cdot\mathrm{e}^x\cos y\cdot\mathrm{e}^x\cos y+f'(\mathrm{e}^x\cos y)\cdot\mathrm{e}^x\cos y,$$

$$\frac{\partial^2 z}{\partial y^2}=f''(\mathrm{e}^x\cos y)\cdot(-\mathrm{e}^x\sin y)\cdot(-\mathrm{e}^x\sin y)+f'(\mathrm{e}^x\cos y)\cdot(-\mathrm{e}^x\cos y).$$

又 $\dfrac{\partial^2 z}{\partial x^2}+\dfrac{\partial^2 z}{\partial y^2}=(4z+\mathrm{e}^x\cos y)\mathrm{e}^{2x}$，所以

$$f''(\mathrm{e}^x\cos y)\cdot\mathrm{e}^{2x}=[4f(\mathrm{e}^x\cos y)+\mathrm{e}^x\cos y]\mathrm{e}^{2x},$$

即

$$f''(\mathrm{e}^x\cos y)-4f(\mathrm{e}^x\cos y)=\mathrm{e}^x\cos y.$$

令 $u=\mathrm{e}^x\cos y$，则 $f''(u)-4f(u)=u$，由其特征方程 $r^2-4=0$ 得 $r_1=2$，$r_2=-2$，故该方程对应的齐次方程的通解为 $y=C_1\mathrm{e}^{2u}+C_2\mathrm{e}^{-2u}$. 设特解为 $y^*=au+b$，代入方程得 $a=-\dfrac{1}{4}$，$b=0$，即特解 $y^*=-\dfrac{1}{4}u$，于是原方程的通解为 $y=C_1\mathrm{e}^{2u}+C_2\mathrm{e}^{-2u}-\dfrac{1}{4}u$. 由 $f(0)=0$，$f'(0)=0$，得 $C_1=\dfrac{1}{16}$，$C_2=-\dfrac{1}{16}$，故 $f(u)$ 的表达式为 $f(u)=\dfrac{1}{16}\mathrm{e}^{2u}-\dfrac{1}{16}\mathrm{e}^{-2u}-\dfrac{1}{4}u.$

22. **解**：由函数 $f(x,y)$ 满足 $\dfrac{\partial f}{\partial y}=2(y+1)$，可知 $f(x,y)=y^2+2y+\varphi(x)$. 又

$$f(y,y)=y^2+2y+\varphi(y)=(y+1)^2-(2-y)\ln y,$$

所以 $\varphi(y)=1-(2-y)\ln y$，从而

$$f(x,y)=y^2+2y+\varphi(x)=y^2+2y+1-(2-x)\ln x=(y+1)^2-(2-x)\ln x.$$

令 $z=y+1$，则 $f(x,y)=0$ 对应的曲线方程为 $z^2=(2-x)\ln x$，定义域为 $[1,2]$，则曲线 $f(x,y)=0$ 所围图形绕直线 $y=-1$ 旋转，即 $z^2=(2-x)\ln x$ 绕 $z=0$ 旋转所成的旋转体体积为

$$V_x=\int_1^2 \pi z^2\,\mathrm{d}x=\pi\int_1^2(2-x)\ln x\,\mathrm{d}x=\pi\int_1^2\ln x\,\mathrm{d}\!\left(2x-\frac{1}{2}x^2\right)=\left(2\ln 2-\frac{5}{4}\right)\pi.$$

23. **解**：对 $u(x,y)=v(x,y)\mathrm{e}^{ax+by}$ 两边关于 x 求一阶、二阶偏导数，得

$$\frac{\partial u}{\partial x}=\frac{\partial v}{\partial x}\mathrm{e}^{ax+by}+av(x,y)\mathrm{e}^{ax+by},$$

$$\frac{\partial^2 u}{\partial x^2}=a^2 v(x,y)\mathrm{e}^{ax+by}+2a\frac{\partial v}{\partial x}\mathrm{e}^{ax+by}+\frac{\partial^2 v}{\partial x^2}\mathrm{e}^{ax+by}.$$

依据结构的对称性，可得

$$\frac{\partial u}{\partial y}=\frac{\partial v}{\partial y}\mathrm{e}^{ax+by}+bv(x,y)\mathrm{e}^{ax+by},$$

$$\frac{\partial^2 u}{\partial y^2}=b^2 v(x,y)\mathrm{e}^{ax+by}+2b\frac{\partial v}{\partial y}\mathrm{e}^{ax+by}+\frac{\partial^2 v}{\partial y^2}\mathrm{e}^{ax+by}.$$

将上述各式代入 $u(x,y)$ 所满足的等式，可得

$$\mathrm{e}^{ax+by}[2a^2+3a+b(3-2b)]v(x,y)+\mathrm{e}^{ax+by}\left[(4a+3)\frac{\partial v}{\partial x}+(3-4b)\frac{\partial v}{\partial y}-2\frac{\partial^2 v}{\partial y^2}+2\frac{\partial^2 v}{\partial x^2}\right]=0,$$

所以 $\begin{cases}4a+3=0,\\ 3-4b=0,\end{cases}$ 解得 $a=-\dfrac{3}{4}$，$b=\dfrac{3}{4}$.

24. **解**：由复合函数求导法则，知

$$\frac{\partial g}{\partial x}=y-f_1'(x+y,x-y)-f_2'(x+y,x-y),$$

$$\frac{\partial g}{\partial y}=x-f_1'(x+y,x-y)+f_2'(x+y,x-y),$$

从而

$$\frac{\partial^2 g}{\partial x^2}=-f_{11}''-2f_{12}''-f_{22}'',\qquad \frac{\partial^2 g}{\partial x\partial y}=1-f_{11}''+f_{22}'',\qquad \frac{\partial^2 g}{\partial y^2}=-f_{11}''+2f_{12}''-f_{22}'',$$

所以

$$\frac{\partial^2 g}{\partial x^2}+\frac{\partial^2 g}{\partial x\partial y}+\frac{\partial^2 g}{\partial y^2}=-f_{11}''-2f_{12}''-f_{22}''+1-f_{11}''+f_{22}''-f_{11}''+2f_{12}''-f_{22}''$$

$$=1-3f_{11}''-f_{22}''.$$

25. **解**：对函数 $f(x,y)$ 分别关于 x，y 求偏导数，令偏导数等于零，得方程组

$$\begin{cases}f_x=3x^2-y=0,\\ f_y=24y^2-x=0,\end{cases}$$

解得 $\begin{cases} x=0, \\ y=0 \end{cases}$ 或 $\begin{cases} x=\dfrac{1}{6}, \\ y=\dfrac{1}{12}. \end{cases}$ 对函数求二阶偏导数得

$$A=f_{xx}=6x, \quad B=f_{xy}=-1, \quad C=f_{yy}=48y.$$

当 $\begin{cases} x=0, \\ y=0 \end{cases}$ 时，$A=0$，$B=-1$，$C=0$，则 $AC-B^2=-1<0$，不取极值；

当 $\begin{cases} x=\dfrac{1}{6}, \\ y=\dfrac{1}{12} \end{cases}$ 时，$A=1$，$B=-1$，$C=4$，则 $AC-B^2=3>0$，$A>0$，取极小值.

因此函数有极小值，为 $f\left(\dfrac{1}{6}, \dfrac{1}{12}\right)=-\dfrac{1}{216}$.

26. **解**：设 C 上的点到 xOy 坐标面的距离为 $d=|z|$，则问题转换为求函数 $d^2=z^2$ 在曲线 C 约束下的最大值. 令

$$L(x, y, z)=z^2+\lambda(x^2+2y^2-z-6)+\mu(4x+2y+z-30),$$

解方程组

$$\begin{cases} L_x=2x\lambda+4\mu=0, \\ L_y=4y\lambda+2\mu=0, \\ L_z=2z-\lambda+\mu=0, \\ x^2+2y^2-z-6=0, \\ 4x+2y+z-30=0, \end{cases}$$

得到驻点为 $(4, 1, 12)$，$(-8, -2, 66)$. 于是 C 上的点到 xOy 坐标面距离的最大值为 $d_{\max}=66$.

27. **解**：对函数 $f(x, y)$ 分别关于 x，y 求偏导数，令偏导数等于零，得方程组

$$\begin{cases} f_x=\dfrac{2x^2+x-1-y^2}{x^3}=0, \\ f_y=\dfrac{y}{x^2}=0, \end{cases}$$

解得 $\begin{cases} x=-1, \\ y=0 \end{cases}$ 或 $\begin{cases} x=\dfrac{1}{2}, \\ y=0. \end{cases}$ 对函数求二阶偏导数得

$$A=f_{xx}=\dfrac{-2x^2-2x+3y^2+3}{x^4}, \quad B=f_{xy}=\dfrac{-2y}{x^3}, \quad C=f_{yy}=\dfrac{1}{x^2}.$$

当 $\begin{cases} x=-1, \\ y=0 \end{cases}$ 时，$A=3$，$B=0$，$C=1$，则 $AC-B^2=3>0$，$A>0$，故函数取极小值

$f(-1, 0)=2$；当 $\begin{cases} x=\dfrac{1}{2}, \\ y=0 \end{cases}$ 时，$A=24$，$B=0$，$C=4$，则 $AC-B^2=96>0$，$A>0$，故函数取

极小值 $f\left(\dfrac{1}{2},\ 0\right)=\dfrac{1}{2}-2\ln 2.$

四、证明题

1. **证明：**由偏导数的定义知

$$\begin{cases} f_x(0,\ 0)=\lim\limits_{x\to 0}\dfrac{f(x,\ 0)-f(0,\ 0)}{x}=\lim\limits_{x\to 0}x\sin\dfrac{1}{x^2}=0, \\[4mm] f_y(0,\ 0)=\lim\limits_{y\to 0}\dfrac{f(0,\ y)-f(0,\ 0)}{y}=\lim\limits_{y\to 0}y\sin\dfrac{1}{y^2}=0. \end{cases}$$

又当 $(x,\ y)\neq(0,\ 0)$ 时，

$$\begin{cases} f_x(x,\ y)=2x\sin\dfrac{1}{x^2+y^2}-\dfrac{2x}{x^2+y^2}\cos\dfrac{1}{x^2+y^2}, \\[4mm] f_y(x,\ y)=2y\sin\dfrac{1}{x^2+y^2}-\dfrac{2y}{x^2+y^2}\cos\dfrac{1}{x^2+y^2}, \end{cases}$$

所以 $f_x(x,\ y)$，$f_y(x,\ y)$ 在点 $(0,\ 0)$ 的邻域内存在，但它们在点 $(0,\ 0)$ 处均不连续．事实上，动点 $(x,\ y)$ 沿 $y=x$ 趋于点 $(0,\ 0)$ 时，

$$\lim\limits_{\substack{x\to 0\\ y\to 0}}f_x(x,\ y)=\lim\limits_{x\to 0}\left(2x\sin\dfrac{1}{2x^2}-\dfrac{1}{x}\cos\dfrac{1}{2x^2}\right),$$

$$\lim\limits_{\substack{x\to 0\\ y\to 0}}f_y(x,\ y)=\lim\limits_{y\to 0}\left(2y\sin\dfrac{1}{2y^2}-\dfrac{1}{y}\cos\dfrac{1}{2y^2}\right)$$

都不存在.

2. **证明：**将方程 $xy=xf(z)+yg(z)$ 两端分别对 x，y 求偏导数得

$$\begin{cases} y=f(z)+xf'(z)\dfrac{\partial z}{\partial x}+yg'(z)\dfrac{\partial z}{\partial x}=f(z)+[xf'(z)+yg'(z)]\dfrac{\partial z}{\partial x}, \\[4mm] x=xf'(z)\dfrac{\partial z}{\partial y}+g(z)+yg'(z)\dfrac{\partial z}{\partial y}=g(z)+[xf'(z)+yg'(z)]\dfrac{\partial z}{\partial y}, \end{cases}$$

解得

$$\begin{cases} \dfrac{\partial z}{\partial x}=\dfrac{y-f(z)}{xf'(z)+yg'(z)}, \\[4mm] \dfrac{\partial z}{\partial y}=\dfrac{x-g(z)}{xf'(z)+yg'(z)}. \end{cases}$$

容易验证 $[x-g(z)]\dfrac{\partial z}{\partial x}=[y-f(z)]\dfrac{\partial z}{\partial y}.$

3. **证明：**因为

$$\dfrac{\partial w}{\partial x}=yF_u,\qquad \dfrac{\partial w}{\partial y}=xF_u+zF_v,\qquad \dfrac{\partial w}{\partial z}=yF_v,$$

所以

$$x\,\dfrac{\partial w}{\partial x}+z\,\dfrac{\partial w}{\partial z}=xyF_u+yzF_v=y\,\dfrac{\partial w}{\partial y}.$$

4. **证明：**两曲面 $F(x,\ y,\ z)=0$ 和 $G(x,\ y,\ z)=0$ 在点 $M(x,\ y,\ z)$ 处的法向量分别为

$$\boldsymbol{n}_1=\left(\frac{\partial F}{\partial x},\ \frac{\partial F}{\partial y},\ \frac{\partial F}{\partial z}\right),\quad \boldsymbol{n}_2=\left(\frac{\partial G}{\partial x},\ \frac{\partial G}{\partial y},\ \frac{\partial G}{\partial z}\right),$$

则两曲面 $F(x,\ y,\ z)=0$ 和 $G(x,\ y,\ z)=0$ 在点 $M(x,\ y,\ z)$ 处正交的充要条件为

$$\boldsymbol{n}_1\cdot\boldsymbol{n}_2=0\Leftrightarrow\frac{\partial F}{\partial x}\cdot\frac{\partial G}{\partial x}+\frac{\partial F}{\partial y}\cdot\frac{\partial G}{\partial y}+\frac{\partial F}{\partial z}\cdot\frac{\partial G}{\partial z}=0.$$

又曲面 $x^2+y^2+z^2=ax$ 和 $x^2+y^2+z^2=by$ 在任意一点 $P(x,\ y,\ z)$ 处的法向量分别为

$$\boldsymbol{n}_1=(2x-a,\ 2y,\ 2z),\quad \boldsymbol{n}_2=(2x,\ 2y-b,\ 2z),$$

容易验证

$$\begin{aligned}\boldsymbol{n}_1\cdot\boldsymbol{n}_2&=2x(2x-a)+2y(2y-b)+4z^2\\&=2(x^2+y^2+z^2-ax)+2(x^2+y^2+z^2-by)\\&=0,\end{aligned}$$

所以两曲面 $x^2+y^2+z^2=ax$ 和 $x^2+y^2+z^2=by$ 在任意一点 $P(x,\ y,\ z)$ 处互相正交.

5. **证明**：令 $G(x,\ y,\ z)=F(u,\ v)=F(z-ax,\ z-by)=0$，则曲面 Σ 在任意一点 $P(x,\ y,\ z)$ 处的法向量为

$$\boldsymbol{n}=(G_x,\ G_y,\ G_z)=(-aF_u,\ -bF_v,\ F_u+F_v),$$

从而常向量 $\boldsymbol{C}=(b,\ a,\ ab)$ 与 $\boldsymbol{n}$ 垂直.

6. **证明**：曲面 $F(x,\ y,\ z)=0$ 和 $\Phi(x,\ y,\ z)=0$ 在点 $(x_0,\ y_0,\ z_0)$ 处的法向量分别为

$$\boldsymbol{n}_1=(F_x(x_0,\ y_0,\ z_0),\ F_y(x_0,\ y_0,\ z_0),\ F_z(x_0,\ y_0,\ z_0)),$$

$$\boldsymbol{n}_2=(\Phi_x(x_0,\ y_0,\ z_0),\ \Phi_y(x_0,\ y_0,\ z_0),\ \Phi_z(x_0,\ y_0,\ z_0)).$$

由题设条件，拉格朗日函数 $L(x,\ y,\ z)=F(x,\ y,\ z)+\lambda\Phi(x,\ y,\ z)$ 满足

$$\begin{cases}L_x(x_0,\ y_0,\ z_0)=F_x(x_0,\ y_0,\ z_0)+\lambda\Phi_x(x_0,\ y_0,\ z_0)=0,\\L_y(x_0,\ y_0,\ z_0)=F_y(x_0,\ y_0,\ z_0)+\lambda\Phi_y(x_0,\ y_0,\ z_0)=0,\\L_z(x_0,\ y_0,\ z_0)=F_z(x_0,\ y_0,\ z_0)+\lambda\Phi_z(x_0,\ y_0,\ z_0)=0,\end{cases}$$

将方程组改写成向量形式为 $\boldsymbol{n}_1+\lambda\boldsymbol{n}_2=\boldsymbol{0}$，则 $\boldsymbol{n}_1/\!/\boldsymbol{n}_2$，即曲面 $u=F(x,\ y,\ z)$ 和 $\Phi(x,\ y,\ z)=0$ 在点 $(x_0,\ y_0,\ z_0)$ 处有相同的切平面.

9.4　综合拓展

习　题

一、选择题

1. (2015 年数学二)设函数 $f(u,\ v)$ 满足 $f\left(x+y,\ \dfrac{y}{x}\right)=x^2-y^2$，则 $\left.\dfrac{\partial f}{\partial u}\right|_{\substack{u=1\\v=1}}$ 与 $\left.\dfrac{\partial f}{\partial v}\right|_{\substack{u=1\\v=1}}$

依次是(　　).

A. $\dfrac{1}{2}$，0 　　　B. 0，$\dfrac{1}{2}$ 　　　C. $-\dfrac{1}{2}$，0 　　　D. 0，$-\dfrac{1}{2}$

2. (2017 年数学二)设 $f(x,\ y)$ 具有一阶偏导数，且对任意的 $(x,\ y)$，都有 $\dfrac{\partial f(x,\ y)}{\partial x}>0$，

$\dfrac{\partial f(x,y)}{\partial y}<0$，则(　　).

 A. $f(0,0)>f(1,1)$ B. $f(0,0)<f(1,1)$

 C. $f(0,1)>f(1,0)$ D. $f(0,1)<f(1,0)$

 3.（2014 年数学二）设函数 $u(x,y)$ 在有界闭区域 D 上连续，在 D 的内部具有 2 阶连续偏导数，且满足 $\dfrac{\partial^2 u}{\partial x \partial y}\neq 0$ 及 $\dfrac{\partial^2 u}{\partial x^2}+\dfrac{\partial^2 u}{\partial y^2}=0$，则(　　).

 A. $u(x,y)$ 的最大值和最小值都在 D 的边界上取得

 B. $u(x,y)$ 的最大值和最小值都在 D 的内部取得

 C. $u(x,y)$ 的最大值在 D 的内部取得，$u(x,y)$ 的最小值在 D 的边界上取得

 D. $u(x,y)$ 的最小值在 D 的内部取得，$u(x,y)$ 的最大值在 D 的边界上取得

二、计算题

 1. 已知 $u+\mathrm{e}^u=xy$，求 $\dfrac{\partial^2 u}{\partial x \partial y}$.

 2. 设 z 是方程 $x+y-z=\mathrm{e}^z$ 所确定的 x,y 的函数，求 $\dfrac{\partial^2 z}{\partial x \partial y}$.

 3. 求二元函数 $z=f(x,y)=x^2 y(4-x-y)$ 在由直线 $x+y=6$，x 轴和 y 轴所围成的闭区域 D 上的极值、最大值和最小值.

 4. 求函数 $u=x-2y+2z$ 在条件 $x^2+y^2+z^2=1$ 下的极值.

 5. 在椭球面 $\dfrac{x^2}{a^2}+\dfrac{y^2}{b^2}+\dfrac{z^2}{c^2}=1$ 上求使得椭球面的法线与坐标轴成等角的点.

 6.（2015 年数学二）已知 $f(x,y)$ 满足 $f_{xy}(x,y)=2(y+1)\mathrm{e}^x$，$f_x(x,0)=(x+1)\mathrm{e}^x$，$f(0,y)=y^2+2y$，求 $f(x,y)$ 的极值.

 7.（2018 年数学一、二、三）一根绳长 2 m，截成三段，分别折成圆、正三角形、正方形，这三段分别为多长时所得的面积总和最小？求该最小值.

三、证明题

 1. 设 $f(x,y)=xy\dfrac{x^2-y^2}{x^2+y^2}$，若 $x^2+y^2\neq 0$ 且 $f(0,0)=0$，证明：

$$f_{xy}(0,0)\neq f_{yx}(0,0).$$

 2. 若函数 $f(\xi,\eta)$ 具有连续二阶偏导数且满足拉普拉斯方程 $\dfrac{\partial^2 f}{\partial \xi^2}+\dfrac{\partial^2 f}{\partial \eta^2}=0$，证明函数 $z=f(x^2-y^2,2xy)$ 也满足拉普拉斯方程 $\dfrac{\partial^2 z}{\partial x^2}+\dfrac{\partial^2 z}{\partial y^2}=0$.

 3. 函数 $z=z(x,y)$ 由方程 $F\left(x+\dfrac{z}{y},y+\dfrac{z}{x}\right)=0$ 所确定，其中 F 为可微函数，证明：

$$x \cdot \dfrac{\partial z}{\partial x}+y \cdot \dfrac{\partial z}{\partial y}=z-xy.$$

 4. 证明：锥面 $z=xf\left(\dfrac{y}{x}\right)$（$x=0$ 时，$z=0$）的切平面通过其顶点.

5. 设 $F(x,y,z)$ 具有连续偏导数,且对任意实数 t 有

$$F(tx,ty,tz)=t^k F(x,y,z),$$

其中 k 是自然数.试证:曲面 $F(x,y,z)=0$ 上任意一点的切平面相交于一定点(设在任意点处 $F_x^2+F_y^2+F_z^2 \neq 0$).

6. 若 $w=x\dfrac{\partial u}{\partial y}-y\dfrac{\partial u}{\partial x}$, $x=r\cos\theta$, $y=r\sin\theta$,求证:$w=\dfrac{\partial u}{\partial \theta}$.

7. 证明:旋转面 $z=f(\sqrt{x^2+y^2})$ $(f \neq 0)$ 的法线与旋转轴相交.

习 题 详 解

一、选择题

1. **D.** **解析:**(方法一)由 $u=x+y$, $v=\dfrac{y}{x}$,解得 $x=\dfrac{u}{v+1}$, $y=\dfrac{uv}{v+1}$,所以

$$f(u,v)=\dfrac{u^2}{(v+1)^2}-\dfrac{u^2 v^2}{(v+1)^2}=\dfrac{u^2(1-v)}{v+1},$$

从而

$$\dfrac{\partial f}{\partial u}=\dfrac{2u(1-v)}{v+1}, \quad \dfrac{\partial f}{\partial v}=u^2 \dfrac{-2}{(v+1)^2},$$

于是

$$\left.\dfrac{\partial f}{\partial u}\right|_{\substack{u=1 \\ v=1}}=0, \quad \left.\dfrac{\partial f}{\partial v}\right|_{\substack{u=1 \\ v=1}}=-\dfrac{1}{2}.$$

(方法二)将方程 $f\left(x+y,\dfrac{y}{x}\right)=x^2-y^2$ 两端分别对 x, y 求偏导数得

$$\dfrac{\partial f}{\partial u}-\dfrac{y}{x^2}\dfrac{\partial f}{\partial v}=2x, \quad \dfrac{\partial f}{\partial u}+\dfrac{1}{x}\dfrac{\partial f}{\partial v}=-2y.$$

由 $u=x+y=1$, $v=\dfrac{y}{x}=1$,解得 $x=y=\dfrac{1}{2}$,代入上述两个方程可得

$$\left.\dfrac{\partial f}{\partial u}\right|_{\substack{u=1 \\ v=1}}=0, \quad \left.\dfrac{\partial f}{\partial v}\right|_{\substack{u=1 \\ v=1}}=-\dfrac{1}{2}.$$

2. **D.** **解析:**由 $\dfrac{\partial f(x,y)}{\partial x}>0$ 且 $\dfrac{\partial f(x,y)}{\partial y}<0$,知 $f(x,y)$ 是关于 x 的单调递增函数,且是关于 y 的单调递减函数,所以 $f(0,1)<f(1,1)<f(1,0)$. 故选 D.

3. **A.** **解析:**因为 $\dfrac{\partial^2 u}{\partial x^2}+\dfrac{\partial^2 u}{\partial y^2}=0$,所以 $A=\dfrac{\partial^2 u}{\partial x^2}$ 与 $C=\dfrac{\partial^2 u}{\partial y^2}$ 异号. 又 $B=\dfrac{\partial^2 u}{\partial x\partial y} \neq 0$,从而 $AC-B^2<0$,故函数 $u(x,y)$ 在区域 D 内没有极值,而连续函数在有界闭区域内有最大值和最小值,因此最大值和最小值在 D 的边界点取到.

二、计算题

1. **解:**对方程两端分别关于 x 和 y 求偏导数,得

$$\begin{cases} \dfrac{\partial u}{\partial x}+\mathrm{e}^u \cdot \dfrac{\partial u}{\partial x}=y, \\[3mm] \dfrac{\partial u}{\partial y}+\mathrm{e}^u \cdot \dfrac{\partial u}{\partial y}=x, \end{cases}$$

即

$$\begin{cases} \dfrac{\partial u}{\partial x}=\dfrac{y}{1+\mathrm{e}^u}, \\[3mm] \dfrac{\partial u}{\partial y}=\dfrac{x}{1+\mathrm{e}^u}, \end{cases}$$

所以

$$\frac{\partial^2 u}{\partial x \partial y}=\frac{1}{1+\mathrm{e}^u}-\frac{y\mathrm{e}^u\,\dfrac{\partial u}{\partial y}}{(1+\mathrm{e}^u)^2}=\frac{(1+\mathrm{e}^u)^2-xy\mathrm{e}^u}{(1+\mathrm{e}^u)^3}.$$

2. **解：** 对方程两端分别关于 x 和 y 求偏导数，得

$$\begin{cases} 1-\dfrac{\partial z}{\partial x}=\mathrm{e}^z\cdot\dfrac{\partial z}{\partial x}, \\[3mm] 1-\dfrac{\partial z}{\partial y}=\mathrm{e}^z\cdot\dfrac{\partial z}{\partial y}, \end{cases}$$

即

$$\frac{\partial z}{\partial x}=\frac{\partial z}{\partial y}=\frac{1}{1+\mathrm{e}^z},$$

所以

$$\frac{\partial^2 z}{\partial x \partial y}=-\frac{\mathrm{e}^z\cdot\dfrac{\partial z}{\partial y}}{(1+\mathrm{e}^z)^2}=-\frac{\mathrm{e}^z}{(1+\mathrm{e}^z)^3}.$$

3. **解：** 在闭区域 $D=\{(x,y)\mid 0\leqslant x\leqslant 6,\ 0\leqslant y\leqslant 6-x\}$ 的内部 $D_0=\{(x,y)\mid 0<x<6,\ 0<y<6-x\}$，由

$$\begin{cases} \dfrac{\partial z}{\partial x}=8xy-3x^2y-2xy^2=0, \\[3mm] \dfrac{\partial z}{\partial y}=4x^2-x^3-2x^2y=0 \end{cases}$$

解出驻点 $P_0(2,1)$. 又

$$\frac{\partial^2 z}{\partial x^2}=8y-6xy-2y^2,\quad \frac{\partial^2 z}{\partial y^2}=-2x^2,\quad \frac{\partial^2 z}{\partial x \partial y}=8x-3x^2-4xy,$$

所以在点 $P_0(2,1)$ 处，

$$A=\frac{\partial^2 z}{\partial x^2}\bigg|_{P_0}=-6<0,\quad B=\frac{\partial^2 z}{\partial x \partial y}\bigg|_{P_0}=-4,\quad C=\frac{\partial^2 z}{\partial y^2}\bigg|_{P_0}=-8,$$

从而 $AC-B^2>0$，函数 $z=f(x,y)$ 取极大值 $f(2,1)=4$.

函数 $z=f(x,y)$ 在闭区域 D 的边界 x 轴、y 轴、直线 $x+y=6$ 上分别取值为 0、0、$2x^2(x-6)$. 下面讨论函数 $g(x)=f(x,6-x)=2x^2(x-6)$ 在条件 $0<x<6$ 下的极值. 令 $g'(x)=6x^2-24x=0$，解得 $x=4$，而 $g''(4)=24>0$，所以函数 $g(x)$ 在条件 $0<x<6$ 下取到极小值 $g(4)=-64$.

因此函数 $z=f(x,y)$ 在闭区域 D 上的极大值为 4，极小值为 -64，最大值为 4，最小值为 -64.

4. **解：**记 $L(x, y, z) = x - 2y + 2z + \lambda(x^2 + y^2 + z^2 - 1)$，解方程组

$$\begin{cases} L_x = 1 + 2\lambda x = 0, \\ L_y = -2 + 2\lambda y = 0, \\ L_z = 2 + 2\lambda z = 0, \\ x^2 + y^2 + z^2 - 1 = 0, \end{cases}$$

得到驻点 $P_1\left(-\dfrac{1}{3}, \dfrac{2}{3}, -\dfrac{2}{3}\right)$，$P_2\left(\dfrac{1}{3}, -\dfrac{2}{3}, \dfrac{2}{3}\right)$.

记由 $x^2 + y^2 + z^2 = 1$ 确定的隐函数为 $z = z(x, y)$，代入函数 $u = x - 2y + 2z$ 得二元函数 $u(x, y) = x - 2y + 2z(x, y)$，则

$$\frac{\partial u}{\partial x} = 1 + 2\frac{\partial z}{\partial x}, \qquad \frac{\partial u}{\partial y} = -2 + 2\frac{\partial z}{\partial y}.$$

对于方程 $x^2 + y^2 + z^2 = 1$，由隐函数求导公式得

$$\frac{\partial z}{\partial x} = -\frac{x}{z}, \qquad \frac{\partial z}{\partial y} = -\frac{y}{z}.$$

于是

$$\frac{\partial^2 u}{\partial x^2} = -2\left(\frac{1}{z} - \frac{x}{z^2} \cdot \frac{\partial z}{\partial x}\right) = -\frac{2}{z} - \frac{2x^2}{z^3},$$

$$\frac{\partial^2 u}{\partial y^2} = -2\left(\frac{1}{z} - \frac{y}{z^2} \cdot \frac{\partial z}{\partial y}\right) = -\frac{2}{z} - \frac{2y^2}{z^3},$$

$$\frac{\partial^2 u}{\partial x \partial y} = \frac{\partial}{\partial y}\left(\frac{\partial u}{\partial x}\right) = 2\frac{\partial^2 z}{\partial x \partial y} = \frac{2x}{z^2} \cdot \frac{\partial z}{\partial y} = -\frac{2xy}{z^3}.$$

容易验证在驻点 $P_1\left(-\dfrac{1}{3}, \dfrac{2}{3}, -\dfrac{2}{3}\right)$ 处，

$$A = \frac{\partial^2 u}{\partial x^2}\bigg|_{P_1} = \frac{15}{4} > 0, \qquad C = \frac{\partial^2 u}{\partial y^2}\bigg|_{P_1} = 6, \qquad B = \frac{\partial^2 u}{\partial x \partial y}\bigg|_{P_1} = -\frac{3}{2},$$

从而 $AC - B^2 = \dfrac{81}{4} > 0$，所以函数在驻点 $P_1\left(-\dfrac{1}{3}, \dfrac{2}{3}, -\dfrac{2}{3}\right)$ 处取极小值 -3；

在驻点 $P_2\left(\dfrac{1}{3}, -\dfrac{2}{3}, \dfrac{2}{3}\right)$ 处，

$$A = -\frac{15}{4} < 0, \qquad C = -6, \qquad B = \frac{3}{2},$$

则 $AC - B^2 = \dfrac{81}{4} > 0$，故函数在驻点 $P_2\left(\dfrac{1}{3}, -\dfrac{2}{3}, \dfrac{2}{3}\right)$ 处取极大值 3.

5. **解：**椭球面上任意一点 $P(x, y, z)$ 处的一个法向量为 $\boldsymbol{n} = \left(\dfrac{x}{a^2}, \dfrac{y}{b^2}, \dfrac{z}{c^2}\right)$，其方向余弦分别为

$$\cos\alpha = \frac{\dfrac{x}{a^2}}{\sqrt{\dfrac{x^2}{a^4} + \dfrac{y^2}{b^4} + \dfrac{z^2}{c^4}}}, \qquad \cos\beta = \frac{\dfrac{y}{b^2}}{\sqrt{\dfrac{x^2}{a^4} + \dfrac{y^2}{b^4} + \dfrac{z^2}{c^4}}}, \qquad \cos\gamma = \frac{\dfrac{z}{c^2}}{\sqrt{\dfrac{x^2}{a^4} + \dfrac{y^2}{b^4} + \dfrac{z^2}{c^4}}}.$$

当 $\alpha=\beta=\gamma$ 时，可得 $\dfrac{x}{a^2}=\dfrac{y}{b^2}=\dfrac{z}{c^2}$. 将 $y=\dfrac{b^2 x}{a^2}$，$z=\dfrac{c^2 x}{a^2}$ 代入椭球面的方程得

$$1=\frac{x^2}{a^2}+\frac{y^2}{b^2}+\frac{z^2}{c^2}=\frac{x^2}{a^2}+\frac{b^2 x^2}{a^4}+\frac{c^2 x^2}{a^4}=\frac{(a^2+b^2+c^2)x^2}{a^4},$$

解得 $x=\pm\dfrac{a^2}{\sqrt{a^2+b^2+c^2}}$. 同理，得

$$y=\pm\frac{b^2}{\sqrt{a^2+b^2+c^2}},\qquad z=\pm\frac{c^2}{\sqrt{a^2+b^2+c^2}}.$$

于是椭球面的法线与坐标轴成等角的点的坐标为

$$x=\pm\frac{a^2}{\sqrt{a^2+b^2+c^2}},\qquad y=\pm\frac{b^2}{\sqrt{a^2+b^2+c^2}},\qquad z=\pm\frac{c^2}{\sqrt{a^2+b^2+c^2}}.$$

6. **解**：$f_{xy}(x,y)=2(y+1)\mathrm{e}^x$ 两边对 y 积分，得

$$f_x(x,y)=2\left(\frac{1}{2}y^2+y\right)\mathrm{e}^x+\varphi(x)=(y^2+2y)\mathrm{e}^x+\varphi(x),$$

故 $f_x(x,0)=\varphi(x)=(x+1)\mathrm{e}^x$，从而有

$$f_x(x,y)=(y^2+2y)\mathrm{e}^x+\mathrm{e}^x(1+x),$$

再对其两边关于 x 积分，得

$$f(x,y)=(y^2+2y)\mathrm{e}^x+\int \mathrm{e}^x(1+x)\mathrm{d}x=(y^2+2y)\mathrm{e}^x+\int(1+x)\mathrm{d}\mathrm{e}^x$$

$$=(y^2+2y)\mathrm{e}^x+(1+x)\mathrm{e}^x-\int \mathrm{e}^x \mathrm{d}x$$

$$=(y^2+2y)\mathrm{e}^x+(1+x)\mathrm{e}^x-\mathrm{e}^x+C$$

$$=(y^2+2y)\mathrm{e}^x+x\mathrm{e}^x+C.$$

由 $f(0,y)=y^2+2y+C=y^2+2y$，解得 $C=0$，所以

$$f(x,y)=(y^2+2y)\mathrm{e}^x+x\mathrm{e}^x.$$

令 $\begin{cases}f_x=(y^2+2y)\mathrm{e}^x+\mathrm{e}^x+x\mathrm{e}^x=0,\\ f_y=(2y+2)\mathrm{e}^x=0,\end{cases}$ 解得 $\begin{cases}x=0,\\ y=-1.\end{cases}$ 又

$$f_{xx}=(y^2+2y)\mathrm{e}^x+2\mathrm{e}^x+x\mathrm{e}^x,$$

$$f_{xy}=2(y+1)\mathrm{e}^x,$$

$$f_{yy}=2\mathrm{e}^x,$$

故当 $x=0$，$y=-1$ 时，

$$A=f_{xx}(0,-1)=1,\quad B=f_{xy}(0,-1)=0,\quad C=f_{yy}(0,-1)=2,$$

于是有 $AC-B^2>0$，因此 $f(0,-1)=-1$ 为极小值.

7. **解**：设圆的半径为 x，正方形的边长为 y，正三角形的边长为 z，则所求面积为

$$S=\pi x^2+y^2+\frac{1}{2}z\cdot z\sin\frac{\pi}{3}=\pi x^2+y^2+\frac{\sqrt{3}}{4}z^2,$$

约束条件为 $2\pi x+4y+3z=2$. 构造拉格朗日函数

$$L(x,y,z)=\pi x^2+y^2+\frac{\sqrt{3}}{4}z^2+\lambda(2\pi x+4y+3z-2),$$

解方程组

$$\begin{cases} L_x = 2\pi x + 2\pi\lambda = 0, \\ L_y = 2y + 4\lambda = 0, \\ L_z = \dfrac{\sqrt{3}}{2}z + 3\lambda = 0, \\ 2\pi x + 4y + 3z - 2 = 0, \end{cases}$$

得到 $\begin{cases} x = -\lambda, \\ y = -2\lambda, \\ z = -2\sqrt{3}\lambda, \\ \lambda = \dfrac{1}{-\pi - 4 - 3\sqrt{3}}, \end{cases}$ 于是驻点为 $(x, y, z) = \dfrac{1}{\pi + 4 + 3\sqrt{3}}(1, 2, 2\sqrt{3})$. 由实际问题中面

积最小值的存在性，可知最小面积就是该极值点对应的函数值，即有

$$S = \frac{1}{(\pi + 4 + 3\sqrt{3})^2}\left[\pi \cdot 1^2 + 2^2 + \frac{\sqrt{3}}{4}(2\sqrt{3})^2\right]$$

$$= \frac{1}{(\pi + 4 + 3\sqrt{3})^2}(\pi + 4 + 3\sqrt{3}) = \frac{1}{\pi + 4 + 3\sqrt{3}}.$$

三、证明题

1. **证明**：由偏导数的定义知

$$\begin{cases} f_x(0, 0) = \lim\limits_{x \to 0} \dfrac{f(x, 0) - f(0, 0)}{x} = 0, \\ f_y(0, 0) = \lim\limits_{y \to 0} \dfrac{f(0, y) - f(0, 0)}{y} = 0. \end{cases}$$

又当 $(x, y) \neq (0, 0)$ 时，

$$\begin{cases} f_x(x, y) = y\left[\dfrac{x^2 - y^2}{x^2 + y^2} + \dfrac{4x^2 y^2}{(x^2 + y^2)^2}\right], \\ f_y(x, y) = x\left[\dfrac{x^2 - y^2}{x^2 + y^2} - \dfrac{4x^2 y^2}{(x^2 + y^2)^2}\right], \end{cases}$$

于是

$$\begin{cases} f_{xy}(0, 0) = \lim\limits_{y \to 0} \dfrac{f_x(0, y) - f_x(0, 0)}{y} = \lim\limits_{y \to 0} \dfrac{-y}{y} = -1, \\ f_{yx}(0, 0) = \lim\limits_{x \to 0} \dfrac{f_y(x, 0) - f_y(0, 0)}{x} = \lim\limits_{x \to 0} \dfrac{x}{x} = 1, \end{cases}$$

显然有 $f_{xy}(0, 0) \neq f_{yx}(0, 0)$.

2. **证明**：对函数 $z = f(x^2 - y^2, 2xy)$，令 $\xi = x^2 - y^2$，$\eta = 2xy$，则

$$\frac{\partial z}{\partial x} = \frac{\partial f}{\partial \xi} \cdot \frac{\partial \xi}{\partial x} + \frac{\partial f}{\partial \eta} \cdot \frac{\partial \eta}{\partial x} = 2x \frac{\partial f}{\partial \xi} + 2y \frac{\partial f}{\partial \eta},$$

$$\frac{\partial z}{\partial y} = \frac{\partial f}{\partial \xi} \cdot \frac{\partial \xi}{\partial y} + \frac{\partial f}{\partial \eta} \cdot \frac{\partial \eta}{\partial y} = -2y \frac{\partial f}{\partial \xi} + 2x \frac{\partial f}{\partial \eta},$$

从而

$$\frac{\partial^2 z}{\partial x^2} = 2\frac{\partial f}{\partial \xi} + 2x\frac{\partial}{\partial x}\left(\frac{\partial f}{\partial \xi}\right) + 2y\frac{\partial}{\partial x}\left(\frac{\partial f}{\partial \eta}\right)$$

$$= 2\frac{\partial f}{\partial \xi} + 2x\frac{\partial^2 f}{\partial \xi^2} \cdot \frac{\partial \xi}{\partial x} + 2x\frac{\partial^2 f}{\partial \xi \partial \eta} \cdot \frac{\partial \eta}{\partial x} + 2y\frac{\partial^2 f}{\partial \eta \partial \xi} \cdot \frac{\partial \xi}{\partial x} + 2y\frac{\partial^2 f}{\partial \eta^2} \cdot \frac{\partial \eta}{\partial x}$$

$$= 2\frac{\partial f}{\partial \xi} + 4x^2\frac{\partial^2 f}{\partial \xi^2} + 8xy\frac{\partial^2 f}{\partial \xi \partial \eta} + 4y^2\frac{\partial^2 f}{\partial \eta^2},$$

$$\frac{\partial^2 z}{\partial y^2} = -2\frac{\partial f}{\partial \xi} - 2y\frac{\partial}{\partial y}\left(\frac{\partial f}{\partial \xi}\right) + 2x\frac{\partial}{\partial y}\left(\frac{\partial f}{\partial \eta}\right)$$

$$= -2\frac{\partial f}{\partial \xi} - 2y\frac{\partial^2 f}{\partial \xi^2} \cdot \frac{\partial \xi}{\partial y} - 2y\frac{\partial^2 f}{\partial \xi \partial \eta} \cdot \frac{\partial \eta}{\partial y} + 2x\frac{\partial^2 f}{\partial \eta \partial \xi} \cdot \frac{\partial \xi}{\partial y} + 2x\frac{\partial^2 f}{\partial \eta^2} \cdot \frac{\partial \eta}{\partial y}$$

$$= -2\frac{\partial f}{\partial \xi} + 4y^2\frac{\partial^2 f}{\partial \xi^2} - 8xy\frac{\partial^2 f}{\partial \xi \partial \eta} + 4x^2\frac{\partial^2 f}{\partial \eta^2},$$

以上两式相加，得 $\dfrac{\partial^2 z}{\partial x^2} + \dfrac{\partial^2 z}{\partial y^2} = 4(x^2 + y^2) \cdot \left(\dfrac{\partial^2 f}{\partial \xi^2} + \dfrac{\partial^2 f}{\partial \eta^2}\right) = 0.$

3. 证明： 令 $u = x + \dfrac{z}{y}$，$v = y + \dfrac{z}{x}$，对方程 $F(u, v) = F\left(x + \dfrac{z}{y}, y + \dfrac{z}{x}\right) = 0$ 两端分别关于 x 和 y 求偏导数，得

$$F_u \cdot \left(1 + \frac{\frac{\partial z}{\partial x}}{y}\right) + F_v \cdot \left(\frac{\frac{\partial z}{\partial x}}{x} - \frac{z}{x^2}\right) = 0, \quad F_u \cdot \left(\frac{\frac{\partial z}{\partial y}}{y} - \frac{z}{y^2}\right) + F_v \cdot \left(1 + \frac{\frac{\partial z}{\partial y}}{x}\right) = 0,$$

解得

$$\frac{\partial z}{\partial x} = \frac{y(zF_v - x^2 F_u)}{x(xF_u + yF_v)}, \quad \frac{\partial z}{\partial y} = \frac{x(zF_u - y^2 F_v)}{y(xF_u + yF_v)},$$

于是 $x \cdot \dfrac{\partial z}{\partial x} + y \cdot \dfrac{\partial z}{\partial y} = z - xy.$

4. 证明： 锥面 $z = xf\left(\dfrac{y}{x}\right)$ 在任意一点 $P(x, y, z)$ 处的法向量为

$$\boldsymbol{n} = \left(f\left(\frac{y}{x}\right) - \frac{y}{x}f'\left(\frac{y}{x}\right), f'\left(\frac{y}{x}\right), -1\right),$$

则锥面在点 $P(x, y, z)$ 的切平面方程为

$$\left[f\left(\frac{y}{x}\right) - \frac{y}{x}f'\left(\frac{y}{x}\right)\right] \cdot (X - x) + f'\left(\frac{y}{x}\right) \cdot (Y - y) - (Z - z) = 0,$$

即

$$\left[f\left(\frac{y}{x}\right) - \frac{y}{x}f'\left(\frac{y}{x}\right)\right]X + f'\left(\frac{y}{x}\right)Y - Z = xf\left(\frac{y}{x}\right) - z = 0,$$

显然该切平面通过点 $(X, Y, Z) = (0, 0, 0)$.

5. 证明： 令 $u = tx$，$v = ty$，$w = tz$，对 $F(tx, ty, tz) = t^k F(x, y, z)$ 两端关于 t 求导数，得

$$xF_u + yF_v + zF_w = kt^{k-1}F(x, y, z),$$

上式两端同乘以 t，得

$$tx F_u + ty F_v + tz F_w = kt^k F(x, y, z).$$

结合题设条件 $F(tx, ty, tz) = t^k F(x, y, z)$, 可得

$$u F_u + v F_v + w F_w = k F(u, v, w).$$

设 $P_0(x_0, y_0, z_0)$ 是曲面 $F(x, y, z) = 0$ 上的任意一点, 则曲面在该点处的切平面方程为

$$F_u(x_0, y_0, z_0) \cdot (x - x_0) + F_v(x_0, y_0, z_0) \cdot (y - y_0) + F_w(x_0, y_0, z_0) \cdot (z - z_0) = 0.$$

结合已证结论 $u F_u + v F_v + w F_w = k F(u, v, w)$ 及 $F(x_0, y_0, z_0) = 0$, 易知上述平面均过原点.

6. **证明**: $\dfrac{\partial u}{\partial \theta} = \dfrac{\partial u}{\partial x} \cdot \dfrac{\partial x}{\partial \theta} + \dfrac{\partial u}{\partial y} \cdot \dfrac{\partial y}{\partial \theta} = -r\sin\theta \cdot \dfrac{\partial u}{\partial x} + r\cos\theta \cdot \dfrac{\partial u}{\partial y} = x \dfrac{\partial u}{\partial y} - y \dfrac{\partial u}{\partial x} = w.$

7. **证明**: 曲面的旋转轴为 z 轴, 其方向向量为 $s = (0, 0, 1)$, 方程为 $\begin{cases} X = 0, \\ Y = 0, \end{cases}$ 又曲面上任意一点 (x, y, z) 的切平面的法线向量为

$$n = \left(x f'\left(\sqrt{x^2 + y^2} \right), y f'\left(\sqrt{x^2 + y^2} \right), -\sqrt{x^2 + y^2} \right),$$

法线方程为

$$\frac{X - x}{x f'\left(\sqrt{x^2 + y^2} \right)} = \frac{Y - y}{y f'\left(\sqrt{x^2 + y^2} \right)} = \frac{Z - z}{-\sqrt{x^2 + y^2}},$$

所以法线不与曲面的旋转轴平行.

将 $\begin{cases} X = 0, \\ Y = 0 \end{cases}$ 代入法线方程得 $Z = z + \dfrac{\sqrt{x^2 + y^2}}{f'\left(\sqrt{x^2 + y^2} \right)}$, 即交点的坐标为

$$\left(0, 0, z + \frac{\sqrt{x^2 + y^2}}{f'\left(\sqrt{x^2 + y^2} \right)} \right).$$

9.5　本章自测题

一、选择题(每小题 3 分, 共 24 分)

1. 设 $f(x, y) = \begin{cases} (x^2 + y^2) \cos\left(\dfrac{1}{\sqrt{x^2 + y^2}} \right), & x^2 + y^2 \neq 0, \\ 0, & x^2 + y^2 = 0, \end{cases}$ 则 $f(x, y)$ 在点 $(0, 0)$ 处(　　).

A. $\dfrac{\partial f}{\partial x}, \dfrac{\partial f}{\partial y}$ 不存在　　　　　　　　B. $\dfrac{\partial f}{\partial x}, \dfrac{\partial f}{\partial y}$ 连续

C. 可微　　　　　　　　　　　　　　D. 不连续

2. 设函数 $z = z(x, y)$ 由 $F\left(\dfrac{y}{x}, \dfrac{z}{x} \right) = 0$ 确定, 其中 F 为可微函数, 且 $F'_2 \neq 0$, 则 $x \dfrac{\partial z}{\partial x} + y \dfrac{\partial z}{\partial y}$ 等于(　　).

A. x 　　　　　　　　　　　　　　B. z

C. $-x$ 　　　　　　　　　　　　　D. $-z$

3. 设 $u(x,y)=\varphi(x+y)+\varphi(x-y)+\int_{x-y}^{x+y}\psi(t)\mathrm{d}t$，其中函数 φ 具有二阶导数，ψ 具有一阶导数，则必有（　　）.

A. $\dfrac{\partial^2 u}{\partial x^2}=-\dfrac{\partial^2 u}{\partial y^2}$ 　　　　　　　　　　　B. $\dfrac{\partial^2 u}{\partial x^2}=\dfrac{\partial^2 u}{\partial y^2}$

C. $\dfrac{\partial^2 u}{\partial x \partial y}=\dfrac{\partial^2 u}{\partial y^2}$ 　　　　　　　　　　　D. $\dfrac{\partial^2 u}{\partial x \partial y}=\dfrac{\partial^2 u}{\partial x^2}$

4. 曲面 $x^2+\cos(xy)+yz+x=0$ 在点 $(0,1,-1)$ 处的切平面方程为（　　）.

A. $x-y+z=-2$ 　　　　　　　　　　B. $x+y+z=0$

C. $x-2y+z=-3$ 　　　　　　　　　D. $x-y-z=0$

5. 已知曲面 $z=4-x^2-y^2$ 上点 P 处的切平面平行于平面 $2x+2y+z=1$，则点 P 的坐标为（　　）.

A. $(1,-1,2)$ 　　　　　　　　　　　B. $(1,1,2)$

C. $(-1,1,2)$ 　　　　　　　　　　　D. $(-1,-1,2)$

6. 设函数 $z=x^2+y^2$，则 z 在点 $P(1,1)$ 处的方向导数的最大值为（　　）.

A. $2\sqrt{6}$ 　　　　　　　　　　　　B. $\sqrt{2}$

C. $2\sqrt{2}$ 　　　　　　　　　　　　D. 2

7. 函数 $f(x,y)=\arctan\dfrac{x}{y}$ 在点 $(0,1)$ 的梯度为（　　）.

A. $\boldsymbol{i}$ 　　　　　　　　　　　　　　B. $-\boldsymbol{i}$

C. $\boldsymbol{j}$ 　　　　　　　　　　　　　　D. $-\boldsymbol{j}$

8. 设 $f(x,y)$ 与 $\varphi(x,y)$ 均为可微函数，且 $\varphi_y(x,y)\neq 0$，已知 (x_0,y_0) 是 $f(x,y)$ 在约束条件 $\varphi(x,y)=0$ 下的一个极值点，下列选项正确的是（　　）.

A. 若 $f_x(x_0,y_0)=0$，则 $f_y(x_0,y_0)=0$

B. 若 $f_x(x_0,y_0)=0$，则 $f_y(x_0,y_0)\neq 0$

C. 若 $f_x(x_0,y_0)\neq 0$，则 $f_y(x_0,y_0)=0$

D. 若 $f_x(x_0,y_0)\neq 0$，则 $f_y(x_0,y_0)\neq 0$

二、填空题（每小题 3 分，共 12 分）

1. 曲线 $\sin(xy)+\ln(y-x)=x$ 在点 $(0,1)$ 的切线方程为＿＿＿＿＿＿.

2. 设函数 $u(x,y,z)=1+\dfrac{x^2}{6}+\dfrac{y^2}{12}+\dfrac{z^2}{18}$，单位向量 $\boldsymbol{n}=\dfrac{1}{\sqrt{3}}(1,1,1)$，则 $\dfrac{\partial u}{\partial n}\Big|_{(1,2,3)}$ 等于＿＿＿＿＿＿.

3. 设 $z=\mathrm{e}^{xy}$，则 $\mathrm{d}z=$＿＿＿＿＿＿.

4. 设函数 $z=uv$，$u=\mathrm{e}^x\cos y$，$v=\mathrm{e}^y\sin x$，则 $\dfrac{\partial z}{\partial x}$ 等于＿＿＿＿＿＿.

三、计算题（每小题 6 分，共 36 分）

1. 求 $\lim\limits_{\substack{x\to 0 \\ y\to 0}}(1+x^2y^2)^{\frac{1}{x^2+y^2}}$.

2. 求曲线 $\begin{cases} x+y+z=0, \\ x^2+y^2+z^2=2 \end{cases}$ 在点 $(1,-1,2)$ 处的切线方程与法平面方程.

3. 求函数 $u=e^{xyz}+x^2+y^2$ 在点 $P(1,1,1)$ 处沿曲线 $x=t$, $y=2t^2-1$, $z=t^3$ 的切线方向(两个方向)的方向导数及在点 $P(1,1,1)$ 处的梯度.

4. 设 $z=f(\sin x,\cos y,e^{x+y})$,求 $\dfrac{\partial z}{\partial x}$, $\dfrac{\partial^2 z}{\partial x\partial y}$.

5. 设 $u=xy^2z^3$,且 $y=y(x,z)$ 是由方程 $x^2+y^2+z^2-3xyz=0$ 所确定的隐函数,求 $\dfrac{\partial u}{\partial x}\Big|_{(1,1,1)}$.

6. 求函数 $f(x,y)=\left(y+\dfrac{x^3}{3}\right)e^{x+y}$ 的极值.

四、应用及证明题(第 1、2 小题每题 8 分,第 3 小题 12 分,共 28 分)

1. 已知曲线 $C:\begin{cases} x^2+y^2-2z^2=0, \\ x+y+3z=5, \end{cases}$ 求曲线 C 上距离 xOy 面最远的点和最近的点.

2. 证明:曲面 $xyz=a^3\,(a>0)$ 上任意一点的切平面与三个坐标面所围成的立体的体积为一定值.

3. 在椭球面 $2x^2+2y^2+2z^2=1$ 上求一点,使得函数 $f(x,y,z)=x^2+y^2+z^2$ 在该点沿着 $A(1,1,1)$ 到 $B(2,0,1)$ 的方向导数具有最大值.

第 10 章　重积分及其应用

10.1　本章内容和学习要求

本章内容：二重积分、三重积分的概念与性质，二重积分、三重积分的计算方法，重积分的应用（包括求解曲面的面积、质心、转动惯量、引力等问题）．

学习要求：

（1）理解二重积分的概念、性质及几何意义．

（2）掌握利用直角坐标计算二重积分的方法，并能熟练运用交换积分次序计算二重积分．

（3）理解极坐标变换，掌握利用极坐标计算二重积分的方法．

（4）理解三重积分的概念、性质及几何意义．

（5）掌握利用直角坐标计算三重积分的方法．

（6）掌握利用柱面坐标计算三重积分的方法，会利用球面坐标计算三重积分．

（7）掌握曲面面积的计算公式，会求物体的质心、转动惯量、引力等物理量．

10.2　基 础 巩 固

习　　题

一、选择题

1. 不必计算，而根据二重积分的几何意义选择一个正确的答案填入括号．$\iint\limits_{D}(1-x-y)\mathrm{d}x\,\mathrm{d}y=($　　$)$，其中积分区域 D 由 $x+y=1$，$x=0$，$y=0$ 所围成．

A. $\dfrac{1}{4}$　　　　　　　　　　　　B. $\dfrac{1}{6}$

C. $\dfrac{1}{8}$　　　　　　　　　　　　D. 0

2. 设 $I_1=\iint\limits_{D}\cos\sqrt{x^2+y^2}\,\mathrm{d}\sigma$，$I_2=\iint\limits_{D}\cos(x^2+y^2)\mathrm{d}\sigma$，$I_3=\iint\limits_{D}\cos(x^2+y^2)^2\mathrm{d}\sigma$，其中 $D=\{(x,y)\mid x^2+y^2\leqslant 1\}$，则下列关系成立的是(　　)．

A. $I_3>I_2>I_1$　　　　　　　　　　B. $I_1>I_2>I_3$

C. $I_2>I_1>I_3$　　　　　　　　　　D. $I_3>I_1>I_2$

3. 设积分区域 D 由 $1 \leqslant x \leqslant 2$，$3 \leqslant y \leqslant 4$ 所围成，则 $\iint\limits_{D} \dfrac{\mathrm{d}x\,\mathrm{d}y}{(x-y)^2}$ 的值为（　　）.

A. $\ln \dfrac{4}{3}$ 　　　　　　　　　　　B. $\ln \dfrac{3}{4}$

C. 0 　　　　　　　　　　　　　　D. $\ln 2$

4. 设 $f(u)$ 连续，$D = \{(x,y) \mid x^2 + y^2 \leqslant 2y\}$，则 $\iint\limits_{D} f(xy)\mathrm{d}x\,\mathrm{d}y = $（　　）.

A. $\displaystyle\int_{-1}^{1} \mathrm{d}x \int_{-\sqrt{1-x^2}}^{\sqrt{1-x^2}} f(xy)\mathrm{d}y$ 　　　　B. $2\displaystyle\int_{0}^{2} \mathrm{d}y \int_{0}^{\sqrt{2y-y^2}} f(xy)\mathrm{d}x$

C. $\displaystyle\int_{0}^{\pi} \mathrm{d}\theta \int_{0}^{2\sin\theta} f(\rho^2 \sin\theta\cos\theta)\mathrm{d}\rho$ 　　D. $\displaystyle\int_{0}^{\pi} \mathrm{d}\theta \int_{0}^{2\sin\theta} \rho f(\rho^2 \sin\theta\cos\theta)\mathrm{d}\rho$

5. 计算 $I = \iiint\limits_{\Omega} z\,\mathrm{d}v$，其中 Ω 是由 $z^2 = x^2 + y^2$，$z = 1$ 所围成的立体，则（　　）.

A. $I = \displaystyle\int_{0}^{2\pi} \mathrm{d}\theta \int_{0}^{1} \rho\,\mathrm{d}\rho \int_{0}^{1} z\,\mathrm{d}z$ 　　　　B. $I = \displaystyle\int_{0}^{2\pi} \mathrm{d}\theta \int_{0}^{1} \mathrm{d}\rho \int_{\rho}^{1} z\,\mathrm{d}z$

C. $I = \displaystyle\int_{0}^{2\pi} \mathrm{d}\theta \int_{0}^{1} \mathrm{d}z \int_{\rho}^{1} z\,\mathrm{d}\rho$ 　　　　D. $I = \displaystyle\int_{0}^{1} \mathrm{d}z \int_{0}^{2\pi} \mathrm{d}\theta \int_{0}^{z} z\rho\,\mathrm{d}\rho$

6. 设积分区域 D 由 $x^2 + y^2 \leqslant 1$ 所围成，$f(u)$ 是连续函数 $(u \geqslant 0)$，则 $\iint\limits_{D} f(\sqrt{x^2 + y^2})\mathrm{d}x\,\mathrm{d}y = $（　　）.

A. $2\pi \displaystyle\int_{0}^{1} \rho f(\rho)\mathrm{d}\rho$ 　　　　　　B. $4\pi \displaystyle\int_{0}^{1} \rho f(\rho)\mathrm{d}\rho$

C. $2\pi \displaystyle\int_{0}^{1} f(\rho^2)\mathrm{d}\rho$ 　　　　　　D. $2\pi \displaystyle\int_{0}^{1} f(\rho)\mathrm{d}\rho$

7. 二重积分 $\displaystyle\iint\limits_{1 \leqslant x^2+y^2 \leqslant 4} \dfrac{\sin(\pi\sqrt{x^2+y^2})}{\sqrt{x^2+y^2}}\mathrm{d}x\,\mathrm{d}y$ 的值（　　）.

A. 大于 0 　　　　　　　　　　B. 小于 0

C. 等于 0 　　　　　　　　　　D. 无法判断

8. 若 $\displaystyle\int_{0}^{1} \mathrm{d}x \int_{x^2}^{x} f(x,y)\mathrm{d}y = \int_{0}^{1} \mathrm{d}y \int_{y}^{\varphi(y)} f(x,y)\mathrm{d}x$ 成立，则 $\varphi(y) = $（　　）.

A. y^2 　　　　　　　　　　　B. y

C. $\sqrt{y}$ 　　　　　　　　　　D. $\sqrt[3]{y}$

9. 设 $I = \iint\limits_{D} f(x,y)\mathrm{d}x\,\mathrm{d}y$，其中 D 是由圆 $x^2 + y^2 = R^2$，直线 $x = 0$ 及圆 $x^2 + y^2 = Rx$

所围成的在第一象限内的部分，$f(x,y)$ 在 D 上连续，则 $I = $（　　）.

A. $\displaystyle\int_{0}^{R} \mathrm{d}x \int_{0}^{\sqrt{R^2-x^2}} f(x,y)\mathrm{d}y$

B. $\displaystyle\int_{0}^{R} \mathrm{d}x \int_{0}^{\sqrt{Rx-x^2}} f(x,y)\mathrm{d}y$

C. $\displaystyle\int_{0}^{R} \mathrm{d}x \int_{\sqrt{Rx-x^2}}^{\sqrt{R^2-x^2}} f(x,y)\mathrm{d}y$

D. $\int_0^{\frac{R}{2}} dy \int_0^{\frac{R+\sqrt{R^2-4y^2}}{2}} f(x,y)dx + \int_0^{\frac{R}{2}} dy \int_{\frac{R+\sqrt{R^2-4y^2}}{2}}^{\sqrt{R^2-y^2}} f(x,y)dx + \int_{\frac{R}{2}}^R dy \int_0^{\sqrt{R^2-y^2}} f(x,y)dx$

10. 设 $f(x,y)$ 是连续函数，则 $\int_0^a dx \int_0^x f(x,y)dy = ($　　$)$.

A. $y\int_0^y f(x,y)dx$

B. $\int_0^a dy \int_y^a f(x,y)dx$

C. $\int_0^a dy \int_a^y f(x,y)dx$

D. $\int_0^a dy \int_0^a f(x,y)dx$

11. 设 $f(x,y)$ 是连续函数，则 $\int_0^{\frac{\pi}{4}} d\theta \int_0^1 \rho f(\rho\cos\theta,\rho\sin\theta)d\rho = ($　　$)$.

A. $\int_0^{\frac{\sqrt{2}}{2}} dx \int_x^{\sqrt{1-x^2}} f(x,y)dy$

B. $\int_0^{\frac{\sqrt{2}}{2}} dx \int_0^{\sqrt{1-x^2}} f(x,y)dy$

C. $\int_0^{\frac{\sqrt{2}}{2}} dy \int_y^{\sqrt{1-y^2}} f(x,y)dx$

D. $\int_0^{\frac{\sqrt{2}}{2}} dy \int_0^{\sqrt{1-y^2}} f(x,y)dx$

12. 已知正圆锥体密度均匀且为 1，则正圆锥体与位于圆锥顶点质量为 1 的质点之间的引力可以表示为（　　）（设引力常数为 k，Ω 为圆锥体）.

A. $k\iiint\limits_{\Omega} \frac{z}{r^3} dx\,dy\,dz$

B. $\iiint\limits_{\Omega} \frac{kz}{r^2} dx\,dy\,dz$

C. $k\iiint\limits_{\Omega} \frac{z}{r} dx\,dy\,dz$

D. $\iiint\limits_{\Omega} \frac{kz^2}{r^3} dx\,dy\,dz$

二、填空题

1. 设积分区域 $D = \{(x,y) \mid \psi_1(y) \leqslant x \leqslant \psi_2(y), c \leqslant y \leqslant d\}$，则二重积分 $\iint\limits_D f(x,y)dx\,dy$ 化成先对 x 再对 y 的二次积分是_____.

2. 设积分区域 D 由 $x^2 + y^2 \leqslant 1$ 所围成，则 $\iint\limits_D \sqrt{1+x^2+y^2}\,d\sigma$ 与 $\iint\limits_D \sqrt{1+x^4+y^4}\,d\sigma$ 两者中比较大的值是_____.

3. 设一薄板在 xOy 面内占有有界闭区域 D，其面密度为连续函数 $P = P(x,y)$，则此薄板的质量可以用二重积分表示为_____.

4. 设空间闭区域 $\Omega = \{(x,y,z) \mid -1 \leqslant x \leqslant 1, 0 \leqslant y \leqslant 1, 0 \leqslant z \leqslant 1\}$，则 $\iiint\limits_{\Omega} (e^{y^2}\sin x^3 + 2)dv = $ _____.

5. 曲面 $z = g_1(x,y)$，$z = g_2(x,y)$（g_1, g_2 满足 $g_1(x,y) < g_2(x,y)$，且均在全平面上连续）与柱面 $x^2 + y^2 = 1$ 所围立体的体积用二重积分可表示为_____.

6. 交换二次积分的积分次序：$\int_{-1}^0 dy \int_2^{1-y} f(x,y)dx = $ _____.

7. 设物体占有的闭区域由曲面 $z = \sqrt{6-x^2-y^2}$ 与 $z = \sqrt{2(x^2+y^2)}$ 所围成，其上任意一点处的密度为 $f(x^2+y^2+z^2)$（$f(u)$ 是连续函数），则该物体对 z 轴的转动惯量在柱面坐标系下的累次积分为_____.

8. 如果光滑曲面 $z = f(x, y)$ 在 xOy 面上的投影区域为 D，那么该曲面的面积可以用二重积分表示为＿＿＿＿＿＿＿＿＿.

9. 设 D 由曲线 $xy = 1$ 与直线 $x = 1$，$x = 2$，$y = 2$ 所围成，则 $\displaystyle\iint_D y e^{xy} dx dy$

＝＿＿＿＿＿＿＿.

10. $\displaystyle\int_0^{\frac{\pi}{6}} dy \int_y^{\frac{\pi}{6}} \frac{\cos x}{x} dx = $ ＿＿＿＿＿＿＿＿＿.

11. $\displaystyle\int_0^1 dy \int_y^1 \frac{y}{\sqrt{1+x^2}} dx = $ ＿＿＿＿＿＿＿＿.

12. 设 $D = \{(x, y) \mid x^2 + y^2 \leqslant 1\}$，则 $\displaystyle\iint_D (x^2 - y) dx dy = $ ＿＿＿＿＿＿＿＿.

三、计算题

1. 计算 $I = \displaystyle\iint_D \sqrt{a^2 - x^2 - y^2} \, dx dy$，$D$ 为中心在坐标原点、半径为 a 的上半圆.

2. 计算 $I = \displaystyle\iint_D (x^2 + y^2) dx dy$，$D$ 由圆周 $x^2 + y^2 = 2ax$ 所围成.

3. 计算 $I = \displaystyle\iint_D \frac{x \, dx dy}{x^2 + y^2}$，$D$ 由 $y = \dfrac{x^2}{2}$ 及 $y = x$ 所围成.

4. 计算 $I = \displaystyle\iint_D x \, dx dy$，其中 D 是由中心在 $O(0, 1)$、半径为 1 的圆弧和 $A(2, 0)$，$B(0, 2)$ 两点确定的直线所围的 $x > 0$ 的部分.

5. 计算 $I = \displaystyle\iint_D \frac{1 + xy}{1 + x^2 + y^2} dx dy$，其中 $D = \{(x, y) \mid x^2 + y^2 \leqslant 1, x \geqslant 0\}$.

6. 计算 $\displaystyle\iint_D y \, dx dy$，其中 D 是由直线 $x = -2$，$y = 0$，$y = 2$ 及曲线 $x = -\sqrt{2y - y^2}$ 所围成的平面区域.

7. 计算 $\displaystyle\iint_D e^{x^2} dx dy$，其中 D 是由曲线 $y = x^3$ 与直线 $y = x$ 所围成的在第一象限内的平面区域.

8. 计算 $\displaystyle\iint_D \sqrt{x} \, dx dy$，其中 $D = \{(x, y) \mid x^2 + y^2 \leqslant x\}$.

9. 计算积分 $\displaystyle\iint_D \sqrt{x^2 + y^2} \, dx dy$，其中 $D = \{(x, y) \mid 0 \leqslant y \leqslant x, x^2 + y^2 \leqslant 2x\}$.

10. 计算二重积分 $\displaystyle\iint_D x^2 y \, dy dx$，其中 D 是由双曲线 $x^2 - y^2 = 1$ 及直线 $y = 0$，$y = 1$ 所围成的平面区域.

11. (2015 年数学二、三) 计算二重积分 $\displaystyle\iint_D x(x + y) dx dy$，其中 $D = \Big\{(x, y) \Big| x^2 + y^2 \leqslant 2, y \geqslant x^2\Big\}$.

12. (2017 年数学三) 计算积分 $\iint\limits_{D} \dfrac{y^3}{(1+x^2+y^4)^2}\mathrm{d}x\,\mathrm{d}y$，其中 D 是第一象限中以曲线 $y=\sqrt{x}$ 与 x 轴为边界的无界区域.

13. 计算二重积分 $I=\iint\limits_{D}\mathrm{e}^{-\sqrt{x^2+y^2}}\mathrm{d}x\,\mathrm{d}y$，其中 D 是圆 $x^2+y^2\leqslant r^2$ 在第一象限的部分.

14. 已知 $f(x)=\int_0^x \dfrac{\sin t}{\pi-t}\mathrm{d}t$，计算 $\int_0^\pi f(x)\mathrm{d}x$.

15. 试求 $\iint\limits_{D}\dfrac{x^2}{y^3}\mathrm{d}x\,\mathrm{d}y$，其中 D 由 $x=2$，$y=\sqrt{x}$，$xy=1$ 所围成.

16. 计算 $\int_1^4\mathrm{d}y\int_{\sqrt{y}}^2 \dfrac{\ln x}{x^2-1}\mathrm{d}x$.

17. 设 $f(x,y)$ 在平面区域 D 上连续，D 由 $y=0$，$y=x^2$，$x=1$ 所围成，且 $f(x,y)=xy+\iint\limits_{D}f(u,v)\mathrm{d}u\,\mathrm{d}v$，求 $f(x,y)$.

四、应用题

1. 求椭圆抛物面 $z=1-\dfrac{x^2}{a^2}-\dfrac{y^2}{b^2}$ 与 xOy 面所围成的立体体积.

2. 求抛物线 $y^2=4x+4$ 与 $y^2=-2x+4$ 所围平面图形的重心坐标.

3. 设有一半径为 R 的圆形薄板，若在圆内一点 $M(x,y)$ 处的面密度正比于圆心 $O(0,0)$ 到 $M(x,y)$ 的距离，而在边缘上的点处面密度为 δ，求薄板的质量.

4. 试用二重积分计算由曲面 $z=2x^2+y^2+1$ 和平面 $x+y=1$，$x=0$，$y=0$，$z=0$ 所围成立体的体积.

5. 求函数 $f(x,y)=xy^2$ 在矩形域 $D=\{(x,y)\,|\,0\leqslant x\leqslant 1,\,0\leqslant y\leqslant 1\}$ 上的平均值.

6. 求由曲线 $y^2=x$ 与直线 $x=1$ 所围成的均匀平面薄片关于通过原点的任一直线的转动惯量，并讨论该转动惯量在何种情况下取得最大值、最小值.

7. 已知由曲线 $y=x^2$，$y=x+2$ 所围成的平面薄片上各点处的面密度 $\mu=1+x^2$，求此薄片的质量 m.

习 题 详 解

一、选择题

1. B. **解析**：由几何意义，知该二重积分表示一四面体的体积，为
$$\frac{1}{3}\times\frac{1}{2}\times 1\times 1\times 1=\frac{1}{6}.$$

2. A. **解析**：在区域 D 内有 $(x^2+y^2)^2\leqslant x^2+y^2\leqslant\sqrt{x^2+y^2}$，等号仅在区域边界上成立，从而 $\cos(x^2+y^2)^2\geqslant\cos(x^2+y^2)\geqslant\cos\sqrt{x^2+y^2}$ 且均连续. 由二重积分的不等式性质，有 $I_3>I_2>I_1$.

3. A. **解析**：原式 $=\int_1^2\mathrm{d}x\int_3^4\dfrac{1}{(x-y)^2}\mathrm{d}y=\ln\dfrac{4}{3}$.

4. D. **解析**：在直角坐标系下，

$$原式 = \int_0^2 dy \int_{-\sqrt{1-(y-1)^2}}^{\sqrt{1-(y-1)^2}} f(xy) dx = \int_{-1}^1 dx \int_{1-\sqrt{1-x^2}}^{1+\sqrt{1-x^2}} f(xy) dy.$$

在极坐标系下，

$$原式 = \int_0^\pi d\theta \int_0^{2\sin\theta} \rho f(\rho^2 \sin\theta\cos\theta) d\rho.$$

5. D. **解析**：利用柱面坐标计算得 $I = \int_0^{2\pi} d\theta \int_0^1 \rho d\rho \int_\rho^1 z dz$；利用"先二后一"法计算得 $I = \int_0^1 dz \int_0^{2\pi} d\theta \int_0^z z\rho d\rho.$

6. A. **解析**：$\iint\limits_D f(\sqrt{x^2+y^2}) dx dy = \iint\limits_D f(\rho)\rho d\rho d\theta = \int_0^{2\pi} d\theta \int_0^1 f(\rho)\rho d\rho.$

7. B. **解析**：在区域 $\{(x,y) \mid 1 \leqslant x^2+y^2 \leqslant 4\}$ 内，$\sin(\pi\sqrt{x^2+y^2}) \leqslant 0$，故所求二重积分的值小于 0.

8. C. **解析**：交换积分次序，得 $\int_0^1 dx \int_{x^2}^x f(x,y) dy = \int_0^1 dy \int_y^{\sqrt{y}} f(x,y) dx$，即有 $\varphi(y) = \sqrt{y}$.

9. C. **解析**：积分区域为两个圆在第一象限所围成的部分，从而采用先对 y 后对 x 的积分次序.

10. B. **解析**：交换积分次序即可.

11. C. **解析**：若采用先对 x 后对 y 的积分次序，有 $\int_0^{\frac{\sqrt{2}}{2}} dy \int_y^{\sqrt{1-y^2}} f(x,y) dx$；若采用先对 y 后对 x 的积分次序，有 $\int_0^{\frac{\sqrt{2}}{2}} dx \int_0^x f(x,y) dy + \int_{\frac{\sqrt{2}}{2}}^1 dx \int_0^{\sqrt{1-x^2}} f(x,y) dy.$

12. A. **解析**：选取圆锥的对称轴为 z 轴，圆锥顶点与坐标原点重合，则 $dF = k\dfrac{1 \cdot 1 dv}{r^2}$，$dF_z = \dfrac{z}{r} dF$，非 z 轴方向的引力抵消，故 $F = \iiint\limits_\Omega dF_z.$

二、填空题

1. $\int_c^d dy \int_{\psi_1(y)}^{\psi_2(y)} f(x,y) dx.$

2. $\iint\limits_D \sqrt{1+x^2+y^2} d\sigma.$

3. $\iint\limits_D P(x,y) d\sigma.$

4. 4. **解析**：因为 $e^{y^2}\sin x^3$ 关于 x 为奇函数，所以其在对称区域上积分为零.

5. $\iint\limits_{x^2+y^2 \leqslant 1} [g_2(x,y) - g_1(x,y)] d\sigma.$

6. $\int_1^2 dx \int_0^{1-x} f(x,y) dy.$ **解析**：积分区域由三条直线 $x+y=1$，$x=2$ 及 $y=0$ 所围成，

从而有 $\displaystyle\int_{-1}^{0}\mathrm{d}y\int_{2}^{1-y}f(x,y)\mathrm{d}x=-\int_{1}^{2}\mathrm{d}x\int_{1-x}^{0}f(x,y)\mathrm{d}y.$

7. $\displaystyle\int_{0}^{2\pi}\mathrm{d}\theta\int_{0}^{\sqrt{2}}\mathrm{d}\rho\int_{\sqrt{2}\rho}^{\sqrt{6-\rho^{2}}}\rho^{3}f(\rho^{2}+z^{2})\mathrm{d}z.$

8. $\displaystyle\iint\limits_{D}\sqrt{1+\left(\frac{\partial z}{\partial x}\right)^{2}+\left(\frac{\partial z}{\partial y}\right)^{2}}\,\mathrm{d}\sigma.$

9. $\dfrac{1}{2}\mathrm{e}^{2}(\mathrm{e}^{2}-2).$ **解析：**

$$原式=\int_{1}^{2}\mathrm{d}x\int_{\frac{1}{x}}^{2}y\mathrm{e}^{xy}\mathrm{d}y=\int_{\frac{1}{2}}^{1}\mathrm{d}y\int_{\frac{1}{y}}^{2}y\mathrm{e}^{xy}\mathrm{d}x+\int_{1}^{2}\mathrm{d}y\int_{1}^{2}y\mathrm{e}^{xy}\mathrm{d}x=\frac{1}{2}\mathrm{e}^{2}(\mathrm{e}^{2}-2).$$

10. $\dfrac{1}{2}.$ **解析：** 原式 $=\displaystyle\int_{0}^{\frac{\pi}{6}}\mathrm{d}x\int_{0}^{x}\frac{\cos x}{x}\mathrm{d}y=\frac{1}{2}.$

11. $\dfrac{\sqrt{2}-\ln(1+\sqrt{2})}{4}.$ **解析：** 原式 $=\displaystyle\int_{0}^{1}\mathrm{d}x\int_{0}^{x}\frac{y}{\sqrt{1+x^{2}}}\mathrm{d}y=\int_{0}^{1}\frac{x^{2}}{2\sqrt{1+x^{2}}}\mathrm{d}x.$ 令 $x=$

$\tan\theta$，得

$$\int_{0}^{\frac{\pi}{4}}\frac{\tan^{2}\theta}{2}\sec\theta\,\mathrm{d}\theta=\int_{0}^{\frac{\pi}{4}}\frac{\tan\theta}{2}\mathrm{d}\sec\theta=\frac{1}{2}\left[\tan\theta\cdot\sec\theta\right]_{0}^{\frac{\pi}{4}}-\int_{0}^{\frac{\pi}{4}}\frac{\sec^{3}\theta}{2}\mathrm{d}\theta$$

$$=\frac{\sqrt{2}}{2}-\frac{1}{2}\int_{0}^{\frac{\pi}{4}}\sec\theta\cdot(1+\tan^{2}\theta)\mathrm{d}\theta$$

$$=\frac{\sqrt{2}}{2}-\int_{0}^{\frac{\pi}{4}}\frac{\sec\theta}{2}\mathrm{d}\theta-\int_{0}^{\frac{\pi}{4}}\frac{\tan^{2}\theta}{2}\sec\theta\,\mathrm{d}\theta,$$

移项得

$$原式=\frac{\sqrt{2}}{4}-\int_{0}^{\frac{\pi}{4}}\frac{\sec\theta}{4}\mathrm{d}\theta=\frac{\sqrt{2}}{4}-\left[\frac{\ln|\sec\theta+\tan\theta|}{4}\right]_{0}^{\frac{\pi}{4}}$$

$$=\frac{\sqrt{2}-\ln(1+\sqrt{2})}{4}.$$

12. $\dfrac{\pi}{4}.$ **解析：** $\displaystyle\iint\limits_{D}(x^{2}-y)\mathrm{d}x\mathrm{d}y=\iint\limits_{D}x^{2}\mathrm{d}x\mathrm{d}y=\int_{0}^{2\pi}\mathrm{d}\theta\int_{0}^{1}\rho\cdot\rho^{2}\cos^{2}\theta\,\mathrm{d}\rho=\frac{\pi}{4}.$

三、计算题

1. **解：** $I=\displaystyle\iint\limits_{D}\sqrt{a^{2}-x^{2}-y^{2}}\,\mathrm{d}x\mathrm{d}y=\iint\limits_{D}\rho\sqrt{a^{2}-\rho^{2}}\,\mathrm{d}\rho\mathrm{d}\theta=\frac{1}{2}\int_{0}^{\pi}\mathrm{d}\theta\int_{0}^{a}\sqrt{a^{2}-\rho^{2}}\,\mathrm{d}\rho^{2}=\frac{\pi}{3}a^{3}.$

2. **解：** $I=\displaystyle\iint\limits_{D}(x^{2}+y^{2})\mathrm{d}x\mathrm{d}y=\iint\limits_{D}\rho\cdot\rho^{2}\mathrm{d}\rho\mathrm{d}\theta=\int_{-\frac{\pi}{2}}^{\frac{\pi}{2}}\mathrm{d}\theta\int_{0}^{2a\cos\theta}\rho^{3}\mathrm{d}\rho=\frac{3\pi}{2}a^{4}.$

3. **解：** $I=\displaystyle\iint\limits_{D}\frac{x\mathrm{d}x\mathrm{d}y}{x^{2}+y^{2}}=\iint\limits_{D}\frac{\rho\cos\theta}{\rho^{2}}\rho\mathrm{d}\rho\mathrm{d}\theta=\int_{\frac{\pi}{4}}^{\frac{\pi}{2}}\mathrm{d}\theta\int_{0}^{\frac{2\sin\theta}{\cos^{2}\theta}}\cos\theta\,\mathrm{d}\rho=\ln2.$

4. **解：** $I=\displaystyle\iint\limits_{D}x\mathrm{d}x\mathrm{d}y=\int_{0}^{1}\mathrm{d}x\int_{2-x}^{1+\sqrt{1-x^{2}}}x\mathrm{d}y=\int_{0}^{1}x(x-1+\sqrt{1-x^{2}})\mathrm{d}x=\frac{1}{6}.$

5. **解：** 利用对称性化简再转换成极坐标计算，得

$$I = \iint\limits_{D} \frac{1+xy}{1+x^2+y^2} dx\, dy = \iint\limits_{D} \frac{1}{1+x^2+y^2} dx\, dy$$

$$= \int_{-\frac{\pi}{2}}^{\frac{\pi}{2}} d\theta \int_{0}^{1} \frac{\rho}{1+\rho^2} d\rho = \frac{\pi}{2} \ln 2.$$

6. **解**：$\iint\limits_{D} y\, dx\, dy = \int_{0}^{2} dy \int_{-2}^{-\sqrt{2y-y^2}} y\, dx = \int_{0}^{2} y(2-\sqrt{2y-y^2})\, dy.$ 令 $t=1-y$，得

$$\int_{1}^{-1} (1-t)(2-\sqrt{1-t^2})\, d(-t) = \int_{-1}^{1} (1-t)(2-\sqrt{1-t^2})\, dt$$

$$= \int_{-1}^{1} (2-\sqrt{1-t^2})\, dt - \int_{-1}^{1} t(2-\sqrt{1-t^2})\, dt$$

$$= \int_{-1}^{1} (2-\sqrt{1-t^2})\, dt + 0 = 4 - \frac{\pi}{2}.$$

7. **解**：$\iint\limits_{D} e^{x^2} dx\, dy = \int_{0}^{1} dx \int_{x^3}^{x} e^{x^2} dy = \int_{0}^{1} (x-x^3) e^{x^2} dx = \frac{1}{2} e - 1.$

8. **解**：$\iint\limits_{D} \sqrt{x}\, dx\, dy = \iint\limits_{D} \rho \cdot \sqrt{\rho \cos\theta}\, d\rho\, d\theta = \int_{-\frac{\pi}{2}}^{\frac{\pi}{2}} d\theta \int_{0}^{\cos\theta} \sqrt{\cos\theta}\, \rho^{\frac{3}{2}} d\rho$

$$= \int_{-\frac{\pi}{2}}^{\frac{\pi}{2}} \sqrt{\cos\theta}\, \frac{2}{5} (\cos\theta)^{\frac{5}{2}} d\theta = \frac{8}{15}.$$

9. **解**：$\iint\limits_{D} \sqrt{x^2+y^2}\, dx\, dy = \iint\limits_{D} \rho \cdot \rho\, d\rho\, d\theta = \int_{0}^{\frac{\pi}{4}} d\theta \int_{0}^{2\cos\theta} \rho^2 d\rho$

$$= \int_{0}^{\frac{\pi}{4}} \frac{8}{3} (\cos\theta)^3 d\theta = \frac{10\sqrt{2}}{9}.$$

10. **解**：$\iint\limits_{D} x^2 y\, dy\, dx = \int_{0}^{1} dy \int_{-\sqrt{1+y^2}}^{\sqrt{1+y^2}} x^2 y\, dx = \int_{0}^{1} \frac{2}{3} y(1+y^2)^{\frac{3}{2}} dy = \frac{2}{15}(4\sqrt{2}-1).$

11. **解**：$\iint\limits_{D} x(x+y)\, dx\, dy = \iint\limits_{D} x^2 dx\, dy + 0$

$$= 2 \iint\limits_{D^+} x^2 dx\, dy\, (D^+ \text{ 为 } D \text{ 在第一象限的部分})$$

$$= 2 \int_{0}^{1} x^2 dx \int_{x^2}^{\sqrt{2-x^2}} dy = \frac{\pi}{4} - \frac{2}{5}.$$

12. **解**：$\iint\limits_{D} \frac{y^3}{(1+x^2+y^4)^2} dx\, dy = \int_{0}^{+\infty} dx \int_{0}^{\sqrt{x}} \frac{y^3}{(1+x^2+y^4)^2} dy$

$$= \frac{1}{4} \int_{0}^{+\infty} dx \int_{0}^{\sqrt{x}} \frac{d(1+x^2+y^4)}{(1+x^2+y^4)^2}$$

$$= \frac{1}{4} \int_{0}^{+\infty} \left(\frac{1}{1+x^2} - \frac{1}{1+2x^2} \right) dx$$

$$= \frac{\pi}{8} \left(1 - \frac{\sqrt{2}}{2} \right).$$

13. **解**：$I = \iint\limits_{D} e^{-\sqrt{x^2+y^2}}\, dx\, dy = \iint\limits_{D} \rho \cdot e^{-\rho}\, d\rho\, d\theta$

$$= \int_0^{\frac{\pi}{2}} d\theta \int_0^r \rho e^{-\rho} d\rho = \frac{\pi}{2} [1 - (r+1)e^{-r}].$$

14. 解：
$$\int_0^\pi f(x) dx = [xf(x)]_0^\pi - \int_0^\pi xf'(x) dx$$

$$= \pi \int_0^\pi \frac{\sin t}{\pi - t} dt - \int_0^\pi x \frac{\sin x}{\pi - x} dx$$

$$= \pi \int_0^\pi \frac{\sin x}{\pi - x} dx - \int_0^\pi x \frac{\sin x}{\pi - x} dx$$

$$= \int_0^\pi (\pi - x) \frac{\sin x}{\pi - x} dx = 2.$$

15. 解：
$$\iint_D \frac{x^2}{y^3} dx dy = \int_1^2 dx \int_{\frac{1}{x}}^{\sqrt{x}} \frac{x^2}{y^3} dy = \frac{1}{2} \int_1^2 x^2 \left(x^2 - \frac{1}{x} \right) dx = \frac{47}{20}.$$

16. 解：
$$\int_1^4 dy \int_{\sqrt{y}}^2 \frac{\ln x}{x^2 - 1} dx = \int_1^2 dx \int_1^{x^2} \frac{\ln x}{x^2 - 1} dy = \int_1^2 \ln x dx = 2\ln 2 - 1.$$

17. 解： 记常数 $C = \iint_D f(u, v) du dv$，对等式 $f(x, y) = xy + C$ 两边在区域 D 上作二重积分，可确定

$$C = \iint_D f(u, v) du dv = \frac{1}{8},$$

故 $f(x, y) = xy + \frac{1}{8}.$

四、应用题

1. 解： 此抛物面与 xOy 面的交线是椭圆 $\dfrac{x^2}{a^2} + \dfrac{y^2}{b^2} = 1$，则积分区域 $D = \left\{ (x, y) \left| \dfrac{x^2}{a^2} + \dfrac{y^2}{b^2} \leqslant 1 \right. \right\}$，故所求立体体积为

$$V = \iint_D \left(1 - \frac{x^2}{a^2} - \frac{y^2}{b^2} \right) dx dy = \iint_D \left(1 - \frac{a^2 \rho^2 \cos^2\theta}{a^2} - \frac{b^2 \rho^2 \sin^2\theta}{b^2} \right) ab\rho d\rho d\theta$$

$$= \int_0^{2\pi} d\theta \int_0^1 (1 - \rho^2) ab\rho d\rho = \frac{\pi}{2} ab.$$

注： 椭圆坐标变换为 $x = a\rho\cos\theta$，$y = b\rho\sin\theta$，$dx dy = ab\rho d\rho d\theta$.

2. 解： $\bar{y} = 0$，$\bar{x} = \dfrac{\iint_D x dx dy}{\iint_D dx dy} = \dfrac{\displaystyle\int_{-2}^2 dy \int_{\frac{y^2-4}{4}}^{\frac{4-y^2}{2}} x dx}{\displaystyle\int_{-2}^2 dy \int_{\frac{y^2-4}{4}}^{\frac{4-y^2}{2}} dx} = \dfrac{\frac{16}{5}}{8} = \dfrac{2}{5}$，即所求重心坐标为 $\left(\dfrac{2}{5}, 0 \right)$.

3. 解： 由题意知 $\rho(x, y) = \dfrac{\delta}{R} \sqrt{x^2 + y^2}$，则薄板的质量为

$$m = \iint_D \frac{\delta}{R} \sqrt{x^2 + y^2} dx dy = \iint_D \frac{\delta}{R} \rho \cdot \rho d\rho d\theta = \frac{2}{3} \pi R^2 \delta.$$

4. **解:** $V = \iint\limits_{D} (2x^2 + y^2 + 1)\,\mathrm{d}x\,\mathrm{d}y = \int_0^1 \mathrm{d}x \int_0^{1-x} (2x^2 + y^2 + 1)\,\mathrm{d}y = \dfrac{3}{4}.$

5. **解:** 由题意知

$$S_D = \iint\limits_{D} 1\,\mathrm{d}x\,\mathrm{d}y = 1, \qquad \iint\limits_{D} xy^2\,\mathrm{d}x\,\mathrm{d}y = \int_0^1 \mathrm{d}x \int_0^1 xy^2\,\mathrm{d}y = \frac{1}{6},$$

则

$$\bar{f} = \frac{\displaystyle\iint\limits_{D} xy^2\,\mathrm{d}x\,\mathrm{d}y}{S_D} = \frac{1}{6}.$$

6. **解:** 由于点 (x, y) 到直线 $y = kx$ 的距离 $d = \dfrac{|y - kx|}{\sqrt{1 + k^2}}$，因此所求转动惯量为

$$\begin{aligned}
I &= \iint\limits_{D} d^2\,\mathrm{d}x\,\mathrm{d}y = \iint\limits_{D} \frac{(y - kx)^2}{1 + k^2}\,\mathrm{d}x\,\mathrm{d}y \\
&= \int_{-1}^1 \mathrm{d}y \int_{y^2}^1 \frac{(y - kx)^2}{1 + k^2}\,\mathrm{d}x \\
&= \frac{4}{105}\left(15 - \frac{8}{1 + k^2}\right).
\end{aligned}$$

当 $k = 0$ 时，$I_{\min} = \dfrac{4}{15}$，当 $k \to \infty$ 时，$I_{\max} = \dfrac{4}{7}.$

7. **解:** $m = \iint\limits_{D} \mu(x, y)\,\mathrm{d}x\,\mathrm{d}y = \iint\limits_{D} (1 + x^2)\,\mathrm{d}x\,\mathrm{d}y$

$$= \int_{-1}^2 \mathrm{d}x \int_{x^2}^{x+2} (1 + x^2)\,\mathrm{d}y = \frac{153}{20}.$$

10.3　应 用 提 升

习　题

一、选择题

1. 已知 $D = \{(x, y) \mid x^2 + y^2 \leqslant 4, y \geqslant 0\}$，根据被积函数的对称性及积分区域的对称性，$\iint\limits_{D} (x + x^3 y^2)\,\mathrm{d}\sigma$ 的值(　　).

A. 大于 0　　　　　　　　　　　　B. 小于 0

C. 等于 0　　　　　　　　　　　　D. 上述都不对

2. 积分 $\iint\limits_{x^2 + y^2 \leqslant 1} f(x, y)\,\mathrm{d}x\,\mathrm{d}y = 4\int_0^1 \mathrm{d}x \int_0^{\sqrt{1-x^2}} f(x, y)\,\mathrm{d}y$ 在(　　) 情况下成立.

A. $f(x, y)$ 满足 $f(-x, -y) = -f(x, y)$

B. $f(x, y)$ 满足 $f(x, -y) = -f(x, y)$

C. $f(x, y)$ 同时满足 $f(-x, y) = f(x, y)$ 及 $f(x, -y) = f(x, y)$

D. $f(x,y)$ 同时不满足 $f(-x,y)=f(x,y)$ 及 $f(x,-y)=f(x,y)$

3. 若 D 由 $|x|+|y|\leqslant 1$ 所围成，则广义重积分 $\iint\limits_{D}\ln(x^2+y^2)\mathrm{d}x\mathrm{d}y$ 的值（　　）．

A. 大于 0　　　　　　B. 小于 0　　　　　　C. 非负　　　　　　D. 不存在

4. 正方形区域 $D=\{(x,y)\mid |x|\leqslant 1,$ $|y|\leqslant 1\}$ 被其对角线划分成四个区域 $D_k(k=1,$ $2,3,4)$，如图 10 - 1 所示，若 $I_k=\iint\limits_{D_k}y\cos x$ $\mathrm{d}x\mathrm{d}y$，则 $\max\limits_{1\leqslant k\leqslant 4}\{I_k\}=$（　　）．

A. I_1　　　　　　　　B. I_2

C. I_3　　　　　　　　D. I_4

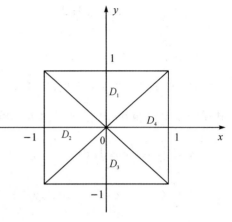

5. （2015 年数学一）设 D 是第一象限中由曲线 $2xy=1,4xy=1$ 和直线 $y=x,y=\sqrt{3}\,x$ 围成的平面区域，函数 $f(x,y)$ 在 D 上连续，则 $\iint\limits_{D}f(x,y)\mathrm{d}x\mathrm{d}y=$（　　）．

图 10 - 1

A. $\displaystyle\int_{\frac{\pi}{4}}^{\frac{\pi}{3}}\mathrm{d}\theta\int_{\frac{1}{2\sin2\theta}}^{\frac{1}{\sin2\theta}}\rho f(\rho\cos\theta,\rho\sin\theta)\mathrm{d}\rho$　　　　B. $\displaystyle\int_{\frac{\pi}{4}}^{\frac{\pi}{3}}\mathrm{d}\theta\int_{\sqrt{2\sin2\theta}}^{\frac{1}{\sin2\theta}}\rho f(\rho\cos\theta,\rho\sin\theta)\mathrm{d}\rho$

C. $\displaystyle\int_{\frac{\pi}{4}}^{\frac{\pi}{3}}\mathrm{d}\theta\int_{\frac{1}{2\sin2\theta}}^{\frac{1}{\sin2\theta}}f(\rho\cos\theta,\rho\sin\theta)\mathrm{d}\rho$　　　　D. $\displaystyle\int_{\frac{\pi}{4}}^{\frac{\pi}{3}}\mathrm{d}\theta\int_{\sqrt{2\sin2\theta}}^{\frac{1}{\sin2\theta}}f(\rho\cos\theta,\rho\sin\theta)\mathrm{d}\rho$

6. 下面关于累次积分交换次序错误的是（　　）．

A. $\displaystyle\int_0^2\mathrm{d}x\int_x^{2x}f(x,y)\mathrm{d}y=\int_0^2\mathrm{d}y\int_{\frac{y}{2}}^y f(x,y)\mathrm{d}x+\int_2^4\mathrm{d}y\int_{\frac{y}{2}}^2 f(x,y)\mathrm{d}x$

B. $\displaystyle\int_0^1\mathrm{d}x\int_{x^3}^{x^2}f(x,y)\mathrm{d}y=\int_0^1\mathrm{d}y\int_{\sqrt{y}}^{\sqrt[3]{y}}f(x,y)\mathrm{d}x$

C. $\displaystyle\int_1^2\mathrm{d}x\int_{2-x}^{\sqrt{2x-x^2}}f(x,y)\mathrm{d}y=\int_0^1\mathrm{d}y\int_{2-y}^{1+\sqrt{1-y^2}}f(x,y)\mathrm{d}x$

D. $\displaystyle\int_{-1}^1\mathrm{d}x\int_{-\sqrt{1-x^2}}^{1-x^2}f(x,y)\mathrm{d}y=\int_{-1}^1\mathrm{d}y\int_{-\sqrt{1-y^2}}^{\sqrt{1-y}}f(x,y)\mathrm{d}x$

7. 设积分区域 $D=\{(x,y)\mid x^2+y^2\leqslant 4,x\geqslant 0,y\geqslant 0\}$，$f(x)$ 为 $[-2,2]$ 上的正值连续函数，a 与 b 为常数，则 $\iint\limits_{D}\dfrac{a\sqrt{f(x)}+b\sqrt{f(y)}}{\sqrt{f(x)}+\sqrt{f(y)}}\mathrm{d}\sigma=$（　　）．

A. $ab\pi$　　　　　　　　　　　　　　　B. $\dfrac{ab}{2}\pi$

C. $(a+b)\pi$　　　　　　　　　　　　　D. $\dfrac{a+b}{2}\pi$

8. 二重积分 $\displaystyle\iint\limits_{x^2+y^2\leqslant 4}\sqrt[3]{1-x^2-y^2}\,\mathrm{d}x\mathrm{d}y$ 的值（　　）．

A. 大于 0　　　　　　　　　　　　　　B. 小于 0

C. 等于 0　　　　　　　　　　　　　D. 无法判断

9. 设 D 由 $y = \sqrt{1-x^2}$，$y = 0$ 所围成，D_1 是 D 在第一象限的部分，则 $\iint\limits_{D}(x^2 + 3xy^2)\,\mathrm{d}x\,\mathrm{d}y = (\quad)$.

A. $2\iint\limits_{D_1}(x^2 + 3xy^2)\,\mathrm{d}x\,\mathrm{d}y$ 　　　　　B. 0

C. $2\iint\limits_{D_1}x^2\,\mathrm{d}x\,\mathrm{d}y$ 　　　　　　　　D. $4\iint\limits_{D_1}x^2\,\mathrm{d}x\,\mathrm{d}y$

10. 设 D 是 xOy 面上以 $(1,1)$，$(-1,1)$，$(-1,-1)$ 为顶点的三角形区域，D_1 是 D 在第一象限的部分，则 $\iint\limits_{D}(xy + \cos x\sin y)\,\mathrm{d}x\,\mathrm{d}y = (\quad)$.

A. $2\iint\limits_{D_1}\cos x\sin y\,\mathrm{d}x\,\mathrm{d}y$ 　　　　B. $2\iint\limits_{D_1}xy\,\mathrm{d}x\,\mathrm{d}y$

C. $4\iint\limits_{D_1}(xy + \cos x\sin y)\,\mathrm{d}x\,\mathrm{d}y$ 　　D. 0

11. (2019 年数学二) 已知积分区域 $D = \left\{(x,y) \mid |x| + |y| \leqslant \dfrac{\pi}{2}\right\}$，记

$I_1 = \iint\limits_{D}\sqrt{x^2 + y^2}\,\mathrm{d}x\,\mathrm{d}y$，$\quad I_2 = \iint\limits_{D}\sin\sqrt{x^2 + y^2}\,\mathrm{d}x\,\mathrm{d}y$，$\quad I_3 = \iint\limits_{D}(1 - \cos\sqrt{x^2 + y^2})\,\mathrm{d}x\,\mathrm{d}y$，

试比较 I_1，I_2，I_3 的大小 $(\quad)$.

A. $I_3 < I_2 < I_1$ 　　　　　　　　B. $I_1 < I_2 < I_3$

C. $I_2 < I_1 < I_3$ 　　　　　　　　D. $I_2 < I_3 < I_1$

二、填空题

1. $\displaystyle\int_0^2 \mathrm{d}x \int_x^2 \mathrm{e}^{-y^2}\,\mathrm{d}y = $ _____.

2. 在直角坐标系下交换积分次序：

$\displaystyle\int_0^1 \mathrm{d}x \int_{-\sqrt{x}}^{\sqrt{x}} f(x,y)\,\mathrm{d}y + \int_1^4 \mathrm{d}x \int_{x-2}^{\sqrt{x}} f(x,y)\,\mathrm{d}y = $ _____.

3. $\displaystyle\iint\limits_{|x|+|y|\leqslant 1} xy\,f(x^2 + y^2)\,\mathrm{d}x\,\mathrm{d}y = $ _____.

4. 设 $\Omega = \{(x,y,z) \mid x^2 + y^2 + z^2 \leqslant 1\}$，则 $\displaystyle\iiint\limits_{\Omega} z^2\,\mathrm{d}v = $ _____.

5. $\displaystyle\iint\limits_{x^2+y^2\leqslant 1,\,x\geqslant 0} \ln(1 + x^2 + y^2)\,\mathrm{d}\sigma = $ _____.

6. $\displaystyle\iint\limits_{\sqrt{x}+\sqrt{y}\leqslant 1} x\,\mathrm{d}x\,\mathrm{d}y = $ _____.

7. 交换积分次序：$\displaystyle\int_{-1}^0 \mathrm{d}x \int_{x^2-1}^{\sqrt{x+1}} f(x,y)\,\mathrm{d}y + \int_0^{\sqrt{2}} \mathrm{d}x \int_{x^2-1}^{1} f(x,y)\,\mathrm{d}y = $ _____.

8. 设区域 $D = \{(x,y) \mid x^2 + y^2 \leqslant R^2\}$，则 $\displaystyle\iint\limits_{D}\left(\dfrac{x^2}{a^2} + \dfrac{y^2}{b^2}\right)\mathrm{d}x\,\mathrm{d}y = $ _____.

9. （2019 年数学三）已知 $f(x) = \int_1^x \sqrt{1+t^4}\,\mathrm{d}t$，则 $\int_0^1 x^2 f(x)\,\mathrm{d}x = $ _____ .

10. （2020 年数学二）$\int_0^1 \mathrm{d}y \int_{\sqrt{y}}^1 \sqrt{x^3+1}\,\mathrm{d}x = $ _____ .

三、计算及应用题

1. 计算 $\iint\limits_D x[1+yf(x^2+y^2)]\,\mathrm{d}x\,\mathrm{d}y$，其中区域 D 由 $y=x^3$，$y=1$，$x=-1$ 所围成，f 是连续函数.

2. （2018 年数学二）设平面区域 D 由曲线 $\begin{cases} x = t - \sin t, \\ y = 1 - \cos t \end{cases} (0 \leqslant t \leqslant 2\pi)$ 与 x 轴围成，求二重积分 $\iint\limits_D (x+2y)\,\mathrm{d}x\,\mathrm{d}y$.

3. 计算 $I = \iint\limits_D (|x|+|y|)\,\mathrm{d}x\,\mathrm{d}y$，其中 $D = \{(x,y) \mid |x|+|y| \leqslant 1\}$.

4. 计算 $I = \iint\limits_D (x^2+y^2)\,\mathrm{d}x\,\mathrm{d}y$，其中 $D = \{(x,y) \mid x^4+y^4 \leqslant 1\}$.

5. 计算 $I = \int_0^a \mathrm{d}x \int_{-x}^{-a+\sqrt{a^2-x^2}} \dfrac{1}{\sqrt{x^2+y^2} \cdot \sqrt{4a^2-x^2-y^2}}\,\mathrm{d}y \ (a>0)$.

6. 设平面区域 $D = \{(x,y) \mid x+y \leqslant \pi,\ x \geqslant 0,\ y \geqslant 0\}$，计算 $\iint\limits_D \sqrt{\dfrac{1+\cos(x+y)}{2}}\,\mathrm{d}\sigma$.

7. 计算 $\iint\limits_D \dfrac{x+y}{x^2+y^2}\,\mathrm{d}x\,\mathrm{d}y$，其中 $D = \{(x,y) \mid x^2+y^2 \leqslant 1,\ x+y \geqslant 1\}$.

8. 计算二重积分 $\iint\limits_D \sqrt{|y-x^2|}\,\mathrm{d}x\,\mathrm{d}y$，其中 $D = \{(x,y) \mid |x| \leqslant 1,\ 0 \leqslant y \leqslant 2\}$.

9. 设 D 为全平面，求 $\iint\limits_D \mathrm{e}^{-(x^2+y^2)}\,\mathrm{d}\sigma$，并由此求广义积分 $\int_{-\infty}^{+\infty} \mathrm{e}^{-x^2}\,\mathrm{d}x$.

10. 设函数 $f(u)$ 有连续的导数，且 $f(0)=0$，试求：
$$\lim_{t \to 0} \frac{1}{\pi t^4} \iiint\limits_{x^2+y^2+z^2 \leqslant t^2} f(\sqrt{x^2+y^2+z^2})\,\mathrm{d}v.$$

11. 已知 $f(x,y)$ 具有二阶连续偏导数，$f(1,y)=0$，$f(x,1)=0$，$\iint\limits_D f(x,y)\,\mathrm{d}x\,\mathrm{d}y = a$，其中 $D = \{(x,y) \mid 0 \leqslant x \leqslant 1,\ 0 \leqslant y \leqslant 1\}$，试计算 $I = \iint\limits_D xy f_{xy}(x,y)\,\mathrm{d}x\,\mathrm{d}y$.

12. 计算 $\int_1^2 \mathrm{d}x \int_{\sqrt{x}}^x \sin\dfrac{\pi x}{2y}\,\mathrm{d}y + \int_2^4 \mathrm{d}x \int_{\sqrt{x}}^2 \sin\dfrac{\pi x}{2y}\,\mathrm{d}y$.

13. 计算 $\int_{\frac{1}{4}}^{\frac{1}{2}} \mathrm{d}y \int_{\frac{1}{2}}^{\sqrt{y}} \mathrm{e}^{\frac{y}{x}}\,\mathrm{d}x + \int_{\frac{1}{2}}^1 \mathrm{d}y \int_y^{\sqrt{y}} \mathrm{e}^{\frac{y}{x}}\,\mathrm{d}x$.

14. 计算 $\int_{-\infty}^{+\infty} \int_{-\infty}^{+\infty} \min\{x,y\} \mathrm{e}^{-(x^2+y^2)}\,\mathrm{d}x\,\mathrm{d}y$.

15. 设函数 $f(x)$ 在区间 $[0,1]$ 上连续，且 $\int_0^1 f(x)\mathrm{d}x = A$，求 $\int_0^1 \mathrm{d}x \int_x^1 f(x)f(y)\mathrm{d}y$.

16. 计算 $\iint_D \sqrt{1-x^2}\,\mathrm{d}x\mathrm{d}y$，$D$ 为以 $(0,0)$，$(1,0)$ 和 $(1,1)$ 为顶点的三角形区域.

17. 求 $\iint_D \dfrac{\sin y}{y}\mathrm{d}x\mathrm{d}y$，其中 D 由 $y=x$ 与 $y^2=x$ 围成.

18. 设直线 L 过 $A(1,0,0)$，$B(0,1,1)$ 两点，将 L 绕 z 轴旋转一周得到曲面 Σ，Σ 与平面 $z=0$，$z=2$ 所围成的立体为 Ω. 试求曲面 Σ 的方程，并求 Ω 的形心坐标.

19. (2015 年数学一) 设 Ω 是由平面 $x+y+z=1$ 与三个坐标平面所围成的空间区域，求 $\iiint_\Omega (x+2y+3z)\mathrm{d}x\mathrm{d}y\mathrm{d}z$.

20. 计算二重积分 $\iint_D |x^2+y^2-1|\mathrm{d}\sigma$，其中 $D = \{(x,y) \mid 0 \leqslant x \leqslant 1, 0 \leqslant y \leqslant 1\}$.

21. 计算积分 $\iint_D xy \cdot [1+x^2+y^2]\mathrm{d}x\mathrm{d}y$，其中 $D = \{(x,y) \mid x^2+y^2 \leqslant \sqrt{2}, x \geqslant 0, y \geqslant 0\}$，这里 $[1+x^2+y^2]$ 表示不超过 $1+x^2+y^2$ 的最大整数.

22. 设 $\Omega = \{(x,y,z) \mid x^2+y^2+z^2 \leqslant 1\}$，求 $I = \iiint_\Omega \sqrt{1+(x^2+y^2+z^2)^{\frac{3}{2}}}\,\mathrm{d}v$.

23. 计算三重积分 $\iiint_\Omega (x+z)\mathrm{d}x\mathrm{d}y\mathrm{d}z$，其中 Ω 是由曲面 $z=\sqrt{x^2+y^2}$ 与 $z=\sqrt{1-x^2-y^2}$ 所围成的空间区域.

24. 计算 $\iint_D \max\{xy,1\}\mathrm{d}x\mathrm{d}y$，其中 $D = \{(x,y) \mid 0 \leqslant x \leqslant 2, 0 \leqslant y \leqslant 2\}$.

25. (2019 年数学一) 设 Ω 是由锥面 $x^2+(y-z)^2=(1-z)^2 (0 \leqslant z \leqslant 1)$ 与水平面 $z=0$ 所围成的锥体，求 Ω 的形心坐标.

26. (2019 年数学二) 已知平面区域 $D = \{(x,y) \mid |x| \leqslant y, (x^2+y^2)^3 \leqslant y^4\}$，求 $\iint_D \dfrac{x+y}{\sqrt{x^2+y^2}}\mathrm{d}x\mathrm{d}y$.

27. (2020 年数学二) 计算二重积分 $\iint_D \dfrac{\sqrt{x^2+y^2}}{x}\mathrm{d}\sigma$，其中区域 D 由 x 轴，$x=1$，$x=2$ 及 $y=x$ 围成.

28. (2020 年数学三) 设区域 $D = \{(x,y) \mid x^2+y^2 \leqslant 1, y \geqslant 0\}$，$f(x,y) = y\sqrt{1-x^2} + x\iint_D f(x,y)\mathrm{d}x\mathrm{d}y$，计算 $\iint_D xf(x,y)\mathrm{d}x\mathrm{d}y$.

29. (2021 年数学二) 曲线 $(x^2+y^2)^2 = x^2-y^2 (x \geqslant 0, y \geqslant 0)$ 与 x 轴围成的区域为 D，求 $\iint_D xy\,\mathrm{d}x\mathrm{d}y$.

30. (2021 年数学三) 设有界区域 D 是圆 $x^2+y^2=1$ 和直线 $y=x$ 及 x 轴在第一象限

围成的部分，计算 $\iint\limits_{D} e^{(x+y)^2}(x^2-y^2)\mathrm{d}x\mathrm{d}y$.

四、证明题

1. 证明：$\iiint\limits_{x^2+y^2+z^2\leqslant 1} f(z)\mathrm{d}v = \pi\int_{-1}^{1} f(u)(1-u^2)\mathrm{d}u$.

2. 证明：$2\int_0^a f(x)\mathrm{d}x\int_x^a f(y)\mathrm{d}y = \left(\int_0^a f(x)\mathrm{d}x\right)^2$.

3. 设 m，n 为正整数，且其中至少有一个是奇数，试证：$\iint\limits_{x^2+y^2\leqslant a^2} x^m y^n \mathrm{d}\sigma = 0$.

4. 设平面区域 $D = \{(x，y) \mid x+y\leqslant a，x\geqslant 0，y\geqslant 0\}$，试证：
$$\iint\limits_{D} f(x+y)\mathrm{d}\sigma = \int_0^a x f(x)\mathrm{d}x.$$

5. 证明由 $x=a$，$x=b$，$y=f(x)$ 以及 x 轴所围的平面图形绕 x 轴旋转一周所形成的立体对 x 轴的转动惯量（密度 $\mu=1$）为 $I_x = \dfrac{\pi}{2}\int_a^b f^4(x)\mathrm{d}x$，其中 $f(x)$ 是连续的正值函数.

6. 设函数 $f(x)$ 连续且恒大于零，又
$$F(t) = \frac{\iiint\limits_{\Omega(t)} f(x^2+y^2+z^2)\mathrm{d}v}{\iint\limits_{D(t)} f(x^2+y^2)\mathrm{d}\sigma}，\quad G(t) = \frac{\iint\limits_{D(t)} f(x^2+y^2)\mathrm{d}\sigma}{\int_0^t f(x^2)\mathrm{d}x}，$$

其中 $\Omega(t) = \{(x，y，z) \mid x^2+y^2+z^2\leqslant t^2\}$，$D(t) = \{(x，y) \mid x^2+y^2\leqslant t^2\}$，试讨论 $F(t)$ 在区间 $(0，+\infty)$ 内的单调性，并证明当 $t>0$ 时，$F(t) > \dfrac{1}{\pi}G(t)$.

习 题 详 解

一、选择题

1. C. **解析**：由于被积函数是 x 的奇函数，因此其在关于 y 轴对称的区域上积分为零.

2. C. **解析**：若等式成立，则被积函数既是 x 的偶函数，又是 y 的偶函数，故选 C.

3. B. **解析**：由于 x^2+y^2 在积分区域 D 上小于 1，因此被积函数取负值，故选 B.

4. A. **解析**：利用对称性知 $I_2 = I_4 = 0$，而
$$I_1 = 2\iint\limits_{\{(x，y) \mid 0\leqslant x\leqslant 1, x\leqslant y\leqslant 1\}} y\cos x\,\mathrm{d}x\,\mathrm{d}y > 0，$$
$$I_3 = 2\iint\limits_{\{(x，y) \mid 0\leqslant x\leqslant 1, -1\leqslant y\leqslant -x\}} y\cos x\,\mathrm{d}x\,\mathrm{d}y < 0，$$
故选 A.

5. B. **解析**：在极坐标系中，
$$D = \left\{(\rho，\theta) \mid \frac{\pi}{4}\leqslant\theta\leqslant\frac{\pi}{3}，\frac{1}{\sqrt{2\sin 2\theta}}\leqslant\rho\leqslant\frac{1}{\sqrt{\sin 2\theta}}\right\}，$$

所以

$$\iint\limits_{D} f(x,y)\mathrm{d}x\mathrm{d}y = \int_{\frac{\pi}{4}}^{\frac{\pi}{3}} \mathrm{d}\theta \int_{\frac{1}{\sqrt{2\sin2\theta}}}^{\frac{1}{\sqrt{\sin2\theta}}} \rho f(\rho\cos\theta,\rho\sin\theta)\mathrm{d}\rho.$$

6. D. **解析**：选项 D 等号左边交换积分次序后，必须分割积分区域来表示新的积分.

7. D. **解析**：(方法一) 取 $f(x) \equiv 1$，则

$$\iint\limits_{D} \frac{a\sqrt{f(x)} + b\sqrt{f(y)}}{\sqrt{f(x)} + \sqrt{f(y)}}\mathrm{d}\sigma = \iint\limits_{D} \frac{a+b}{2}\mathrm{d}\sigma = \frac{a+b}{2}\pi.$$

(方法二) 由于积分区域 D 关于直线 $y=x$ 对称，因此

$$\iint\limits_{D} \frac{a\sqrt{f(x)} + b\sqrt{f(y)}}{\sqrt{f(x)} + \sqrt{f(y)}}\mathrm{d}\sigma + \iint\limits_{D} \frac{a\sqrt{f(y)} + b\sqrt{f(x)}}{\sqrt{f(y)} + \sqrt{f(x)}}\mathrm{d}\sigma = \iint\limits_{D}(a+b)\mathrm{d}\sigma = (a+b)\pi,$$

即原式 $= \dfrac{a+b}{2}\pi.$

8. B. **解析**：$\displaystyle\iint\limits_{x^2+y^2\leqslant 4} \sqrt[3]{1-x^2-y^2}\mathrm{d}x\mathrm{d}y = \int_0^{2\pi}\mathrm{d}\theta\int_0^2 \sqrt[3]{1-\rho^2}\cdot\rho\mathrm{d}\rho = \dfrac{3\pi}{4}(1-3^{\frac{4}{3}}).$

9. C. **解析**：由对称性可知 $\displaystyle\iint\limits_{D} 3xy^2\mathrm{d}x\mathrm{d}y = 0$，而 $\displaystyle\iint\limits_{D} x^2\mathrm{d}x\mathrm{d}y = 2\iint\limits_{D_1} x^2\mathrm{d}x\mathrm{d}y$，故选 C.

10. A. **解析**：用直线 $y=-x$ 把区域 D 分为上、下两部分. 因为被积函数是 y 的奇函数，下方区域关于 x 轴对称，所以被积函数在下方区域积分为 0；而上方区域关于 y 轴对称，被积函数中 xy 为 x 的奇函数，故这部分积分为 0. 综上，选项 A 正确.

11. A. **解析**：由于 $x^2+y^2 \leqslant \left(\dfrac{\pi}{2}\right)^2$，因此 $u=\sqrt{x^2+y^2} \in \left[0, \dfrac{\pi}{2}\right]$，$\sin u \leqslant u$，从而 $I_2 < I_1$. 又 $\sin u - (1-\cos u) = 2\sin\dfrac{u}{2}\left(\cos\dfrac{u}{2} - \sin\dfrac{u}{2}\right) \geqslant 0$，等号只在 $u=\dfrac{\pi}{2}$ 处成立，故 $I_3 < I_2$.

二、填空题

1. $\dfrac{1}{2}(1-\mathrm{e}^{-4})$. **解析**：$\displaystyle\int_0^2 \mathrm{d}x\int_x^2 \mathrm{e}^{-y^2}\mathrm{d}y = \int_0^2 \mathrm{d}y\int_0^y \mathrm{e}^{-y^2}\mathrm{d}x = \int_0^2 y\mathrm{e}^{-y^2}\mathrm{d}y$

$$= \left[\frac{-\mathrm{e}^{-y^2}}{2}\right]_0^2 = \frac{1}{2}(1-\mathrm{e}^{-4}).$$

2. $\displaystyle\int_{-1}^2 \mathrm{d}y\int_{y^2}^{y+2} f(x,y)\mathrm{d}x.$

3. 0. **解析**：由于被积函数是 x 的奇函数，积分区域关于 y 轴对称，因此所求积分的值为 0.

4. $\dfrac{4\pi}{15}$. **解析**：$\displaystyle\iiint\limits_{\Omega} z^2\mathrm{d}v = \int_0^\pi \mathrm{d}\varphi\int_0^{2\pi}\mathrm{d}\theta\int_0^1 r^2\cos^2\varphi\cdot r^2\sin\varphi\mathrm{d}r$

$$= \int_0^\pi \cos^2\varphi\mathrm{d}(-\cos\varphi)\int_0^{2\pi}\mathrm{d}\theta\int_0^1 r^4\mathrm{d}r$$

$$= \frac{4\pi}{15}.$$

5. $\dfrac{\pi}{2}(2\ln 2-1)$. **解析：** $\displaystyle\iint\limits_{x^2+y^2\leqslant 1,\,x\geqslant 0}\ln(1+x^2+y^2)\,\mathrm{d}\sigma=\int_{-\frac{\pi}{2}}^{\frac{\pi}{2}}\mathrm{d}\theta\int_0^1\ln(1+\rho^2)\cdot\rho\,\mathrm{d}\rho$

$$=\dfrac{\pi}{2}(2\ln 2-1).$$

6. $\dfrac{1}{30}$. **解析：** $\displaystyle\iint\limits_{\sqrt{x}+\sqrt{y}\leqslant 1}x\,\mathrm{d}x\,\mathrm{d}y=\int_0^1\mathrm{d}x\int_0^{(1-\sqrt{x})^2}x\,\mathrm{d}y=\int_0^1 x(1-\sqrt{x})^2\,\mathrm{d}x=\dfrac{1}{30}.$

7. $\displaystyle\int_{-1}^0\mathrm{d}y\int_{-\sqrt{y+1}}^{\sqrt{y+1}}f(x,y)\,\mathrm{d}x+\int_0^1\mathrm{d}y\int_{y^2-1}^{\sqrt{y+1}}f(x,y)\,\mathrm{d}x.$

8. $\left(\dfrac{1}{a^2}+\dfrac{1}{b^2}\right)\dfrac{\pi R^4}{4}$. **解析：** 利用极坐标计算得

$$原式=\iint\limits_D\left(\dfrac{\rho^2\cos^2\theta}{a^2}+\dfrac{\rho^2\sin^2\theta}{b^2}\right)\rho\,\mathrm{d}\rho\,\mathrm{d}\theta$$

$$=\int_0^{2\pi}\left(\dfrac{\cos^2\theta}{a^2}+\dfrac{\sin^2\theta}{b^2}\right)\mathrm{d}\theta\int_0^R\rho^3\,\mathrm{d}\rho$$

$$=\left(\dfrac{\pi}{a^2}+\dfrac{\pi}{b^2}\right)\dfrac{R^4}{4}.$$

9. $\dfrac{1-2\sqrt{2}}{18}$. **解析：** $\displaystyle\int_0^1 x^2 f(x)\,\mathrm{d}x=\int_0^1 x^2\,\mathrm{d}x\int_1^x\sqrt{1+t^4}\,\mathrm{d}t=-\int_0^1\sqrt{1+t^4}\,\mathrm{d}t\int_0^t x^2\,\mathrm{d}x$

$$=-\dfrac{1}{3}\int_0^1 t^3\sqrt{1+t^4}\,\mathrm{d}t=-\dfrac{1}{12}\int_0^1\sqrt{1+t^4}\,\mathrm{d}t^4$$

$$=-\dfrac{1}{18}\left[(1+t^4)^{\frac{3}{2}}\right]_0^1$$

$$=\dfrac{1-2\sqrt{2}}{18}.$$

10. $\dfrac{4\sqrt{2}-2}{9}$. **解析：** $\displaystyle\int_0^1\mathrm{d}y\int_{\sqrt{y}}^1\sqrt{x^3+1}\,\mathrm{d}x=\int_0^1\mathrm{d}x\int_0^{x^2}\sqrt{x^3+1}\,\mathrm{d}y$

$$=\int_0^1\sqrt{x^3+1}\cdot x^2\,\mathrm{d}x$$

$$=\dfrac{1}{3}\int_0^1\sqrt{x^3+1}\,\mathrm{d}x^3$$

$$=\dfrac{2}{9}\left[(1+x^3)^{\frac{3}{2}}\right]_0^1$$

$$=\dfrac{4\sqrt{2}-2}{9}.$$

三、计算及应用题

1. **解：** 设 $D=D_1\bigcup D_2$，其中 $D_1=\{(x,y)\mid -1\leqslant x\leqslant 0,\,x^3\leqslant y\leqslant -x^3\}$，$D_2=\{(x,y)\mid -1\leqslant x\leqslant 1,\,|x^3|\leqslant y\leqslant 1\}$，则

$$\iint\limits_{D_1}x[1+yf(x^2+y^2)]\,\mathrm{d}x\,\mathrm{d}y=\iint\limits_{D_1}x\,\mathrm{d}x\,\mathrm{d}y+\iint\limits_{D_1}xyf(x^2+y^2)\,\mathrm{d}x\,\mathrm{d}y$$

$$= \iint\limits_{D_1} x \, dx \, dy + 0 = \int_{-1}^{0} dx \int_{x^3}^{-x^3} x \, dy = -\frac{2}{5},$$

$$\iint\limits_{D_2} x [1 + y f(x^2 + y^2)] dx \, dy = 0,$$

故

$$\iint\limits_{D} x [1 + y f(x^2 + y^2)] dx \, dy = -\frac{2}{5} + 0 = -\frac{2}{5}.$$

2. 解：注意到 x 关于 t 单调递增，可设曲线 $\begin{cases} x = t - \sin t, \\ y = 1 - \cos t \end{cases}$ $(0 \leqslant t \leqslant 2\pi)$ 的一般方程为 $y = y(x)$ $(0 \leqslant x \leqslant 2\pi)$，则

$$\iint\limits_{D} (x + 2y) dx \, dy = \int_{0}^{2\pi} dx \int_{0}^{y(x)} (x + 2y) dy = \int_{0}^{2\pi} [x y(x) + y^2(x)] dx$$

$$= \int_{0}^{2\pi} (t - \sin t + 1 - \cos t)(1 - \cos t)^2 dt$$

$$= \int_{0}^{2\pi} t(1 - \cos t)^2 dt + \int_{0}^{2\pi} (1 - \cos t)^2 d(\cos t) + \int_{0}^{2\pi} (1 - \cos t)^3 dt.$$

又

$$\int_{0}^{2\pi} t(1 - \cos t)^2 dt = \int_{0}^{2\pi} t(1 - 2\cos t + \cos^2 t) dt = \left[\frac{t^2}{2}\right]_{0}^{2\pi} + \int_{0}^{2\pi} t(-2 + \cos t) d\sin t$$

$$= 2\pi^2 + 0 - \int_{0}^{2\pi} \sin t \cdot [(-2 + \cos t) + t(-\sin t)] dt$$

$$= 2\pi^2 + \int_{0}^{2\pi} t \frac{1 - \cos 2t}{2} dt$$

$$= 3\pi^2 - \int_{0}^{2\pi} \frac{1}{4} t \, d\sin 2t = 3\pi^2,$$

$$\int_{0}^{2\pi} (1 - \cos t)^3 dt = \int_{0}^{2\pi} (1 - 3\cos t + 3\cos^2 t - \cos^3 t) dt$$

$$= 2\pi + \int_{0}^{2\pi} (-3 - \cos^2 t) d\sin t + \int_{0}^{2\pi} 3\cos^2 t \, dt$$

$$= 2\pi + 0 - \int_{0}^{2\pi} (\sin^2 t - 1) d\sin t + 3\pi$$

$$= 5\pi,$$

$$\int_{0}^{2\pi} (1 - \cos t)^2 d(\cos t) = 0,$$

故 $\iint\limits_{D} (x + 2y) dx \, dy = 3\pi^2 + 5\pi.$

3. 解：设 D_1 由 $x + y = 1$，$x = 0$，$y = 0$ 所围成，则

$$I = \iint\limits_{D} (|x| + |y|) dx \, dy = 4 \iint\limits_{D_1} (|x| + |y|) dx \, dy = 4 \int_{0}^{1} dx \int_{0}^{1-x} (x + y) dy = \frac{4}{3}.$$

4. 解：在极坐标系中，闭区域 D 可表示为

$$0 \leqslant \theta \leqslant 2\pi, \quad 0 \leqslant \rho \leqslant \sqrt[4]{\frac{1}{\cos^4\theta + \sin^4\theta}},$$

从而

$$I = \iint\limits_{D} (x^2 + y^2)\,\mathrm{d}x\,\mathrm{d}y = \iint\limits_{D} \rho^2 \cdot \rho\,\mathrm{d}\rho\,\mathrm{d}\theta = \int_0^{2\pi}\mathrm{d}\theta \int_0^{\sqrt[4]{\frac{1}{\cos^4\theta + \sin^4\theta}}} \rho^3\,\mathrm{d}\rho$$

$$= \int_0^{2\pi} \frac{1}{4(1 - 2\cos^2\theta\sin^2\theta)}\,\mathrm{d}\theta = \int_0^{2\pi} \frac{\sec^2\theta}{4(\sec^4\theta - 2\tan^2\theta)}\,\mathrm{dtan}\theta$$

$$= \frac{1}{4}\int_0^{2\pi} \frac{1 + \tan^2\theta}{(1 + \tan^2\theta)^2 - 2\tan^2\theta}\,\mathrm{dtan}\theta$$

$$= \frac{1}{8}\int_0^{2\pi} \frac{1}{1 + \tan^2\theta - \sqrt{2}\tan\theta}\,\mathrm{dtan}\theta + \frac{1}{8}\int_0^{2\pi} \frac{1}{1 + \tan^2\theta + \sqrt{2}\tan\theta}\,\mathrm{dtan}\theta$$

$$= \frac{1}{4}\int_{-\frac{\pi}{2}}^{\frac{\pi}{2}} \frac{1}{1 + \tan^2\theta - \sqrt{2}\tan\theta}\,\mathrm{dtan}\theta + \frac{1}{4}\int_{-\frac{\pi}{2}}^{\frac{\pi}{2}} \frac{1}{1 + \tan^2\theta + \sqrt{2}\tan\theta}\,\mathrm{dtan}\theta$$

$$= \frac{\sqrt{2}}{4}\Big[\arctan(\sqrt{2}\tan\theta - 1)\Big]_{-\frac{\pi}{2}}^{\frac{\pi}{2}} + \frac{\sqrt{2}}{4}\Big[\arctan(\sqrt{2}\tan\theta + 1)\Big]_{-\frac{\pi}{2}}^{\frac{\pi}{2}}$$

$$= \frac{\sqrt{2}\pi}{2}.$$

5. **解：** $I = \iint\limits_{D} \dfrac{1}{\rho\sqrt{4a^2 - \rho^2}} \cdot \rho\,\mathrm{d}\rho\,\mathrm{d}\theta = \int_{-\frac{\pi}{4}}^{0}\mathrm{d}\theta \int_0^{-2a\sin\theta} \dfrac{1}{\sqrt{4a^2 - \rho^2}}\,\mathrm{d}\rho$

$$= \int_{-\frac{\pi}{4}}^{0}\Big[\arcsin\frac{\rho}{2a}\Big]_0^{-2a\sin\theta}\mathrm{d}\theta = \int_{-\frac{\pi}{4}}^{0}(-\theta)\,\mathrm{d}\theta$$

$$= \frac{\pi^2}{32}.$$

6. **解：** $\displaystyle\iint\limits_{D}\sqrt{\frac{1 + \cos(x+y)}{2}}\,\mathrm{d}\sigma = \int_0^{\pi}\mathrm{d}x\int_0^{\pi - x}\sqrt{\frac{1 + \cos(x+y)}{2}}\,\mathrm{d}y$

$$= \int_0^{\pi}\mathrm{d}x\int_0^{\pi - x}\cos\frac{x + y}{2}\,\mathrm{d}y$$

$$= \int_0^{\pi}2\Big(1 - \sin\frac{x}{2}\Big)\mathrm{d}x = 2\pi - 4.$$

7. **解：** $\displaystyle\iint\limits_{D}\frac{x + y}{x^2 + y^2}\,\mathrm{d}x\,\mathrm{d}y = \iint\limits_{D}\frac{\rho(\cos\theta + \sin\theta)}{\rho^2}\cdot\rho\,\mathrm{d}\rho\,\mathrm{d}\theta$

$$= \int_0^{\frac{\pi}{2}}(\cos\theta + \sin\theta)\,\mathrm{d}\theta\int_{\frac{1}{\sin\theta + \cos\theta}}^{1}\mathrm{d}\rho = 2 - \frac{\pi}{2}.$$

8. **解：** $\displaystyle\iint\limits_{D}\sqrt{|y - x^2|}\,\mathrm{d}x\,\mathrm{d}y = \int_{-1}^{1}\mathrm{d}x\Big(\int_0^{x^2}\sqrt{x^2 - y}\,\mathrm{d}y + \int_{x^2}^{2}\sqrt{y - x^2}\,\mathrm{d}y\Big) = \frac{5}{3} + \frac{\pi}{2}.$

9. **解：** $\displaystyle\iint\limits_{D}\mathrm{e}^{-x^2 - y^2}\,\mathrm{d}x\,\mathrm{d}y = \iint\limits_{D}\mathrm{e}^{-\rho^2}\cdot\rho\,\mathrm{d}\rho\,\mathrm{d}\theta = \int_0^{2\pi}\mathrm{d}\theta\int_0^{+\infty}\frac{1}{2}\mathrm{e}^{-\rho^2}\,\mathrm{d}\rho^2 = \pi.$ 又

$$\iint\limits_{D}\mathrm{e}^{-x^2 - y^2}\,\mathrm{d}x\,\mathrm{d}y = \int_{-\infty}^{+\infty}\mathrm{d}x\int_{-\infty}^{+\infty}\mathrm{e}^{-x^2}\cdot\mathrm{e}^{-y^2}\,\mathrm{d}y = \Big(\int_{-\infty}^{+\infty}\mathrm{e}^{-x^2}\,\mathrm{d}x\Big)^2,$$

故 $\displaystyle\int_{-\infty}^{+\infty}\mathrm{e}^{-x^2}\,\mathrm{d}x = \sqrt{\pi}.$

10. **解**: 因为

$$\iiint\limits_{x^2+y^2+z^2\leqslant t^2} f(\sqrt{x^2+y^2+z^2})\mathrm{d}v = \int_0^\pi \mathrm{d}\varphi\int_0^{2\pi}\mathrm{d}\theta\int_0^t f(r)\cdot r^2\sin\varphi\,\mathrm{d}r = 4\pi\int_0^t f(r)r^2\,\mathrm{d}r,$$

所以

$$\lim_{t\to 0}\frac{1}{\pi t^4}\iiint\limits_{x^2+y^2+z^2\leqslant t^2} f(\sqrt{x^2+y^2+z^2})\mathrm{d}v = \lim_{t\to 0}\frac{4\displaystyle\int_0^t r^2 f(r)\mathrm{d}r}{t^4} = \lim_{t\to 0}\frac{4t^2 f(t)}{4t^3}$$

$$= \lim_{t\to 0}\frac{f(t)-f(0)}{t} = f'(0).$$

11. **解**: 由 $f(x,1)=0$ 得 $f_x(x,1)=0$, 则

$$I = \iint\limits_D xy f_{xy}(x,y)\mathrm{d}x\,\mathrm{d}y = \int_0^1 x\,\mathrm{d}x\int_0^1 y f_{xy}(x,y)\mathrm{d}y$$

$$= \int_0^1 x\,\mathrm{d}x\int_0^1 y\,\mathrm{d}f_x(x,y) = \int_0^1 x\left\{\left[y f_x(x,y)\right]_0^1 - \int_0^1 f_x(x,y)\mathrm{d}y\right\}\mathrm{d}x$$

$$= \int_0^1 x\left[0 - \int_0^1 f_x(x,y)\mathrm{d}y\right]\mathrm{d}x = -\int_0^1\left[\int_0^1 x f_x(x,y)\mathrm{d}x\right]\mathrm{d}y$$

$$= -\int_0^1\left\{\left[x f(x,y)\right]_0^1 - \int_0^1 f(x,y)\mathrm{d}x\right\}\mathrm{d}y$$

$$= \iint\limits_D f(x,y)\mathrm{d}x\,\mathrm{d}y = a.$$

12. **解**: 交换积分次序, 得原式 $= \displaystyle\int_1^2\mathrm{d}y\int_y^{y^2}\sin\frac{\pi x}{2y}\mathrm{d}x = \frac{4}{\pi^2}+\frac{8}{\pi^3}.$

13. **解**: 交换积分次序, 得原式 $= \displaystyle\int_{\frac{1}{2}}^1\mathrm{d}x\int_{x^2}^x \mathrm{e}^{\frac{y}{x}}\mathrm{d}y = \frac{3\mathrm{e}}{8}-\frac{\sqrt{\mathrm{e}}}{2}.$

14. **解**: $\displaystyle\int_{-\infty}^{+\infty}\int_{-\infty}^{+\infty}\min\{x,y\}\mathrm{e}^{-(x^2+y^2)}\mathrm{d}x\,\mathrm{d}y$

$$= \int_{-\infty}^{+\infty}\mathrm{d}y\int_{-\infty}^y x\,\mathrm{e}^{-x^2}\cdot\mathrm{e}^{-y^2}\mathrm{d}x + \int_{-\infty}^{+\infty}\mathrm{d}y\int_y^{+\infty} y\mathrm{e}^{-x^2}\cdot\mathrm{e}^{-y^2}\mathrm{d}x$$

$$= \int_{-\infty}^{+\infty}\mathrm{d}y\int_{-\infty}^y x\,\mathrm{e}^{-x^2}\cdot\mathrm{e}^{-y^2}\mathrm{d}x + \int_{-\infty}^{+\infty}\mathrm{d}x\int_{-\infty}^x y\mathrm{e}^{-x^2}\cdot\mathrm{e}^{-y^2}\mathrm{d}y$$

$$= 2\int_{-\infty}^{+\infty}\mathrm{e}^{-y^2}\mathrm{d}y\int_{-\infty}^y x\,\mathrm{e}^{-x^2}\mathrm{d}x = \int_{-\infty}^{+\infty}\mathrm{e}^{-y^2}\left[-\mathrm{e}^{-x^2}\right]_{-\infty}^y\mathrm{d}y$$

$$= \int_{-\infty}^{+\infty}-\mathrm{e}^{-2y^2}\mathrm{d}y = \frac{1}{\sqrt{2}}\int_{-\infty}^{+\infty}-\mathrm{e}^{-(\sqrt{2}y)^2}\mathrm{d}(\sqrt{2}y) = -\sqrt{\frac{\pi}{2}}.$$

15. **解**: $\displaystyle\int_0^1\mathrm{d}x\int_x^1 f(x)f(y)\mathrm{d}y = \frac{1}{2}\int_0^1\mathrm{d}x\int_0^1 f(x)f(y)\mathrm{d}y$

$$= \frac{1}{2}\int_0^1 f(x)\mathrm{d}x\cdot\int_0^1 f(y)\mathrm{d}y = \frac{1}{2}A^2.$$

16. **解**: $\displaystyle\iint\limits_D\sqrt{1-x^2}\,\mathrm{d}x\,\mathrm{d}y = \int_0^1\mathrm{d}x\int_0^x\sqrt{1-x^2}\,\mathrm{d}y = \int_0^1 x\sqrt{1-x^2}\,\mathrm{d}x$

$$= -\int_0^1\frac{1}{2}\sqrt{1-x^2}\,\mathrm{d}(1-x^2) = \frac{1}{3}.$$

17. **解：** $\iint\limits_{D} \dfrac{\sin y}{y} \mathrm{d}x\,\mathrm{d}y = \int_{0}^{1}\mathrm{d}y\int_{y^2}^{y} \dfrac{\sin y}{y}\mathrm{d}x = \int_{0}^{1}\sin y \cdot (1-y)\mathrm{d}y = 1-\sin 1.$

18. **解：** 由直线 L 过 A，B 两点，知其点向式方程为 $\dfrac{x-1}{0-1}=\dfrac{y-0}{1-0}=\dfrac{z-0}{1-0}$，从而其一

般方程为 $\begin{cases} x=1-z, \\ y=z, \end{cases}$ 则直线 L 绕 z 轴旋转一周所得的曲面方程为 $x^2+y^2=(1-z)^2+z^2$，即

$$\dfrac{x^2+y^2}{2}-\left(z-\dfrac{1}{2}\right)^2=\dfrac{1}{4}.$$

设 Ω 的形心坐标为 $(\bar{x},\bar{y},\bar{z})$，由图形的对称性及坐标公式有 $\bar{x}=\bar{y}=0$，

$$\bar{z}=\dfrac{\iiint\limits_{\Omega}z\,\mathrm{d}x\,\mathrm{d}y\,\mathrm{d}z}{\iiint\limits_{\Omega}\mathrm{d}x\,\mathrm{d}y\,\mathrm{d}z}=\dfrac{\displaystyle\int_{0}^{2}z\left(\iint\limits_{x^2+y^2\leqslant 1-2z+2z^2}\mathrm{d}x\,\mathrm{d}y\right)\mathrm{d}z}{\displaystyle\int_{0}^{2}\left(\iint\limits_{x^2+y^2\leqslant 1-2z+2z^2}\mathrm{d}x\,\mathrm{d}y\right)\mathrm{d}z}=\dfrac{\pi\displaystyle\int_{0}^{2}z(1-2z+2z^2)\mathrm{d}z}{\pi\displaystyle\int_{0}^{2}(1-2z+2z^2)\mathrm{d}z}=\dfrac{7}{5},$$

于是形心坐标为 $\left(0,0,\dfrac{7}{5}\right)$.

19. **解：** 利用轮换对称性知 $\iiint\limits_{\Omega}x\,\mathrm{d}v=\iiint\limits_{\Omega}y\,\mathrm{d}v=\iiint\limits_{\Omega}z\,\mathrm{d}v$，于是

$$\iiint\limits_{\Omega}(x+2y+3z)\mathrm{d}x\,\mathrm{d}y\,\mathrm{d}z=6\iiint\limits_{\Omega}x\,\mathrm{d}v=6\int_{0}^{1}x\,\mathrm{d}x\int_{0}^{1-x}\mathrm{d}y\int_{0}^{1-x-y}\mathrm{d}z$$

$$=6\int_{0}^{1}x\,\mathrm{d}x\int_{0}^{1-x}(1-x-y)\mathrm{d}y$$

$$=6\int_{0}^{1}x\,\dfrac{(1-x)^2}{2}\mathrm{d}x=\dfrac{1}{4}.$$

20. **解：** 根据被积函数将积分区域分成两部分：

$$D_1=\{(x,y)\mid 0\leqslant x\leqslant 1,0\leqslant y\leqslant\sqrt{1-x^2}\},$$

$$D_2=\{(x,y)\mid 0\leqslant x\leqslant 1,\sqrt{1-x^2}\leqslant y\leqslant 1\},$$

从而

$$\iint\limits_{D}\mid x^2+y^2-1\mid\mathrm{d}\sigma$$

$$=\left(\iint\limits_{D_1}+\iint\limits_{D_2}\right)\mid x^2+y^2-1\mid\mathrm{d}\sigma$$

$$=\int_{0}^{\frac{\pi}{2}}\mathrm{d}\theta\int_{0}^{1}(1-\rho^2)\rho\,\mathrm{d}\rho+\int_{0}^{1}\mathrm{d}x\int_{\sqrt{1-x^2}}^{1}(x^2+y^2-1)\mathrm{d}y$$

$$=\dfrac{\pi}{8}+\int_{0}^{1}\left\{(x^2-1)(1-\sqrt{1-x^2})+\dfrac{1}{3}\left[1-(1-x^2)^{\frac{3}{2}}\right]\right\}\mathrm{d}x$$

$$=\dfrac{\pi}{8}+\int_{0}^{1}\left[\left(x^2-\dfrac{2}{3}\right)+\dfrac{2}{3}(1-x^2)^{\frac{3}{2}}\right]\mathrm{d}x$$

$$=\dfrac{\pi}{4}-\dfrac{1}{3}.$$

21. **解**：$\iint\limits_{D} xy[1+x^2+y^2]\mathrm{d}x\,\mathrm{d}y$

$$= \int_0^{\frac{\pi}{2}}\mathrm{d}\theta\int_0^{\sqrt[4]{2}}\rho^2\sin\theta\cdot\cos\theta\cdot[\rho^2+1]\rho\,\mathrm{d}\rho$$

$$= \int_0^{\frac{\pi}{2}}\sin\theta\cdot\cos\theta\,\mathrm{d}\theta\left(\int_0^1\rho^3\,\mathrm{d}\rho+\int_1^{\sqrt[4]{2}}2\rho^3\,\mathrm{d}\rho\right)=\frac{3}{8}.$$

22. **解**：$I = \iiint\limits_{\Omega}\sqrt{1+(x^2+y^2+z^2)^{\frac{3}{2}}}\,\mathrm{d}v$

$$= \int_0^{\pi}\mathrm{d}\varphi\int_0^{2\pi}\mathrm{d}\theta\int_0^1\sqrt{1+r^3}\cdot r^2\sin\varphi\,\mathrm{d}r$$

$$= \frac{8\pi}{9}(2\sqrt{2}-1).$$

23. **解**：（方法一）利用球面坐标计算：

$$\iiint\limits_{\Omega}(x+z)\mathrm{d}x\,\mathrm{d}y\,\mathrm{d}z = \iiint\limits_{\Omega}z\,\mathrm{d}x\,\mathrm{d}y\,\mathrm{d}z$$

$$= \int_0^{\frac{\pi}{4}}\mathrm{d}\varphi\int_0^{2\pi}\mathrm{d}\theta\int_0^1 r\cos\varphi\cdot r^2\sin\varphi\,\mathrm{d}r=\frac{\pi}{8}.$$

（方法二）利用柱面坐标计算：

$$\iiint\limits_{\Omega}(x+z)\mathrm{d}x\,\mathrm{d}y\,\mathrm{d}z = \iiint\limits_{\Omega}z\,\mathrm{d}x\,\mathrm{d}y\,\mathrm{d}z = \int_0^{\sqrt{\frac{1}{2}}}\rho\,\mathrm{d}\rho\int_0^{2\pi}\mathrm{d}\theta\int_{\rho}^{\sqrt{1-\rho^2}}z\,\mathrm{d}z$$

$$= 2\pi\int_0^{\sqrt{\frac{1}{2}}}\rho\left(\frac{1}{2}-\rho^2\right)\mathrm{d}\rho=2\pi\left(\frac{1}{8}-\frac{1}{16}\right)=\frac{\pi}{8}.$$

24. **解**：$\iint\limits_{D}\max\{xy,1\}\mathrm{d}x\,\mathrm{d}y$

$$= \int_0^{\frac{1}{2}}x\,\mathrm{d}x\int_0^2 1\mathrm{d}y + \int_{\frac{1}{2}}^2\mathrm{d}x\left(\int_0^{\frac{1}{x}}1\mathrm{d}y+\int_{\frac{1}{x}}^2 xy\,\mathrm{d}y\right)$$

$$= 1+\int_{\frac{1}{2}}^2\left[\frac{1}{x}+x\cdot\frac{1}{2}\left(4-\frac{1}{x^2}\right)\right]\mathrm{d}x=\frac{19}{4}+\ln2.$$

25. **解**：设形心坐标为$(\bar{x},\bar{y},\bar{z})$，则 $\bar{x}=\dfrac{\iiint\limits_{\Omega}x\,\mathrm{d}v}{\iiint\limits_{\Omega}\mathrm{d}v}$，$\bar{y}=\dfrac{\iiint\limits_{\Omega}y\,\mathrm{d}v}{\iiint\limits_{\Omega}\mathrm{d}v}$，$\bar{z}=\dfrac{\iiint\limits_{\Omega}z\,\mathrm{d}v}{\iiint\limits_{\Omega}\mathrm{d}v}$. 因为锥体关

于 yOz 面对称，所以 $\bar{x}=0$.

（方法一）利用截面法（先二后一）. $\forall z_0\in[0,1]$，所得截面区域为 $D(z_0)$：x^2+

$(y-z_0)^2\leqslant(1-z_0)^2$，即平面 $z=z_0$ 上圆心为 $(0,0,z_0)$、半径为 $1-z_0$ 的圆盘，从而

$$\iiint\limits_{\Omega}\mathrm{d}v = \int_0^1\mathrm{d}z\iint\limits_{D(z)}\mathrm{d}x\,\mathrm{d}y = \int_0^1\pi(1-z)^2\mathrm{d}z=\frac{\pi}{3},$$

$$\iiint\limits_{\Omega}y\,\mathrm{d}v = \int_0^1\mathrm{d}z\iint\limits_{D(z)}y\,\mathrm{d}x\,\mathrm{d}y = \int_0^1\mathrm{d}z\int_0^{2\pi}\mathrm{d}\theta\int_0^{1-z}(z+\rho\sin\theta)\rho\,\mathrm{d}\rho$$

$$= \int_0^1 dz \int_0^{2\pi} \left[\frac{1}{2}(1-z)^2 z + \frac{1}{3}(1-z)^3 \sin\theta \right] d\theta$$

$$= \pi \int_0^1 \left[(1-z)^2 z \right] dz = \frac{\pi}{12},$$

$$\iiint\limits_{\Omega} z \, dv = \int_0^1 z \, dz \iint\limits_{D(z)} dx \, dy = \int_0^1 z \pi (1-z)^2 \, dz = \frac{\pi}{12},$$

所以 $\bar{y} = \bar{z} = \dfrac{1}{4}$，即形心坐标为 $\left(0, \dfrac{1}{4}, \dfrac{1}{4}\right)$.

（方法二）利用重积分换元法. 令 $x = u$，$y - z = v$，$1 - z = w$，得锥体 Ω_{uvw}：$u^2 + v^2 \leqslant w^2 (0 \leqslant w \leqslant 1)$，且 $\dfrac{\partial(x, y, z)}{\partial(u, v, w)} = \left[\dfrac{\partial(u, v, w)}{\partial(x, y, z)} \right]^{-1} = 1$，从而

$$\iiint\limits_{\Omega} dx \, dy \, dz = \iiint\limits_{\Omega_{uvw}} du \, dv \, dw = \int_0^1 dw \iint\limits_{u^2 + v^2 \leqslant w^2} du \, dv = \int_0^1 \pi w^2 \, dw = \frac{\pi}{3},$$

$$\iiint\limits_{\Omega} y \, dx \, dy \, dz = \iiint\limits_{\Omega_{uvw}} (v + 1 - w) du \, dv \, dw = \iiint\limits_{\Omega_{uvw}} (1 - w) du \, dv \, dw$$

$$= \int_0^1 (1 - w) dw \iint\limits_{u^2 + v^2 \leqslant w^2} du \, dv$$

$$= \frac{\pi}{12},$$

所以 $\bar{y} = \bar{z} = \dfrac{1}{4}$，即形心坐标为 $\left(0, \dfrac{1}{4}, \dfrac{1}{4}\right)$.

26. **解**：在极坐标系中，积分区域 $D = \left\{ (\rho, \theta) \,\middle|\, \dfrac{\pi}{4} \leqslant \theta \leqslant \dfrac{3\pi}{4}, \rho \leqslant \sin^2\theta \right\}$，则

$$\iint\limits_{D} \frac{x + y}{\sqrt{x^2 + y^2}} dx \, dy = 0 + \iint\limits_{D} \frac{y}{\sqrt{x^2 + y^2}} dx \, dy = \iint\limits_{D} \sin\theta \cdot \rho \, d\rho \, d\theta$$

$$= \int_{\frac{\pi}{4}}^{\frac{3\pi}{4}} \sin\theta \, d\theta \int_0^{\sin^2\theta} \rho \, d\rho = \frac{1}{2} \int_{\frac{\pi}{4}}^{\frac{3\pi}{4}} \sin^5\theta \, d\theta$$

$$= -\frac{1}{2} \int_{\frac{\pi}{4}}^{\frac{3\pi}{4}} (1 - \cos^2\theta)^2 \, d\cos\theta$$

$$= \frac{43\sqrt{2}}{120}.$$

27. **解**：在极坐标系中，$D = \left\{ (\rho, \theta) \,\middle|\, 0 \leqslant \theta \leqslant \dfrac{\pi}{4}, \dfrac{1}{\cos\theta} \leqslant \rho \leqslant \dfrac{2}{\cos\theta} \right\}$，则

$$\iint\limits_{D} \frac{\sqrt{x^2 + y^2}}{x} d\sigma = \int_0^{\frac{\pi}{4}} d\theta \int_{\sec\theta}^{2\sec\theta} \frac{\rho}{\rho \cos\theta} \rho \, d\rho = \frac{3}{2} \int_0^{\frac{\pi}{4}} \sec^3\theta \, d\theta.$$

由于

$$\int_0^{\frac{\pi}{4}} \sec^3\theta \, d\theta = \int_0^{\frac{\pi}{4}} \sec\theta \, d\theta + \int_0^{\frac{\pi}{4}} \tan\theta \, d\sec\theta$$

$$= \int_0^{\frac{\pi}{4}} \sec\theta \, d\theta + \left[\tan\theta \sec\theta \right]_0^{\frac{\pi}{4}} - \int_0^{\frac{\pi}{4}} \sec\theta \, d\tan\theta,$$

因此

$$\int_0^{\frac{\pi}{4}} \sec^3\theta \, d\theta = \frac{1}{2}\int_0^{\frac{\pi}{4}} \sec\theta \, d\theta + \frac{1}{2}\Big[\tan\theta \sec\theta\Big]_0^{\frac{\pi}{4}},$$

从而

$$\iint\limits_D \frac{\sqrt{x^2+y^2}}{x} \, d\sigma = \frac{3}{4}\Big[\ln|\sec\theta+\tan\theta|+\tan\theta\sec\theta\Big]_0^{\frac{\pi}{4}}$$

$$= \frac{3}{4}\Big[\ln(1+\sqrt{2})+\sqrt{2}\Big].$$

28. **解**: 记 $\iint\limits_D f(x,y)\,dx\,dy = A$, 则

$$f(x,y) = y\sqrt{1-x^2} + Ax,$$

从而

$$A = \iint\limits_D y\sqrt{1-x^2}\,dx\,dy + \iint\limits_D Ax\,dx\,dy$$

$$= \iint\limits_D y\sqrt{1-x^2}\,dx\,dy = \int_{-1}^1 \sqrt{1-x^2}\,dx\int_0^{\sqrt{1-x^2}} y\,dy$$

$$= \frac{1}{2}\int_{-1}^1 \left(\sqrt{1-x^2}\right)^3\,dx = \frac{1}{2}\int_{-\frac{\pi}{2}}^{\frac{\pi}{2}} \cos^4\theta\,d\theta$$

$$= \frac{3\pi}{16},$$

于是

$$\iint\limits_D xf(x,y)\,dx\,dy = \iint\limits_D xy\sqrt{1-x^2}\,dx\,dy + \frac{3\pi}{16}\iint\limits_D x^2\,dx\,dy$$

$$= 0 + \frac{3\pi}{16}\iint\limits_D x^2\,dx\,dy = \frac{3\pi}{16}\int_{-1}^1 x^2\,dx\int_0^{\sqrt{1-x^2}}\,dy$$

$$= \frac{3\pi}{16}\int_{-1}^1 x^2\sqrt{1-x^2}\,dx\,(\text{令 } x=\sin\theta)$$

$$= \frac{3\pi}{16}\int_{-\frac{\pi}{2}}^{\frac{\pi}{2}} \sin^2\theta\cos^2\theta\,d\theta = \frac{3\pi}{16}\int_{-\frac{\pi}{2}}^{\frac{\pi}{2}} (\cos^2\theta - \cos^4\theta)\,d\theta$$

$$= \frac{3\pi}{16}\int_{-\frac{\pi}{2}}^{\frac{\pi}{2}} (\cos^2\theta)\,d\theta - \frac{3\pi}{16}\cdot\int_{-\frac{\pi}{2}}^{\frac{\pi}{2}} \cos^4\theta\,d\theta$$

$$= \frac{3\pi}{16}\left(\frac{\pi}{2} - \frac{3\pi}{8}\right) = \frac{3\pi^2}{128}.$$

29. **解**: 在极坐标系中, $D = \left\{(\rho,\theta)\,\Big|\,0\leqslant\theta\leqslant\frac{\pi}{4},\,0\leqslant\rho\leqslant\sqrt{\cos2\theta}\right\}$, 则

$$\iint\limits_D xy\,dx\,dy = \int_0^{\frac{\pi}{4}} d\theta\int_0^{\sqrt{\cos2\theta}} \rho^2\sin\theta\cdot\cos\theta\cdot\rho\,d\rho = \int_0^{\frac{\pi}{4}} \sin\theta\cdot\cos\theta\cdot\frac{\cos^2 2\theta}{4}\,d\theta$$

$$= \int_0^{\frac{\pi}{4}} \frac{\sin2\theta}{2}\cdot\frac{\cos^2 2\theta}{4}\,d\theta = \frac{-1}{16}\int_0^{\frac{\pi}{4}} \cos^2 2\theta\,d\cos2\theta = \frac{-1}{48}\Big[\cos^3 2\theta\Big]_0^{\frac{\pi}{4}} = \frac{1}{48}.$$

30. **解：**（方法一）利用极坐标计算.

$$\iint\limits_{D} e^{(x+y)^2}(x^2-y^2)\,dx\,dy$$

$$=\int_{0}^{\frac{\pi}{4}}d\theta\int_{0}^{1}e^{\rho^2(\cos\theta+\sin\theta)^2}\cdot(\cos^2\theta-\sin^2\theta)\cdot\rho^3\,d\rho$$

$$=\int_{0}^{\frac{\pi}{4}}d\theta\int_{0}^{1}e^{\rho^2(1+\sin2\theta)}\cdot\cos2\theta\cdot\rho^3\,d\rho$$

$$=\int_{0}^{\frac{\pi}{4}}\frac{\cos2\theta}{(1+\sin2\theta)^2}d\theta\int_{0}^{1}e^{\rho^2(1+\sin2\theta)}\frac{\rho^2(1+\sin2\theta)}{2}d\big[(1+\sin2\theta)\rho^2\big].$$

由于 $\int t e^t\,dt=(t-1)e^t$，因此

$$\iint\limits_{D}e^{(x+y)^2}(x^2-y^2)\,dx\,dy$$

$$=\int_{0}^{\frac{\pi}{4}}\frac{\cos2\theta}{2(1+\sin2\theta)^2}\cdot(e^{1+\sin2\theta}\sin2\theta+1)\,d\theta$$

$$=\int_{0}^{\frac{\pi}{4}}\frac{1}{4(1+\sin2\theta)^2}\cdot(e^{1+\sin2\theta}\sin2\theta+1)\,d\sin2\theta=\int_{0}^{1}\frac{1}{4(1+t)^2}\cdot(e^{1+t}\cdot t+1)\,dt$$

$$=\frac{e}{4}\int_{0}^{1}\frac{te^t}{(1+t)^2}dt+\frac{1}{4}\int_{0}^{1}\frac{1}{(1+t)^2}dt=\frac{e}{4}\int_{0}^{1}te^t\,d\frac{-1}{1+t}-\frac{1}{4}\Big[\frac{1}{1+t}\Big]_{0}^{1}$$

$$=\frac{e}{4}\Big[\frac{te^t}{1+t}\Big]_{1}^{0}+\frac{e}{4}\int_{0}^{1}\frac{1}{1+t}d(te^t)-\frac{1}{4}\Big[\frac{1}{1+t}\Big]_{0}^{1}$$

$$=-\frac{e^2}{8}+\frac{e}{4}\int_{0}^{1}e^t\,dt+\frac{1}{8}=\frac{(e-1)^2}{8}.$$

（方法二）利用线性变换计算. 令 $u=x+y$，$v=x-y$，易得积分区域由 $u^2+v^2=2$，$u=-v$ 及 $v=0$ 围成，则

$$\iint\limits_{D}e^{(x+y)^2}(x^2-y^2)\,dx\,dy$$

$$=\iint\limits_{D}e^{u^2}uv\left|\frac{\partial(x,\ y)}{\partial(u,\ v)}\right|du\,dv$$

$$=\frac{1}{2}\iint\limits_{D}e^{u^2}uv\,du\,dv=\frac{1}{2}\int_{-1}^{0}ue^{u^2}\,du\int_{-u}^{\sqrt{2-u^2}}v\,dv+\frac{1}{2}\int_{0}^{\sqrt{2}}ue^{u^2}\,du\int_{0}^{\sqrt{2-u^2}}v\,dv$$

$$=\frac{1}{2}\int_{-1}^{0}ue^{u^2}\cdot(1-u^2)\,du+\frac{1}{4}\int_{0}^{\sqrt{2}}ue^{u^2}(2-u^2)\,du(\text{令 }t=u^2)$$

$$=\frac{1}{4}\int_{1}^{0}e^t\cdot(1-t)\,dt+\frac{1}{8}\int_{0}^{2}e^t(2-t)\,dt$$

$$=\frac{1}{4}\big[e^t(2-t)\big]_{1}^{0}+\frac{1}{8}\big[e^t(3-t)\big]_{0}^{2}=\frac{(e-1)^2}{8}.$$

四、证明题

1. 证明： $\displaystyle\iiint\limits_{x^2+y^2+z^2\leqslant1}f(z)\,dv=\int_{-1}^{1}f(z)\,dz\iint\limits_{x^2+y^2\leqslant1-z^2}d\sigma$

$$= \int_{-1}^{1} \pi f(z) \cdot (1 - z^2) \mathrm{d}z$$

$$= \pi \int_{-1}^{1} f(u)(1 - u^2) \mathrm{d}u.$$

2. **证明**：因为 $\displaystyle\int_{0}^{a} f(x)\mathrm{d}x \int_{x}^{a} f(y)\mathrm{d}y = \iint\limits_{\substack{0 \leqslant y \leqslant a, \\ 0 \leqslant x \leqslant y}} f(x)f(y)\mathrm{d}x\,\mathrm{d}y$（互换 x，y）

$$= \iint\limits_{\substack{0 \leqslant x \leqslant a, \\ 0 \leqslant y \leqslant x}} f(x)f(y)\mathrm{d}x\,\mathrm{d}y$$

$$= \int_{0}^{a} f(x)\mathrm{d}x \int_{0}^{x} f(y)\mathrm{d}y,$$

所以

$$2\int_{0}^{a} f(x)\mathrm{d}x \int_{x}^{a} f(y)\mathrm{d}y = \int_{0}^{a} f(x)\mathrm{d}x \int_{x}^{a} f(y)\mathrm{d}y + \int_{0}^{a} f(x)\mathrm{d}x \int_{0}^{x} f(y)\mathrm{d}y$$

$$= \int_{0}^{a} f(x)\mathrm{d}x \int_{0}^{a} f(y)\mathrm{d}y = \left(\int_{0}^{a} f(x)\mathrm{d}x\right)^{2}.$$

3. **证明**：不妨设 m 为正奇数，则

$$\iint\limits_{x^2+y^2 \leqslant a^2} x^{m} y^{n} \mathrm{d}\sigma = \int_{-a}^{a} \mathrm{d}y \int_{-\sqrt{a^2-y^2}}^{\sqrt{a^2-y^2}} x^{m} y^{n} \mathrm{d}x$$

$$= \int_{-a}^{a} y^{n} \frac{1}{m+1} \Big[(\sqrt{a^2 - y^2})^{m+1} - (-\sqrt{a^2 - y^2})^{m+1} \Big] \mathrm{d}y$$

$$= 0.$$

4. **证明**：$\displaystyle\iint\limits_{D} f(x+y)\mathrm{d}\sigma = \int_{0}^{a} \mathrm{d}x \int_{0}^{a-x} f(x+y)\mathrm{d}y$（记 $u = x + y$）

$$= \int_{0}^{a} \mathrm{d}x \int_{x}^{a} f(u)\mathrm{d}u \text{（交换积分次序）}$$

$$= \int_{0}^{a} \mathrm{d}u \int_{0}^{u} f(u)\mathrm{d}x$$

$$= \int_{0}^{a} u f(u)\mathrm{d}u.$$

5. **证明**：$\displaystyle I_x = \iiint\limits_{\Omega} (y^2 + z^2)\mathrm{d}v = \int_{a}^{b} \mathrm{d}x \Bigg(\iint\limits_{y^2+z^2 \leqslant f^2(x)} (y^2 + z^2)\mathrm{d}y\,\mathrm{d}z \Bigg)$

$$= \int_{a}^{b} \mathrm{d}x \int_{0}^{2\pi} \mathrm{d}\theta \int_{0}^{|f(x)|} \rho^2 \cdot \rho \, \mathrm{d}\rho = 2\pi \int_{a}^{b} \frac{f^4(x)}{4} \mathrm{d}x$$

$$= \frac{\pi}{2} \int_{a}^{b} f^4(x) \mathrm{d}x.$$

6. **证明**：由题设知

$$F(t) = \frac{\displaystyle\int_{0}^{\pi} \mathrm{d}\varphi \int_{0}^{2\pi} \mathrm{d}\theta \int_{0}^{t} f(r^2) \cdot r^2 \sin\varphi \, \mathrm{d}r}{\displaystyle\int_{0}^{2\pi} \mathrm{d}\theta \int_{0}^{t} f(\rho^2) \cdot \rho \, \mathrm{d}\rho} = \frac{\displaystyle 4\pi \int_{0}^{t} f(r^2) r^2 \, \mathrm{d}r}{\displaystyle 2\pi \int_{0}^{t} f(\rho^2) \rho \, \mathrm{d}\rho}.$$

由于

$$\frac{\mathrm{d}F(t)}{\mathrm{d}t} = \frac{2f(t^2)t\left[t \cdot \int_0^t f(\rho^2)\rho\,\mathrm{d}\rho - \int_0^t f(r^2)r^2\,\mathrm{d}r\right]}{\left[\int_0^t f(\rho^2)\rho\,\mathrm{d}\rho\right]^2} > 0,\ \forall\, t \in (0, +\infty),$$

所以 $F(t)$ 在 $(0, +\infty)$ 内单调增加.

易知 $G(t) = \dfrac{2\pi\displaystyle\int_0^t f(\rho^2)\rho\,\mathrm{d}\rho}{\displaystyle\int_0^t f(x^2)\,\mathrm{d}x}$，于是

$$F(t) - \frac{1}{\pi}G(t) = \frac{2\displaystyle\int_0^t f(r^2)r^2\,\mathrm{d}r}{\displaystyle\int_0^t f(r^2)r\,\mathrm{d}r} - \frac{2\displaystyle\int_0^t f(r^2)r\,\mathrm{d}r}{\displaystyle\int_0^t f(r^2)\,\mathrm{d}r}.$$

要证明当 $t > 0$ 时，$F(t) > \dfrac{1}{\pi}G(t)$，即证

$$\int_0^t f(r^2)r^2\,\mathrm{d}r \cdot \int_0^t f(r^2)\,\mathrm{d}r - \left[\int_0^t f(r^2)r\,\mathrm{d}r\right]^2 > 0.$$

记 $g(t) = \displaystyle\int_0^t f(r^2)r^2\,\mathrm{d}r \cdot \int_0^t f(r^2)\,\mathrm{d}r - \left[\int_0^t f(r^2)r\,\mathrm{d}r\right]^2$，则 $g(0) = 0$，且

$$\frac{\mathrm{d}g(t)}{\mathrm{d}t} = f(t^2)\left[t^2\int_0^t f(r^2)\,\mathrm{d}r + \int_0^t r^2 f(r^2)\,\mathrm{d}r\right] - 2t \cdot f(t^2)\int_0^t rf(r^2)\,\mathrm{d}r$$

$$= f(t^2)\int_0^t (t-r)^2 f(r^2)\,\mathrm{d}r > 0,$$

从而 $g(t)$ 在 $(0, +\infty)$ 内单调增加，且 $g(t) > g(0) = 0$，得证.

10.4　综 合 拓 展

习　题

一、选择题

1. 设 $f(x)$ 为已知的连续函数，$I = t\displaystyle\int_0^{\frac{s}{t}} f(tx)\,\mathrm{d}x$，其中 $s > 0$，$t > 0$，则积分 I 的值（　　）.

  A. 依赖于 s 和 t B. 依赖于 s，t，x

  C. 依赖于 t 和 x，不依赖于 s D. 依赖于 s，不依赖于 t

2. 若 $I = \dfrac{1}{s}\displaystyle\int_0^{st} f\left(t + \dfrac{x}{s}\right)\mathrm{d}x\,(s > 0,\ t > 0)$，则 I 的值（　　）.

  A. 依赖于 s，t B. 依赖于 t，x

  C. 依赖于 t，不依赖于 s D. 依赖于 s，x

3. 设 $f(x)$ 连续，则 $\dfrac{\mathrm{d}}{\mathrm{d}x}\displaystyle\int_0^x tf(x^2 - t^2)\,\mathrm{d}t = (\quad\quad)$.

  A. $xf(x^2)$ B. $-xf(x^2)$

C. $2xf(x^2)$ 　　　　　　　　　　　　　D. $xf(0)$

4. 极限 $\lim\limits_{n\to\infty}\sum\limits_{i=1}^{n}\sum\limits_{j=1}^{n}\dfrac{n}{(n+i)(n^2+j^2)}=($ 　　 $)$.

A. $\displaystyle\int_0^1 dx\int_0^x \dfrac{1}{(1+x)(1+y^2)}dy$ 　　　　B. $\displaystyle\int_0^1 dx\int_0^x \dfrac{1}{(1+x)(1+y)}dy$

C. $\displaystyle\int_0^1 dx\int_0^1 \dfrac{1}{(1+x)(1+y)}dy$ 　　　　D. $\displaystyle\int_0^1 dx\int_0^1 \dfrac{1}{(1+x)(1+y^2)}dy$

二、填空题

1. 设积分区域 D 由 $x^2+y^2\leqslant4$ 所围成,则 $\iint\limits_{D}(1+\sqrt[3]{xy})d\sigma$ 的值等于 _____.

2. 设 $\Omega=\{(x,y,z)\mid x^2+y^2+z^2\leqslant1\}$,由于 $0<x^4+y^4+z^4\leqslant1$,因此有不等式:

$$\dfrac{2}{3}\pi<\iiint\limits_{\Omega}\dfrac{1}{1+x^4+y^4+z^4}dv<\underline{\qquad\qquad}.$$

3. 设 Ω 是由平面 $x+y+z+1=0$,$x+y+z+2=0$,$x=0$,$y=0$,$z=0$ 所围成的闭区域,$I_1=\iiint\limits_{\Omega}(x+y+z)dv$,$I_2=\iiint\limits_{\Omega}(x+y+z)^2dv$,则 I_1 与 I_2 的大小关系是 _____.

三、计算及应用题

1. 已知 $f(u)$ 为未知连续函数,试求 $\iint\limits_{D}xf(x^2+y)dxdy$,其中 D 由 $y=0$ 与 $y=1-x^2$ 所围成.

2. 计算 $\iint\limits_{D}y\left[e^{(1-y^2)\cos x}+yx^4\right]dxdy$,其中 $D=\{(x,y)\mid-a\leqslant x\leqslant a,-b\leqslant y\leqslant b\}$.

3. 计算 $\iint\limits_{D}\left|\dfrac{x+y}{\sqrt{2}}-x^2-y^2\right|dxdy$,其中 $D=\{(x,y)\mid x^2+y^2\leqslant1\}$.

4. 计算 $\iiint\limits_{D}\sqrt{x^2+y^2}\cdot zdv$,其中 Ω 由圆柱面 $x^2+y^2=4$,平面 $z=0$ 和平面 $y+z=2$ 所围成.

5. 求锥面 $z=\sqrt{x^2+y^2}$ 与抛物面 $z=x^2+y^2$ 所围立体的体积.

6. 在均匀半圆形薄片的直径上,要接上一个其中一边与直径等长的等密度均匀矩形薄片,为了使整个均匀薄片的重心恰好落在圆心上,则接上去的均匀矩形薄片另一边的长度应是多少?

7. 求 $I=\iiint\limits_{\Omega}\dfrac{1}{(x^2+y^2+z^2)^{\frac{n}{2}}}dxdydz$($n$ 为正整数),其中

$$\Omega=\{(x,y,z)\mid1\leqslant x^2+y^2+z^2\leqslant4\}.$$

8. 求由曲面 $z=x^2+y^2$,$y=x^2$,$y=1$,$z=0$ 所围成的立体的体积.

9. 计算 $\iiint\limits_{\Omega}y\sqrt{1-x^2}dv$,其中 Ω 由 $y=-\sqrt{1-x^2-z^2}$,$x^2+z^2=1$,$y=1$ 所围成.

10. 已知椭球面 S_1 是椭圆 $\dfrac{x^2}{4}+\dfrac{y^2}{3}=1$ 绕 x 轴旋转而成，圆锥面 S_2 是过点 $(4,0)$ 且与椭圆 $\dfrac{x^2}{4}+\dfrac{y^2}{3}=1$ 相切的直线绕 x 轴旋转而成，求：

(1) S_1 和 S_2 的方程；

(2) S_1 与 S_2 之间的立体体积.

四、证明题

1. 设 $f(x)$ 是 $[a,b]$ 上的正值连续函数，试证：

$$\iint\limits_{D}\frac{f(x)}{f(y)}\mathrm{d}x\,\mathrm{d}y\geqslant(b-a)^2,$$

其中 $D=\{(x,y)\mid a\leqslant x\leqslant b,\ a\leqslant y\leqslant b\}$.

2. 设 $f(x)$ 是 $[0,1]$ 上的正值连续函数，且 $f(x)$ 单调递减，证明：

$$\frac{\displaystyle\iint\limits_{0\leqslant y\leqslant x\leqslant 1}f^2(x)\mathrm{d}x\,\mathrm{d}y}{\displaystyle\iint\limits_{0\leqslant y\leqslant x\leqslant 1}f(x)\mathrm{d}x\,\mathrm{d}y}\leqslant\frac{\displaystyle\iint\limits_{0\leqslant x\leqslant y\leqslant 1}f^2(x)\mathrm{d}x\,\mathrm{d}y}{\displaystyle\iint\limits_{0\leqslant x\leqslant y\leqslant 1}f(x)\mathrm{d}x\,\mathrm{d}y}$$

3. 已知 $f(x)$ 是 $[0,1]$ 上连续、单调递减的正值函数，证明：

$$\frac{\displaystyle\int_0^1 xf^2(x)\mathrm{d}x}{\displaystyle\int_0^1 xf(x)\mathrm{d}x}\leqslant\frac{\displaystyle\int_0^1 f^2(x)\mathrm{d}x}{\displaystyle\int_0^1 f(x)\mathrm{d}x}.$$

4. 设 $f(x)$ 是 $[a,b]$ 上的连续函数，证明不等式：

$$\left[\int_a^b f(x)\mathrm{d}x\right]^2\leqslant(b-a)\int_a^b f^2(x)\mathrm{d}x.$$

5. 设 $f(x)$ 是 $[0,1]$ 上的连续函数，且满足 $f(x)=\dfrac{1}{2}+\displaystyle\int_x^1 f(u)f(u-x)\mathrm{d}u,\ \forall x\in[0,1]$，证明：$\max\limits_{x\in[0,1]}\{f(x)\}\geqslant 1$.

$$\boxed{\text{习 题 详 解}}$$

一、选择题

1. D. **解析**：$I=t\displaystyle\int_0^{\frac{s}{t}}f(tx)\mathrm{d}x=\int_0^{\frac{s}{t}}f(tx)\mathrm{d}(tx)=\int_0^s f(u)\mathrm{d}u$，故选 D.

2. C. **解析**：$I=\dfrac{1}{s}\displaystyle\int_0^{st}f\left(t+\dfrac{x}{s}\right)\mathrm{d}x=\int_0^{st}f\left(t+\dfrac{x}{s}\right)\mathrm{d}\,\dfrac{x}{s}=\int_0^t f(t+u)\mathrm{d}u$，故选 C.

3. A. **解析**：$\dfrac{\mathrm{d}}{\mathrm{d}x}\displaystyle\int_0^x tf(x^2-t^2)\mathrm{d}t=\dfrac{\mathrm{d}}{\mathrm{d}x}\int_0^x\dfrac{1}{2}f(x^2-t^2)\mathrm{d}t^2$

$$=-\frac{1}{2}\frac{\mathrm{d}}{\mathrm{d}x}\int_0^x f(x^2-t^2)\mathrm{d}(x^2-t^2)$$

$$=-\frac{1}{2}\frac{\mathrm{d}}{\mathrm{d}x}\int_{x^2}^0 f(u)\mathrm{d}u$$

$$= -\frac{1}{2} \cdot (-1) f(x^2) \frac{\mathrm{d}x^2}{\mathrm{d}x} = x f(x^2).$$

4. D. **解析**：$\displaystyle\lim_{n\to\infty}\sum_{i=1}^{n}\sum_{j=1}^{n}\frac{n}{(n+i)(n^2+j^2)} = \lim_{n\to\infty}\sum_{i=1}^{n}\frac{1}{n}\frac{1}{\left(1+\dfrac{i}{n}\right)}\sum_{j=1}^{n}\frac{1}{n}\frac{1}{\left(1+\dfrac{j^2}{n^2}\right)}$

$$= \int_0^1 \mathrm{d}x \int_0^1 \frac{1}{(1+x)(1+y^2)} \mathrm{d}y.$$

二、填空题

1. 4π. **解析**：因 $\sqrt[3]{xy}$ 是关于 x 或 y 的奇函数，故

$$\iint\limits_{D}(1+\sqrt[3]{xy})\mathrm{d}\sigma = \iint\limits_{D}1\mathrm{d}\sigma + 0 = \pi \cdot 2^2 = 4\pi.$$

2. $\dfrac{4\pi}{3}$. **解析**：$\dfrac{2}{3}\pi < \iiint\limits_{\Omega}\dfrac{1}{1+x^4+y^4+z^4}\mathrm{d}v < \iiint\limits_{\Omega}1\mathrm{d}v.$

3. $I_1 < I_2$. **解析**：由于在 Ω 内，$x+y+z < 0 < (x+y+z)^2$，因此 $I_1 < I_2$.

三、计算及应用题

1. **解**：$\displaystyle\iint\limits_{D}xf(x^2+y)\mathrm{d}x\mathrm{d}y = \int_{-1}^{1}\mathrm{d}x\int_{0}^{1-x^2}xf(x^2+y)\mathrm{d}y$（记 $u=x^2+y$）

$$= \int_{-1}^{1}\mathrm{d}x\int_{x^2}^{1}xf(u)\mathrm{d}u = \int_{-1}^{1}\left[x\int_{x^2}^{1}f(u)\mathrm{d}u\right]\mathrm{d}x = 0.$$

2. **解**：$\displaystyle\iint\limits_{D}y\left[e^{(1-y^2)\cos x}+yx^4\right]\mathrm{d}x\mathrm{d}y = 0 + \iint\limits_{D}y^2x^4\mathrm{d}x\mathrm{d}y = \int_{-a}^{a}\mathrm{d}x\int_{-b}^{b}x^4y^2\mathrm{d}y = \frac{4}{15}a^5b^3.$

3. **解**：记 $D_1 = \left\{(x,y)\ \middle|\ \left(x-\dfrac{1}{2\sqrt{2}}\right)^2 + \left(y-\dfrac{1}{2\sqrt{2}}\right)^2 \leqslant \dfrac{1}{4}\right\}$

$$= \left\{(\rho,\theta)\ \middle|\ -\frac{\pi}{4}\leqslant\theta\leqslant\frac{3\pi}{4},\ 0\leqslant\rho\leqslant\sin\left(\theta+\frac{\pi}{4}\right)\right\},$$

则

$$\iint\limits_{D}\left|\frac{x+y}{\sqrt{2}}-x^2-y^2\right|\mathrm{d}x\mathrm{d}y$$

$$= \iint\limits_{D}\left|\frac{1}{4}-\left(x-\frac{1}{2\sqrt{2}}\right)^2-\left(y-\frac{1}{2\sqrt{2}}\right)^2\right|\mathrm{d}x\mathrm{d}y$$

$$= \iint\limits_{D_1}\left(\rho\frac{\cos\theta+\sin\theta}{\sqrt{2}}-\rho^2\right)\rho\mathrm{d}\rho\mathrm{d}\theta + \int_{-\frac{\pi}{4}}^{\frac{3\pi}{4}}\mathrm{d}\theta\int_{\sin\left(\theta+\frac{\pi}{4}\right)}^{1}\left(\rho^2-\rho\frac{\cos\theta+\sin\theta}{\sqrt{2}}\right)\rho\mathrm{d}\rho$$

$$+ \int_{\frac{3\pi}{4}}^{\frac{7\pi}{4}}\mathrm{d}\theta\int_{0}^{1}\left(\rho^2-\rho\frac{\cos\theta+\sin\theta}{\sqrt{2}}\right)\rho\mathrm{d}\rho$$

$$= \int_{-\frac{\pi}{4}}^{\frac{3\pi}{4}}\mathrm{d}\theta\int_{\sin\left(\theta+\frac{\pi}{4}\right)}^{0}\left[\rho^3-\rho^2\sin\left(\theta+\frac{\pi}{4}\right)\right]\mathrm{d}\rho + \int_{-\frac{\pi}{4}}^{\frac{3\pi}{4}}\mathrm{d}\theta\int_{\sin\left(\theta+\frac{\pi}{4}\right)}^{1}\left[\rho^3-\rho^2\sin\left(\theta+\frac{\pi}{4}\right)\right]\mathrm{d}\rho$$

$$+ \int_{\frac{3\pi}{4}}^{\frac{7\pi}{4}}\mathrm{d}\theta\int_{0}^{1}\left[\rho^3-\rho^2\sin\left(\theta+\frac{\pi}{4}\right)\right]\mathrm{d}\rho$$

$$= \int_{-\frac{\pi}{4}}^{\frac{3\pi}{4}} \left[\frac{1}{4} + \frac{1}{6} \sin^4 \left(\theta + \frac{\pi}{4} \right) - \frac{1}{3} \sin \left(\theta + \frac{\pi}{4} \right) \right] d\theta + \int_{\frac{3\pi}{4}}^{\frac{7\pi}{4}} \left[\frac{1}{4} - \frac{1}{3} \sin \left(\theta + \frac{\pi}{4} \right) \right] d\theta$$

$$= \int_{-\frac{\pi}{4}}^{\frac{3\pi}{4}} \frac{1}{6} \sin^4 \left(\theta + \frac{\pi}{4} \right) d\theta + \frac{\pi}{2} = \int_0^{\pi} \frac{1}{6} \sin^4 t \, dt + \frac{\pi}{2}$$

$$= \int_0^{\pi} \frac{1}{24} (1 - \cos 2t)^2 \, dt + \frac{\pi}{2} = \int_0^{\pi} \frac{1}{24} (1 + \cos^2 2t) \, dt + \frac{\pi}{2} = \frac{9\pi}{16}.$$

4. **解**：
$$\iiint_{\Omega} \sqrt{x^2 + y^2} \cdot z \, dv = \iint_{x^2 + y^2 \leqslant 4} \sqrt{x^2 + y^2} \, dx \, dy \int_0^{2-y} z \, dz$$

$$= \iint_{x^2 + y^2 \leqslant 4} \sqrt{x^2 + y^2} \, \frac{(2-y)^2}{2} dx \, dy$$

$$= \iint_{x^2 + y^2 \leqslant 4} \sqrt{x^2 + y^2} \, \frac{4 + y^2}{2} dx \, dy$$

$$= \int_0^{2\pi} d\theta \int_0^2 \rho \cdot \left(2 + \frac{\rho^2 \sin^2 \theta}{2} \right) \rho \, d\rho$$

$$= \int_0^{2\pi} \left(\frac{2}{3} \cdot 2^3 + \frac{1 - \cos 2\theta}{2} \cdot \frac{2^5}{2 \cdot 5} \right) d\theta$$

$$= \frac{13}{15} \cdot 2^3 \cdot 2\pi - 0 = \frac{208\pi}{15}.$$

5. **解**：两曲面交集为原点与 $\begin{cases} x^2 + y^2 = 1, \\ z = 1, \end{cases}$ 则所求立体的体积为

$$V = \iint_{x^2 + y^2 \leqslant 1} \left(\sqrt{x^2 + y^2} - x^2 - y^2 \right) dx \, dy = \int_0^{2\pi} d\theta \int_0^1 (\rho - \rho^2) \rho \, d\rho = \frac{\pi}{6}.$$

6. **解**：设半圆薄片位于平面区域 $D_1 = \left\{ (\rho, \theta) \mid \frac{\pi}{2} \leqslant \theta \leqslant \frac{3\pi}{2}, 0 \leqslant \rho \leqslant R \right\}$，其中 R 为半圆半径，矩形薄片另一边长为 l，则需满足 $0 = \iint_{D_1} x \, d\sigma + \int_{-R}^{R} dy \int_0^l x \, dx$，即

$$0 = \int_{\frac{\pi}{2}}^{\frac{3\pi}{2}} d\theta \int_0^R \rho \cos \theta \cdot \rho \, d\rho + R \cdot l^2,$$

解得 $l = \sqrt{\dfrac{2}{3}} R$.

7. **解**：$I = \int_0^{\pi} d\varphi \int_0^{2\pi} d\theta \int_1^2 r^{-n} \cdot r^2 \sin \varphi \, dr = 4\pi \dfrac{2^{3-n} - 1}{3 - n}.$

8. **解**：记 $\Omega = \{ (x, y, z) \mid -1 \leqslant x \leqslant 1, x^2 \leqslant y \leqslant 1, 0 \leqslant z \leqslant x^2 + y^2 \}$，则所求立体的体积为

$$V = \int_{-1}^1 dx \int_{x^2}^1 dy \int_0^{x^2 + y^2} dz = \int_{-1}^1 dx \int_{x^2}^1 (x^2 + y^2) dy$$

$$= \int_{-1}^1 \left[x^2 (1 - x^2) + \frac{1}{3} (1 - x^6) \right] dx = \frac{88}{105}.$$

9. **解**：
$$\iiint_{\Omega} y \sqrt{1 - x^2} \, dv = \iint_{x^2 + z^2 \leqslant 1} \sqrt{1 - x^2} \, dx \, dz \int_{-\sqrt{1 - x^2 - z^2}}^1 y \, dy$$

$$= \iint\limits_{x^2+z^2 \leqslant 1} \sqrt{1-x^2} \cdot \frac{1-(1-x^2-z^2)}{2} \mathrm{d}x \, \mathrm{d}z$$

$$= \int_{-1}^{1} \frac{\sqrt{1-x^2}}{2} \mathrm{d}x \int_{-\sqrt{1-x^2}}^{\sqrt{1-x^2}} (x^2+z^2) \mathrm{d}z$$

$$= \int_{-1}^{1} \frac{\sqrt{1-x^2}}{2} \left(x^2 \cdot 2\sqrt{1-x^2} + \frac{1-x^2}{3} \cdot 2\sqrt{1-x^2} \right) \mathrm{d}x$$

$$= \int_{-1}^{1} (1-x^2) \cdot \frac{1+2x^2}{3} \mathrm{d}x = 2\int_{0}^{1} \frac{1+x^2-2x^4}{3} \mathrm{d}x = \frac{28}{45}.$$

10. 解:(1) 椭圆 $L: \dfrac{x^2}{4} + \dfrac{y^2}{3} = 1$ 绕 x 轴旋转所得椭球面 S_1 的方程是

$$\frac{x^2}{4} + \frac{y^2+z^2}{3} = 1.$$

易知 L 上任意一点 (x_0, y_0) 处的切线斜率是 $y' = -\dfrac{3}{4} \cdot \dfrac{x_0}{y_0}$,相应的切线方程是

$$y = y_0 - \frac{3x_0}{4y_0}(x-x_0).$$

令 $x=4$,$y=0$ 得对应切点 (x_0, y_0) 满足

$$y_0 = \frac{3x_0}{4y_0}(4-x_0), \quad \text{即} \frac{x_0^2}{4} + \frac{y_0^2}{3} = x_0.$$

又 $\dfrac{x_0^2}{4} + \dfrac{y_0^2}{3} = 1$,所以 $x_0 = 1$,$y_0 = \pm\dfrac{3}{2}$,于是过点 $(4,0)$ 且与椭圆 L 相切的直线方程为 $y = \pm\dfrac{1}{2}(x-4)$,从而圆锥面 S_2 的方程是

$$y^2 + z^2 = \frac{1}{4}(x-4)^2.$$

(2) 由题意知曲面 S_1 与 S_2 相切,切线方程为 $\begin{cases} y^2+z^2 = \dfrac{3}{4}, \\ x=1, \end{cases}$ 从而 S_1 与 S_2 之间的立体

由圆锥体的一部分 V_1 除去椭球体的一部分 V_2 得到,其中 V_1 是底面半径为 $\dfrac{3}{2}$、高为 3 的圆盘,V_2 是椭球体 $\dfrac{x^2}{4} + \dfrac{y^2+z^2}{3} \leqslant 1$ 介于平面 $x=2$ 与 $x=1$ 之间的部分,于是 S_1 与 S_2 之间的立体体积为

$$V = \frac{1}{3}\pi\left(\frac{3}{2}\right)^2 \cdot 3 - \int_{1}^{2} \mathrm{d}x \left(\iint\limits_{y^2+z^2 \leqslant 3-\frac{3}{4}x^2} \mathrm{d}y \, \mathrm{d}z \right) = \pi.$$

四、证明题

1. 证明:由对称性知 $\iint\limits_{D} \dfrac{f(x)}{f(y)} \mathrm{d}x \, \mathrm{d}y = \iint\limits_{D} \dfrac{f(y)}{f(x)} \mathrm{d}x \, \mathrm{d}y$,则

$$2\iint\limits_{D}\frac{f(x)}{f(y)}\mathrm{d}x\,\mathrm{d}y=\iint\limits_{D}\frac{f(x)}{f(y)}\mathrm{d}x\,\mathrm{d}y+\iint\limits_{D}\frac{f(y)}{f(x)}\mathrm{d}x\,\mathrm{d}y$$

$$=\iint\limits_{D}\left[\frac{f(x)}{f(y)}+\frac{f(y)}{f(x)}\right]\mathrm{d}x\,\mathrm{d}y\,(由柯西不等式)$$

$$\geqslant\iint\limits_{D}2\left[\frac{f(x)}{f(y)}\cdot\frac{f(y)}{f(x)}\right]^{\frac{1}{2}}\mathrm{d}x\,\mathrm{d}y=2(b-a)^2.$$

2. **证明**：要证题中结论，只需证

$$\frac{\displaystyle\int_0^1 xf^2(x)\mathrm{d}x}{\displaystyle\int_0^1 xf(x)\mathrm{d}x}\leqslant\frac{\displaystyle\int_0^1(1-x)f^2(x)\mathrm{d}x}{\displaystyle\int_0^1(1-x)f(x)\mathrm{d}x},$$

即证

$$\frac{\displaystyle\int_0^1 xf^2(x)\mathrm{d}x}{\displaystyle\int_0^1 xf(x)\mathrm{d}x}\leqslant\frac{\displaystyle\int_0^1 f^2(x)\mathrm{d}x}{\displaystyle\int_0^1 f(x)\mathrm{d}x}.$$

记

$$g(t)=\int_0^t xf^2(x)\mathrm{d}x\cdot\int_0^t f(x)\mathrm{d}x-\int_0^t f^2(x)\mathrm{d}x\cdot\int_0^t xf(x)\mathrm{d}x,$$

则 $g(0)=0$，且

$$\frac{\mathrm{d}g(t)}{\mathrm{d}t}=f(t)\cdot\int_0^t(t-x)[f(t)-f(x)]f(x)\mathrm{d}x\leqslant 0,$$

故 $g(1)\leqslant 0$，得证.

3. **证明**：记 $D=\{(x,y)\,|\,0\leqslant x\leqslant 1,\,0\leqslant y\leqslant 1\}$，则

$$\int_0^1 f^2(x)\mathrm{d}x\cdot\int_0^1 xf(x)\mathrm{d}x=\int_0^1 f^2(y)\mathrm{d}y\cdot\int_0^1 xf(x)\mathrm{d}x=\iint\limits_{D}xf(x)f^2(y)\mathrm{d}x\,\mathrm{d}y,$$

$$\int_0^1 xf^2(x)\mathrm{d}x\cdot\int_0^1 f(x)\mathrm{d}x=\int_0^1 yf^2(y)\mathrm{d}y\cdot\int_0^1 f(x)\mathrm{d}x=\iint\limits_{D}yf(x)f^2(y)\mathrm{d}x\,\mathrm{d}y,$$

两式相减，记

$$I=\iint\limits_{D}(x-y)f(x)f^2(y)\mathrm{d}x\,\mathrm{d}y,$$

互换 x,y，得

$$I=\iint\limits_{D}(y-x)f(y)f^2(x)\mathrm{d}x\,\mathrm{d}y,$$

从而

$$2I=\iint\limits_{D}(x-y)f(x)f(y)[f(y)-f(x)]\mathrm{d}x\,\mathrm{d}y.$$

由 $f(x)$ 在 $[0,1]$ 上单调递减知 $(x-y)[f(y)-f(x)]$ 非负，又 $f(x)$ 为正值函数，故 $2I\geqslant 0$，于是

$$\int_0^1 f^2(x)\mathrm{d}x\cdot\int_0^1 xf(x)\mathrm{d}x\geqslant\int_0^1 xf^2(x)\mathrm{d}x\cdot\int_0^1 f(x)\mathrm{d}x,$$

移项即得结论.

4. **证明:** 记 $D = \{(x, y) \mid a \leqslant x \leqslant b, a \leqslant y \leqslant b\}$, 则

$$\left[\int_a^b f(x)\mathrm{d}x\right]^2 = \int_a^b f(x)\mathrm{d}x \cdot \int_a^b f(y)\mathrm{d}y = \iint\limits_D f(x)f(y)\mathrm{d}x\,\mathrm{d}y,$$

$$(b-a)\int_a^b f^2(x)\mathrm{d}x = \int_a^b 1\mathrm{d}y\int_a^b f^2(x)\mathrm{d}x = \iint\limits_D f^2(x)\mathrm{d}x\,\mathrm{d}y = \iint\limits_D f^2(y)\mathrm{d}x\,\mathrm{d}y,$$

故

$$\left[\int_a^b f(x)\mathrm{d}x\right]^2 - (b-a)\int_a^b f^2(x)\mathrm{d}x$$

$$= \iint\limits_D f(x)f(y)\mathrm{d}x\,\mathrm{d}y - \frac{1}{2}\iint\limits_D f^2(x)\mathrm{d}x\,\mathrm{d}y - \frac{1}{2}\iint\limits_D f^2(y)\mathrm{d}x\,\mathrm{d}y$$

$$= -\frac{1}{2}\iint\limits_D \left[f(x) - f(y)\right]^2 \mathrm{d}x\,\mathrm{d}y \leqslant 0.$$

5. **证明:** 由于

$$\int_0^1 f(x)\mathrm{d}x = \frac{1}{2} + \int_0^1 \mathrm{d}x\int_x^1 f(y)f(y-x)\mathrm{d}y$$

$$= \frac{1}{2} + \int_0^1 \mathrm{d}y\int_0^y f(y)f(y-x)\mathrm{d}x$$

$$= \frac{1}{2} + \int_0^1 f(y)\mathrm{d}y\int_0^y f(v)\mathrm{d}v$$

$$= \frac{1}{2} + \frac{1}{2}\left[\int_0^y f(v)\mathrm{d}v\right]^2\bigg|_0^1$$

$$= \frac{1}{2} + \frac{1}{2}\left[\int_0^1 f(x)\mathrm{d}x\right]^2,$$

因此 $\int_0^1 f(x)\mathrm{d}x = 1$, 再由积分中值定理即得结论.

10.5　本章自测题

一、选择题(每小题 3 分,共 24 分)

1. $\int_0^1 \mathrm{d}x\int_0^{\sqrt{1-x^2}} \sqrt{1-x^2-y^2}\,\mathrm{d}y = ($ 　　 $)$.

A. $\dfrac{2\pi}{3}$ 　　　　　　 B. $\dfrac{4\pi}{3}$ 　　　　　　 C. $\dfrac{\pi}{6}$ 　　　　　　 D. π

2. 若区域 $D = \{(x, y) \mid 0 \leqslant x \leqslant 1, 0 \leqslant y \leqslant 1\}$, 则积分 $\iint\limits_D \mathrm{e}^{x+y}\mathrm{d}x\,\mathrm{d}y$ 的值为(　　).

A. $(\mathrm{e}-1)^2$ 　　　　　 B. e^2 　　　　　　 C. $(\mathrm{e}+1)^2$ 　　　　 D. e

3. 设 $f(x, y)$ 是连续函数, 则 $\int_0^4 \mathrm{d}x\int_x^{2\sqrt{x}} f(x, y)\mathrm{d}y = ($ 　　 $)$.

A. $\int_0^4 \mathrm{d}y\int_{\frac{1}{4}y^2}^y f(x, y)\mathrm{d}x$ 　　　　　　　　 B. $\int_0^4 \mathrm{d}y\int_{\frac{1}{4}y^2}^1 f(x, y)\mathrm{d}x$

C. $\int_0^4 \mathrm{d}y \int_{\frac{1}{4}}^1 f(x, y)\mathrm{d}x$ 　　　　　　　　　D. $\int_4^0 \mathrm{d}y \int_{\frac{1}{4}y^2}^y f(x, y)\mathrm{d}x$

4. 累次积分 $\int_0^{\frac{\pi}{2}} \mathrm{d}\theta \int_0^{\cos\theta} f(\rho\cos\theta, \rho\sin\theta)\rho\,\mathrm{d}\rho$ 可以写成(　　).

A. $\int_0^1 \mathrm{d}y \int_0^{\sqrt{y-y^2}} f(x, y)\mathrm{d}x$ 　　　　　　B. $\int_0^1 \mathrm{d}y \int_0^{\sqrt{1-y^2}} f(x, y)\mathrm{d}x$

C. $\int_0^1 \mathrm{d}x \int_0^1 f(x, y)\mathrm{d}y$ 　　　　　　　　D. $\int_0^1 \mathrm{d}x \int_0^{\sqrt{x-x^2}} f(x, y)\mathrm{d}y$

5. 设 $D = \{(x, y) \mid x^2 + y^2 \leqslant a^2\}$,则当 $a = ($　　$)$ 时, $\iint\limits_D \sqrt{a^2 - x^2 - y^2}\,\mathrm{d}x\,\mathrm{d}y = \pi$.

A. 1 　　　　　B. $\sqrt{\dfrac{3}{2}}$ 　　　　　C. $\sqrt[3]{\dfrac{3}{4}}$ 　　　　　D. $\sqrt[3]{\dfrac{1}{2}}$

6. 设 $f(x, y)$ 是平面区域 $D = \{(x, y) \mid x^2 + y^2 \leqslant a^2\}$ 上连续的函数,则当 $a \to 0$ 时,
$\dfrac{1}{\pi a^2}\iint\limits_D f(x, y)\mathrm{d}\sigma$ 的极限为(　　).

A 不存在　　　　　B. $f(0, 0)$ 　　　　C. $f(1, 1)$ 　　　　D. $f(1, 0)$

7. 设区域 $\Omega_1 = \{(x, y, z) \mid x^2 + y^2 + z^2 \leqslant R^2, z \geqslant 0\}$, $\Omega_2 = \{(x, y, z) \mid x^2 + y^2 + z^2 \leqslant R^2, x \geqslant 0, y \geqslant 0, z \geqslant 0\}$,则下列各式成立的是(　　).

A. $\iiint\limits_{\Omega_1} x\,\mathrm{d}x\,\mathrm{d}y\,\mathrm{d}z = 4\iiint\limits_{\Omega_2} x\,\mathrm{d}x\,\mathrm{d}y\,\mathrm{d}z$

B. $\iiint\limits_{\Omega_1} y\,\mathrm{d}x\,\mathrm{d}y\,\mathrm{d}z = 4\iiint\limits_{\Omega_2} y\,\mathrm{d}x\,\mathrm{d}y\,\mathrm{d}z$

C. $\iiint\limits_{\Omega_1} z\,\mathrm{d}x\,\mathrm{d}y\,\mathrm{d}z = 4\iiint\limits_{\Omega_2} z\,\mathrm{d}x\,\mathrm{d}y\,\mathrm{d}z$

D. $\iiint\limits_{\Omega_1} xyz\,\mathrm{d}x\,\mathrm{d}y\,\mathrm{d}z = 4\iiint\limits_{\Omega_2} xyz\,\mathrm{d}x\,\mathrm{d}y\,\mathrm{d}z$

8. 改变二次积分次序: $\int_0^1 \mathrm{d}y \int_{y^2-1}^{1-y} f(x, y)\mathrm{d}x = ($　　$)$.

A. $\int_{-1}^1 \mathrm{d}y \int_{-\sqrt{1+x}}^{\sqrt{1+x}} f(x, y)\mathrm{d}y$

B. $\int_{-1}^0 \mathrm{d}x \int_0^{\sqrt{1+x}} f(x, y)\mathrm{d}y + \int_0^1 \mathrm{d}x \int_0^{1-x} f(x, y)\mathrm{d}y$

C. $\int_0^1 \mathrm{d}x \int_{-\sqrt{1+x}}^{1-x} f(x, y)\mathrm{d}y$

D. $\int_{-1}^1 \mathrm{d}x \int_{\sqrt{1+x}}^{1-x} f(x, y)\mathrm{d}y$

二、填空题(每小题 3 分,共 12 分)

1. 当 $D = \{(x, y) \mid x^2 + y^2 \leqslant 1\}$ 时, $\iint\limits_D x(x+y)\mathrm{d}\sigma = $ _____.

2. 交换积分次序：$\displaystyle\int_0^1 \mathrm{d}y \int_{\sqrt{y}}^{\sqrt{2-y^2}} f(x,y)\mathrm{d}x =$ _____ .

3. 设 $D = \{(x,y) \mid 0 \leqslant y \leqslant 1, y \leqslant x \leqslant \sqrt{y}\}$，则 $\displaystyle\iint\limits_{D} \frac{\sin x}{x}\mathrm{d}x\,\mathrm{d}y =$ _____ .

4. 二重积分 $\displaystyle\iint\limits_{x^2+y^2\leqslant 1,\, x\geqslant 0} \ln(1+x^2+y^2)\mathrm{d}\sigma =$ _____ .

三、计算题(每小题 6 分，共 48 分)

1. 计算二重积分 $\displaystyle\iint\limits_{D} x\,\mathrm{e}^{xy}\mathrm{d}x\,\mathrm{d}y$，其中区域 $D = \{(x,y) \mid 0 \leqslant x \leqslant 1, -1 \leqslant y \leqslant 0\}$.

2. 计算二重积分 $\displaystyle\iint\limits_{D} \sin\sqrt{x^2+y^2}\,\mathrm{d}x\,\mathrm{d}y$，其中 $D = \{(x,y) \mid \pi^2 \leqslant x^2+y^2 \leqslant 4\pi^2\}$.

3. 计算 $\displaystyle\iint\limits_{D} y\,\mathrm{d}x\,\mathrm{d}y$，其中 D 为由三条直线 $x=-2$，$y=0$，$y=2$ 与曲线 $x=-\sqrt{2y-y^2}$ 所围成的平面区域.

4. 计算 $\displaystyle\iiint\limits_{\Omega} z\,\mathrm{d}v$，其中 Ω 为由锥面 $z^2 = \dfrac{h^2}{R^2}(x^2+y^2)$ 和平面 $z=h$ 所围区域.

5. 计算 $I = \displaystyle\iint\limits_{D} |\cos(x+y)|\,\mathrm{d}x\,\mathrm{d}y$，其中 D 由 $x=0$，$x=\dfrac{\pi}{2}$，$y=0$，$y=\dfrac{\pi}{2}$ 所围成.

6. 计算 $\displaystyle\iiint\limits_{\Omega} (x^2+y^2+z^2)\mathrm{d}v$，其中 Ω 是由曲线 $\begin{cases} y^2 = 2z \\ x=0 \end{cases}$ 绕 z 轴旋转一周而成的曲面与平面 $z=4$ 所围成的立体.

7. 试用二重积分计算由曲面 $z = 2x^2+y^2+1$ 和平面 $x+y=1$，$x=0$，$y=0$，$z=0$ 所围成立体的体积.

8. 计算三重积分 $\displaystyle\iiint\limits_{\Omega} (x+z)\mathrm{d}x\,\mathrm{d}y\,\mathrm{d}z$，其中 Ω 是由曲面 $z = \sqrt{x^2+y^2}$ 与 $z = \sqrt{1-x^2-y^2}$ 所围成的空间区域.

四、综合题(本题 8 分)

试证椭圆抛物面 $x^2+y^2 = 2az$ 和双曲抛物面 $x^2-y^2 = 2az$ 被圆柱面 $x^2+y^2 = R^2$ 所截得的部分面积相等，并求此面积.

五、证明题(本题 8 分)

证明：$\left[\displaystyle\int_0^a f(x)\mathrm{d}x\right]^2 = 2\int_0^a f(x)\mathrm{d}x \int_x^a f(y)\mathrm{d}y$.

第 11 章　曲线积分与曲面积分

11.1　本章内容和学习要求

本章内容： 对弧长的曲线积分，对坐标的曲线积分，格林公式及其应用，对面积的曲面积分，对坐标的曲面积分，高斯公式及其应用，斯托克斯公式及其应用.

学习要求：

（1）理解对弧长的曲线积分和对坐标的曲线积分的概念与性质，掌握两类曲线积分的计算方法，了解两类曲线积分之间的关系.

（2）掌握格林公式及平面上曲线积分与路径无关的条件，会求全微分的原函数.

（3）理解对面积的曲面积分和对坐标的曲面积分的概念与性质，掌握两类曲面积分的计算方法，了解两类曲面积分之间的关系.

（4）掌握高斯公式和利用高斯公式计算曲面积分的方法，会求向量场的散度.

（5）理解斯托克斯公式，会求向量场的旋度.

（6）会求一些几何量如弧长、曲面面积等.

11.2　基 础 巩 固

一、选择题

1. 设 L 是从点 $A(1,0)$ 到点 $B(-1,2)$ 的直线段，则 $\displaystyle\int_L (x+y)\mathrm{d}s=(\qquad)$.

A. $\sqrt{2}$　　　　　B. $2\sqrt{2}$　　　　　C. 2　　　　　D. 0

2. 设 L 为圆周 $(x-1)^2+y^2=1$，则 $\displaystyle\oint_L (x-1)^2\mathrm{d}s=(\qquad)$.

A. 0　　　　　B. π　　　　　C. 2π　　　　　D. $\dfrac{\pi}{2}$

3. 设 L 为圆周 $x^2+y^2=1$，则 $\displaystyle\oint_L x^2\mathrm{d}s=(\qquad)$.

A. 0　　　　　B. π　　　　　C. 2π　　　　　D. $\dfrac{\pi}{2}$

4. 设 L 是从点 $O(0,0)$ 到点 $M(1,1)$ 的直线段，则与积分 $I=\displaystyle\int_L \mathrm{e}^{\sqrt{x^2+y^2}}\mathrm{d}s$ 不相等的积

分是(   ).

A. $\sqrt{2}\displaystyle\int_0^1 e^{\sqrt{2}x}\,\mathrm{d}x$ B. $\sqrt{2}\displaystyle\int_0^1 e^{\sqrt{2}y}\,\mathrm{d}y$

C. $\displaystyle\int_0^{\sqrt{2}} e^{\rho}\,\mathrm{d}\rho$ D. $\sqrt{2}\displaystyle\int_0^1 e^{\rho}\,\mathrm{d}\rho$

5. 设 L 为下半圆周 $x^2+y^2=R^2\,(y\leqslant 0)$,将 $I=\displaystyle\int_L (x+2y)\,\mathrm{d}s$ 化成定积分的正确结果是(   ).

A. $\displaystyle\int_0^{-\pi} R^2(\cos t+2\sin t)\,\mathrm{d}t$ B. $\displaystyle\int_{\pi}^0 R^2(\cos t+2\sin t)\,\mathrm{d}t$

C. $\displaystyle\int_{-\pi}^0 R^2(\sin t+2\cos t)\,\mathrm{d}t$ D. $\displaystyle\int_{\frac{\pi}{2}}^{\frac{3\pi}{2}} R^2(-\sin t+2\cos t)\,\mathrm{d}t$

6. 设 L 是沿 $ABCA$ 方向的折线,其中 $A(-1,0)$,$B(-3,2)$,$C(3,0)$,则 $\displaystyle\int_L (3x-y)\,\mathrm{d}x+(x-2y)\,\mathrm{d}y=($ $)$.

A. -8 B. 0   C. 8   D. 20

7. 设 L 是圆域 $D=\{(x,y)\mid x^2+y^2\leqslant -2x\}$ 的正向周界,则 $\displaystyle\oint_L (x^3-y)\,\mathrm{d}x+(x-y^3)\,\mathrm{d}y$ 的值等于(   ).

A. -2π B. 0   C. $\dfrac{3\pi}{2}$ D. 2π

8. 设 L 是从点 $(0,0)$ 沿折线 $y=1-|x-1|$ 到点 $A(2,0)$ 的折线,则 $\displaystyle\int_L -y\,\mathrm{d}x+x\,\mathrm{d}y=($ $)$.

A. 0   B. 1   C. 2   D. -2

9. 设 L 是从点 $A\left(1,\dfrac{1}{2}\right)$ 沿曲线 $2y=x^2$ 到点 $B(2,2)$ 的弧段,则 $\displaystyle\int_L \dfrac{2x}{y}\,\mathrm{d}x-\dfrac{x^2}{y^2}\,\mathrm{d}y=($ $)$.

A. -3 B. $\dfrac{3}{2}$ C. 0   D. 3

10. 设 $\overset{\frown}{MEN}$ 是从点 $M(0,-1)$ 沿 $x=\sqrt{1-y^2}$ 经过点 $E(1,0)$ 到点 $N(0,1)$ 的曲线段,则曲线积分 $I=\displaystyle\int_{\overset{\frown}{MEN}} |y|\,\mathrm{d}x+y^3\,\mathrm{d}y=($ $)$.

A. 0   B. $2\displaystyle\int_{\overset{\frown}{EN}} |y|\,\mathrm{d}x+y^3\,\mathrm{d}y$

C. $2\displaystyle\int_{\overset{\frown}{EN}} |y|\,\mathrm{d}x$ D. $2\displaystyle\int_{\overset{\frown}{EN}} y^3\,\mathrm{d}y$

11. 设 $\overset{\frown}{AEB}$ 是从点 $A(-1,0)$ 沿上半圆 $y=\sqrt{1-x^2}$ 经过点 $E(0,1)$ 到点 $B(1,0)$ 的曲线段,则曲线积分 $I=\displaystyle\int_{\overset{\frown}{AEB}} y^3\,\mathrm{d}x=($ $)$.

A. 0   B. $2\displaystyle\int_{\overset{\frown}{BE}} y^3\,\mathrm{d}x$

C. $2\displaystyle\int_{\overset{\frown}{EB}} y^3\,\mathrm{d}x$ D. $2\displaystyle\int_{\overset{\frown}{EA}} y^3\,\mathrm{d}x$

12. 设 $\overparen{AEB}$ 是从点 $A(-1,0)$ 沿上半圆 $y=\sqrt{1-x^2}$ 经过点 $E(0,1)$ 到点 $B(1,0)$ 的曲线段，则曲线积分 $I=\displaystyle\int_{\overparen{AEB}}x^2y^2\mathrm{d}y=($　　　$)$.

　　A. 0　　　　　　　　　　　　　　　B. $2\displaystyle\int_{\overparen{AE}}x^2y^2\mathrm{d}y$

　　C. $2\displaystyle\int_{\overparen{EB}}x^2y^2\mathrm{d}y$　　　　　　　　D. $2\displaystyle\int_{\overparen{BE}}x^2y^2\mathrm{d}y$

13. 已知曲面 Σ 是平面 $x+y+z=1$ 在第一卦限部分，则 $\displaystyle\iint_{\Sigma}(x^2+y^2+z)\mathrm{d}S=($　　$)$.

　　A. $\displaystyle\int_0^1\mathrm{d}x\int_0^{1-x}(x^2+y^2-x-y+1)\mathrm{d}y$

　　B. $\displaystyle\int_0^1\mathrm{d}x\int_0^{1-x}\sqrt{3}(x^2+y^2+z)\mathrm{d}y$

　　C. $\displaystyle\int_0^1\mathrm{d}x\int_0^{1-x}\sqrt{3}(x^2+y^2-x-y+1)\mathrm{d}y$

　　D. $\displaystyle\int_0^{1-x}\mathrm{d}y\int_0^1\sqrt{3}(x^2+y^2-x-y+1)\mathrm{d}x$

14. 已知 Σ 是平面 $x+y+z=1$ 在第一卦限部分且方向向下，则 $\displaystyle\iint_{\Sigma}(x^2+y^2+z)\mathrm{d}x\,\mathrm{d}y$ $=($　　$)$.

　　A. $\displaystyle\int_0^1\mathrm{d}x\int_0^{1-x}(x^2+y^2-x-y+1)\mathrm{d}y$

　　B. $-\displaystyle\int_0^1\mathrm{d}x\int_0^{1-x}(x^2+y^2-x-y+1)\mathrm{d}y$

　　C. $\displaystyle\int_0^{1-x}\mathrm{d}y\int_0^1(x^2+y^2+z)\mathrm{d}x$

　　D. $-\displaystyle\int_0^1\mathrm{d}x\int_0^x(x^2+y^2+z)\mathrm{d}y$

15. 设 Σ 为柱面 $x^2+y^2=1$ 介于平面 $z=0$ 与 $z=1$ 之间部分的外侧，则 $\displaystyle\iint_{\Sigma}y^2\mathrm{d}y\mathrm{d}z=($　　　$)$.

　　A. 0　　　　　　　　　　　　　　B. $\dfrac{2}{3}$

　　C. $-\dfrac{2}{3}$　　　　　　　　　　　　D. $-\dfrac{4}{3}$

16. 若曲面 Σ 为 $x=1$ 被 $z^2+y^2\leqslant 1$ 所截得的有限部分，且方向向后，则 $\displaystyle\iint_{\Sigma}(x^2+y^2+z^2)\mathrm{d}y\,\mathrm{d}z=($　　　$)$.

　　A. $\displaystyle\int_0^{2\pi}\mathrm{d}\theta\int_0^1\rho^3\mathrm{d}\rho$　　　　　　　B. $\displaystyle\int_0^{2\pi}\mathrm{d}\theta\int_0^1(\rho+\rho^3)\mathrm{d}\rho$

　　C. $-\displaystyle\int_0^{2\pi}\mathrm{d}\theta\int_0^1(\rho+\rho^3)\mathrm{d}\rho$　　　　D. $-\displaystyle\int_0^{2\pi}\mathrm{d}\theta\int_0^1\rho^3\sin\theta\mathrm{d}\rho$

17. 若 Σ 是球面 $x^2+y^2+z^2=1$ 的内侧，则 $\displaystyle\oiint_{\Sigma}x\mathrm{d}y\mathrm{d}z+y\mathrm{d}z\mathrm{d}x-z\mathrm{d}x\mathrm{d}y=($　　　$)$.

A. $\dfrac{4}{3}\pi$　　　　　　B. $-\dfrac{4}{3}\pi$　　　　　　C. 0　　　　　　D. 4π

18. 设 Σ：$x^2 + y^2 + z^2 = a^2 (z \geqslant 0)$，$\Sigma_1$ 为 Σ 在第一卦限中的部分，则有（　　）.

A. $\iint\limits_{\Sigma} x\,\mathrm{d}S = 4\iint\limits_{\Sigma_1} x\,\mathrm{d}S$ 　　　　　　B. $\iint\limits_{\Sigma} y\,\mathrm{d}S = 4\iint\limits_{\Sigma_1} x\,\mathrm{d}S$

C. $\iint\limits_{\Sigma} z\,\mathrm{d}S = 4\iint\limits_{\Sigma_1} x\,\mathrm{d}S$ 　　　　　　D. $\iint\limits_{\Sigma} xyz\,\mathrm{d}S = 4\iint\limits_{\Sigma_1} x\,\mathrm{d}S$

19. 设 Σ 是球面 $x^2 + y^2 + z^2 = 1$，Σ_1 为它的上半球面，均取外侧，则下列结论中正确的是（　　）.

A. $\iint\limits_{\Sigma} z\,\mathrm{d}S = 2\iint\limits_{\Sigma_1} z\,\mathrm{d}S$ 　　　　　　B. $\iint\limits_{\Sigma} z\,\mathrm{d}x\,\mathrm{d}y = 2\iint\limits_{\Sigma_1} z\,\mathrm{d}x\,\mathrm{d}y$

C. $\iint\limits_{\Sigma} z^2\,\mathrm{d}x\,\mathrm{d}y = 2\iint\limits_{\Sigma_1} z^2\,\mathrm{d}x\,\mathrm{d}y$ 　　　　　　D. 以上结论都不正确

20. 已知 $f(x, y, z)$ 在光滑曲面 Σ：$x = \varphi(y, z)$ 上连续，若 Σ 取后侧，D_{yz} 是 Σ 在 yOz 面上的投影区域，则 $I = \iint\limits_{\Sigma} f(x, y, z)\,\mathrm{d}y\,\mathrm{d}z$ 与重积分 $\bar{I} = \iint\limits_{D_{yz}} f(\varphi(y, z), y, z)\,\mathrm{d}y\,\mathrm{d}z$ 之间的关系是（　　）.

A. $I = \bar{I}$ 　　　　　　B. $I = -\bar{I}$

C. $I = \pm\bar{I}$ 　　　　　　D. 无法确定

21. 若 Σ 是平面 $x + y + z = 4$ 被圆柱面 $x^2 + y^2 = 1$ 所截得的有限部分，则曲面积分 $\iint\limits_{\Sigma} y\,\mathrm{d}S$ 的值是（　　）.

A. 0　　　　　　B. $\dfrac{4\sqrt{3}}{3}$　　　　　　C. $4\sqrt{3}$　　　　　　D. π

二、填空题

1. 设 L 为从点 $A(0, 0)$ 到点 $B(4, 3)$ 的直线段，则 $\displaystyle\int_{L}(x - y)\,\mathrm{d}s = $ _____.

2. 设 L 是由极坐标方程 $\rho^2 = \sin 2\theta$ 所表示的曲线在第一象限部分的弧段，则 $\displaystyle\int_{L}(\cos x - \cos y)\,\mathrm{d}s = $ _____.

3. 设 L 为圆周 $x^2 + y^2 = 1$，则 $\displaystyle\oint_{L}(x^2 + y^2)\,\mathrm{d}s = $ _____.

4. 设 L 为圆周 $x^2 + y^2 = 1$（按顺时针方向绕行），则积分 $I_1 = \displaystyle\oint_{L} x^6\,\mathrm{d}s$ 与 $I_2 = \displaystyle\oint_{L} y^8\,\mathrm{d}s$ 的大小关系是 _____.

5. 设 L 为圆周 $x^2 + y^2 = a^2$（按逆时针方向绕行），则曲线积分 $\displaystyle\oint_{L}(\mathrm{e}^y\cos x - 10y)\,\mathrm{d}x - (10 - \mathrm{e}^y\sin x)\,\mathrm{d}y = $ _____.

6. 设 L 是抛物线 $y^2 = x$ 上从点 $A(1, -1)$ 到点 $B(1, 1)$ 的弧段，则 $\displaystyle\int_{L} xy\,\mathrm{d}x = $ _____.

7. 设 Γ 是从点 $A(1,1,1)$ 到点 $B(2,3,4)$ 的直线段，则 $\int_{\Gamma} x\,\mathrm{d}x + y\,\mathrm{d}y + z\,\mathrm{d}z = $ _____.

8. 设 L 是从点 $A(1,0)$ 沿 $x^2 + \dfrac{y^2}{2} = 1$ 到点 $B(0,\sqrt{2})$ 的弧段，则 $\int_{L} 2x\,\mathrm{e}^{x^2 y}\,\mathrm{d}x + y\mathrm{e}^{x^2 y}\,\mathrm{d}y = $

_____.

9. 力 $\boldsymbol{F} = (x, x^2 + y^2)$ 沿曲线 $y = \sqrt{a^2 - x^2}$ 将质点由点 $M_1\left(\dfrac{a}{\sqrt{2}}, \dfrac{a}{\sqrt{2}}\right)$ 移动到点 $M_2(a, 0)$ 所做的功为 _____.

10. 设 L 是正向椭圆 $\dfrac{x^2}{a^2} + \dfrac{y^2}{b^2} = 1$，则 $\oint_{L} y\,\mathrm{d}x - x\,\mathrm{d}y = $ _____.

11. 设 L 是 xOy 面上沿顺时针方向绕行的简单闭曲线，且 $\oint_{L}(x - 2y)\mathrm{d}x + (4x + 3y)\mathrm{d}y = -9$，则 L 围成的平面闭区域 D 的面积等于 _____.

12. 设 $f(x, y)$ 在区域 $\left\{(x, y) \,\middle|\, \dfrac{x^2}{4} + y^2 \leqslant 1\right\}$ 内具有二阶连续偏导数，L 是边界曲线，沿顺时针方向，则 $\oint_{L}[3y + f_x(x, y)]\mathrm{d}x + f_y(x, y)\mathrm{d}y = $ _____.

13. 设 Σ 为球面 $x^2 + y^2 + z^2 = a^2$，则曲面积分 $\oiint_{\Sigma}(x^2 + y^2 + z^2)\mathrm{d}S = $ _____.

14. 设 Σ 是圆柱面 $x^2 + y^2 = R^2\,(0 \leqslant z \leqslant H)$ 的外侧，则 $\iint_{\Sigma} x\,\mathrm{d}y\mathrm{d}z + y\,\mathrm{d}z\mathrm{d}x + z\,\mathrm{d}x\mathrm{d}y = $

_____.

15. 设 Σ 是球面 $x^2 + y^2 + z^2 = a^2$ 的外侧，则曲面积分 $\oiint_{\Sigma}(x^2 + y^2 + z^2)\mathrm{d}y\mathrm{d}z = $

_____.

16. 设光滑闭曲面 Σ 所围空间闭区域为 Ω，Σ^+ 表示 Σ 的外侧，则用高斯公式把曲面积分化为重积分时，$\oiint_{\Sigma^+} xz\,\mathrm{d}x\mathrm{d}y + zx\,\mathrm{d}z\mathrm{d}x + yz\,\mathrm{d}y\mathrm{d}z = $ _____.

17. 设 $\cos\alpha$，$\cos\beta$，$\cos\gamma$ 是光滑闭曲面 Σ 的外法向量的方向余弦，Σ 所围的空间闭区域为 Ω，函数 $u(x, y, z)$ 在 Ω 上有二阶连续偏导数，则用高斯公式化曲面积分为重积分时，$\oiint_{\Sigma}\left(\dfrac{\partial u}{\partial x}\cos\alpha + \dfrac{\partial u}{\partial y}\cos\beta + \dfrac{\partial u}{\partial z}\cos\gamma\right)\mathrm{d}S = $ _____.

18. 设 L 为正向圆周 $x^2 + y^2 = 9$，则 $\oint_{L}(2xy - 2y)\mathrm{d}x + (x^2 - 4x)\mathrm{d}y = $ _____.

19. 设 L 为椭圆 $\dfrac{x^2}{4} + \dfrac{y^2}{3} = 1$，记其周长为 a，则 $\oint_{L}(2xy + 3x^2 + 4y^2)\mathrm{d}s = $ _____.

20. 设 Σ 是曲面 $z = \sqrt{x^2 + y^2}$ 在柱体 $x^2 + y^2 \leqslant 2x$ 内的部分，则 $\iint_{\Sigma} z\,\mathrm{d}S = $ _____.

21. 设 Σ 是球面 $x^2 + y^2 + z^2 = 9$ 的外侧，则 $\iint_{\Sigma} z\,\mathrm{d}x\mathrm{d}y = $ _____.

三、计算题

1. 计算曲线积分 $\oint_L |x|^{\frac{1}{3}} \mathrm{d}s$，其中 L：$x^{\frac{2}{3}} + y^{\frac{2}{3}} = 1$.

2. 计算曲线积分 $\int_L (y\mathrm{e}^x \sin y - x\mathrm{e}^x \cos y)\mathrm{d}s$，其中 L 是 $x^2 + y^2 = 1$ 在第一象限内的部分.

3. 设 $\varphi(x)$ 有一阶连续导数，且 $\varphi(0) = \varphi(1) = 0$，求曲线积分：

$$I = \int_{\overset{\frown}{ACB}} [2x\varphi(y) - y]\mathrm{d}x + [x^2\varphi'(y) - x]\mathrm{d}y,$$

其中 $\overset{\frown}{ACB}$ 为过点 $A(0, 0)$，$C\left(\dfrac{1}{2}, -\dfrac{1}{4}\right)$ 和 $B(1, 1)$ 的抛物线段.

4. 求 $I = \oint_L \mathrm{e}^x(1 - \cos y)\mathrm{d}x - \mathrm{e}^x(y - \sin y)\mathrm{d}y$，其中 L 是区域 $D = \left\{(x, y) \,\middle|\, \sqrt{\sin x} \leqslant y \leqslant \sqrt{\cos x}, \, 0 \leqslant x \leqslant \dfrac{\pi}{4}\right\}$ 的正向边界曲线.

5. 求 $I = \oint_L |y|\mathrm{d}x + |x|\mathrm{d}y$，其中 L 是以 $A(1, 0)$，$B(0, 1)$，$C(-1, 0)$ 为顶点的三角形的正向边界.

6. 计算曲线积分 $\int_\Gamma y\mathrm{d}s$，其中 Γ：$\begin{cases} x = 1, \\ y = \dfrac{1}{2}t^2, \\ z = \dfrac{1}{4}t^4 \end{cases}$ $(0 \leqslant t \leqslant 1)$.

7. 计算曲线积分 $\int_L (\mathrm{e}^x \sin y - my)\mathrm{d}x + (\mathrm{e}^x \cos y - m)\mathrm{d}y$，其中 L 是从点 $A(a, 0)$ 沿 $y = \sqrt{ax - x^2}$ 到点 $O(0, 0)$ 的上半圆周.

8. 计算曲线积分 $\oint_L \mathrm{e}^{x+y}(x\mathrm{d}x + y\mathrm{d}y)$，其中 L 是正向圆周 $x^2 + y^2 = 1$.

9. 计算 $I = \iint_\Sigma \dfrac{1}{x^2 + y^2}\mathrm{d}S$，其中 Σ 是介于 $z = 0$ 与 $z = H$ 之间的圆柱面 $x^2 + y^2 = R^2$.

10. 计算 $I = \iint_\Sigma \left(z + 2x + \dfrac{4}{3}y\right)\mathrm{d}S$，其中 Σ 是平面 $\dfrac{x}{2} + \dfrac{y}{3} + \dfrac{z}{4} = 1$ 在第一卦限的部分.

11. 计算 $\iint_\Sigma xyz\mathrm{d}x\mathrm{d}y$，其中 Σ 是柱面 $x^2 + z^2 = a^2$ $(x \geqslant 0)$ 介于 $y = 0$ 与 $y = h(h > 0)$ 之间部分的前侧.

12. 计算 $I = \iint_\Sigma z\mathrm{d}x\mathrm{d}y + xy\mathrm{d}x\mathrm{d}z$，其中 Σ 是 $z = x^2 + y^2$ 在第一卦限中 $0 \leqslant z \leqslant 1$ 部分的下侧.

13. 计算 $\iint_\Sigma (2x + 2y + z)\mathrm{d}S$，其中 Σ 是平面 $2x + 2y + z - 2 = 0$ 被三个坐标面所截得的在第一卦限的部分.

14. 计算 $\iint\limits_{\Sigma} x\,\mathrm{d}y\mathrm{d}z + y\,\mathrm{d}z\mathrm{d}x + z\,\mathrm{d}x\mathrm{d}y$，其中 Σ 是半球面 $z = \sqrt{R^2 - x^2 - y^2}$ 的上侧.

15. 计算 $I = \oiint\limits_{\Sigma} 2x\,\mathrm{d}y\mathrm{d}z + x^2 y\,\mathrm{d}z\mathrm{d}x + y^2 z\,\mathrm{d}x\mathrm{d}y$，其中 Σ 是由 $x^2 + y^2 = 1$，$z = x^2 + y^2$ 和坐标面在第一卦限中所围成曲面的外侧.

16. 计算曲面积分 $\iint\limits_{\Sigma} (x^2\cos\alpha + y^2\cos\beta + z^2\cos\gamma)\mathrm{d}S$，其中 Σ 为由 $x^2 + y^2 = z^2$，$z = h$ ($h > 0$) 所围封闭曲面的外侧.

17. 计算 $I = \iint\limits_{\Sigma} (2x + z)\mathrm{d}y\mathrm{d}z + z\,\mathrm{d}x\mathrm{d}y$，其中 Σ：$z = x^2 + y^2 (0 \leqslant z \leqslant 1)$，其法向量与 z 轴正向的夹角为锐角.

18. 计算 $I = \oiint\limits_{\Sigma} x^3\,\mathrm{d}y\mathrm{d}z + y^3\,\mathrm{d}z\mathrm{d}x + z^3\,\mathrm{d}x\mathrm{d}y$，其中 Σ 为曲面 $x^2 + y^2 + z^2 = 1$ 的外侧.

19. 确定常数 λ，使在右半平面 $x > 0$ 内的向量：
$$\boldsymbol{A}(x, y) = 2xy(x^4 + y^2)^\lambda \boldsymbol{i} - x^2 (x^4 + y^2)^\lambda \boldsymbol{j}$$
为某二元函数 $u(x, y)$ 的梯度，并求 $u(x, y)$.

四、证明题

1. 试证：若简单闭曲线 L 不通过 y 轴 ($x \neq 0$)，则它所围的面积为 $A = \dfrac{1}{2}\oint_{L^+} x^2\,\mathrm{d}\dfrac{y}{x}$.

2. 试证：当 $x + y \neq 0$ 时，存在二元函数 $u = u(x, y)$，使 $\mathrm{d}u = \dfrac{(x + 2y)\mathrm{d}x + y\,\mathrm{d}y}{(x + y)^2}$，并求 $u(x, y)$.

3. 试证：$(x^2 - 2xy + y^2)\mathrm{d}x - (x^2 - 2xy + y^2)\mathrm{d}y$ 是某二元函数 $u = u(x, y)$ 的全微分，并求 $u(x, y)$.

4. (1) 证明：$(2x\cos y - y^2\sin x)\mathrm{d}x + (2y\cos x - x^2\sin y)\mathrm{d}y$ 是某二元函数 $F(x, y)$ 的全微分，并求 $F(x, y)$；

(2) 求 $I = \displaystyle\int_{(1, 2)}^{\left(\frac{\pi}{2}, \pi\right)} (2x\cos y - y^2\sin x)\mathrm{d}x + (2y\cos x - x^2\sin y)\mathrm{d}y$ 的值.

5. 证明：若积分 $\displaystyle\int_L P(x, y)\mathrm{d}x + Q(x, y)\mathrm{d}y$ 与路径无关（其中 $P(x, y)$，$Q(x, y)$ 有一阶连续的偏导数），则积分 $I_1 = \displaystyle\int_L P(kx + a, ky + b)\mathrm{d}x + Q(kx + a, ky + b)\mathrm{d}y$ 也与路径无关（其中 a，b，k 为常数，且 $k \neq 0$）.

五、应用题

1. 设有平面力场 $\boldsymbol{F} = (2xy^3 - y^2\cos x)\boldsymbol{i} + (1 - 2y\sin x + 3x^2 y^2)\boldsymbol{j}$，求一质点沿曲线 L：$2x = \pi y^2$ 从点 $O(0, 0)$ 运动到点 $A\left(\dfrac{\pi}{2}, 1\right)$ 场力 $\boldsymbol{F}$ 所做的功.

2. 已知曲线 $y = x^2 (0 \leqslant x \leqslant 1)$ 上任意一点处的线密度在数值上与该点横坐标相同，求该曲线段的质量.

3. 求曲线 $L：x=t^3-t$，$y=t^2$ 从 $t=-1$ 到 $t=1$ 部分所围成图形的面积.

习 题 详 解

一、选择题

1. B. **解析**：L 的参数方程为 $\begin{cases} x=1-2t, \\ y=2t \end{cases}$ $(0 \leqslant t \leqslant 1)$，则

$$\int_L (x+y)\mathrm{d}s = \int_0^1 (1-2t+2t)\sqrt{\left(\frac{\mathrm{d}x}{\mathrm{d}t}\right)^2 + \left(\frac{\mathrm{d}y}{\mathrm{d}t}\right)^2}\,\mathrm{d}t = 2\sqrt{2}.$$

2. B. **解析**：L 的参数方程为 $\begin{cases} x=1+\cos t, \\ y=\sin t \end{cases}$ $(0 \leqslant t \leqslant 2\pi)$，则

$$\oint_L (x-1)^2\mathrm{d}s = \int_0^{2\pi} \cos^2 t\sqrt{\left(\frac{\mathrm{d}x}{\mathrm{d}t}\right)^2 + \left(\frac{\mathrm{d}y}{\mathrm{d}t}\right)^2}\,\mathrm{d}t = \int_0^{2\pi} \frac{1+\cos 2t}{2}\mathrm{d}t = \pi.$$

3. B. **解析**：由 L 的对称性知

$$\oint_L x^2\mathrm{d}s = \oint_L y^2\mathrm{d}s = \frac{1}{2}\oint_L (x^2+y^2)\mathrm{d}s = \frac{1}{2}\oint_L 1\,\mathrm{d}s = \frac{1}{2}\cdot 2\pi = \pi.$$

4. D. **解析**：直线段 L 的方程为 $y=x\,(0 \leqslant x \leqslant 1)$ 或 $\begin{cases} x=\dfrac{\sqrt{2}}{2}\rho, \\ y=\dfrac{\sqrt{2}}{2}\rho \end{cases}$ $(0 \leqslant \rho \leqslant \sqrt{2})$，则

$$I = \int_L \mathrm{e}^{\sqrt{x^2+y^2}}\mathrm{d}s = \int_0^1 \mathrm{e}^{\sqrt{2}x}\sqrt{2}\,\mathrm{d}x = \int_0^1 \mathrm{e}^{\sqrt{2}y}\sqrt{2}\,\mathrm{d}y = \int_0^{\sqrt{2}} \mathrm{e}^{\rho}\,\mathrm{d}\rho \neq \int_0^1 \mathrm{e}^{\rho}\sqrt{2}\,\mathrm{d}\rho.$$

5. D. **解析**：L 的参数方程可设为

$$\begin{cases} x=R\cos t, \\ y=R\sin t \end{cases} (-\pi \leqslant t \leqslant 0) \quad 或 \quad \begin{cases} x=-R\sin t, \\ y=R\cos t \end{cases} \left(\frac{\pi}{2} \leqslant t \leqslant \frac{3\pi}{2}\right).$$

故选 D.

6. A. **解析**：设 $P(x,y)=3x-y$，$Q(x,y)=x-2y$，由格林公式得

$$\int_L (3x-y)\mathrm{d}x + (x-2y)\mathrm{d}y = -\iint_{\triangle ABC} \left(\frac{\partial Q}{\partial x} - \frac{\partial P}{\partial y}\right)\mathrm{d}x\,\mathrm{d}y$$

$$= -\iint_{\triangle ABC} [1-(-1)]\mathrm{d}x\,\mathrm{d}y = -2 \cdot S_{\triangle ABC}$$

$$= -2 \cdot \frac{1}{2} \cdot [3-(-1)] \cdot 2 = -8.$$

7. D. **解析**：由格林公式得 $\oint_L (x^3-y)\mathrm{d}x + (x-y^3)\mathrm{d}y = 2S_D = 2\pi.$

8. D. **解析**：添加 $L_1：y=0$，方向从点 $A(2,0)$ 到点 $(0,0)$，则 $L+L_1$ 为顺时针方向的闭曲线，由格林公式得 $\int_L -y\mathrm{d}x + x\mathrm{d}y = -2S_\triangle - \left(\int_{L_1} -y\mathrm{d}x + x\mathrm{d}y\right) = -2.$

9. C. **解析**：由题意知 $L：y=\dfrac{x^2}{2}\,(1 \leqslant x \leqslant 2)$，则

$$\int_L \frac{2x}{y}\mathrm{d}x - \frac{x^2}{y^2}\mathrm{d}y = \int_1^2 \left[\frac{2x}{x^2/2} - \frac{x^2}{(x^2/2)^2}x\right]\mathrm{d}x = 0.$$

10. A. **解析**：由题设知 $\widehat{ME}$ 的方程：$y = -\sqrt{1-x^2}$，x 从 0 变到 1；$\widehat{EN}$ 的方程：$y = \sqrt{1-x^2}$，x 从 1 变到 0. 因为

$$\int_{\widehat{MEN}} |y|\mathrm{d}x = \int_{\widehat{ME}} |y|\mathrm{d}x + \int_{\widehat{EN}} |y|\mathrm{d}x = \int_0^1 \sqrt{1-x^2}\mathrm{d}x + \int_1^0 \sqrt{1-x^2}\mathrm{d}x = 0,$$

$$\int_{\widehat{MEN}} y^3\mathrm{d}y = \int_{-1}^1 y^3\mathrm{d}y = 0,$$

所以 $I = \int_{\widehat{MEN}} |y|\mathrm{d}x + y^3\mathrm{d}y = 0.$

11. C. **解析**：$I = \int_{\widehat{AEB}} y^3\mathrm{d}x = \int_{-1}^1 (1-x^2)^{\frac{3}{2}}\mathrm{d}x = 2\int_0^1 (1-x^2)^{\frac{3}{2}}\mathrm{d}x = 2\int_{\widehat{EB}} y^3\mathrm{d}x.$

12. A. **解析**：$I = \int_{\widehat{AEB}} x^2 y^2 \mathrm{d}y = \int_{\widehat{AE}} x^2 y^2 \mathrm{d}y + \int_{\widehat{EB}} x^2 y^2 \mathrm{d}y$

$$= \int_0^1 (1-y^2)y^2\mathrm{d}y + \int_1^0 (1-y^2)y^2\mathrm{d}y = 0.$$

13. C. **解析**：由于曲面 Σ 在 xOy 面上的投影区域 $D_{xy} = \{(x, y) \mid 0 \leqslant x \leqslant 1, 0 \leqslant y \leqslant 1-x\}$，且

$$\mathrm{d}S = \sqrt{1+z_x^2+z_y^2}\mathrm{d}x\mathrm{d}y = \sqrt{1+(-1)^2+(-1)^2}\mathrm{d}x\mathrm{d}y = \sqrt{3}\mathrm{d}x\mathrm{d}y,$$

因此选项 C 正确.

14. B. **解析**：根据 Σ 在 xOy 面上的投影区域 $D_{xy} = \{(x, y) \mid 0 \leqslant x \leqslant 1, 0 \leqslant y \leqslant 1-x\}$，且 Σ 的方向为下侧，可知选项 B 正确.

15. A. **解析**：设 $\Sigma_1: x = \sqrt{1-y^2}$，$\Sigma_2: x = -\sqrt{1-y^2}$，则 $\Sigma = \Sigma_1 + \Sigma_2$，而 Σ_1 的侧与 Σ_2 的侧刚好相反，故选 A.

16. C. **解析**：由题意知

$$\iint_{\Sigma} (x^2+y^2+z^2)\mathrm{d}y\mathrm{d}z = -\iint_{z^2+y^2\leqslant 1} (1+y^2+z^2)\mathrm{d}y\mathrm{d}z$$

$$= -\int_0^{2\pi}\mathrm{d}\theta\int_0^1 (\rho+\rho^3)\mathrm{d}\rho.$$

17. B. **解析**：记 Ω 为曲面 Σ 所围成的空间闭区域，这里 $P(x, y, z) = x$，$Q(x, y, z) = y$，$R(x, y, z) = -z$，则由高斯公式得

$$\oiint_{\Sigma} x\mathrm{d}y\mathrm{d}z + y\mathrm{d}z\mathrm{d}x - z\mathrm{d}x\mathrm{d}y = -\iiint_{\Omega} \left(\frac{\partial P}{\partial x} + \frac{\partial Q}{\partial y} + \frac{\partial R}{\partial z}\right)\mathrm{d}v$$

$$= -\iiint_{\Omega} (1+1-1)\mathrm{d}v = -\frac{4}{3}\pi.$$

18. C. **解析**：由对面积的曲面积分的性质、积分曲面的对称性及被积函数关于 x 或 y 或 z 的奇偶性，可知 $\iint_{\Sigma} x\mathrm{d}S = 0$，$\iint_{\Sigma} y\mathrm{d}S = 0$，$\iint_{\Sigma} xyz\mathrm{d}S = 0$，而 $\iint_{\Sigma_1} x\mathrm{d}S$ 的值是大于 0 的，所以选项 A、B、D 错误. 事实上，$\iint_{\Sigma} z\mathrm{d}S = 4\iint_{\Sigma_1} z\mathrm{d}S = 4\iint_{\Sigma_1} x\mathrm{d}S$（$\Sigma_1$ 关于 x, y, z 具有轮换对称性）.

19. B. **解析:** 由题设知 Σ_1 的方程为 $z = \sqrt{1 - x^2 - y^2}$,则其在 xOy 面上的投影区域 $D = \{(x, y) \mid x^2 + y^2 \leqslant 1\}$,由对称性可知 $\iint\limits_{\Sigma} z \mathrm{d}S = 0$,$\iint\limits_{\Sigma} z^2 \mathrm{d}x \mathrm{d}y = 0$,$\iint\limits_{\Sigma} z \mathrm{d}x \mathrm{d}y = 2\iint\limits_{\Sigma_1} z \mathrm{d}x \mathrm{d}y$,

而 $\iint\limits_{\Sigma_1} z \mathrm{d}S > 0$,$\iint\limits_{\Sigma_1} z^2 \mathrm{d}x \mathrm{d}y > 0$,故选 B.

20. B. **解析:** 由对坐标的曲面积分的计算法可知选项 B 正确.

21. A. **解析:** 由题设知 Σ 的方程为 $z = 4 - x - y$,其在 xOy 面上的投影区域 $D_{xy} = \{(x, y) \mid x^2 + y^2 \leqslant 1\}$. 又 $\mathrm{d}S = \sqrt{1 + z_x^2 + z_y^2}\,\mathrm{d}x \mathrm{d}y = \sqrt{3}\,\mathrm{d}x \mathrm{d}y$,所以

$$\iint\limits_{\Sigma} y \mathrm{d}S = \sqrt{3} \iint\limits_{D_{xy}} y \mathrm{d}x \mathrm{d}y = 0.$$

二、填空题

1. $\dfrac{5}{2}$. **解析:** 因为直线段 L 的方程为 $y = \dfrac{3}{4}x\ (0 \leqslant x \leqslant 4)$,所以

$$\int_L (x - y)\mathrm{d}s = \int_0^4 \left(x - \dfrac{3}{4}x\right)\sqrt{1 + \left(\dfrac{3}{4}\right)^2}\,\mathrm{d}x = \dfrac{5}{2}.$$

2. 0. **解析:** L 在直角坐标系下的方程为 $(x^2 + y^2)^2 = 2xy$,其关于 $y = x$ 对称,从而变量 x,y 具有"轮换对称性",于是 $\int_L \cos x \mathrm{d}s = \int_L \cos y \mathrm{d}s$.

3. 2π. **解析:** 因为 $x^2 + y^2 = 1$,所以 $\oint_L (x^2 + y^2)\mathrm{d}s = \oint_L 1\,\mathrm{d}s = 2\pi \cdot 1 = 2\pi$(圆周长).

4. $I_1 > I_2$. **解析:** 除 4 个点 $(-1, 0)$,$(1, 0)$,$(0, 1)$,$(0, -1)$ 外,单位圆周上各点坐标均满足 $0 < |x| < 1$,$0 < |y| < 1$,因此 $x^6 > x^8$,结合 L 的对称性可知

$$I_1 = \oint_L x^6 \mathrm{d}s > \oint_L x^8 \mathrm{d}s = \oint_L y^8 \mathrm{d}s = I_2.$$

5. $10\pi a^2$. **解析:** 设 L 围成的闭区域为 D,$P(x, y) = \mathrm{e}^y \cos x - 10y$,$Q(x, y) = -(10 - \mathrm{e}^y \sin x)$,则

$$\oint_L (\mathrm{e}^y \cos x - 10y)\mathrm{d}x - (10 - \mathrm{e}^y \sin x)\mathrm{d}y$$

$$= \iint\limits_D \left(\dfrac{\partial Q}{\partial x} - \dfrac{\partial P}{\partial y}\right)\mathrm{d}x \mathrm{d}y$$

$$= \iint\limits_D (\mathrm{e}^y \cos x - \mathrm{e}^y \cos x + 10)\mathrm{d}x \mathrm{d}y$$

$$= \iint\limits_D 10 \mathrm{d}x \mathrm{d}y$$

$$= 10\pi a^2.$$

6. $\dfrac{4}{5}$. **解析:** $\displaystyle\int_L xy \mathrm{d}x = \int_{-1}^1 y^2 \cdot y \cdot 2y \mathrm{d}y = \left[2 \cdot 2 \cdot \dfrac{1}{5}y^5\right]_0^1 = \dfrac{4}{5}$.

7. 13. **解析:** 易知 Γ 的参数方程为 $\begin{cases} x = 1 + t, \\ y = 1 + 2t, (0 \leqslant t \leqslant 1),\\ z = 1 + 3t \end{cases}$ 所以

$$\int_{\Gamma} x\,\mathrm{d}x + y\,\mathrm{d}y + z\,\mathrm{d}z = \int_0^1 \big[(1+t) + 2(1+2t) + 3(1+3t)\big]\mathrm{d}t$$

$$= 6 + 14\int_0^1 t\,\mathrm{d}t = 13.$$

8. 0. **解析**：设 L 的参数方程为 $\begin{cases} x = \cos t, \\ y = \sqrt{2}\sin t \end{cases} \left(0 \leqslant t \leqslant \dfrac{\pi}{2}\right)$，则

$$\int_L 2x\,\mathrm{e}^{x^2 y}\,\mathrm{d}x + y\,\mathrm{e}^{x^2 y}\,\mathrm{d}y$$

$$= \int_0^{\frac{\pi}{2}} \big[2\cos t\,\mathrm{e}^{\cos^2 t \cdot \sqrt{2}\sin t}(-\sin t) + \sqrt{2}\sin t\,\mathrm{e}^{\cos^2 t \cdot \sqrt{2}\sin t} \cdot \sqrt{2}\cos t\big]\mathrm{d}t = 0.$$

9. $\dfrac{a^2}{4} - \dfrac{\sqrt{2}}{2}a^3$. **解析**：由题意知，积分弧段 L 的参数方程为 $\begin{cases} x = a\cos t, \\ y = a\sin t \end{cases} \left(0 \leqslant t \leqslant \dfrac{\pi}{4}\right)$，
从而所求的功为

$$W = \int_L x\,\mathrm{d}x + (x^2 + y^2)\,\mathrm{d}y$$

$$= \int_{\frac{\pi}{4}}^0 \big[a\cos t(-a\sin t) + a^2 \cdot a\cos t\big]\mathrm{d}t$$

$$= \left[a^2\left(-\frac{\sin^2 t}{2}\right)\right]_{\frac{\pi}{4}}^0 + \big[a^3\sin t\big]_{\frac{\pi}{4}}^0$$

$$= \frac{a^2}{4} - \frac{\sqrt{2}}{2}a^3.$$

10. $-2\pi ab$. **解析**：由格林公式得

$$\oint_L y\,\mathrm{d}x - x\,\mathrm{d}y = \iint\limits_{\frac{x^2}{a^2} + \frac{y^2}{b^2} \leqslant 1} (-1-1)\,\mathrm{d}x\,\mathrm{d}y = -2\pi ab.$$

11. $\dfrac{3}{2}$. **解析**：由格林公式得

$$\oint_L (x - 2y)\,\mathrm{d}x + (4x + 3y)\,\mathrm{d}y = -\iint\limits_D [4 - (-2)]\,\mathrm{d}\sigma = -6\sigma = -9,$$

所以 $\sigma = \dfrac{3}{2}$.

12. 6π. **解析**：由格林公式得

$$\oint_L \big[3y + f_x(x, y)\big]\mathrm{d}x + f_y(x, y)\,\mathrm{d}y$$

$$= -\iint\limits_{\frac{x^2}{4} + y^2 \leqslant 1} \big[f_{yx}(x, y) - 3 - f_{xy}(x, y)\big]\mathrm{d}x\,\mathrm{d}y$$

$$= 3\sigma = 3\pi \cdot 2 \cdot 1 = 6\pi.$$

13. $4\pi a^4$. **解析**：因为 $x^2 + y^2 + z^2 = a^2$，所以

$$\oiint_\Sigma (x^2 + y^2 + z^2)\,\mathrm{d}S = \oiint_\Sigma a^2\,\mathrm{d}S = a^2 \cdot 4\pi a^2 = 4\pi a^4.$$

14. $2\pi R^2 H$. **解析**：因曲面 Σ 不封闭，故不能直接用高斯公式. 若添加平面 $\Sigma_1: z = 0$，

取下侧，平面 Σ_2：$z=H$，取上侧，则 Σ，Σ_1，Σ_2 构成空间闭区域 Ω，故由高斯公式得

$$\iint\limits_{\Sigma} x\,\mathrm{d}y\,\mathrm{d}z + y\,\mathrm{d}z\,\mathrm{d}x + z\,\mathrm{d}x\,\mathrm{d}y$$

$$= \oiint\limits_{\Sigma+\Sigma_1+\Sigma_2} x\,\mathrm{d}y\,\mathrm{d}z + y\,\mathrm{d}z\,\mathrm{d}x + z\,\mathrm{d}x\,\mathrm{d}y - \iint\limits_{\Sigma_1} x\,\mathrm{d}y\,\mathrm{d}z + y\,\mathrm{d}z\,\mathrm{d}x + z\,\mathrm{d}x\,\mathrm{d}y$$

$$- \iint\limits_{\Sigma_2} x\,\mathrm{d}y\,\mathrm{d}z + y\,\mathrm{d}z\,\mathrm{d}x + z\,\mathrm{d}x\,\mathrm{d}y.$$

又

$$\oiint\limits_{\Sigma+\Sigma_1+\Sigma_2} x\,\mathrm{d}y\,\mathrm{d}z + y\,\mathrm{d}z\,\mathrm{d}x + z\,\mathrm{d}x\,\mathrm{d}y = \iiint\limits_{\Omega}\left(\frac{\partial P}{\partial x}+\frac{\partial Q}{\partial y}+\frac{\partial R}{\partial z}\right)\mathrm{d}v = 3\pi R^2 H,$$

$$\iint\limits_{\Sigma_1} x\,\mathrm{d}y\,\mathrm{d}z + y\,\mathrm{d}z\,\mathrm{d}x + z\,\mathrm{d}x\,\mathrm{d}y + \iint\limits_{\Sigma_2} x\,\mathrm{d}y\,\mathrm{d}z + y\,\mathrm{d}z\,\mathrm{d}x + z\,\mathrm{d}x\,\mathrm{d}y$$

$$= 0 + \iint\limits_{\Sigma_2} z\,\mathrm{d}x\,\mathrm{d}y = H\pi R^2,$$

所以原式 $=2\pi R^2 H$.

15. 0. **解析**：因为 $x^2+y^2+z^2=a^2$，所以 $\oiint\limits_{\Sigma}(x^2+y^2+z^2)\mathrm{d}y\,\mathrm{d}z = \oiint\limits_{\Sigma} a^2\mathrm{d}y\,\mathrm{d}z$，结合高斯公式得 $\oiint\limits_{\Sigma} a^2\mathrm{d}y\,\mathrm{d}z = \iiint\limits_{x^2+y^2+z^2\leqslant a^2} 0\mathrm{d}v = 0$，故所求曲面积分的值为 0.

16. $\iiint\limits_{\Omega} x\,\mathrm{d}v$. **解析**：记 $P(x,y,z)=yz$，$Q(x,y,z)=zx$，$R(x,y,z)=zx$，则由高斯公式得

$$\oiint\limits_{\Sigma^+} xz\,\mathrm{d}x\,\mathrm{d}y + zx\,\mathrm{d}z\,\mathrm{d}x + yz\,\mathrm{d}y\,\mathrm{d}z = \iiint\limits_{\Omega}\left(\frac{\partial P}{\partial x}+\frac{\partial Q}{\partial y}+\frac{\partial R}{\partial z}\right)\mathrm{d}v = \iiint\limits_{\Omega} x\,\mathrm{d}v.$$

17. $\iiint\limits_{\Omega}\left(\frac{\partial^2 u}{\partial x^2}+\frac{\partial^2 u}{\partial y^2}+\frac{\partial^2 u}{\partial z^2}\right)\mathrm{d}v$. **解析**：记 $P(x,y,z)=\frac{\partial u}{\partial x}$，$Q(x,y,z)=\frac{\partial u}{\partial y}$，$R(x,y,z)=\frac{\partial u}{\partial z}$，则由高斯公式得

$$\oiint\limits_{\Sigma}\left(\frac{\partial u}{\partial x}\cos\alpha+\frac{\partial u}{\partial y}\cos\beta+\frac{\partial u}{\partial z}\cos\gamma\right)\mathrm{d}S = \iiint\limits_{\Omega}\left(\frac{\partial P}{\partial x}+\frac{\partial Q}{\partial y}+\frac{\partial R}{\partial z}\right)\mathrm{d}v$$

$$= \iiint\limits_{\Omega}\left(\frac{\partial^2 u}{\partial x^2}+\frac{\partial^2 u}{\partial y^2}+\frac{\partial^2 u}{\partial z^2}\right)\mathrm{d}v.$$

18. -18π. **解析**：由格林公式得

$$\oint_{L}(2xy-2y)\mathrm{d}x + (x^2-4x)\mathrm{d}y = \iint\limits_{x^2+y^2\leqslant 9} -2\mathrm{d}x\,\mathrm{d}y = -18\pi.$$

19. $12a$. **解析**：由 L 关于 x，y 对称，且 $3x^2+4y^2=12$，易知 $\oint_L 2xy\,\mathrm{d}s=0$，$\oint_L(3x^2+4y^2)\mathrm{d}s = 12\oint_L\mathrm{d}s = 12a$，所以 $\oint_L(2xy+3x^2+4y^2)\mathrm{d}s = 12a$.

20. $\dfrac{32}{9}\sqrt{2}$. **解析：** 因 $z_x = \dfrac{x}{\sqrt{x^2 + y^2}}$，$z_y = \dfrac{y}{\sqrt{x^2 + y^2}}$，$\sqrt{1 + z_x^2 + z_y^2} = \sqrt{2}$，所以

$$\iint\limits_{\Sigma} z\,\mathrm{d}S = \iint\limits_{x^2 + y^2 \leqslant 2x} \sqrt{x^2 + y^2}\,\sqrt{1 + z_x^2 + z_y^2}\,\mathrm{d}x\,\mathrm{d}y = \int_{-\frac{\pi}{2}}^{\frac{\pi}{2}}\mathrm{d}\theta\int_0^{2\cos\theta}\sqrt{2}\rho \cdot \rho\,\mathrm{d}\rho$$

$$= 2\sqrt{2}\int_0^{\frac{\pi}{2}}\dfrac{8\cos^3\theta}{3}\,\mathrm{d}\theta = \left[\dfrac{16\sqrt{2}}{3}\left(\sin\theta - \dfrac{\sin^3\theta}{3}\right)\right]_0^{\frac{\pi}{2}} = \dfrac{32}{9}\sqrt{2}.$$

21. 36π. **解析：** 设 Ω 为曲面 Σ 所围成的空间闭区域，则由高斯公式可知原式 $= \iiint\limits_{\Omega} 1\,\mathrm{d}v = \dfrac{4}{3}\pi \cdot 3^3 = 36\pi.$

三、计算题

1. **解：** 设曲线 L 的参数方程为 $\begin{cases} x = \cos^3 t, \\ y = \sin^3 t \end{cases}$（$0 \leqslant t \leqslant 2\pi$）（星形线），则由对称性知

$$\oint_L |x|^{\frac{1}{3}}\,\mathrm{d}s = 4\int_0^{\frac{\pi}{2}}\cos t\sqrt{\left(\dfrac{\mathrm{d}x}{\mathrm{d}t}\right)^2 + \left(\dfrac{\mathrm{d}y}{\mathrm{d}t}\right)^2}\,\mathrm{d}t$$

$$= 4\int_0^{\frac{\pi}{2}}\cos t(3\sin t\cos t)\,\mathrm{d}t$$

$$= \left[12\left(-\dfrac{\cos^3 t}{3}\right)\right]_0^{\frac{\pi}{2}} = 4.$$

2. **解：** 设 L 的参数方程为

$$\begin{cases} x = \cos t, \\ y = \sin t \end{cases} \left(0 \leqslant t \leqslant \dfrac{\pi}{2}\right),$$

则

$$\mathrm{d}s = \sqrt{\left(\dfrac{\mathrm{d}x}{\mathrm{d}t}\right)^2 + \left(\dfrac{\mathrm{d}y}{\mathrm{d}t}\right)^2}\,\mathrm{d}t = \mathrm{d}t,$$

所以

$$\int_L (y\mathrm{e}^x\sin y - x\mathrm{e}^x\cos y)\,\mathrm{d}s$$

$$= \int_0^{\frac{\pi}{2}}\left[\sin t\,\mathrm{e}^{\cos t}\sin(\sin t) - \cos t\,\mathrm{e}^{\cos t}\cos(\sin t)\right]\mathrm{d}t$$

$$= \int_0^{\frac{\pi}{2}}\sin(\sin t)\,\mathrm{d}(-\mathrm{e}^{\cos t}) - \int_0^{\frac{\pi}{2}}\cos t\,\mathrm{e}^{\cos t}\cos(\sin t)\,\mathrm{d}t$$

$$= \left[-\sin\sin t \cdot \mathrm{e}^{\cos t}\right]_0^{\frac{\pi}{2}} = -\sin 1.$$

3. **解：** 设 $P(x, y) = 2x\varphi(y) - y$，$Q(x, y) = x^2\varphi'(y) - x$，则

$$\dfrac{\partial P}{\partial y} = 2x\varphi'(y) - 1 = \dfrac{\partial Q}{\partial x},$$

所以曲线积分与路径无关. 选择从点 $A(0, 0)$ 沿 y 轴（$x = 0$）到点 $D(0, 1)$，再沿 $y = 1$ 到点 $B(1, 1)$ 的积分路径，则

$$I = \int_{\overset{\frown}{ACB}} [2x\varphi(y) - y]\mathrm{d}x + [x^2\varphi'(y) - x]\mathrm{d}y$$

$$= \int_{AD} [2x\varphi(y) - y]\mathrm{d}x + [x^2\varphi'(y) - x]\mathrm{d}y + \int_{DB} [2x\varphi(y) - y]\mathrm{d}x + [x^2\varphi'(y) - x]\mathrm{d}y$$

$$= 0 + \int_0^1 [2x\varphi(1) - 1]\mathrm{d}x + 0 = -1.$$

4. **解**：设 $P(x, y) = \mathrm{e}^x(1 - \cos y)$，$Q(x, y) = -\mathrm{e}^x(y - \sin y)$，则由格林公式得

$$I = \oint_L \mathrm{e}^x(1 - \cos y)\mathrm{d}x - \mathrm{e}^x(y - \sin y)\mathrm{d}y = \iint_D \left(\frac{\partial Q}{\partial x} - \frac{\partial P}{\partial y} \right) \mathrm{d}x\,\mathrm{d}y$$

$$= \int_0^{\frac{\pi}{4}} \mathrm{d}x \int_{\sqrt{\sin x}}^{\sqrt{\cos x}} (-\mathrm{e}^x \cdot y)\mathrm{d}y = \left[-\frac{\mathrm{e}^x \cos x}{2} \right]_0^{\frac{\pi}{4}} = \frac{1}{2} - \frac{\sqrt{2}}{4}\mathrm{e}^{\frac{\pi}{4}}.$$

5. **解**：记 $L_{AB}: y = 1 - x$，x 从 1 变到 0，$L_{BC}: y = 1 + x$，x 从 0 变到 -1，$L_{CA}: y = 0$，x 从 -1 到 1，则

$$I = \oint_L |y|\mathrm{d}x + |x|\mathrm{d}y$$

$$= \int_{L_{AB}} y\mathrm{d}x + x\mathrm{d}y + \int_{L_{BC}} y\mathrm{d}x - x\mathrm{d}y + 0$$

$$= \int_1^0 (1 - x)\mathrm{d}x + x(-\mathrm{d}x) + \int_0^{-1} (1 + x)\mathrm{d}x - x\,\mathrm{d}x = -1.$$

6. **解**：因 $\mathrm{d}s = \sqrt{x'^2 + y'^2 + z'^2}\,\mathrm{d}t = \sqrt{t^2 + t^6}\,\mathrm{d}t = t\sqrt{1 + t^4}\,\mathrm{d}t$，所以

$$\int_\Gamma y\,\mathrm{d}s = \int_0^1 \frac{1}{2}t^2 \cdot t\sqrt{1 + t^4}\,\mathrm{d}t = \frac{1}{8}\left[\frac{2}{3}(1 + t^4)^{\frac{3}{2}} \right]_0^1 = \frac{1}{12}(2\sqrt{2} - 1).$$

7. **解**：设 $L_{OA}: y = 0$，x 从 0 变到 a，$P(x, y) = \mathrm{e}^x \sin y - my$，$Q(x, y) = \mathrm{e}^x \cos y - m$，则由格林公式得

$$\int_L (\mathrm{e}^x \sin y - my)\mathrm{d}x + (\mathrm{e}^x \cos y - m)\mathrm{d}y$$

$$= \oint_{L + L_{OA}} P(x, y)\mathrm{d}x + Q(x, y)\mathrm{d}y - \int_{L_{OA}} P(x, y)\mathrm{d}x + Q(x, y)\mathrm{d}y$$

$$= \iint_{\substack{x^2 + y^2 \leqslant ax, \\ y \geqslant 0}} \left(\frac{\partial Q}{\partial x} - \frac{\partial P}{\partial y} \right)\mathrm{d}x\,\mathrm{d}y - 0 = \iint_{\substack{x^2 + y^2 \leqslant ax, \\ y \geqslant 0}} m\,\mathrm{d}x\,\mathrm{d}y = m\sigma = \frac{1}{8}m\pi a^2.$$

8. **解**：设曲线 L 的参数方程为 $\begin{cases} x = \cos t, \\ y = \sin t \end{cases} (0 \leqslant t \leqslant 2\pi)$，则

$$\oint_L \mathrm{e}^{x+y}(x\,\mathrm{d}x + y\,\mathrm{d}y) = \int_0^{2\pi} \mathrm{e}^{\cos t + \sin t}[\cos t \cdot (-\sin t) + \sin t \cdot \cos t]\mathrm{d}t = 0.$$

9. **解**：因曲面 Σ 满足 $x^2 + y^2 = R^2$，所以

$$I = \iint_\Sigma \frac{1}{x^2 + y^2}\mathrm{d}S = \iint_\Sigma \frac{1}{R^2}\mathrm{d}S = \frac{1}{R^2}\iint_\Sigma \mathrm{d}S = \frac{1}{R^2} \cdot 2\pi RH = \frac{2\pi H}{R}.$$

10. **解**：因 Σ 满足 $2x + \frac{4}{3}y + z = 4$，且其在 xOy 面上的投影区域 $D_{xy} = \left\{ (x, y) \middle| \frac{x}{2} + \frac{y}{3} \leqslant 1 \right\}$，所以

$$I = \iint\limits_{\Sigma} \left(z + 2x + \frac{4}{3}y \right) \mathrm{d}S = \iint\limits_{\Sigma} 4\mathrm{d}S = 4 \iint\limits_{D_{xy}} \sqrt{1 + z_x^2 + z_y^2}\, \mathrm{d}x\,\mathrm{d}y$$

$$= 4 \iint\limits_{D_{xy}} \sqrt{1 + (-2)^2 + \left(-\frac{4}{3} \right)^2}\, \mathrm{d}x\,\mathrm{d}y = \frac{4\sqrt{61}}{3}\sigma_{D_{xy}} = 4\sqrt{61}.$$

11. **解**：记 Σ_1：$z = \sqrt{a^2 - x^2}\ (x \geqslant 0)$，取上侧，$\Sigma_2$：$z = -\sqrt{a^2 - x^2}\ (x \geqslant 0)$，取下侧，
$D_{xy} = \{(x, y) \mid 0 \leqslant x \leqslant a,\ 0 \leqslant y \leqslant h\}$，则

$$\iint\limits_{\Sigma} xyz\,\mathrm{d}x\,\mathrm{d}y = \iint\limits_{\Sigma_1 + \Sigma_2} xyz\,\mathrm{d}x\,\mathrm{d}y = \iint\limits_{D_{xy}} xy\sqrt{a^2 - x^2}\,\mathrm{d}x\,\mathrm{d}y - \iint\limits_{D_{xy}} xy(-\sqrt{a^2 - x^2})\,\mathrm{d}x\,\mathrm{d}y$$

$$= 2 \int_0^a \mathrm{d}x \int_0^h xy\sqrt{a^2 - x^2}\,\mathrm{d}y = \left[-\frac{h^2}{3}(a^2 - x^2)^{\frac{3}{2}} \right]_0^a = \frac{1}{3}a^3 h^2.$$

12. **解**：记 $D_{xy} = \{(x, y) \mid x^2 + y^2 \leqslant 1\}$，$D_{xz} = \left\{ (x, z) \,\middle|\, x^2 \leqslant z \leqslant 1,\ 0 \leqslant x \leqslant 1 \right\}$，则

$$I = \iint\limits_{\Sigma} z\,\mathrm{d}x\,\mathrm{d}y + xy\,\mathrm{d}x\,\mathrm{d}z = \iint\limits_{\Sigma} z\,\mathrm{d}x\,\mathrm{d}y + \iint\limits_{\Sigma} xy\,\mathrm{d}x\,\mathrm{d}z$$

$$= -\iint\limits_{D_{xy}} (x^2 + y^2)\,\mathrm{d}x\,\mathrm{d}y + \iint\limits_{D_{xz}} x\sqrt{z - x^2}\,\mathrm{d}x\,\mathrm{d}z$$

$$= -\int_0^{\frac{\pi}{2}} \mathrm{d}\theta \int_0^1 \rho^2 \cdot \rho\,\mathrm{d}\rho + \int_0^1 \mathrm{d}x \int_{x^2}^1 x\sqrt{z - x^2}\,\mathrm{d}z$$

$$= -\frac{1}{8}\pi + \int_0^1 \left[x \cdot \frac{2}{3}\sqrt{(z - x^2)^3} \right]_{x^2}^1 \mathrm{d}x$$

$$= -\frac{1}{8}\pi - \int_0^1 \frac{1}{3}\sqrt{(1 - x^2)^3}\,\mathrm{d}(1 - x^2)$$

$$= -\frac{1}{8}\pi - \left[\frac{2}{15}\sqrt{(1 - x^2)^5} \right]_0^1$$

$$= -\frac{1}{8}\pi + \frac{2}{15}.$$

13. **解**：因 Σ：$z = 2 - 2x - 2y$，且其在 xOy 面上的投影区域 $D_{xy} = \{(x, y) \mid x + y \leqslant 1\}$，所以

$$\iint\limits_{\Sigma} (2x + 2y + z)\,\mathrm{d}S = \iint\limits_{\Sigma} 2\mathrm{d}S = 2 \iint\limits_{D_{xy}} \sqrt{1 + z_x^2 + z_y^2}\,\mathrm{d}x\,\mathrm{d}y$$

$$= 2 \iint\limits_{D_{xy}} 3\mathrm{d}x\,\mathrm{d}y = 6\sigma_{D_{xy}} = 6 \cdot \frac{1}{2} \cdot 1 \cdot 1 = 3.$$

14. **解**：添加平面 Σ_1：$z = 0\ (x^2 + y^2 \leqslant R^2)$，取下侧，记 Ω 为 Σ 与 Σ_1 所围成的空间闭区域，令 $P(x, y, z) = x$，$Q(x, y, z) = y$，$R(x, y, z) = z$，则由高斯公式得

$$\iint\limits_{\Sigma} x\,\mathrm{d}y\,\mathrm{d}z + y\,\mathrm{d}z\,\mathrm{d}x + z\,\mathrm{d}x\,\mathrm{d}y$$

$$= \iint\limits_{\Sigma + \Sigma_1} x\,\mathrm{d}y\,\mathrm{d}z + y\,\mathrm{d}z\,\mathrm{d}x + z\,\mathrm{d}x\,\mathrm{d}y - \iint\limits_{\Sigma_1} x\,\mathrm{d}y\,\mathrm{d}z + y\,\mathrm{d}z\,\mathrm{d}x + z\,\mathrm{d}x\,\mathrm{d}y$$

$$= \iiint\limits_{\Omega} \left(\frac{\partial P}{\partial x} + \frac{\partial Q}{\partial y} + \frac{\partial R}{\partial z} \right) \mathrm{d}v - 0 = \iiint\limits_{\Omega} 3\mathrm{d}v = 3 \cdot \frac{1}{2} \cdot \frac{4}{3} \cdot \pi R^3 = 2\pi R^3.$$

15. **解**：记 Ω 是由 $x^2 + y^2 = 1$，$z = x^2 + y^2$ 和坐标平面在第一卦限中所围成的空间闭区域，设 $P(x, y, z) = 2x$，$Q(x, y, z) = x^2 y$，$R(x, y, z) = y^2 z$，则由高斯公式得

$$I = \oiint\limits_{\Sigma} 2x \, \mathrm{d}y\mathrm{d}z + x^2 y \, \mathrm{d}z\mathrm{d}x + y^2 z \, \mathrm{d}x\mathrm{d}y = \iiint\limits_{\Omega} \left(\frac{\partial P}{\partial x} + \frac{\partial Q}{\partial y} + \frac{\partial R}{\partial z} \right) \mathrm{d}v$$

$$= \iiint\limits_{\Omega} (2 + x^2 + y^2) \mathrm{d}v = \int_0^{\frac{\pi}{2}} \mathrm{d}\theta \int_0^1 \rho \, \mathrm{d}\rho \int_0^{\rho^2} (2 + \rho^2) \mathrm{d}z = \frac{\pi}{3}.$$

16. **解**：记 Ω 是由 $x^2 + y^2 = z^2$ 和 $z = h\,(h > 0)$ 所围成的空间闭区域，设 $P(x, y, z) = x^2$，$Q(x, y, z) = y^2$，$R(x, y, z) = z^2$，则由高斯公式得

$$\iint\limits_{\Sigma} (x^2 \cos\alpha + y^2 \cos\beta + z^2 \cos\gamma) \mathrm{d}S$$

$$= \iiint\limits_{\Omega} \left(\frac{\partial P}{\partial x} + \frac{\partial Q}{\partial y} + \frac{\partial R}{\partial z} \right) \mathrm{d}v = \iiint\limits_{\Omega} (2x + 2y + 2z) \mathrm{d}v$$

$$= \int_0^{2\pi} \mathrm{d}\theta \int_0^h \rho \, \mathrm{d}\rho \int_\rho^h (2\rho\cos\theta + 2\rho\sin\theta + 2z) \mathrm{d}z$$

$$= 2\pi \cdot \int_0^h \rho \cdot (h^2 - \rho^2) \mathrm{d}\rho = \frac{\pi}{2} h^4.$$

17. **解**：添加平面 Σ_1：$z = 1\,(x^2 + y^2 \leqslant 1)$，取下侧，记 Ω 是由 Σ 与 Σ_1 所围成的空间闭区域，设 $P(x, y, z) = 2x + z$，$Q(x, y, z) = 0$，$R(x, y, z) = z$，则由高斯公式得

$$I = \iint\limits_{\Sigma} (2x + z) \mathrm{d}y\mathrm{d}z + z \, \mathrm{d}x\mathrm{d}y$$

$$= \oiint\limits_{\Sigma + \Sigma_1} (2x + z) \mathrm{d}y\mathrm{d}z + z \, \mathrm{d}x\mathrm{d}y - \iint\limits_{\Sigma_1} (2x + z) \mathrm{d}y\mathrm{d}z + z \, \mathrm{d}x\mathrm{d}y$$

$$= -\iiint\limits_{\Omega} \left(\frac{\partial P}{\partial x} + \frac{\partial Q}{\partial y} + \frac{\partial R}{\partial z} \right) \mathrm{d}v + \iint\limits_{x^2 + y^2 \leqslant 1} 1 \mathrm{d}x\mathrm{d}y$$

$$= -\int_0^{2\pi} \mathrm{d}\theta \int_0^1 \rho \, \mathrm{d}\rho \int_{\rho^2}^1 3 \mathrm{d}z + \pi = -\frac{1}{2}\pi.$$

18. **解**：记 Ω 是由 $x^2 + y^2 + z^2 = 1$ 所围成的空间闭区域，设 $P(x, y, z) = x^3$，$Q(x, y, z) = y^3$，$R(x, y, z) = z^3$，则由高斯公式得

$$I = \oiint\limits_{\Sigma} x^3 \, \mathrm{d}y\mathrm{d}z + y^3 \, \mathrm{d}z\mathrm{d}x + z^3 \, \mathrm{d}x\mathrm{d}y$$

$$= \iiint\limits_{\Omega} \left(\frac{\partial P}{\partial x} + \frac{\partial Q}{\partial y} + \frac{\partial R}{\partial z} \right) \mathrm{d}v$$

$$= \iiint\limits_{\Omega} (3x^2 + 3y^2 + 3z^2) \mathrm{d}v.$$

利用球面坐标计算：

$$I = \int_0^{2\pi} \mathrm{d}\theta \int_0^\pi \mathrm{d}\varphi \int_0^1 3r^2 \cdot r^2 \sin\varphi \, \mathrm{d}r = \frac{12}{5}\pi.$$

利用柱面坐标计算：

$$I = 3\int_0^{2\pi} \mathrm{d}\theta \int_0^1 \rho \, \mathrm{d}\rho \int_{-\sqrt{1-\rho^2}}^{\sqrt{1-\rho^2}} (\rho^2 + z^2) \mathrm{d}z = \frac{12}{5}\pi.$$

19. **解：** 由题意知 $\dfrac{\partial u}{\partial x} = 2xy(x^4+y^2)^\lambda$，$\dfrac{\partial u}{\partial y} = -x^2(x^4+y^2)^\lambda$，则

$$\frac{\partial^2 u}{\partial x \partial y} = 2x(x^4+y^2)^\lambda + 2xy \cdot \lambda(x^4+y^2)^{\lambda-1} \cdot 2y,$$

$$\frac{\partial^2 u}{\partial y \partial x} = -2x(x^4+y^2)^\lambda - x^2 \cdot \lambda(x^4+y^2)^{\lambda-1} \cdot 4x^3.$$

令 $\dfrac{\partial^2 u}{\partial x \partial y} = \dfrac{\partial^2 u}{\partial y \partial x}$，解得 $\lambda = -1$，利用二元函数的全微分求积，得

$$u(x, y) = \int_{(1, 0)}^{(x, y)} \frac{2xy\,\mathrm{d}x - x^2\,\mathrm{d}y}{x^4+y^2} = \int_0^y -\frac{x^2\,\mathrm{d}y}{x^4+y^2} = -\arctan\frac{y}{x^2}.$$

四、证明题

1. **证明：** 因 $\mathrm{d}\dfrac{y}{x} = -\dfrac{y}{x^2}\mathrm{d}x + \dfrac{1}{x}\mathrm{d}y$，所以

$$\frac{1}{2}\oint_{L^+} x^2\,\mathrm{d}\frac{y}{x} = \frac{1}{2}\oint_{L^+} x\,\mathrm{d}y - y\,\mathrm{d}x = A.$$

2. **证明：** 由题意设 $P = \dfrac{x+2y}{(x+y)^2}$，$Q = \dfrac{y}{(x+y)^2}$，则

$$\frac{\partial P}{\partial y} = \frac{2(x+y)^2 - (x+2y)\cdot 2(x+y)}{(x+y)^4} = \frac{-2y}{(x+y)^3},$$

$$\frac{\partial Q}{\partial x} = \frac{-y\cdot 2(x+y)}{(x+y)^4} = \frac{-2y}{(x+y)^3},$$

所以 $\dfrac{\partial P}{\partial y} = \dfrac{\partial Q}{\partial x}$，从而当 $x+y \neq 0$ 时，存在二元函数 $u = u(x, y)$，使 $\mathrm{d}u = \dfrac{(x+2y)\mathrm{d}x + y\mathrm{d}y}{(x+y)^2}$.

利用二元函数的全微分求积，当 $x+y > 0$ 时，

$$u(x, y) = \int_{(1, 0)}^{(x, y)} \frac{(x+2y)\mathrm{d}x + y\mathrm{d}y}{(x+y)^2} = \int_1^x P(x, 0)\mathrm{d}x + \int_0^y Q(x, y)\mathrm{d}y$$

$$= \int_1^x \frac{1}{x}\mathrm{d}x + \int_0^y \frac{y}{(x+y)^2}\mathrm{d}y$$

$$= -\frac{y}{x+y} + \ln(x+y).$$

同理可得，当 $x+y < 0$ 时，

$$u(x, y) = -\frac{y}{x+y} + \ln[-(x+y)].$$

综上，$u(x, y) = -\dfrac{y}{x+y} + \ln|x+y| + C$.

3. **证明：** 由题意设 $P = x^2 - 2xy + y^2$，$Q = -(x^2 - 2xy + y^2)$，则 $\dfrac{\partial P}{\partial y} = -2x + 2y = \dfrac{\partial Q}{\partial x}$，所以 $(x^2 - 2xy + y^3)\mathrm{d}x - (x^2 - 2xy + y^2)\mathrm{d}y$ 是某二元函数 $u = u(x, y)$ 的全微分.

利用二元函数的全微分求积，得

$$\int_{(0,0)}^{(x,y)} P\,\mathrm{d}x + Q\,\mathrm{d}y = \int_0^x P(x,0)\,\mathrm{d}x + \int_0^y Q(x,y)\,\mathrm{d}y$$

$$= \int_0^x x^2\,\mathrm{d}x + \int_0^y -(x^2-2xy+y^2)\,\mathrm{d}y$$

$$= \frac{x^3}{3} - x^2y + xy^2 - \frac{y^3}{3},$$

从而 $u(x,y) = \dfrac{x^3}{3} - x^2y + xy^2 - \dfrac{y^3}{3} + C = \dfrac{1}{3}(x-y)^3 + C.$

4.（1）证明：由题意设 $P = 2x\cos y - y^2\sin x$，$Q = 2y\cos x - x^2\sin y$，则

$$\frac{\partial P}{\partial y} = -2x\sin y - 2y\sin x = \frac{\partial Q}{\partial x},$$

所以 $(2x\cos y - y^2\sin x)\mathrm{d}x + (2y\cos x - x^2\sin y)\mathrm{d}y$ 是某二元函数 $F(x,y)$ 的全微分.

利用二元函数的全微分求积，得

$$\int_{(0,0)}^{(x,y)} P\,\mathrm{d}x + Q\,\mathrm{d}y = \int_0^x P(x,0)\,\mathrm{d}x + \int_0^y Q(x,y)\,\mathrm{d}y$$

$$= \int_0^x 2x\,\mathrm{d}x + \int_0^y (2y\cos x - x^2\sin y)\,\mathrm{d}y$$

$$= x^2 + y^2\cos x + x^2\cos y - x^2$$

$$= y^2\cos x + x^2\cos y,$$

所以 $F(x,y) = y^2\cos x + x^2\cos y + C.$

（2）解：$I = \displaystyle\int_{(1,2)}^{(\frac{\pi}{2},\pi)} (2x\cos y - y^2\sin x)\mathrm{d}x + (2y\cos x - x^2\sin y)\mathrm{d}y$

$$= \int_1^{\frac{\pi}{2}} (2x\cos 2 - 2^2\sin x)\mathrm{d}x + \int_2^{\pi}\left[2y\cos\frac{\pi}{2} - \left(\frac{\pi}{2}\right)^2\sin y\right]\mathrm{d}y$$

$$= -\left(\cos 2 + 4\cos 1 + \frac{\pi^2}{4}\right).$$

5.证明：因积分 $\displaystyle\int_L P(x,y)\mathrm{d}x + Q(x,y)\mathrm{d}y$ 与路径无关，所以 $\dfrac{\partial P}{\partial y} = \dfrac{\partial Q}{\partial x}$. 设 $P_1(x,y) = P(kx+a, ky+b)$，$Q_1(x,y) = Q(kx+a, ky+b)$，$u = kx+a$，$v = ky+b$，则

$$\frac{\partial P_1}{\partial y} = \frac{\partial P}{\partial v}\cdot k,\quad \frac{\partial Q_1}{\partial x} = \frac{\partial Q}{\partial u}\cdot k,$$

从而 $\dfrac{\partial P_1}{\partial y} = \dfrac{\partial Q_1}{\partial x}$，因此积分 $I_1 = \displaystyle\int_L P(kx+a, ky+b)\mathrm{d}x + Q(kx+a, ky+b)\mathrm{d}y$ 也与路径无关.

五、应用题

1.解：设 $P(x,y) = 2xy^3 - y^2\cos x$，$Q(x,y) = 1 - 2y\sin x + 3x^2y^2$，则场力 $\boldsymbol{F}$ 所做的功 $W = \displaystyle\int_L P\mathrm{d}x + Q\mathrm{d}y$. 又 $\dfrac{\partial P}{\partial y} = 6xy^2 - 2y\cos x = \dfrac{\partial Q}{\partial x}$，所以积分 $\displaystyle\int_L P\mathrm{d}x + Q\mathrm{d}y$ 与路径无关，因此取积分路径为从点 $O(0,0)$ 沿 $y=0$ 到点 $B\left(\dfrac{\pi}{2},0\right)$ 再沿 $x=\dfrac{\pi}{2}$ 到点 $A\left(\dfrac{\pi}{2},1\right)$，得

$$W = \int_L P\,\mathrm{d}x + Q\,\mathrm{d}y = \int_{OB} P\,\mathrm{d}x + Q\,\mathrm{d}y + \int_{BA} P\,\mathrm{d}x + Q\,\mathrm{d}y$$

$$= 0 + \int_0^1 \left[1 - 2y + 3 \cdot \left(\frac{\pi}{2}\right)^2 y^2 \right] \mathrm{d}y = \frac{\pi^2}{4}.$$

2. **解：** 曲线段的质量为

$$m = \int_L x\,\mathrm{d}s = \int_0^1 x\,\sqrt{1 + y'^2}\,\mathrm{d}x = \int_0^1 x\,\sqrt{1 + 4x^2}\,\mathrm{d}x$$

$$= \frac{1}{8} \left[\frac{2}{3}(1 + 4x^2)^{\frac{3}{2}} \right]_0^1 = \frac{1}{12}(5\sqrt{5} - 1).$$

3. **解：** 所求面积为 $A = \dfrac{1}{2} \left| \oint_L x\,\mathrm{d}y - y\,\mathrm{d}x \right| = \dfrac{1}{2} \left| \int_{-1}^1 [(t^3 - t)2t - t^2(3t^2 - 1)]\mathrm{d}t \right| = \dfrac{8}{15}.$

11.3　应 用 提 升

习　题

一、选择题

1. 设 L 是负向圆周 $x^2 + y^2 = a^2 (a > 0)$，则 $\oint_L (x^3 - x^2 y)\mathrm{d}x + (xy^2 - y^3)\mathrm{d}y = ($　　$).$

A. $-\dfrac{1}{2}\pi a^4$　　　　　　　B. $-\pi a^4$　　　　　　　C. πa^4　　　　　　　D. $\dfrac{2}{3}\pi a^4$

2. 设 L 是由 $|y| = 1 - x^2 (-1 \leqslant x \leqslant 1)$ 表示的正向围线，则 $\displaystyle\int_L \frac{2x\,\mathrm{d}x + y\,\mathrm{d}y}{2x^2 + y^2} = ($　　$).$

A. 0　　　　　　　B. 2π　　　　　　　C. -2π　　　　　　　D. 4ln2

3. 设向量场 $\boldsymbol{F} = (2x + z^2)\boldsymbol{i} + 2\boldsymbol{j} + (z + 2xz)\boldsymbol{k}$，$\boldsymbol{G} = (2y + x^2)\boldsymbol{i} - y\boldsymbol{j} + (z - 2xz)\boldsymbol{k}$，则（　　）.

A. $\boldsymbol{F}$，$\boldsymbol{G}$ 都是无旋场　　　　　　　B. $\boldsymbol{F}$ 是无旋场，$\boldsymbol{G}$ 是无源场

C. $\boldsymbol{F}$ 是无源场，$\boldsymbol{G}$ 是无旋场　　　　　　　D. $\boldsymbol{F}$，$\boldsymbol{G}$ 都是无源场

4. 已知向量场 $\boldsymbol{F} = x^3\boldsymbol{i} + y^3\boldsymbol{j} + z^3\boldsymbol{k}$，则其在点 $(1, 0, -1)$ 处的散度 $\mathrm{div}\boldsymbol{F}(1, 0, -1) = ($　　$).$

A. 6　　　　　　　B. 0　　　　　　　C. $\sqrt{6}$　　　　　　　D. $3\sqrt{2}$

5. 设 L 为包含原点的一条简单闭曲线，则向量 $\boldsymbol{a} = \mathbf{grad}(\ln\sqrt{x^2 + y^2})$ 沿着 L 的正向环流量是（　　）.

A. 2π　　　　　　　B. 0　　　　　　　C. 1　　　　　　　D. -2π

6. 曲面积分 $\displaystyle\iint_\Sigma z^2\,\mathrm{d}x\,\mathrm{d}y$ 的值等于（　　）.

A. 面密度为 z^2 的曲面 Σ 的质量　　　　　　　B. 向量 $z^2\boldsymbol{i}$ 穿过曲面 Σ 的流量

C. 向量 $z^2\boldsymbol{j}$ 穿过曲面 Σ 的流量　　　　　　　D. 向量 $z^2\boldsymbol{k}$ 穿过曲面 Σ 的流量

二、填空题

1. 设 Σ 是柱面 $x^2 + y^2 = a^2$ 在 $0 \leqslant z \leqslant h$ 之间的部分，则 $\iint\limits_{\Sigma} x^2 \mathrm{d}S = $ _____.

2. 设 $\dfrac{(ax+by)\mathrm{d}x + (bx+ay)\mathrm{d}y}{(x^2+y^2)^m}$ $(x^2+y^2 \neq 0, ab \neq 0)$ 是某二元函数的全微分，则 $m = $ _____.

3. 设 $\dfrac{ay\mathrm{d}x + bx\mathrm{d}y}{(3x+4y)^2 + (2x+3y)^2}$ $(x^2+y^2 \neq 0, ab \neq 0)$ 是某二元函数的全微分，则 a，b 的关系为 _____.

4. 设 $f(x)$ 有连续导数，L 是任意简单闭曲线，且 $\oint_L \mathrm{e}^{2y}[x\mathrm{d}x + f(x)\mathrm{d}y] = 0$，则 $f(x) = $ _____.

5. 设 L 是曲线 $\rho = R$ 及半直线 $\theta = 0$ 及 $\theta = \dfrac{\pi}{4}$ 所围成的边界，则曲线积分 $\oint_L \mathrm{e}^{\sqrt{x^2+y^2}} \mathrm{d}s = $ _____.

6. 设 L：$\begin{cases} x^2 + y^2 + z^2 = 5, \\ z = 1, \end{cases}$ 则曲线积分 $\oint_L \dfrac{1}{x^2+y^2+z^2} \mathrm{d}s$ 的值为 _____.

7. 设曲线 L 的线密度为 e^{x+y}，则 L 的质量可表示为 _____；若 L 的方程为 $y = x$ $(0 \leqslant x \leqslant 1)$，则其质量为 _____.

8. 设 $f(x, y, z)$ 具有连续的二阶偏导数，则 $\mathrm{div}[\mathbf{grad}f(x, y, z)] = $ _____.

9. 设 Σ 是球面 $x^2 + y^2 + z^2 = 4z$，Ω 是由 Σ 所围的空间闭区域，函数 $u = u(x, y, z)$ 在 Ω 上有二阶连续偏导数且 $\Delta u = \dfrac{\partial^2 u}{\partial x^2} + \dfrac{\partial^2 u}{\partial y^2} + \dfrac{\partial^2 u}{\partial z^2} = 1$，若 $\dfrac{\partial u}{\partial n}$ 是函数 u 在 Σ 上各点沿外法线方向的方向导数，则积分 $\oiint\limits_{\Sigma} \dfrac{\partial u}{\partial n} \mathrm{d}S = $ _____.

10. 向量场 $\mathbf{A} = (xy^2, yz^2, zx^2)$ 在点 $(2, -1, 2)$ 处的散度 $\mathrm{div}\mathbf{A}(2, -1, 2) = $ _____.

11. 设数量场 $u = \ln\sqrt{x^2+y^2+z^2}$，则 $\mathrm{div}(\mathbf{grad}u) = $ _____.

12. (2018 年数学一) 设 $\mathbf{F} = xy\mathbf{i} - yz\mathbf{j} + zx\mathbf{k}$，则 $\mathbf{rot}\mathbf{F}(1, 1, 0) = $ _____.

13. (2016 年数学一) 向量场 $\mathbf{A}(x, y, z) = (x+y+z)\mathbf{i} + xy\mathbf{j} + z\mathbf{k}$ 的旋度 $\mathbf{rot}\,\mathbf{A} = $ _____.

14. 设向量场 $\mathbf{A}(M)$，$\mathbf{n}$ 为场中某一有向曲面 Σ 的法向量，若在场中任意一点处均有 $\mathbf{A}(M) \perp \mathbf{n}$，则向量场穿过曲面 Σ 向着 $\mathbf{n}$ 所指一侧的通量 $\Phi = $ _____.

15. (2017 年数学一) 若曲线积分 $\oint_L \dfrac{x\mathrm{d}x - ay\mathrm{d}y}{x^2+y^2-1}$ 在区域 D 内与路径无关，其中 $D = \{(x, y) \mid x^2+y^2 < 1\}$，则 $a = $ _____.

16. (2019 年数学一) 设 Σ 为曲面 $x^2 + y^2 + 4z^2 = 4(z \geqslant 0)$ 的上侧，则 $\iint\limits_{\Sigma} \sqrt{4-x^2-4z^2} \,\mathrm{d}x\mathrm{d}y = $ _____.

17. （2021 年数学一）设 Σ 为空间区域 $\{(x,y,z)\mid x^2+4y^2\leqslant 4,0\leqslant z\leqslant 2\}$ 表面的外侧，则曲面积分 $\iint\limits_{\Sigma}x^2\,\mathrm{d}y\mathrm{d}z+y^2\,\mathrm{d}z\mathrm{d}x+z\,\mathrm{d}x\mathrm{d}y=$ _____.

三、计算题

1. 计算曲线积分 $\int_{\Gamma}x\,\mathrm{d}s$，其中 Γ 由从点 $(0,0,0)$ 到点 $(1,1,1)$ 的直线段和 $\begin{cases}y=x^4,\\z=x\end{cases}$ 上从点 $(1,1,1)$ 到点 $(-1,1,-1)$ 的弧段组成.

2. 计算曲线积分 $\oint_{L}\dfrac{\ln(x^2+y^2)\mathrm{d}x+\mathrm{e}^{y^2}\mathrm{d}y}{x^2+y^2+2x}$，其中 L 是正向圆周 $x^2+y^2+2x=1$.

3. 求 $I=\int_{\widehat{AMB}}[\varphi(y)\mathrm{e}^x-my]\mathrm{d}x+[\varphi'(y)\mathrm{e}^x-m]\mathrm{d}y$，其中 $\varphi'(y)$ 连续，$\widehat{AMB}$ 为连接点 $A(x_1,y_1)$ 和点 $B(x_2,y_2)$ 的任意一条路径，其与线段 AB 所围成的弓形 D 的面积为 S，且 $A\to M\to B\to A$ 为正向闭路.

4. 证明：积分 $\int_{L}\dfrac{3y-x}{(x+y)^3}\mathrm{d}x+\dfrac{y-3x}{(x+y)^3}\mathrm{d}y$ 与路径无关，其中 L 是不经过直线 $x+y=0$ 的任意路径，并求 $\int_{(1,2)}^{(3,0)}\dfrac{3y-x}{(x+y)^3}\mathrm{d}x+\dfrac{y-3x}{(x+y)^3}\mathrm{d}y$ 的值.

5. 计算曲线积分 $\oint_{L}\dfrac{x\mathrm{d}y-y\mathrm{d}x}{4x^2+y^2}$，其中 L 是以点 $(1,0)$ 为中心，R 为半径的圆周 $(R>1)$，取逆时针方向.

6. 计算 $I=\iint\limits_{\Sigma}\left(z+2x+\dfrac{4}{3}y\right)\cos\gamma\,\mathrm{d}S$，其中 Σ 是平面 $\dfrac{x}{2}+\dfrac{y}{3}+\dfrac{z}{4}=1$ 在第一卦限的部分，γ 是 Σ 的法线向量 $\left(\dfrac{1}{2},\dfrac{1}{3},\dfrac{1}{4}\right)$ 与 z 轴正向的夹角.

7. 计算 $I=\oiint\limits_{\Sigma}\left|x-\dfrac{a}{3}\right|\mathrm{d}y\mathrm{d}z+\left|y-\dfrac{2b}{3}\right|\mathrm{d}z\mathrm{d}x+\left|z-\dfrac{c}{4}\right|\mathrm{d}x\mathrm{d}y$，其中 Σ 是六面体 $0\leqslant x\leqslant a,0\leqslant y\leqslant b,0\leqslant z\leqslant c$ 表面的外侧.

8. 计算曲面积分 $\iint\limits_{\Sigma}2(1-x^2)\mathrm{d}y\mathrm{d}z+8xy\mathrm{d}z\mathrm{d}x-4xz\mathrm{d}x\mathrm{d}y$，其中 Σ 是曲线 $x=\mathrm{e}^y(0\leqslant y\leqslant a)$ 绕 x 轴旋转而成的旋转曲面的外侧.

9. 计算 $\iint\limits_{\Sigma}-y\mathrm{d}z\mathrm{d}x+(z+1)\mathrm{d}x\mathrm{d}y$，其中 Σ 是圆柱面 $x^2+y^2=4$ 被平面 $x+z=2$ 与 $z=0$ 所截部分的外侧.

10. 计算曲面积分 $\iint\limits_{\Sigma}(x^3+az^2)\mathrm{d}y\mathrm{d}z+(y^3+ax^2)\mathrm{d}z\mathrm{d}x+(z^3+ay^2)\mathrm{d}x\mathrm{d}y$，其中 Σ 是上半球面 $z=\sqrt{a^2-x^2-y^2}$ 的上侧.

11. 计算 $\oiint\limits_{\Sigma}2xz\mathrm{d}y\mathrm{d}z+yz\mathrm{d}z\mathrm{d}x-z^2\mathrm{d}x\mathrm{d}y$，其中 Σ 是由曲面 $z=\sqrt{x^2+y^2}$ 与 $z=\sqrt{2-x^2-y^2}$ 所围立体的表面外侧.

12. 在过点 $O(0,0)$ 和点 $A(\pi,0)$ 的曲线族 $y = a\sin x\ (a > 0)$ 中求一条曲线 L，使沿该曲线从点 O 到点 A 的积分 $\int_L (1 + y^3)\mathrm{d}x + (2x + y)\mathrm{d}y$ 的值最小.

13. 设函数 $Q(x,y)$ 在平面 xOy 上具有一阶连续偏导数，曲线积分 $\int_L 2xy\,\mathrm{d}x + Q(x,y)\mathrm{d}y$ 与路径无关，并且对任意 t 恒有下列等式成立：

$$\int_{(0,0)}^{(t,1)} 2xy\,\mathrm{d}x + Q(x,y)\mathrm{d}y = \int_{(0,0)}^{(1,t)} 2xy\,\mathrm{d}x + Q(x,y)\mathrm{d}y,$$

求 $Q(x,y)$.

14. 计算 $\int_\Gamma z\,\mathrm{d}s$，其中 Γ 为圆锥螺线 $x = t\cos t$，$y = t\sin t$，$z = t\ \left(0 \leqslant t \leqslant \dfrac{\pi}{4}\right)$.

15. 设 $u = x^2 + y^2$，L 为圆周 $y^2 = 6x - x^2$，求 $I = \int_L \dfrac{\partial u}{\partial n}\,\mathrm{d}s$，其中 $\boldsymbol{n}$ 为 L 的外法线向量.

16. 在过点 $A\left(\dfrac{\pi}{2},0\right)$，$B\left(\dfrac{3\pi}{2},0\right)$ 的曲线族 $y = k\cos x\ (k > 0)$ 中求一条曲线 L，使沿该曲线从点 A 到点 B 的积分 $\int_L (1 + y^3)\mathrm{d}x + (2x + y)\mathrm{d}y$ 的值最大.

17. 计算曲线积分 $I = \int_\Gamma y\,\mathrm{d}x + z\,\mathrm{d}y + x\,\mathrm{d}z$，其中 Γ 为曲线 $x = a\cos t$，$y = a\sin t$，$z = bt$ 上从 $t = 0$ 到 $t = 2\pi$ 的一段.

18. 设 L 为闭曲线 $x^2 + y^2 = 4$，取正向，计算曲线积分 $\oint_L (2xy\mathrm{e}^x - y)\mathrm{d}x + 2(x - 1)\mathrm{e}^x\,\mathrm{d}y$.

19. 计算曲线积分 $I = \oint_L \dfrac{(yx^3 + \mathrm{e}^y)\mathrm{d}x + (xy^3 + x\mathrm{e}^y - 2y)\mathrm{d}y}{9x^2 + 4y^2}$，其中 L 为椭圆 $\dfrac{x^2}{4} + \dfrac{y^2}{9} = 1$，取顺时针方向.

20. 计算曲线积分 $I = \int_L \mathrm{e}^x[\mathrm{e}^y(x - y + 2) + y]\mathrm{d}x + \mathrm{e}^x[\mathrm{e}^y(x - y) + 1]\mathrm{d}y$，其中 L 是沿曲线 $x = y^3$ 从点 $A(0,0)$ 到 $B(1,1)$ 的弧段.

21. 计算 $I = \oint_\Gamma 3y\,\mathrm{d}x - xz\,\mathrm{d}y + yz^2\,\mathrm{d}z$，其中 Γ 是圆周 $x^2 + y^2 = 2z$，$z = 2$，若从 z 轴正向看去，这圆周取逆时针方向.

22. 计算 $\oint_\Gamma y\,\mathrm{d}x + z\,\mathrm{d}y + x\,\mathrm{d}z$，其中 Γ 是圆周 $\begin{cases} x^2 + y^2 + z^2 = a^2, \\ x + y + z = 0 \end{cases}$ $(a > 0)$，若从 z 轴正向看去，这圆周取逆时针方向.

23. 计算曲面积分 $I = \iint\limits_\Sigma xyz\,\mathrm{d}S$，其中 Σ 为曲面 $z = \sqrt{x^2 + y^2}$ 被平面 $z = 1$ 所截得的在第一卦限的部分.

24. 计算曲面积分 $I = \iint\limits_\Sigma (x + y + z)\mathrm{d}S$，其中 Σ 为平面 $y + z = 5$ 被柱面 $x^2 + y^2 = 25$ 所截得的部分.

25. 计算曲面积分 $I = \iint\limits_{\Sigma} x \, \mathrm{d}y \mathrm{d}z + y \, \mathrm{d}z \mathrm{d}x + z \, \mathrm{d}x \mathrm{d}y$，其中 Σ 为圆柱面 $x^2 + y^2 = 1$ 被平面 $z = 0$ 及 $z = 3$ 所截得的在第一卦限内的部分的前侧.

26. 计算曲面积分 $I = \oiint\limits_{\Sigma} \sqrt{x^2 + y^2 + z^2}\, (xz^2 \mathrm{d}y \mathrm{d}z + yx^2 \mathrm{d}z \mathrm{d}x + zy^2 \mathrm{d}x \mathrm{d}y)$，其中 Σ 为曲面 $x^2 + y^2 + z^2 = R^2$ 的外侧.

27. 利用曲线积分计算封闭曲线 $\begin{cases} x = 2a\cos t - a\cos 2t, \\ y = 2a\sin t - a\sin 2t \end{cases}$ 所围成图形的面积.

28. 已知流体流速 $\boldsymbol{v} = xy\boldsymbol{i} + yz\boldsymbol{j} + xz\boldsymbol{k}$，求由平面 $z = 1$，$x = 0$，$y = 0$ 和锥面 $z^2 = x^2 + y^2$ 所围成的空间闭区域 Ω 在第一卦限部分向外流出的流量.

29. 设向量场 $\boldsymbol{A} = xy^2z^2\boldsymbol{i} + z^2\sin y\boldsymbol{j} + x^2\mathrm{e}^y\boldsymbol{k}$，求 $\mathrm{div}\,\boldsymbol{A}$，$\mathbf{grad}(\mathrm{div}\,\boldsymbol{A})$，$\mathbf{rot}\,\boldsymbol{A}$.

30. (2020 年数学一) 计算曲线积分 $I = \int_L \dfrac{4x - y}{4x^2 + y^2}\mathrm{d}x + \dfrac{x + y}{4x^2 + y^2}\mathrm{d}y$，其中 L 为 $x^2 + y^2 = 2$，取逆时针方向.

31. (2020 年数学一) 设 Σ 为曲面 $z = \sqrt{x^2 + y^2}\,(1 \leqslant x^2 + y^2 \leqslant 4)$ 的下侧，$f(x)$ 为连续函数，计算曲面积分 $I = \iint\limits_{\Sigma} [xf(xy) + 2x - y]\mathrm{d}y \mathrm{d}z + [yf(xy) + 2y + x]\mathrm{d}z \mathrm{d}x + [zf(xy) + z]\mathrm{d}x \mathrm{d}y$.

32. (2021 年数学一) 设 $D \subset \mathbf{R}^2$ 是有界单连通闭区域，$I(D) = \iint\limits_{D} (4 - x^2 - y^2)\mathrm{d}x \mathrm{d}y$ 取得最大值的积分区域记为 D_1.

(1) 求 $I(D_1)$ 的值.

(2) 计算 $\int_{\partial D_1} \dfrac{(x\mathrm{e}^{x^2 + 4y^2} + y)\mathrm{d}x + (4y\mathrm{e}^{x^2 + 4y^2} - x)\mathrm{d}y}{x^2 + 4y^2}$，其中 ∂D_1 是 D_1 的正向边界.

四、证明题

1. 求证：若 $f(u)$ 是连续函数，Γ 为逐段光滑的闭曲线，则

$$\oint_{\Gamma} f(x^2 + y^2)(x \, \mathrm{d}x + y \, \mathrm{d}y) = 0.$$

2. 证明：$\oiint\limits_{\Sigma} (x + y + z + \sqrt{3}\,a)^3 \mathrm{d}S \geqslant 108\pi a^5\,(a > 0)$，其中 Σ 是球面 $x^2 + y^2 + z^2 - 2ax - 2ay - 2az + 2a^2 = 0$.

3. 设 $f(r)$ 为可微函数，$\boldsymbol{r} = (x, y, z)$，$r = |\boldsymbol{r}|$，证明：$\mathbf{rot}\,[f(r)\boldsymbol{r}] = \boldsymbol{0}$.

五、应用题

1. 质点 P 沿着以 AB 为直径的下半圆从点 $A(1, 2)$ 运动到点 $B(3, 4)$ 的过程中，受变力 $\boldsymbol{F}$ 的作用，$\boldsymbol{F}$ 的大小等于点 P 到原点的距离，方向垂直于 OP 且与 y 轴正向成锐角，求变力对质点做的功.

2. 在变力 $\boldsymbol{F} = (y^3, 3x - x^3)$ 的作用下，一质点沿着圆周 $\Gamma: x^2 + y^2 = R^2\,(R \geqslant 0)$ 按逆时针方向运动，试问当 R 为何值时，变力 $\boldsymbol{F}$ 所做的功最大？

3. 求双曲抛物面 $z = x^2 - y^2$ 包含在两椭圆抛物面 $z = 3x^2 + y^2 - 2$ 和 $z = 3x^2 + y^2 - 4$ 之间部分的面积.

4. 已知曲线 L 的极坐标方程为 $r = \theta\left(0 \leqslant \theta \leqslant \dfrac{\pi}{2}\right)$，$L$ 上任意一点处的线密度为 $\rho(\theta) = \dfrac{1}{\sqrt{1 + \theta^2}}$，试求该曲线关于极轴的转动惯量.

5. (2017 年数学一) 设薄片型物体 S 是圆锥面 $z = \sqrt{x^2 + y^2}$ 被柱面 $z^2 = 2x$ 割下的有限部分，其上任一点的密度为 $\mu = 9\sqrt{x^2 + y^2 + z^2}$. 记圆锥面与柱面的交线为 C.

(1) 求 C 在 xOy 平面上的投影曲线的方程；

(2) 求 S 的质量.

习 题 详 解

一、选择题

1. A. **解析：** 由格林公式得

$$\oint_L (x^3 - x^2 y)\mathrm{d}x + (xy^2 - y^3)\mathrm{d}y = -\iint\limits_D (y^2 + x^2)\mathrm{d}x\,\mathrm{d}y$$

$$= -\int_0^{2\pi}\mathrm{d}\theta\int_0^a \rho^2 \cdot \rho\,\mathrm{d}\rho$$

$$= -\frac{1}{2}\pi a^4.$$

2. A. **解析：** 令 $P(x, y) = \dfrac{2x}{2x^2 + y^2}$，$Q(x, y) = \dfrac{y}{2x^2 + y^2}$，则有

$$\frac{\partial P}{\partial y} = \frac{-4xy}{(2x^2 + y^2)^2} = \frac{\partial Q}{\partial x}.$$

因 L 围成的闭区域 D 包含原点，故选取适当小的 $r > 0$，作位于 D 内的椭圆周 l：

$\begin{cases} x = \dfrac{r\cos t}{\sqrt{2}}, \\ y = r\sin t \end{cases}$ $(0 \leqslant t \leqslant 2\pi)$，取逆时针方向，得

$$\int_L \frac{2x\,\mathrm{d}x + y\,\mathrm{d}y}{2x^2 + y^2} = \oint_{L+l^-} \frac{2x\,\mathrm{d}x + y\,\mathrm{d}y}{2x^2 + y^2} + \int_l \frac{2x\,\mathrm{d}x + y\,\mathrm{d}y}{2x^2 + y^2}$$

$$= \iint\limits_{D'}\left[\frac{\partial\left(\dfrac{y}{2x^2 + y^2}\right)}{\partial x} - \frac{\partial\left(\dfrac{2x}{2x^2 + y^2}\right)}{\partial y}\right]\mathrm{d}x\,\mathrm{d}y + \int_l \frac{2x\,\mathrm{d}x + y\,\mathrm{d}y}{2x^2 + y^2}$$

$$= 0 + \int_0^{2\pi} \frac{2\cdot\dfrac{1}{\sqrt{2}}r\cos t\,\mathrm{d}\left(\dfrac{1}{\sqrt{2}}r\cos t\right) + r\sin t\,\mathrm{d}(r\sin t)}{r^2}$$

$$= \int_0^{2\pi} \frac{0}{r^2}\mathrm{d}t = 0 (\text{其中 } D' \text{ 为由 } L \text{ 和 } l \text{ 所围成的区域}).$$

3. B. **解析**：设 $P_1(x, y, z) = 2x + z^2$，$Q_1(x, y, z) = 2$，$R_1(x, y, z) = z + 2xz$，则

$$\text{div}\boldsymbol{F} = \frac{\partial P_1}{\partial x} + \frac{\partial Q_1}{\partial y} + \frac{\partial R_1}{\partial z} = 2 + 0 + 1 + 2x = 3 + 2x,$$

$$\text{rot}\boldsymbol{F} = \left(\frac{\partial R_1}{\partial y} - \frac{\partial Q_1}{\partial z}, \frac{\partial P_1}{\partial z} - \frac{\partial R_1}{\partial x}, \frac{\partial Q_1}{\partial x} - \frac{\partial P_1}{\partial y}\right) = (0, 0, 0).$$

设 $P_2(x, y, z) = 2y + x^2$，$Q_2(x, y, z) = -y$，$R_2(x, y, z) = z - 2xz$，则

$$\text{div}\boldsymbol{G} = \frac{\partial P_2}{\partial x} + \frac{\partial Q_2}{\partial y} + \frac{\partial R_2}{\partial z} = 2x - 1 + 1 - 2x = 0,$$

$$\text{rot}\boldsymbol{G} = \left(\frac{\partial R_2}{\partial y} - \frac{\partial Q_2}{\partial z}, \frac{\partial P_2}{\partial z} - \frac{\partial R_2}{\partial x}, \frac{\partial Q_2}{\partial x} - \frac{\partial P_2}{\partial y}\right) = (0, 2z, -2).$$

故选 B.

4. A. **解析**：设 $P_1(x, y, z) = x^3$，$Q_1(x, y, z) = y^3$，$R_1(x, y, z) = z^3$，则

$$\text{div}\boldsymbol{F}(1, 0, -1) = \left(\frac{\partial P_1}{\partial x} + \frac{\partial Q_1}{\partial y} + \frac{\partial R_1}{\partial z}\right)\Bigg|_{(1, 0, -1)}$$

$$= (3x^2 + 3y^2 + 3z^2)\Bigg|_{(1, 0, -1)} = 6.$$

5. B. **解析**：因 $\boldsymbol{a} = \text{grad}\left(\ln\sqrt{x^2 + y^2}\right) = \dfrac{1}{x^2 + y^2}(x, y)$，所以其沿着 L 的正向环流量

$I = \oint_L \dfrac{x\,\text{d}x + y\,\text{d}y}{x^2 + y^2}$. 令 $P(x, y) = \dfrac{x}{x^2 + y^2}$，$Q(x, y) = \dfrac{y}{x^2 + y^2}$，则 $\dfrac{\partial P}{\partial y} = \dfrac{-2xy}{(x^2 + y^2)^2} = \dfrac{\partial Q}{\partial x}$.

因 L 围成的闭区域 D 包含原点，故选取适当小的 $r > 0$，作位于 D 内的圆周 l：$\begin{cases} x = r\cos t, \\ y = r\sin t \end{cases}$

$(0 \leqslant t \leqslant 2\pi)$，取逆时针方向，得

$$\int_L \frac{x\,\text{d}x + y\,\text{d}y}{x^2 + y^2} = \int_0^{2\pi} \frac{r\cos t\,\text{d}(r\cos t) + r\sin t\,\text{d}(r\sin t)}{r^2} = 0.$$

6. D. **解析**：由流量（通量）的定义知，向量场

$$\boldsymbol{A} = P(x, y, z)\boldsymbol{i} + Q(x, y, z)\boldsymbol{j} + R(x, y, z)\boldsymbol{k}$$

穿过曲面 Σ 的流量为

$$\Phi = \iint\limits_{\Sigma} P(x, y, z)\text{d}y\text{d}z + Q(x, y, z)\text{d}z\text{d}x + R(x, y, z)\text{d}x\text{d}y.$$

故选 D.

二、填空题

1. $\pi a^3 h$. **解析**：由于 Σ 关于 x，y 具有轮换对称性，因此

$$\iint\limits_{\Sigma} x^2\text{d}S = \frac{1}{2}\iint\limits_{\Sigma}(x^2 + y^2)\text{d}S = \frac{a^2}{2}\iint\limits_{\Sigma}\text{d}S = \frac{a^2}{2}2\pi ah = \pi a^3 h.$$

2. 0. **解析**：设 $\dfrac{(ax + by)\text{d}x + (bx + ay)\text{d}y}{(x^2 + y^2)^m}$ $(x^2 + y^2 \neq 0, ab \neq 0)$ 是某二元函数

$u(x, y)$ 的全微分，则 $\dfrac{\partial u}{\partial x} = \dfrac{ax + by}{(x^2 + y^2)^m}$，$\dfrac{\partial u}{\partial y} = \dfrac{bx + ay}{(x^2 + y^2)^m}$，从而

$$\frac{\partial^2 u}{\partial x \partial y} = \frac{b(x^2 + y^2)^m - (ax + by) \cdot m(x^2 + y^2)^{m-1} \cdot 2y}{(x^2 + y^2)^{2m}},$$

$$\frac{\partial^2 u}{\partial y \partial x} = \frac{b(x^2 + y^2)^m - (bx + ay) \cdot m(x^2 + y^2)^{m-1} \cdot 2x}{(x^2 + y^2)^{2m}}.$$

令 $\dfrac{\partial^2 u}{\partial x \partial y} = \dfrac{\partial^2 u}{\partial y \partial x}$，比较分子得 $m = 0$.

3. $a + b = 0$. **解析**：设 $\dfrac{ay\,\mathrm{d}x + bx\,\mathrm{d}y}{(3x + 4y)^2 + (2x + 3y)^2}$ $(x^2 + y^2 \neq 0, ab \neq 0)$ 是某二元函数 $u(x, y)$ 的全微分，则

$$\frac{\partial u}{\partial x} = \frac{ay}{(3x + 4y)^2 + (2x + 3y)^2}, \qquad \frac{\partial u}{\partial y} = \frac{bx}{(3x + 4y)^2 + (2x + 3y)^2},$$

从而

$$\frac{\partial^2 u}{\partial x \partial y} = \frac{a[(3x + 4y)^2 + (2x + 3y)^2] - ay[8(3x + 4y) + 6(2x + 3y)]}{[(3x + 4y)^2 + (2x + 3y)^2]^2},$$

$$\frac{\partial^2 u}{\partial y \partial x} = \frac{b[(3x + 4y)^2 + (2x + 3y)^2] - bx[6(3x + 4y) + 4(2x + 3y)]}{[(3x + 4y)^2 + (2x + 3y)^2]^2},$$

令 $\dfrac{\partial^2 u}{\partial x \partial y} = \dfrac{\partial^2 u}{\partial y \partial x}$，比较分子得 $a + b = 0$.

4. $x^2 + C$. **解析**：设 $P(x, y) = x\mathrm{e}^{2y}$，$Q(x, y) = \mathrm{e}^{2y} f(x)$，则由题意得 $\dfrac{\partial P}{\partial y} = \dfrac{\partial Q}{\partial x}$，即 $2x\mathrm{e}^{2y} = \mathrm{e}^{2y} f'(x)$，所以 $f'(x) = 2x$，从而 $f(x) = x^2 + C$.

5. $2(\mathrm{e}^R - 1) + \dfrac{\pi R}{4}\mathrm{e}^R$. **解析**：记 $L_1: y = 0(0 \leqslant x \leqslant R)$，$L_2: y = x\left(0 \leqslant x \leqslant \dfrac{\sqrt{2}}{2}R\right)$，

$L_3: \begin{cases} x = R\cos t, \\ y = R\sin t \end{cases} \left(0 \leqslant t \leqslant \dfrac{\pi}{4}\right)$，则

$$\oint_L \mathrm{e}^{\sqrt{x^2 + y^2}}\,\mathrm{d}s = \oint_{L_1 + L_2 + L_3} \mathrm{e}^{\sqrt{x^2 + y^2}}\,\mathrm{d}s$$

$$= \int_0^R \mathrm{e}^x\,\mathrm{d}x + \int_0^{\frac{\sqrt{2}}{2}R} \mathrm{e}^{\sqrt{2}x}\sqrt{2}\,\mathrm{d}x + \int_0^{\frac{\pi}{4}} \mathrm{e}^R R\,\mathrm{d}t$$

$$= 2(\mathrm{e}^R - 1) + \frac{\pi R}{4}\mathrm{e}^R.$$

6. $\dfrac{4}{5}\pi$. **解析**：$\oint_L \dfrac{1}{x^2 + y^2 + z^2}\,\mathrm{d}s = \oint_L \dfrac{1}{5}\,\mathrm{d}s = \dfrac{1}{5}(2\pi \cdot 2) = \dfrac{4}{5}\pi$.

7. $\displaystyle\int_L \mathrm{e}^{x+y}\,\mathrm{d}s$，$\dfrac{\sqrt{2}}{2}(\mathrm{e}^2 - 1)$. **解析**：$\displaystyle\int_L \mathrm{e}^{x+y}\,\mathrm{d}s = \int_0^1 \mathrm{e}^{x+x}\sqrt{2}\,\mathrm{d}x = \dfrac{\sqrt{2}}{2}(\mathrm{e}^2 - 1)$.

8. $\dfrac{\partial^2 f}{\partial x^2} + \dfrac{\partial^2 f}{\partial y^2} + \dfrac{\partial^2 f}{\partial z^2}$. **解析**：因 $\mathbf{grad}\,f(x, y, z) = \left(\dfrac{\partial f}{\partial x}, \dfrac{\partial f}{\partial y}, \dfrac{\partial f}{\partial z}\right)$，所以

$$\mathrm{div}[\mathbf{grad}\,f(x, y, z)] = \frac{\partial^2 f}{\partial x^2} + \frac{\partial^2 f}{\partial y^2} + \frac{\partial^2 f}{\partial z^2}.$$

9. $\dfrac{32}{3}\pi$. **解析:** 由高斯公式得

$$\oiint\limits_{\Sigma}\dfrac{\partial u}{\partial n}\mathrm{d}S = \iiint\limits_{\Omega}\left(\dfrac{\partial^{2}u}{\partial x^{2}}+\dfrac{\partial^{2}u}{\partial y^{2}}+\dfrac{\partial^{2}u}{\partial z^{2}}\right)\mathrm{d}v = \iiint\limits_{\Omega}1\mathrm{d}v$$

$$=\dfrac{4}{3}\pi\cdot2^{3}=\dfrac{32}{3}\pi.$$

10. 9. **解析:** 设 $P(x,y,z)=xy^{2}$, $Q(x,y,z)=yz^{2}$, $R(x,y,z)=zx^{2}$, 则

$$\mathrm{div}\boldsymbol{A}=\dfrac{\partial P}{\partial x}+\dfrac{\partial Q}{\partial y}+\dfrac{\partial R}{\partial z}=y^{2}+z^{2}+x^{2},$$

故 $\mathrm{div}\boldsymbol{A}(2,-1,2)=9$.

11. $\dfrac{1}{x^{2}+y^{2}+z^{2}}$. **解析:** 因为 $\mathbf{grad}\,u=(u_{x},u_{y},u_{z})=\dfrac{1}{x^{2}+y^{2}+z^{2}}(x,y,z)$, 所以

$$\mathrm{div}\,(\mathbf{grad}\,u)=u_{xx}+u_{yy}+u_{zz}$$

$$=\dfrac{(y^{2}+z^{2}-x^{2})+(x^{2}+z^{2}-y^{2})+(x^{2}+y^{2}-z^{2})}{(x^{2}+y^{2}+z^{2})^{2}}$$

$$=\dfrac{1}{x^{2}+y^{2}+z^{2}}.$$

12. $(1,0,-1)$. **解析:** 设 $P(x,y,z)=xy$, $Q(x,y,z)=-yz$, $R(x,y,z)=xz$, 则

$$\mathbf{rot}\boldsymbol{F}(1,1,0)=\left(\dfrac{\partial R}{\partial y}-\dfrac{\partial Q}{\partial z},\dfrac{\partial P}{\partial z}-\dfrac{\partial R}{\partial x},\dfrac{\partial Q}{\partial x}-\dfrac{\partial P}{\partial y}\right)\bigg|_{(1,1,0)}$$

$$=(y,-z,-x)\big|_{(1,1,0)}$$

$$=(1,0,-1).$$

13. $(0,1,y-1)$. **解析:** 设

$$P(x,y,z)=x+y+z,\quad Q(x,y,z)=xy,\quad R(x,y,z)=z,$$

则

$$\mathbf{rot}\boldsymbol{A}=\left(\dfrac{\partial R}{\partial y}-\dfrac{\partial Q}{\partial z},\quad\dfrac{\partial P}{\partial z}-\dfrac{\partial R}{\partial x},\quad\dfrac{\partial Q}{\partial x}-\dfrac{\partial P}{\partial y}\right)=(0,1,y-1).$$

14. 0. **解析:** 因通量 $\Phi=\iint\limits_{\Sigma}\boldsymbol{A}\cdot\boldsymbol{n}\mathrm{d}S$, 而 $\boldsymbol{A}(M)\perp\boldsymbol{n}$, 所以 $\Phi=0$.

15. -1. **解析:** 记 $P=\dfrac{x}{x^{2}+y^{2}-1}$, $Q=\dfrac{-ay}{x^{2}+y^{2}-1}$, 则

$$\dfrac{\partial P}{\partial y}=\dfrac{-2xy}{(x^{2}+y^{2}-1)^{2}},\quad\dfrac{\partial Q}{\partial x}=\dfrac{2axy}{(x^{2}+y^{2}-1)^{2}}.$$

由积分与路径无关知 $\dfrac{\partial P}{\partial y}=\dfrac{\partial Q}{\partial x}$, 故 $a=-1$.

16. $\dfrac{32}{3}$. **解析:** 积分曲面在 xOy 面上的投影区域及该区域在第一象限的部分分别为 $D=\{(x,y)\mid x^{2}+y^{2}\leqslant4\}$, $D_{1}=\{(x,y)\mid x^{2}+y^{2}\leqslant4,x\geqslant0,y\geqslant0\}$. 注意到被积函数定义在积分曲面上, 故有

$$\iint\limits_{\Sigma}\sqrt{4-x^2-4z^2}\,\mathrm{d}x\,\mathrm{d}y=\iint\limits_{\Sigma}\sqrt{y^2}\,\mathrm{d}x\,\mathrm{d}y=\iint\limits_{D}|\,y\,|\,\mathrm{d}x\,\mathrm{d}y$$

$$=4\iint\limits_{D_1}y\,\mathrm{d}x\,\mathrm{d}y=4\int_0^{\frac{\pi}{2}}\mathrm{d}\theta\int_0^2\rho\sin\theta\rho\,\mathrm{d}\rho$$

$$=4\int_0^{\frac{\pi}{2}}\sin\theta\,\mathrm{d}\theta\int_0^2\rho^2\,\mathrm{d}\rho=\frac{32}{3}.$$

17. 4π. **解析**: 记 Ω 是由 Σ 所围成的空间闭区域, 则由高斯公式得

$$\iint\limits_{\Sigma}x^2\,\mathrm{d}y\,\mathrm{d}z+y^2\,\mathrm{d}z\,\mathrm{d}x+z\,\mathrm{d}x\,\mathrm{d}y=\iiint\limits_{\Omega}(2x+2y+1)\,\mathrm{d}v$$

$$=\int_0^2\mathrm{d}z\iint\limits_{x^2+4y^2\leqslant4}\mathrm{d}x\,\mathrm{d}y\text{(三重积分"偶倍奇零"性质)}$$

$$=\int_0^2\pi\cdot2\cdot1\,\mathrm{d}z=4\pi.$$

三、计算题

1. **解**: 因点 $(0,0,0)$ 与点 $(1,1,1)$ 之间的直线段方程为 $\begin{cases}x=t,\\y=t,\ (0\leqslant t\leqslant1),\ \text{所以}\\z=t\end{cases}$

$$\int_\Gamma x\,\mathrm{d}s=\int_0^1 t\cdot\sqrt{1+1+1}\,\mathrm{d}t+\int_{-1}^1 x\sqrt{1+(4x^3)^2+1}\,\mathrm{d}x=\frac{\sqrt{3}}{2}.$$

2. **解**: 因 L 的方程为 $x^2+y^2+2x=1$, 所以

$$\oint_L\frac{\ln(x^2+y^2)\mathrm{d}x+\mathrm{e}^{y^2}\mathrm{d}y}{x^2+y^2+2x}=\oint_L\frac{\ln(1-2x)\mathrm{d}x+\mathrm{e}^{y^2}\mathrm{d}y}{1}=0.$$

3. **解**: $I=\displaystyle\int_{\overparen{AMB}}[\varphi(y)\mathrm{e}^x-my]\mathrm{d}x+[\varphi'(y)\mathrm{e}^x-m]\mathrm{d}y$

$$=\int_{\overparen{AMB}}\varphi(y)\mathrm{e}^x\mathrm{d}x+[\varphi'(y)\mathrm{e}^x-m]\mathrm{d}y-\int_{\overparen{AMB}}my\,\mathrm{d}x$$

$$=\int_{\overparen{AMB}}\mathrm{d}[\varphi(y)\mathrm{e}^x-my]-\oint_{\overparen{AMBA}}my\,\mathrm{d}x+\int_{BA}my\,\mathrm{d}x$$

$$=\left[\mathrm{e}^x\varphi(y)-my\right]_{(x_1,y_1)}^{(x_2,y_2)}-m\iint\limits_D(-1)\mathrm{d}x\,\mathrm{d}y+\int_0^1 m[y_2+(y_1-y_2)t]\mathrm{d}[x_2+(x_1-x_2)t]$$

$$=\mathrm{e}^{x_2}\varphi(y_2)-\mathrm{e}^{x_1}\varphi(y_1)-m(y_2-y_1)+mS+\frac{m(y_1+y_2)(x_1-x_2)}{2}.$$

4. **证明**: 令 $P(x,y)=\dfrac{3y-x}{(x+y)^3}$, $Q(x,y)=\dfrac{y-3x}{(x+y)^3}$, 则有

$$\frac{\partial P}{\partial y}=\frac{3(x+y)^3-(3y-x)\cdot3(x+y)^2}{(x+y)^6}=\frac{6x-6y}{(x+y)^4}=\frac{\partial Q}{\partial x},$$

所以积分 $\displaystyle\int_L\frac{3y-x}{(x+y)^3}\mathrm{d}x+\frac{y-3x}{(x+y)^3}\mathrm{d}y$ 与路径无关.

取从点 $(1,2)$ 沿直线 $y=2$ 到点 $(3,2)$ 再沿直线 $x=3$ 到点 $(3,0)$ 的积分路径, 得

$$\int_{(1,\,2)}^{(3,\,0)} \frac{3y-x}{(x+y)^3}\mathrm{d}x + \frac{y-3x}{(x+y)^3}\mathrm{d}y$$

$$=\int_1^3 \frac{6-x}{(2+x)^3}\mathrm{d}x + \int_2^0 \frac{y-9}{(3+y)^3}\mathrm{d}y$$

$$=\left[\frac{-4}{(2+x)^2} + \frac{1}{2+x}\right]_1^3 + \left[\frac{6}{(3+y)^2} - \frac{1}{3+y}\right]_2^0$$

$$=\frac{4}{9}.$$

5. **解**：令 $P(x,\,y) = \dfrac{-y}{4x^2+y^2}$ ，$Q(x,\,y) = \dfrac{x}{4x^2+y^2}$，则有

$$\frac{\partial P}{\partial y} = \frac{-4x^2-y^2+y \cdot 2y}{(4x^2+y^2)^2} = \frac{-4x^2+y^2}{(4x^2+y^2)^2} = \frac{\partial Q}{\partial x}.$$

因 L 围成的闭区域 D 包含原点，故选取适当小的 $r > 0$，作位于 D 内的椭圆周

$l:\begin{cases} x = \dfrac{r\cos t}{2}, \\ y = r\sin t \end{cases}(0 \leqslant t \leqslant 2\pi)$，取逆时针方向，得

$$\oint_L \frac{x\,\mathrm{d}y - y\,\mathrm{d}x}{4x^2+y^2} = \int_0^{2\pi} \frac{\dfrac{1}{2}r\cos t\,\mathrm{d}(r\sin t) - r\sin t\,\mathrm{d}\left(\dfrac{1}{2}r\cos t\right)}{r^2} = \int_0^{2\pi} \frac{r^2}{2r^2}\mathrm{d}t = \pi.$$

6. **解**：因 Σ 满足 $\dfrac{x}{2} + \dfrac{y}{3} + \dfrac{z}{4} = 1$，所以 $2x + \dfrac{4y}{3} + z = 4$. 又 $\cos\gamma\,\mathrm{d}S = \mathrm{d}x\,\mathrm{d}y$，故由两类曲面积分之间的关系可得

$$I = \iint_{\Sigma}\left(z + 2x + \frac{4}{3}y\right)\cos\gamma\,\mathrm{d}S = \iint_{\frac{x}{2}+\frac{y}{3}\leqslant 1} 4\mathrm{d}x\,\mathrm{d}y = 4\sigma = 12.$$

7. **解**：把有向曲面 Σ 分成以下六部分：

Σ_1：$x = a(0 \leqslant y \leqslant b, 0 \leqslant z \leqslant c)$ 的前侧，

Σ_2：$x = 0(0 \leqslant y \leqslant b, 0 \leqslant z \leqslant c)$ 的后侧，

Σ_3：$y = b(0 \leqslant x \leqslant a, 0 \leqslant z \leqslant c)$ 的右侧，

Σ_4：$y = 0(0 \leqslant x \leqslant a, 0 \leqslant z \leqslant c)$ 的左侧，

Σ_5：$z = c(0 \leqslant x \leqslant a, 0 \leqslant y \leqslant b)$ 的上侧，

Σ_6：$z = 0(0 \leqslant x \leqslant a, 0 \leqslant y \leqslant b)$ 的下侧.

除 Σ_1，Σ_2 外，其余四片曲面在 yOz 面上的投影都为零，因此

$$\oiint_{\Sigma}\left|x - \frac{a}{3}\right|\mathrm{d}y\,\mathrm{d}z = \iint_{\Sigma_1}\left|x - \frac{a}{3}\right|\mathrm{d}y\,\mathrm{d}z + \iint_{\Sigma_2}\left|x - \frac{a}{3}\right|\mathrm{d}y\,\mathrm{d}z$$

$$=\iint_{D_{yz}}\left(a - \frac{a}{3}\right)\mathrm{d}y\,\mathrm{d}z - \iint_{D_{yz}}\frac{a}{3}\mathrm{d}y\,\mathrm{d}z$$

$$=\frac{1}{3}abc.$$

类似地可得

$$\oiint_{\Sigma} \left| y - \frac{2b}{3} \right| \mathrm{d}z\mathrm{d}x = -\frac{1}{3}abc, \qquad \oiint_{\Sigma} \left| z - \frac{c}{4} \right| \mathrm{d}x\mathrm{d}y = \frac{1}{2}abc.$$

于是

$$I = \oiint_{\Sigma} \left| x - \frac{a}{3} \right| \mathrm{d}y\mathrm{d}z + \left| y - \frac{2b}{3} \right| \mathrm{d}z\mathrm{d}x + \left| z - \frac{c}{4} \right| \mathrm{d}x\mathrm{d}y = \frac{1}{2}abc.$$

8. **解**：添加曲面 $\Sigma_1: x = \mathrm{e}^a \, (0 \leqslant y^2 + z^2 \leqslant a^2)$，取前侧，记 Σ 与 Σ_1 所围成的空间闭区域为 Ω，则由高斯公式得

$$\iint_{\Sigma} 2(1-x^2)\mathrm{d}y\mathrm{d}z + 8xy\mathrm{d}z\mathrm{d}x - 4xz\mathrm{d}x\mathrm{d}y$$

$$= \iiint_{\Omega} \left(\frac{\partial P}{\partial x} + \frac{\partial Q}{\partial y} + \frac{\partial R}{\partial z} \right) \mathrm{d}v - \iint_{\Sigma_1} 2(1-x^2)\mathrm{d}y\mathrm{d}z + 8xy\mathrm{d}z\mathrm{d}x - 4xz\mathrm{d}x\mathrm{d}y$$

$$= 0 - \iint_{y^2+z^2 \leqslant a^2} 2(1 - \mathrm{e}^{2a})\mathrm{d}y\mathrm{d}z$$

$$= 2(\mathrm{e}^{2a} - 1)\pi a^2.$$

9. **解**：添加曲面 $\Sigma_1: z = 2-x \, (0 \leqslant x^2 + y^2 \leqslant 4)$，取上侧，$\Sigma_2: z = 0 \, (0 \leqslant x^2 + y^2 \leqslant 4)$，取下侧，记 Σ，Σ_1，Σ_2 所围成的空间闭区域为 Ω，则由高斯公式得

$$\iint_{\Sigma} -y\mathrm{d}z\mathrm{d}x + (z+1)\mathrm{d}x\mathrm{d}y$$

$$= \iiint_{\Omega} \left(\frac{\partial P}{\partial x} + \frac{\partial Q}{\partial y} + \frac{\partial R}{\partial z} \right) \mathrm{d}v - \left(\iint_{\Sigma_1 + \Sigma_2} -y\mathrm{d}z\mathrm{d}x + (z+1)\mathrm{d}x\mathrm{d}y \right)$$

$$= 0 - \left[\iint_{D_{xy}} (2-x+1)\mathrm{d}x\mathrm{d}y + \iint_{D_{xy}} (-1)\mathrm{d}x\mathrm{d}y \right]$$

$$= -2\sigma = -8\pi.$$

10. **解**：添加平面 $\Sigma_1: z = 0 \, (0 \leqslant x^2 + y^2 \leqslant a^2)$，取下侧，记 Σ 与 Σ_1 所围成的空间闭区域为 Ω，则由高斯公式得

$$\iint_{\Sigma} (x^3 + az^2)\mathrm{d}y\mathrm{d}z + (y^3 + ax^2)\mathrm{d}z\mathrm{d}x + (z^3 + ay^2)\mathrm{d}x\mathrm{d}y$$

$$= \iiint_{\Omega} \left(\frac{\partial P}{\partial x} + \frac{\partial Q}{\partial y} + \frac{\partial R}{\partial z} \right) \mathrm{d}v - \iint_{\Sigma_1} (x^3 + az^2)\mathrm{d}y\mathrm{d}z + (y^3 + ax^2)\mathrm{d}z\mathrm{d}x + (z^3 + ay^2)\mathrm{d}x\mathrm{d}y$$

$$= \iiint_{\Omega} (3x^2 + 3y^2 + 3z^2)\mathrm{d}v - \left(-\iint_{D_{xy}} ay^2 \mathrm{d}x\mathrm{d}y \right)$$

$$= \int_0^{2\pi} \mathrm{d}\theta \int_0^{\frac{\pi}{2}} \mathrm{d}\varphi \int_0^a 3r^2 \cdot r^2 \sin\varphi \, \mathrm{d}r + a\int_0^{2\pi} \mathrm{d}\theta \int_0^a \rho^2 \sin^2\theta \cdot \rho \, \mathrm{d}\rho$$

$$= \frac{6\pi}{5}a^5 + \frac{\pi}{4}a^5 = \frac{29\pi}{20}a^5.$$

11. **解**：记 Σ 所围成的空间闭区域为 Ω，则由高斯公式得

$$\oiint\limits_{\Sigma} 2xz\,\mathrm{d}y\,\mathrm{d}z + yz\,\mathrm{d}z\,\mathrm{d}x - z^2\,\mathrm{d}x\,\mathrm{d}y = \iiint\limits_{\Omega}\left(\frac{\partial P}{\partial x} + \frac{\partial Q}{\partial y} + \frac{\partial R}{\partial z}\right)\mathrm{d}v$$

$$= \int_0^{2\pi}\mathrm{d}\theta\int_0^{\frac{\pi}{4}}\mathrm{d}\varphi\int_0^{\sqrt{2}} r\cos\varphi \cdot r^2\sin\varphi\,\mathrm{d}r = \frac{\pi}{2}.$$

注：也可利用柱面坐标得原式 $= \int_0^{2\pi}\mathrm{d}\theta\int_0^1 \rho\,\mathrm{d}\rho\int_{\rho}^{\sqrt{2-\rho^2}} z\,\mathrm{d}z = \frac{\pi}{2}.$

12. **解**：$I = \int_L (1+y^3)\,\mathrm{d}x + (2x+y)\,\mathrm{d}y$

$$= \int_0^{\pi}\big[(1+a^3\sin^3 x) + (2x+a\sin x)a\cos x\big]\mathrm{d}x$$

$$= \pi + a^3\left[\frac{\cos^3 x}{3} - \cos x\right]_0^{\pi} + a\big[2x\sin x\big]_0^{\pi} - a\int_0^{\pi} 2\sin x\,\mathrm{d}x + \int_0^{\pi} a^2\sin x\cos x\,\mathrm{d}x$$

$$= \pi + \frac{4}{3}a^3 - 4a.$$

令 $I'_a = 0$，得符合题意的 $a = 1$.

13. **解**：因曲线积分 $\int_L 2xy\,\mathrm{d}x + Q(x,y)\,\mathrm{d}y$ 与路径无关，故 $\dfrac{\partial Q}{\partial x} = 2x$，可设 $Q(x,y) = x^2 + q(y)$. 因为

$$\int_{(0,0)}^{(t,1)} 2xy\,\mathrm{d}x + Q(x,y)\,\mathrm{d}y = \int_{(0,0)}^{(1,t)} 2xy\,\mathrm{d}x + Q(x,y)\,\mathrm{d}y,$$

所以 $\int_0^1 Q(t,y)\,\mathrm{d}y = \int_0^t Q(1,y)\,\mathrm{d}y$，而

$$\int_0^1 Q(t,y)\,\mathrm{d}y = \int_0^1 [t^2 + q(y)]\,\mathrm{d}y = t^2 + \int_0^1 q(y)\,\mathrm{d}y,$$

$$\int_0^t Q(1,y)\,\mathrm{d}y = \int_0^t [1 + q(y)]\,\mathrm{d}y = t + \int_0^t q(y)\,\mathrm{d}y,$$

于是 $\int_0^t q(y)\,\mathrm{d}y = t^2 - t + \int_0^1 q(y)\,\mathrm{d}y$，求导得 $q(t) = 2t - 1$，故 $Q(x,y) = x^2 + 2y - 1.$

14. **解**：因 $x_t = \cos t - t\sin t$，$y_t = \sin t + t\cos t$，$z_t = 1$，所以

$$\int_{\Gamma} z\,\mathrm{d}s = \int_0^{\frac{\pi}{4}} t \cdot \sqrt{(\cos t - t\sin t)^2 + (\sin t + t\cos t)^2 + 1^2}\,\mathrm{d}t$$

$$= \int_0^{\frac{\pi}{4}} t \cdot \sqrt{2 + t^2}\,\mathrm{d}t = \left[\frac{1}{3}(2+t^2)^{\frac{3}{2}}\right]_0^{\frac{\pi}{4}} = \frac{1}{3}\left[\left(2 + \frac{\pi^2}{16}\right)^{\frac{3}{2}} - 2\sqrt{2}\right].$$

15. **解**：设 $L:\begin{cases} x = 3 + 3\cos t, \\ y = 3\sin t \end{cases}$ $(0 \leqslant t \leqslant 2\pi)$，则其单位切向量为 $(-\sin t, \cos t)$，故 $\boldsymbol{n} = (\cos t, \sin t)$. 又

$$\frac{\partial u}{\partial n} = \frac{\partial u}{\partial x}\cos\alpha + \frac{\partial u}{\partial y}\cos\beta = 2x\cos\alpha + 2y\cos\beta,$$

所以

$$I = \int_L \frac{\partial u}{\partial n}\,\mathrm{d}s = \int_0^{2\pi} 3\big[2(3+3\cos t)\cos t + 2\cdot 3\sin t\cdot\sin t\big]\,\mathrm{d}t = 36\pi.$$

16. 解: 设 $I(k) = \int_L (1+y^3)dx + (2x+y)dy$

$$= \int_{\frac{\pi}{2}}^{\frac{3\pi}{2}} \left[(1+k^3\cos^3 x) + (2x+k\cos x)\cdot k(-\sin x)\right]dx$$

$$= \pi - \frac{4}{3}k^3 + 4k,$$

令 $I'(k) = -4k^2 + 4 = 0$,得 $k = 1$ 或 $k = -1$(舍去).又 $I''(1) = -8 < 0$,所以当 $y = \cos x$ 时,曲线积分 $\int_L (1+y^3)dx + (2x+y)dy$ 的值最大.

17. 解: $I = \int_\Gamma y\,dx + z\,dy + x\,dz$

$$= \int_0^{2\pi} a\sin t\,d(a\cos t) + bt\,d(a\sin t) + a\cos t\,d(bt) = -\pi a^2.$$

18. 解: 记 $D = \{(x,y) \mid x^2 + y^2 \leqslant 4\}$,则由格林公式得

$$\oint_L (2xye^x - y)dx + 2(x-1)e^x dy$$

$$= \iint_D \left\{\frac{\partial}{\partial x}[2(x-1)e^x] - \frac{\partial}{\partial y}(2xye^x - y)\right\}dx\,dy$$

$$= \iint_D [2e^x + 2(x-1)e^x - 2xe^x + 1]dx\,dy$$

$$= \iint_D dx\,dy = 4\pi.$$

19. 解: 记 $D = \left\{(x,y) \,\middle|\, \dfrac{x^2}{4} + \dfrac{y^2}{9} \leqslant 1\right\}$.因 L 的方程为 $\dfrac{x^2}{4} + \dfrac{y^2}{9} = 1$,即 $9x^2 + 4y^2 = 36$,所以

$$I = \oint_L \frac{(yx^3 + e^y)dx + (xy^3 + xe^y - 2y)dy}{9x^2 + 4y^2}$$

$$= \oint_L \frac{(yx^3 + e^y)dx + (xy^3 + xe^y - 2y)dy}{36}$$

$$= -\frac{1}{36}\iint_D (y^3 + e^y - x^3 - e^y)dx\,dy = 0 \text{(利用对称性)}.$$

20. 解: 设 $P(x,y) = e^x[e^y(x-y+2) + y]$,$Q(x,y) = e^x[e^y(x-y) + 1]$,则

$$\frac{\partial P}{\partial y} = e^x[e^y(x-y+2) + e^y\cdot(-1) + 1],$$

$$\frac{\partial Q}{\partial x} = e^x[e^y(x-y) + 1] + e^x\cdot e^y\cdot 1,$$

从而 $\dfrac{\partial P}{\partial y} = \dfrac{\partial Q}{\partial x}$,所以曲线积分与路径无关.取从点 $A(0,0)$ 沿直线 $y = 0$ 到点 $C(1,0)$ 再沿直线 $x = 1$ 到点 $B(1,1)$ 的积分路径,得

$$I = \int_L e^x[e^y(x-y+2) + y]dx + e^x[e^y(x-y) + 1]dy$$

$$=\int_0^1 e^x(x+2)dx+\int_0^1 e[e^y(1-y)+1]dy=e^2+e-1.$$

21. **解**：因 Γ 的参数方程为 $\begin{cases} x=2\cos t, \\ y=2\sin t, \\ z=2 \end{cases}$ $(0\leqslant t\leqslant 2\pi)$，所以

$$\oint_\Gamma 3ydx-xzdy+yz^2dz$$

$$=\int_0^{2\pi}[3\cdot2\sin t\cdot(-2\sin t)-2\cdot2\cos t\cdot(2\cos t)+0]dt$$

$$=-12\pi-8\pi=-20\pi.$$

22. **解**：设 $P(x,y,z)=y,Q(x,y,z)=z,R(x,y,z)=x,\Sigma:x+y+z=0(x^2+y^2+z^2=a^2)$，取上侧，得 Σ 的单位法向量 $\boldsymbol{n}=\left(\dfrac{1}{\sqrt{3}},\dfrac{1}{\sqrt{3}},\dfrac{1}{\sqrt{3}}\right)$，则由斯托克斯公式得

$$\oint_L ydx+zdy+xdz=\iint_\Sigma \begin{vmatrix} \dfrac{1}{\sqrt{3}} & \dfrac{1}{\sqrt{3}} & \dfrac{1}{\sqrt{3}} \\ \dfrac{\partial}{\partial x} & \dfrac{\partial}{\partial y} & \dfrac{\partial}{\partial z} \\ P & Q & R \end{vmatrix}dS$$

$$=\iint_\Sigma(-1-1-1)\dfrac{1}{\sqrt{3}}dS=-\sqrt{3}\pi a^2.$$

（Σ 是过球心的平面与球的交线，是半径为 a 的圆周）.

23. **解**：记 $D=\{(x,y)\mid x^2+y^2\leqslant1,x>0,y>0\}$. 由 $z=\sqrt{x^2+y^2}$ 得 $z_x=\dfrac{x}{\sqrt{x^2+y^2}},z_y=\dfrac{y}{\sqrt{x^2+y^2}}$，从而

$$I=\iint_\Sigma xyzdS=\iint_D xy\sqrt{x^2+y^2}\sqrt{1+z_x^2+z_y^2}dxdy$$

$$=\int_0^{\frac{\pi}{2}}d\theta\int_0^1\rho^2\sin\theta\cos\theta\cdot\rho\cdot\sqrt{2}\cdot\rho d\rho=\dfrac{\sqrt{2}}{10}.$$

24. **解**：因 Σ 满足 $y+z=5$，故 $z=5-y$，从而 $z_x=0,z_y=-1$. 记 $D=\{(x,y)\mid x^2+y^2\leqslant25\}$，则

$$I=\iint_\Sigma(x+y+z)dS=\iint_D(x+y+5-y)\sqrt{1+z_x^2+z_y^2}dxdy$$

$$=\iint_D\sqrt{2}(x+5)dxdy=5\sqrt{2}\cdot\pi\cdot25$$

$$=125\sqrt{2}\pi.$$

25. **解**：添加辅助曲面

$$\Sigma_1:z=0(x^2+y^2\leqslant1,x\geqslant0,y\geqslant0)，取下侧，$$

$$\Sigma_2:z=3(x^2+y^2\leqslant1,x\geqslant0,y\geqslant0)，取上侧，$$

$$\Sigma_3:y=0(0\leqslant x\leqslant1,0\leqslant z\leqslant3)，取左侧，$$

Σ_4: $x=0(0 \leqslant y \leqslant 1, 0 \leqslant z \leqslant 3)$，取后侧.

记 Ω 为曲面 Σ_1，Σ_2，Σ_3，Σ_4，Σ 所围成的空间闭区域，则由高斯公式得

$$I = \iint\limits_{\Sigma} x\,dy\,dz + y\,dz\,dx + z\,dx\,dy$$

$$= \oiint\limits_{\Sigma_1+\Sigma_2+\Sigma_3+\Sigma_4+\Sigma} (x\,dy\,dz + y\,dz\,dx + z\,dx\,dy)$$

$$- \sum_{i=1}^{4} \left(\iint\limits_{\Sigma_i} x\,dy\,dz + y\,dz\,dx + z\,dx\,dy \right)$$

$$= \iiint\limits_{\Omega} 3\,dx\,dy\,dz - 0 - 3 \cdot \frac{1}{4}\pi - 0 - 0 = 3 \cdot \frac{1}{4}\pi \cdot 3 - \frac{3}{4}\pi = \frac{3}{2}\pi.$$

26. 解： 记 Σ 所围成的空间闭区域为 Ω，则

$$\oiint\limits_{\Sigma} \sqrt{x^2+y^2+z^2}\,(xz^2\,dy\,dz + yx^2\,dz\,dx + zy^2\,dx\,dy)$$

$$= \oiint\limits_{\Sigma} R(xz^2\,dy\,dz + yx^2\,dz\,dx + zy^2\,dx\,dy)$$

$$= R\iiint\limits_{\Omega} (z^2+x^2+y^2)\,dx\,dy\,dz$$

$$= R\int_0^{2\pi} d\theta \int_0^{\pi} d\varphi \int_0^R r^2 \cdot r^2 \sin\varphi\,dr = \frac{4}{5}\pi R^6.$$

27. 解： 所求面积为 $A = \dfrac{1}{2}\oint_L x\,dy - y\,dx$

$$= \frac{1}{2}\int_0^{2\pi} \Big[(2a\cos t - a\cos 2t)(2a\cos t - 2a\cos 2t)$$

$$- (2a\sin t - a\sin 2t)(-2a\sin t + 2a\sin 2t) \Big]dt$$

$$= \frac{1}{2}\int_0^{2\pi} (6a^2 - 6a^2\cos t)\,dt = 6\pi a^2.$$

28. 解： 所求流量 $\Phi = \oiint\limits_{\Sigma} xy\,dy\,dz + yz\,dz\,dx + xz\,dx\,dy$

$$= \iiint\limits_{\Omega} (y+z+x)\,dx\,dy\,dz$$

$$= \int_0^{\frac{\pi}{2}} d\theta \int_0^1 \rho\,d\rho \int_\rho^1 (\rho\sin\theta + \rho\cos\theta + z)\,dz = \frac{1}{6} + \frac{\pi}{16}.$$

29. 解： $\text{div}\boldsymbol{A} = \dfrac{\partial}{\partial x}(xy^2z^2) + \dfrac{\partial}{\partial y}(z^2\sin y) + \dfrac{\partial}{\partial z}(x^2e^y) = z^2(y^2+\cos y)$. 记 $\text{div}\boldsymbol{A} = f$，则

$$\textbf{grad}\,(\text{div}\boldsymbol{A}) = \left(\frac{\partial f}{\partial x}, \frac{\partial f}{\partial y}, \frac{\partial f}{\partial z} \right) = (0,\ z^2(2y-\sin y),\ 2z(y^2+\cos y)).$$

$$\textbf{rot}\boldsymbol{A} = \begin{vmatrix} \boldsymbol{i} & \boldsymbol{j} & \boldsymbol{k} \\ \dfrac{\partial}{\partial x} & \dfrac{\partial}{\partial y} & \dfrac{\partial}{\partial z} \\ xy^2z^2 & z^2\sin y & x^2e^y \end{vmatrix} = (x^2e^y - 2z\sin y)\boldsymbol{i} + 2x(y^2z - e^y)\boldsymbol{j} - 2xyz^2\boldsymbol{k}.$$

30. 解: 记 $P(x,y)=\dfrac{4x-y}{4x^2+y^2}$，$Q(x,y)=\dfrac{x+y}{4x^2+y^2}$，则 $P_y=\dfrac{y^2-4x^2-8xy}{(4x^2+y^2)^2}=Q_x$，

从而曲线积分与路径无关. 记 $L_1:4x^2+y^2=\varepsilon^2(0<\varepsilon\leqslant1)$，取逆时针方向，于是

$$I=\int_L\frac{4x-y}{4x^2+y^2}\mathrm{d}x+\frac{x+y}{4x^2+y^2}\mathrm{d}y$$

$$=\frac{1}{\varepsilon^2}\int_{L_1}(4x-y)\mathrm{d}x+(x+y)\mathrm{d}y$$

$$=\frac{1}{\varepsilon^2}\iint\limits_{4x^2+y^2\leqslant\varepsilon^2}2\mathrm{d}x\,\mathrm{d}y=\frac{1}{\varepsilon^2}\cdot2\cdot\pi\cdot\frac{\varepsilon^2}{2}=\pi.$$

31. 解: 由题设知有向曲面 Σ 的单位法向量为

$$\boldsymbol{n}=\frac{1}{\sqrt{1+(z_x)^2+(z_y)^2}}(z_x,z_y,-1)=\frac{1}{\sqrt{2}}(z_x,z_y,-1),$$

则

$$I=\iint\limits_{\Sigma}[xf(xy)+2x-y]\mathrm{d}y\mathrm{d}z+[yf(xy)+2y+x]\mathrm{d}z\mathrm{d}x+[zf(xy)+z]\mathrm{d}x\mathrm{d}y$$

$$=\iint\limits_{\Sigma}\left\{\frac{x}{\sqrt{2(x^2+y^2)}}[xf(xy)+2x-y]+\frac{y}{\sqrt{2(x^2+y^2)}}[yf(xy)+2y+x]\right.$$

$$\left.-\frac{1}{\sqrt{2}}[zf(xy)+z]\right\}\mathrm{d}S$$

$$=\frac{1}{\sqrt{2}}\iint\limits_{\Sigma}\left[f(xy)(\sqrt{x^2+y^2}-z)+2\sqrt{x^2+y^2}-z\right]\mathrm{d}S=\frac{1}{\sqrt{2}}\iint\limits_{\Sigma}\sqrt{x^2+y^2}\,\mathrm{d}S$$

$$=\frac{1}{\sqrt{2}}\iint\limits_{1\leqslant x^2+y^2\leqslant4}\sqrt{x^2+y^2}\cdot\sqrt{2}\,\mathrm{d}x\,\mathrm{d}y$$

$$=\int_0^{2\pi}\mathrm{d}\theta\int_1^2\rho^2\mathrm{d}\rho=\frac{14\pi}{3}.$$

32. 解: (1) 由二重积分的性质可得区域 $D_1=\{(x,y)\mid x^2+y^2\leqslant4\}$，则

$$I(D_1)=\int_0^{2\pi}\mathrm{d}\theta\int_0^2(4-\rho^2)\rho\mathrm{d}\rho=2\pi\left[2\rho^2-\frac{\rho^4}{4}\right]_0^2=8\pi.$$

(2) 经计算验证，该积分与路径无关，记 $L:x^2+4y^2=1$，取逆时针方向，则

$$\int_{\partial D_1}\frac{(xe^{x^2+4y^2}+y)\mathrm{d}x+(4ye^{x^2+4y^2}-x)\mathrm{d}y}{x^2+4y^2}$$

$$=\int_L\frac{(xe+y)\mathrm{d}x+(4ye-x)\mathrm{d}y}{1}$$

$$=\int_L y\mathrm{d}x-x\mathrm{d}y=\iint\limits_{x^2+4y^2\leqslant1}(-1-1)\mathrm{d}\sigma=-\pi.$$

四、证明题

1. 证明: 令 $P(x,y)=f(x^2+y^2)x$，$Q(x,y)=f(x^2+y^2)y$，则

$$\frac{\partial P}{\partial y}=f'(x^2+y^2)\cdot2y\cdot x=\frac{\partial Q}{\partial x},$$

因此 $\oint_{\Gamma} f(x^2 + y^2)(x \, \mathrm{d}x + y \, \mathrm{d}y) = 0$.

2. 证明： 球面方程 $x^2 + y^2 + z^2 - 2ax - 2ay - 2az + 2a^2 = 0$ 可化为
$$(x - a)^2 + (y - a)^2 + (z - a)^2 = a^2.$$

设 $f(x, y, z) = (x + y + z + \sqrt{3}a)^3$，考察 $f(x, y, z)$ 在 Σ 上的最小值. 作拉格朗日函数
$$L(x, y, z) = (x + y + z + \sqrt{3}a)^3 + \lambda(x^2 + y^2 + z^2 - 2ax - 2ay - 2az + 2a^2),$$
由
$$\begin{cases} L_x = 3(x + y + z + \sqrt{3}a)^2 + \lambda(2x - 2a) = 0, \\ L_y = 3(x + y + z + \sqrt{3}a)^2 + \lambda(2y - 2a) = 0, \\ L_z = 3(x + y + z + \sqrt{3}a)^2 + \lambda(2z - 2a) = 0, \\ (x - a)^2 + (y - a)^2 + (z - a)^2 - a^2 = 0 \end{cases}$$

解得 $x = y = z = a \pm \dfrac{1}{\sqrt{3}}a$，取 $x = y = z = a - \dfrac{1}{\sqrt{3}}a$，得

$$f\left(a - \frac{1}{\sqrt{3}}a, \ a - \frac{1}{\sqrt{3}}a, \ a - \frac{1}{\sqrt{3}}a\right) = (3a)^3,$$

即在 Σ 上，$f(x, y, z) \geqslant 27a^3$，所以

$$\oiint_{\Sigma} (x + y + z + \sqrt{3}a)^3 \mathrm{d}S \geqslant \oiint_{\Sigma} 27a^3 \mathrm{d}S = 27a^3 \cdot 4\pi a^2 = 108\pi a^5 \ (a > 0).$$

3. 证明： 因 $r = |\boldsymbol{r}| = \sqrt{x^2 + y^2 + z^2}$，故 $f(r) = f(\sqrt{x^2 + y^2 + z^2})$. 设
$$P(x, y, z) = xf(\sqrt{x^2 + y^2 + z^2}),$$
$$Q(x, y, z) = yf(\sqrt{x^2 + y^2 + z^2}),$$
$$R(x, y, z) = zf(\sqrt{x^2 + y^2 + z^2}).$$
因为
$$\mathbf{rot}[f(r)\boldsymbol{r}] = \left(\frac{\partial R}{\partial y} - \frac{\partial Q}{\partial z}, \ \frac{\partial P}{\partial z} - \frac{\partial R}{\partial x}, \ \frac{\partial Q}{\partial x} - \frac{\partial P}{\partial y}\right),$$
而
$$\frac{\partial R}{\partial y} = zf'(r) \cdot \frac{y}{r}, \qquad \frac{\partial Q}{\partial z} = yf'(r) \cdot \frac{z}{r}, \qquad \frac{\partial P}{\partial z} = xf'(r) \cdot \frac{z}{r},$$
$$\frac{\partial R}{\partial x} = zf'(r) \cdot \frac{x}{r}, \qquad \frac{\partial Q}{\partial x} = yf'(r) \cdot \frac{x}{r}, \qquad \frac{\partial P}{\partial y} = xf'(r) \cdot \frac{y}{r},$$
所以 $\mathbf{rot}[f(r)\boldsymbol{r}] = \mathbf{0}$.

五、应用题

1. 解： 由题意可得 $\boldsymbol{F} = -y\boldsymbol{i} + x\boldsymbol{j}$，则其对质点所做的功 $W = \int_L (-y \, \mathrm{d}x + x \, \mathrm{d}y)$，其中

L 是沿着以 AB 为直径的下半圆从点 $A(1, 2)$ 到点 $B(3, 4)$ 的弧段. 添加 L_1：$\begin{cases} x = 1 + 2t, \\ y = 2 + 2t, \end{cases}$

t 从 1 变到 0，记 L 与 L_1 所围闭区域为 D，则由格林公式得

$$W = \int_L (-y\,\mathrm{d}x + x\,\mathrm{d}y) = \iint\limits_D [1 - (-1)]\mathrm{d}x\,\mathrm{d}y - \int_{L_1} (-y\,\mathrm{d}x + x\,\mathrm{d}y)$$

$$= 2 \cdot \frac{1}{2}\pi(\sqrt{2})^2 - \int_1^0 [(-2 - 2t)\cdot 2 + (1 + 2t)\cdot 2]\mathrm{d}t = 2\pi - 2.$$

2. **解**：由题意，所做功 $W = \int_L y^3\,\mathrm{d}x + (3x - x^3)\mathrm{d}y$. 记 Γ 所围区域为 D，则由格林公式得

$$W = \int_L y^3\,\mathrm{d}x + (3x - x^3)\mathrm{d}y = \iint\limits_D (3 - 3x^2 - 3y^2)\mathrm{d}x\,\mathrm{d}y$$

$$= \iint\limits_D 3\mathrm{d}x\,\mathrm{d}y - 3\iint\limits_D (x^2 + y^2)\mathrm{d}x\,\mathrm{d}y$$

$$= 3 \cdot \pi R^2 - 3\int_0^{2\pi}\mathrm{d}\theta\int_0^R \rho^2 \cdot \rho\,\mathrm{d}\rho = 3\pi\left(R^2 - \frac{R^4}{2}\right).$$

令 $W_R = 3\pi(2R - 2R^3) = 0$，解得符合题意的 $R = 1$.

3. **解**：因双曲抛物面 $z = x^2 - y^2$，故 $z_x = 2x$，$z_y = -2y$，从而

$$\sqrt{1 + z_x^2 + z_y^2} = \sqrt{1 + 4x^2 + 4y^2}.$$

由于双曲抛物面 $z = x^2 - y^2$ 与椭圆抛物面 $z = 3x^2 + y^2 - 2$ 的交线为 $x^2 + y^2 = 1$，与椭圆抛物面 $z = 3x^2 + y^2 - 4$ 的交线为 $x^2 + y^2 = 2$，因此所求面积

$$S = \iint\limits_{1 \leqslant x^2 + y^2 \leqslant 2} \sqrt{1 + 4x^2 + 4y^2}\,\mathrm{d}x\,\mathrm{d}y = \int_0^{2\pi}\mathrm{d}\theta\int_1^{\sqrt{2}} \sqrt{1 + 4\rho^2}\,\rho\,\mathrm{d}\rho$$

$$= 2\pi \cdot \frac{1}{8} \cdot \frac{2}{3} \cdot \left[\sqrt{(1 + 4\rho^2)^3}\right]_1^{\sqrt{2}} = \frac{\pi}{6}(27 - 5\sqrt{5}).$$

4. **解**：曲线关于极轴的转动惯量为

$$I_x = \int_L y^2 \rho(\theta)\,\mathrm{d}s = \int_0^{\frac{\pi}{2}} (\theta\sin\theta)^2 \cdot \frac{1}{\sqrt{1 + \theta^2}} \cdot \sqrt{\rho^2 + \rho'^2}\,\mathrm{d}\theta$$

$$= \int_0^{\frac{\pi}{2}} \theta^2 \frac{1 - \cos 2\theta}{2}\,\mathrm{d}\theta = \left[\frac{\theta^3}{6}\right]_0^{\frac{\pi}{2}} - \left[\frac{\theta^2}{4}\sin 2\theta\right]_0^{\frac{\pi}{2}} + \int_0^{\frac{\pi}{2}} \frac{\theta}{2}\sin 2\theta\,\mathrm{d}\theta$$

$$= \frac{\pi^3}{48} - \left[\frac{\theta}{4}\cos 2\theta\right]_0^{\frac{\pi}{2}} = \frac{\pi^3}{48} + \frac{\pi}{8}\,(\text{其中}\sqrt{\rho^2 + \rho'^2} = \sqrt{\theta^2 + 1}).$$

5. **解**：(1) 由题设条件知，C 的方程为 $\begin{cases} z = \sqrt{x^2 + y^2}, \\ z^2 = 2x, \end{cases}$ 则 C 在 xOy 面上的投影曲线的方程为 $\begin{cases} (x - 1)^2 + y^2 = 1, \\ z = 0. \end{cases}$

(2) 所求质量为 $m = \iint\limits_S \mu(x, y, z)\mathrm{d}S = \iint\limits_S 9\sqrt{x^2 + y^2 + z^2}\,\mathrm{d}S$

$$= \iint\limits_{D_{xy}} 9\sqrt{2}\sqrt{x^2 + y^2}\sqrt{2}\,\mathrm{d}x\,\mathrm{d}y = 64\,\left(D_{xy} = \{(x, y)\,|\,x^2 + y^2 \leqslant 2x\}\right).$$

11.4　综 合 拓 展

习　题

一、填空题

1. (2018 年数学一) 设 L 为球面 $x^2 + y^2 + z^2 = 1$ 与平面 $x + y + z = 0$ 的交线，则 $\oint_L xy\,\mathrm{d}s =$ _____.

2. (2014 年数学一) 设 L 是柱面 $x^2 + y^2 = 1$ 与平面 $y + z = 0$ 的交线，从 z 轴正向往 z 轴负向看去为逆时针方向，则曲线积分 $\oint_L z\,\mathrm{d}x + y\,\mathrm{d}z =$ _____.

二、计算题

1. 计算 $\displaystyle\int_L \frac{-y\,\mathrm{d}x}{x^2 + y^2} + \frac{x\,\mathrm{d}y}{x^2 + y^2}$，其中 L 为曲线 $\begin{cases} x = a(t - \sin t) - a\pi, \\ y = a(1 - \cos t) \end{cases}$ 上从 $t = 0$ 到 $t = 2\pi$ 的一段.

2. 设曲线积分 $\displaystyle\oint_L 2[x\varphi(y) + \psi(y)]\mathrm{d}x + [x^2\psi(y) + 2xy^2 - 2x\varphi(y)]\mathrm{d}y = 0$，其中 L 为任意一条平面封闭曲线，$\varphi(0) = -2$，$\psi(0) = 1$，求解下列问题：

(1) 确定 $\varphi(y)$ 和 $\psi(y)$；

(2) 计算从点 $O(0, 0)$ 到点 $M\left(\pi, \dfrac{\pi}{2}\right)$ 的曲线积分.

3. 设 $x > 0$，对于半空间内任意的光滑有向封闭曲面 Σ，都有

$$\oiint_\Sigma xf(x)\mathrm{d}y\mathrm{d}z - xyf(x)\mathrm{d}z\mathrm{d}x - \mathrm{e}^{2x}z\mathrm{d}x\mathrm{d}y = 0,$$

其中函数 $f(x)$ 在 $(0, +\infty)$ 内具有连续的一阶导数，且 $\displaystyle\lim_{x \to 0^+} f(x) = 1$，求 $f(x)$.

4. 求 $I = \displaystyle\oiint_\Sigma \frac{x}{r^3}\mathrm{d}y\mathrm{d}z + \frac{y}{r^3}\mathrm{d}z\mathrm{d}x + \frac{z}{r^3}\mathrm{d}x\mathrm{d}y$，其中 $r = \sqrt{x^2 + y^2 + z^2}$，$\Sigma$ 是球面 $x^2 + y^2 + z^2 = R^2$ 的外侧.

5. 若对平面上任何简单闭曲线 L，恒有 $\displaystyle\oint_L 2xyf(x^2)\mathrm{d}x + [f(x^2) - x^4]\mathrm{d}y = 0$，其中 $f(x)$ 在 $(-\infty, +\infty)$ 内具有连续的一阶导数，且 $f(0) = 2$，试确定 $f(x)$.

6. 计算 $\displaystyle\iint_\Sigma \frac{ax\,\mathrm{d}y\mathrm{d}z + (z + a)^2\mathrm{d}x\mathrm{d}y}{(x^2 + y^2 + z^2)^{\frac{1}{2}}}$，其中 Σ 是下半球面 $z = -\sqrt{a^2 - x^2 - y^2}$ 的上侧，其中 a 为大于零的常数.

7. 计算 $\displaystyle\iint_\Sigma x(8y + 1)\mathrm{d}y\mathrm{d}z + 2(1 - y^2)\mathrm{d}z\mathrm{d}x - 4yz\mathrm{d}x\mathrm{d}y$，其中 Σ 是曲线 $\begin{cases} z = \sqrt{y - 1}, \\ x = 0 \end{cases}$

$(1 \leqslant y \leqslant 3)$ 绕 y 轴旋转一周所成的曲面，它的法向量与 y 轴正向的夹角大于 $\dfrac{\pi}{2}$.

8. (2018 年数学一) 设 Σ 是曲面 $x = \sqrt{1 - 3y^2 - 3z^2}$ 的前侧. 计算曲面积分

$$\iint\limits_{\Sigma} x \, dy \, dz + (y^3 + z) \, dz \, dx + z^3 \, dx \, dy.$$

三、证明题

1. 证明：若 Σ 为封闭的简单曲面，而 $\boldsymbol{l}$ 为任何固定方向的向量，$\boldsymbol{n}$ 为 Σ 的外法线方向向量，则 $\iint\limits_{\Sigma} \cos(\widehat{\boldsymbol{n},\boldsymbol{l}}) \, dS = 0$.

2. 设 Γ 是位于平面 $x\cos\alpha + y\cos\beta + z\cos\gamma - p = 0$（$\cos\alpha$，$\cos\beta$，$\cos\gamma$ 为平面法线向量的方向余弦）上包围面积为 S 的区域的正向封闭曲线，求证：

$$I = \oint_{\Gamma} \begin{vmatrix} dx & dy & dz \\ \cos\alpha & \cos\beta & \cos\gamma \\ x & y & z \end{vmatrix} = 2S.$$

3. 设函数 $u = u(x,y,z)$ 具有连续的二阶偏导数，Σ 是有界闭域 Ω 的光滑边界曲面，且 Ω 内有 $\Delta u = \dfrac{\partial^2 u}{\partial x^2} + \dfrac{\partial^2 u}{\partial y^2} + \dfrac{\partial^2 u}{\partial z^2} = 0$，试证：若函数 u 在 Σ 上取零值，则 $u = 0$ 在 Ω 内成立.

4. 设 L 是光滑的正向简单闭曲线，$\boldsymbol{n}$ 是 L 的单位外法向量，$u(x,y)$ 具有二阶连续偏导数，求证：$\oint_L \dfrac{\partial u}{\partial n} \, ds = \iint\limits_{D} \left(\dfrac{\partial^2 u}{\partial x^2} + \dfrac{\partial^2 u}{\partial y^2} \right) dx \, dy$（$D$ 是 L 所围的区域）.

四、应用题

1. 求密度为 ρ_0 的均匀截圆锥面 Σ：$x = r\cos\theta$，$y = r\sin\theta$，$z = r$（$0 \leqslant \theta \leqslant 2\pi$，$0 < b \leqslant r \leqslant a$）对位于该曲面顶点的质量为 m 的质点的引力.

2. 试用曲线积分求平面曲线 L_1：$y = \dfrac{1}{3}x^3 + 2x$（$0 \leqslant x \leqslant 1$）绕直线 L_2：$y = \dfrac{4}{3}x$ 旋转所成旋转曲面的面积.

3. 在一质点沿螺旋线 $\begin{cases} x = a\cos t, \\ y = a\sin t, \\ z = bt \end{cases}$（常数 $a > 0$，$b > 0$）上从点 $A(a, 0, 0)$ 移动到点 $B(a, 0, 2b\pi)$ 的过程中有一变力 $\boldsymbol{F}$ 作用着，$\boldsymbol{F}$ 的方向始终指向原点而大小和作用点与原点的距离成正比，比例系数 $k > 0$，求力 $\boldsymbol{F}$ 对质点所做的功.

4. 设位于点 $(0,1)$ 的质点 A 对质点 M 的引力大小为 $\dfrac{k}{r^2}$（$k > 0$ 为常数，r 为质点 A 与 M 之间的距离），质点 M 沿曲线 $y = \sqrt{2x - x^2}$ 从点 $B(2, 0)$ 运动到点 $O(0, 0)$，求在此运动过程中质点 A 对质点 M 的引力所做的功.

5. 在变力 $\boldsymbol{F} = yz\boldsymbol{i} + zx\boldsymbol{j} + xy\boldsymbol{k}$ 的作用下，质点由原点沿直线运动到椭球面 $\dfrac{x^2}{a^2} + \dfrac{y^2}{b^2} + \dfrac{z^2}{c^2} = 1$ 上第一卦限的点 $M(\xi, \eta, \zeta)$，问 ξ，η，ζ 取何值时，力 $\boldsymbol{F}$ 所做的功 W 最大？并求出

W 的最大值.

五、综合题

1. 设 $r = \sqrt{x^2 + y^2 + z^2}$，试计算 $\mathrm{div}\,(\mathbf{grad}r)\Big|_{(1,-2,2)}$.

2. 计算 $I = \oint_{\Gamma}(y^2 - z^2)\mathrm{d}x + (2z^2 - x^2)\mathrm{d}y + (3x^2 - y^2)\mathrm{d}z$，其中 Γ 是平面 $x + y + z = 2$ 与柱面 $|x| + |y| = 1$ 的交线，从 z 轴正向看去，Γ 为逆时针方向.

3. 设 $f(x)$ 在 $(-\infty, +\infty)$ 内具有一阶连续导数，L 是上半平面 $(y > 0)$ 内的有向分段光滑曲线，其起点为 (a, b)，终点为 (c, d)，记

$$I = \int_L \frac{1}{y}[1 + y^2 f(xy)]\mathrm{d}x + \frac{x}{y^2}[y^2 f(xy) - 1]\mathrm{d}y.$$

(1) 证明曲线积分 I 与路径 L 无关；

(2) 当 $ab = cd$ 时，求 I 的值.

4. 已知平面区域 $D = \{(x, y) \mid 0 \leqslant x \leqslant \pi, 0 \leqslant y \leqslant \pi\}$，$L$ 为 D 的正向边界，试证：

(1) $\oint_L x\mathrm{e}^{\sin y}\mathrm{d}y - y\mathrm{e}^{-\sin x}\mathrm{d}x = \oint_L x\mathrm{e}^{-\sin y}\mathrm{d}y - y\mathrm{e}^{\sin x}\mathrm{d}x$；

(2) $\oint_L x\mathrm{e}^{\sin y}\mathrm{d}y - y\mathrm{e}^{-\sin x}\mathrm{d}x \geqslant 2\pi^2$.

5. 设 L 为正向圆周 $x^2 + y^2 = 2$ 在第一象限中的部分，求曲线积分 $\int_L x\mathrm{d}y - 2y\mathrm{d}x$.

6. 求 $I = \iint_{\Sigma} 2x^3\mathrm{d}y\mathrm{d}z + 2y^3\mathrm{d}z\mathrm{d}x + 3(z^2 - 1)\mathrm{d}x\mathrm{d}y$，其中 Σ 是曲面 $z = 1 - x^2 - y^2$（ $z \geqslant 0$ ）的上侧.

7. 设 Ω 是由锥面 $z = \sqrt{x^2 + y^2}$ 与半球面 $z = \sqrt{R^2 - x^2 - y^2}$ 围成的空间区域，Σ 是 Ω 的整个边界的外侧，求曲面积分 $\iint_{\Sigma} x\mathrm{d}y\mathrm{d}z + y\mathrm{d}z\mathrm{d}x + z\mathrm{d}x\mathrm{d}y$.

8. 设函数 $\varphi(y)$ 具有连续导数，在围绕原点的任意分段光滑简单闭曲线 L 上，曲线积分 $\oint_L \dfrac{\varphi(y)\mathrm{d}x + 2xy\mathrm{d}y}{2x^2 + y^4}$ 的值恒为同一常数.

(1) 证明：对右半平面 $(x > 0)$ 内的任意分段光滑简单闭曲线 C，有 $\oint_C \dfrac{\varphi(y)\mathrm{d}x + 2xy\mathrm{d}y}{2x^2 + y^4} = 0$；

(2) 求出函数 $\varphi(y)$ 的表达式.

9. 设 Σ 是锥面 $z = \sqrt{x^2 + y^2}$ $(0 \leqslant z \leqslant 1)$ 的下侧，求

$$\iint_{\Sigma} x\mathrm{d}y\mathrm{d}z + 2y\mathrm{d}z\mathrm{d}x + 3(z - 1)\mathrm{d}x\mathrm{d}y.$$

10. 设在上半平面 $D = \{(x, y) \mid y > 0\}$ 内，函数 $f(x, y)$ 具有连续偏导数，且对任意的 $t > 0$ 都有 $f(tx, ty) = t^{-2}f(x, y)$，证明：对 D 内的任意分段光滑的有向简单闭曲线 L，都有 $\oint_L yf(x, y)\mathrm{d}x - xf(x, y)\mathrm{d}y = 0$.

习 题 详 解

一、填空题

1. $-\dfrac{\pi}{3}$. **解析**：因为 L 关于 x，y，z 具有轮换对称性，所以

$$原式=\frac{1}{3}\oint_{L}(xy+yz+zx)\mathrm{d}s=\frac{1}{6}\oint_{L}[(x+y+z)^{2}-(x^{2}+y^{2}+z^{2})]\mathrm{d}s$$

$$=\frac{1}{6}\oint_{L}(0-1)\mathrm{d}s=-\frac{\pi}{3}.$$

2. π. **解析**：由斯托克斯公式得

$$\oint_{L}z\mathrm{d}x+y\mathrm{d}z=\iint_{\Sigma}\mathrm{d}y\mathrm{d}z+\mathrm{d}z\mathrm{d}x=\iint_{D_{xy}}\mathrm{d}y\mathrm{d}z+\mathrm{d}z\mathrm{d}x=\pi,$$

其中 $D_{xy}=\{(x,y)\,|\,x^{2}+y^{2}\leqslant 1\}$.

二、计算题

1. **解**：令 $P(x,y)=\dfrac{-y}{x^{2}+y^{2}}$，$Q(x,y)=\dfrac{x}{x^{2}+y^{2}}$，则

$$\frac{\partial P}{\partial y}=\frac{-(x^{2}+y^{2})+y\cdot 2y}{(x^{2}+y^{2})^{2}}=\frac{y^{2}-x^{2}}{(x^{2}+y^{2})^{2}}=\frac{\partial Q}{\partial x},$$

所以曲线积分 $\displaystyle\int_{L}\frac{-y\mathrm{d}x}{x^{2}+y^{2}}+\frac{x\mathrm{d}y}{x^{2}+y^{2}}$ 与路径无关.

取 L_{1}：$\begin{cases}x=a\pi\cos t,\\ y=a\pi\sin t\end{cases}$（$\pi\leqslant t\leqslant 2\pi$），得

$$\int_{L}\frac{-y\mathrm{d}x}{x^{2}+y^{2}}+\frac{x\mathrm{d}y}{x^{2}+y^{2}}=\int_{\pi}^{2\pi}\frac{(a\pi)^{2}}{(a\pi)^{2}}\mathrm{d}t=\pi.$$

2. **解**：(1) 令

$$P(x,y)=2[x\varphi(y)+\psi(y)],\quad Q(x,y)=x^{2}\psi(y)+2xy^{2}-2x\varphi(y),$$

则

$$\frac{\partial P}{\partial y}=2x\varphi'(y)+2\psi'(y),\quad \frac{\partial Q}{\partial x}=2x\psi(y)+2y^{2}-2\varphi(y).$$

由题意知 $\dfrac{\partial P}{\partial y}=\dfrac{\partial Q}{\partial x}$，得

$$\psi(y)=\varphi'(y),\quad 2\psi'(y)=2y^{2}-2\varphi(y),$$

故 $\varphi''(y)=y^{2}-\varphi(y)$.

先求得 $\varphi''(y)+\varphi(y)=0$ 的通解为

$$\varphi(y)=C_{1}\cos y+C_{2}\sin y.$$

再设特解 $\varphi^{*}(y)=ay^{2}+by+c$，解得 $a=1$，$b=0$，$c=-2$，所以

$$\varphi(y)=C_{1}\cos y+C_{2}\sin y+y^{2}-2.$$

又 $\varphi(0)=-2$，$\varphi'(0)=\psi(0)=1$，解得 $C_{1}=0$，$C_{2}=1$，故

$$\varphi(y) = \sin y + y^2 - 2,$$

从而

$$\psi(y) = \varphi'(y) = \cos y + 2y.$$

(2) 因曲线积分与路径无关，故所求曲线积分为

$$0 + \int_0^\pi 2\left[x\varphi\left(\frac{\pi}{2}\right) + \psi\left(\frac{\pi}{2}\right)\right]\mathrm{d}x = 2\int_0^\pi\left[x\left(1 + \frac{\pi^2}{4} - 2\right) + (0 + \pi)\right]\mathrm{d}x = \pi^2 + \frac{\pi^4}{4}.$$

3. **解**：令 $P(x, y, z) = xf(x)$，$Q(x, y, z) = -xyf(x)$，$R(x, y, z) = -\mathrm{e}^{2x}z$．因

$$\oiint_\Sigma xf(x)\mathrm{d}y\mathrm{d}z - xyf(x)\mathrm{d}z\mathrm{d}x - \mathrm{e}^{2x}z\mathrm{d}x\mathrm{d}y = 0,$$

所以 $\dfrac{\partial P}{\partial x} + \dfrac{\partial Q}{\partial y} + \dfrac{\partial R}{\partial z} = 0$，即

$$f(x) + xf'(x) - xf(x) = \mathrm{e}^{2x}.$$

先求 $f(x) + xf'(x) - xf(x) = 0$ 的通解，得

$$f(x) = \frac{C\mathrm{e}^x}{x}.$$

利用常数变易法，设 $f(x) = \dfrac{C(x)\mathrm{e}^x}{x}$，代入 $f(x) + xf'(x) - xf(x) - \mathrm{e}^{2x} = 0$，解得 $C(x) = \mathrm{e}^x + C$，又 $\lim\limits_{x \to 0^+} f(x) = 1$，故 $C = -1$，从而 $f(x) = \dfrac{\mathrm{e}^x(\mathrm{e}^x - 1)}{x}$．

4. **解**：因 $r = \sqrt{x^2 + y^2 + z^2}$，而 Σ 满足 $x^2 + y^2 + z^2 = R^2$，故 $r = R$，因此

$$I = \oiint_\Sigma \frac{x}{R^3}\mathrm{d}y\mathrm{d}z + \frac{y}{R^3}\mathrm{d}z\mathrm{d}x + \frac{z}{R^3}\mathrm{d}x\mathrm{d}y$$

$$= \frac{1}{R^3}\iiint_{x^2+y^2+z^2\leqslant R^2}(1 + 1 + 1)\mathrm{d}v = \frac{3}{R^3} \cdot \frac{4}{3}\pi R^3 = 4\pi.$$

5. **解**：令 $P(x, y) = 2xyf(x^2)$，$Q(x, y) = f(x^2) - x^4$，由题意得 $\dfrac{\partial P}{\partial y} = \dfrac{\partial Q}{\partial x}$，所以 $2xf(x^2) = f'(x^2) \cdot 2x - 4x^3$，即 $f'(x^2) - f(x^2) = 2x^2$，问题转化为求解一阶线性微分方程 $f'(x) - f(x) = 2x$．

利用常数变易法求得通解为 $f(x) = C\mathrm{e}^x - 2x - 2$，将初始条件 $f(0) = 2$ 代入得 $C = 4$，从而 $f(x) = 4\mathrm{e}^x - 2x - 2$．

6. **解**：由 Σ 的方程 $z = -\sqrt{a^2 - x^2 - y^2}$ 可知 $(x^2 + y^2 + z^2)^{\frac{1}{2}} = a$，所以

$$\iint_\Sigma \frac{ax\mathrm{d}y\mathrm{d}z + (z + a)^2\mathrm{d}x\mathrm{d}y}{(x^2 + y^2 + z^2)^{\frac{1}{2}}} = \iint_\Sigma x\mathrm{d}y\mathrm{d}z + \frac{1}{a}(z + a)^2\mathrm{d}x\mathrm{d}y.$$

添加曲面 Σ_1：$z = 0$ $(x^2 + y^2 \leqslant a^2)$，取下侧，记 Σ 与 Σ_1 所围成的空间闭区域为 Ω，则由高斯公式得

$$\iint_\Sigma x\mathrm{d}y\mathrm{d}z + \frac{1}{a}(z + a)^2\mathrm{d}x\mathrm{d}y$$

$$= -\iiint_\Omega\left[1 + \frac{2}{a}(z + a)\right]\mathrm{d}v - \iint_{\Sigma_1} x\mathrm{d}y\mathrm{d}z + \frac{1}{a}(z + a)^2\mathrm{d}x\mathrm{d}y$$

$$= -3 \cdot \frac{2}{3}\pi a^3 - \frac{2}{a}\int_0^{2\pi}\mathrm{d}\theta\int_{\frac{\pi}{2}}^{\pi}\mathrm{d}\varphi\int_0^a r\cos\varphi \cdot r^2\sin\varphi\,\mathrm{d}r - \left(-\iint\limits_{D_{xy}} a\,\mathrm{d}x\,\mathrm{d}y\right)$$

$$= -2\pi a^3 - \frac{2}{a}\cdot 2\pi\cdot\frac{0-1}{2}\cdot\frac{1}{4}a^4 + a\cdot\pi a^2 = -\frac{1}{2}\pi a^3,$$

其中 $D_{xy} = \{(x,y) \mid x^2 + y^2 \leqslant a^2\}$.

7. 解： 由题意知 Σ 的方程为 $x^2 + z^2 = y - 1$（$1 \leqslant y \leqslant 3$）. 添加曲面 Σ_1：$y = 3$，取右侧，记 Σ 与 Σ_1 所围成的空间闭区域为 Ω，则由高斯公式得

$$\iint\limits_{\Sigma} x(8y+1)\mathrm{d}y\,\mathrm{d}z + 2(1-y^2)\mathrm{d}z\,\mathrm{d}x - 4yz\,\mathrm{d}x\,\mathrm{d}y$$

$$= \iiint\limits_{\Omega}[(8y+1)-4y-4y]\mathrm{d}v - \iint\limits_{\Sigma_1} x(8y+1)\mathrm{d}y\,\mathrm{d}z + 2(1-y^2)\mathrm{d}z\,\mathrm{d}x - 4yz\,\mathrm{d}x\,\mathrm{d}y$$

$$= \int_0^{2\pi}\mathrm{d}\theta\int_0^{\sqrt{2}}\rho\,\mathrm{d}\rho\int_{\rho^2+1}^3\mathrm{d}y - \iint\limits_{x^2+z^2\leqslant 2} 2(1-3^2)\mathrm{d}z\,\mathrm{d}x = 2\pi + 32\pi = 34\pi.$$

8. 解： 添加平面 Σ_1：$x = 0$（$3y^2 + 3z^2 \leqslant 1$），取后侧，设 Σ_1 与 Σ 所围成的空间闭区域为 Ω，则由高斯公式得

$$\iint\limits_{\Sigma} x\,\mathrm{d}y\,\mathrm{d}z + (y^3+z)\mathrm{d}z\,\mathrm{d}x + z^3\,\mathrm{d}x\,\mathrm{d}y$$

$$= \iiint\limits_{\Omega}(1+3y^2+3z^2)\mathrm{d}x\,\mathrm{d}y\,\mathrm{d}z - \iint\limits_{\Sigma_1} x\,\mathrm{d}y\,\mathrm{d}z + (y^3+z)\mathrm{d}z\,\mathrm{d}x + z^3\,\mathrm{d}x\,\mathrm{d}y$$

$$= \iint\limits_{3y^2+3z^2\leqslant 1}\mathrm{d}y\,\mathrm{d}z\int_0^{\sqrt{1-3y^2-3z^2}}(1+3y^2+3z^2)\mathrm{d}x - 0$$

$$= \iint\limits_{3y^2+3z^2\leqslant 1}\sqrt{1-3y^2-3z^2}\,(1+3y^2+3z^2)\mathrm{d}y\,\mathrm{d}z$$

$$= \int_0^{2\pi}\mathrm{d}\theta\int_0^{\frac{1}{\sqrt{3}}}\sqrt{1-3\rho^2}\,(1+3\rho^2)\rho\,\mathrm{d}\rho = \frac{14}{45}\pi.$$

三、证明题

1. 证明： 设与 $\boldsymbol{l}$ 同方向的单位向量为 (a,b,c)，与 $\boldsymbol{n}$ 同方向的单位向量为 $(\cos\alpha,\cos\beta,\cos\gamma)$，从而

$$\cos(\widehat{\boldsymbol{n},\boldsymbol{l}}) = a\cos\alpha + b\cos\beta + c\cos\gamma.$$

记由 Σ 所围成的空间闭区域为 Ω，则由高斯公式得

$$\iint\limits_{\Sigma}\cos(\widehat{\boldsymbol{n},\boldsymbol{l}})\mathrm{d}S = \iint\limits_{\Sigma}(a\cos\alpha + b\cos\beta + c\cos\gamma)\mathrm{d}S = \iiint\limits_{\Omega}\left(\frac{\partial a}{\partial x} + \frac{\partial b}{\partial y} + \frac{\partial c}{\partial z}\right)\mathrm{d}v = 0.$$

2. 证明： $I = \oint_{\Gamma}\begin{vmatrix} \mathrm{d}x & \mathrm{d}y & \mathrm{d}z \\ \cos\alpha & \cos\beta & \cos\gamma \\ x & y & z \end{vmatrix}$

$$= \oint_{\Gamma}(z\cos\beta - y\cos\gamma)\mathrm{d}x + (x\cos\gamma - z\cos\alpha)\mathrm{d}y + (y\cos\alpha - x\cos\beta)\mathrm{d}z$$

$$=\iint\limits_{\Sigma}\begin{vmatrix} \cos\alpha & \cos\beta & \cos\gamma \\ \dfrac{\partial}{\partial x} & \dfrac{\partial}{\partial y} & \dfrac{\partial}{\partial z} \\ P & Q & R \end{vmatrix}dS \left(\text{其中}\begin{cases} P = z\cos\beta - y\cos\gamma, \\ Q = x\cos\gamma - z\cos\alpha, \\ R = y\cos\alpha - x\cos\beta \end{cases}\right)$$

$$=\iint\limits_{\Sigma}(2\cos^2\alpha + 2\cos^2\beta + 2\cos^2\gamma)dS = \iint\limits_{\Sigma}2dS = 2S.$$

3. 证明: 取 Σ 为外侧,作曲面积分

$$\oiint\limits_{\Sigma} u\frac{\partial u}{\partial x}dydz + u\frac{\partial u}{\partial y}dzdx + u\frac{\partial u}{\partial z}dxdy.$$

一方面,由高斯公式得

$$\oiint\limits_{\Sigma} u\frac{\partial u}{\partial x}dydz + u\frac{\partial u}{\partial y}dzdx + u\frac{\partial u}{\partial z}dxdy$$

$$=\iiint\limits_{\Omega}\left[\left(\frac{\partial u}{\partial x}\right)^2 + u\frac{\partial^2 u}{\partial x^2} + \left(\frac{\partial u}{\partial y}\right)^2 + u\frac{\partial^2 u}{\partial y^2} + \left(\frac{\partial u}{\partial z}\right)^2 + u\frac{\partial^2 u}{\partial z^2}\right]dv$$

$$=\iiint\limits_{\Omega}\left[\left(\frac{\partial u}{\partial x}\right)^2 + \left(\frac{\partial u}{\partial y}\right)^2 + \left(\frac{\partial u}{\partial z}\right)^2\right]dv.$$

另一方面,若函数 u 在 Σ 上取零值,则

$$\oiint\limits_{\Sigma} u\frac{\partial u}{\partial x}dydz + u\frac{\partial u}{\partial y}dzdx + u\frac{\partial u}{\partial z}dxdy = 0,$$

故

$$\iiint\limits_{\Omega}\left[\left(\frac{\partial u}{\partial x}\right)^2 + \left(\frac{\partial u}{\partial y}\right)^2 + \left(\frac{\partial u}{\partial z}\right)^2\right]dv = 0,$$

从而在 Ω 内,$\dfrac{\partial u}{\partial x} = \dfrac{\partial u}{\partial y} = \dfrac{\partial u}{\partial z} = 0$,所以 $u = C(C$ 为常数$)$,由 u 的连续性及 u 在 Σ 上取零值,知在 Ω 内也有 $u = 0$.

4. 证明: 设 L 的单位外法向量为 $(\cos\alpha, \cos\beta)$,则曲线的有向切向量为 $(-\cos\beta, \cos\alpha)$,故 $\dfrac{\partial u}{\partial n} = \dfrac{\partial u}{\partial x}\cos\alpha + \dfrac{\partial u}{\partial y}\cos\beta$,从而

$$\oint_L \frac{\partial u}{\partial n}ds = \oint_L \left(\frac{\partial u}{\partial x}\cos\alpha + \frac{\partial u}{\partial y}\cos\beta\right)ds = \oint_L \left(-\frac{\partial u}{\partial y}dx + \frac{\partial u}{\partial x}dy\right)$$

$$=\iint\limits_D \left(\frac{\partial^2 u}{\partial x^2} + \frac{\partial^2 u}{\partial y^2}\right)dxdy.$$

四、应用题

1. 解: 设引力 $\boldsymbol{F} = (F_x, F_y, F_z)$,由题意知 $F_x = F_y = 0$,圆锥面 Σ 的方程为 $z = \sqrt{x^2 + y^2}$,它在 xOy 面上的投影区域 $D_{xy} = \{(x, y) \mid b^2 \leqslant x^2 + y^2 \leqslant a^2\}$. 因为 $z_x = \dfrac{x}{\sqrt{x^2 + y^2}}$,$z_y = \dfrac{y}{\sqrt{x^2 + y^2}}$,$\sqrt{1 + z_x^2 + z_y^2} = \sqrt{2}$,所以

$$F_z = \iint\limits_{\Sigma} \frac{Gm\rho_0 z}{(x^2 + y^2 + z^2)^{\frac{3}{2}}} \mathrm{d}S = \iint\limits_{D_{xy}} \frac{Gm\rho_0 \sqrt{x^2 + y^2}}{(x^2 + y^2 + x^2 + y^2)^{\frac{3}{2}}} \sqrt{1 + z_x^2 + z_y^2} \, \mathrm{d}x \, \mathrm{d}y$$

$$= \int_0^{2\pi} \mathrm{d}\theta \int_b^a \frac{Gm\rho_0 r}{(2 + r^2)^{\frac{3}{2}}} \cdot \sqrt{2} \, r \, \mathrm{d}r$$

$$= 2\pi \left[\frac{1}{2\sqrt{2}} Gm\rho_0 \sqrt{2} \cdot \ln r \right]_b^a = \pi Gm\rho_0 \ln \frac{a}{b},$$

从而 $\boldsymbol{F} = \left(0, \, 0, \, \pi Gm\rho_0 \ln \dfrac{a}{b} \right)$.

2. **解**：易知 $L_1 : y = \dfrac{1}{3} x^3 + 2x$，$0 \leqslant x \leqslant 1$ 在直线 $L_2 : y = \dfrac{4}{3} x$ 的上方，曲线 L_1 上的

点 (x, y) 到直线 L_2 的距离为

$$d = \frac{\left| \dfrac{4}{3} x - y \right|}{\sqrt{1 + \left(-\dfrac{4}{3} \right)^2}} = \frac{3}{5} \left(\frac{1}{3} x^3 + 2x - \frac{4}{3} x \right) = \frac{1}{5} (x^3 + 2x),$$

则旋转曲面的面积为

$$S = \int_{L_1} 2\pi d \, \mathrm{d}s = \int_0^1 2\pi \cdot \frac{1}{5} (x^3 + 2x) \sqrt{1 + (x^2 + 2)^2} \, \mathrm{d}x$$

$$= \frac{2}{5} \pi \cdot \frac{1}{4} \cdot \frac{2}{3} \left[1 + (x^2 + 2)^2 \right]^{\frac{3}{2}} \Big|_0^1 = \frac{\sqrt{5}}{3} (2\sqrt{2} - 1)\pi.$$

3. **解**：由题意知 $\boldsymbol{F} = k(-x, -y, -z)$，记螺旋线为 L，则力 $\boldsymbol{F}$ 对质点所做的功为

$$W = \int_L k(-x \, \mathrm{d}x - y \, \mathrm{d}y - z \, \mathrm{d}z)$$

$$= k \int_0^{2\pi} \left[-a\cos t \cdot (-a\sin t) - a\sin t \cdot a\cos t - bt \cdot b \right] \mathrm{d}t = -2kb^2\pi^2.$$

4. **解**：由题意可设引力 $\boldsymbol{F} = c(-x, \, 1 - y)$，结合引力大小为 $\dfrac{k}{r^2}$，解得 $c =$

$\dfrac{k}{\left[x^2 + (1-y)^2 \right]^{\frac{3}{2}}}$. 记 $L : y = \sqrt{2x - x^2}$，则引力所做的功为

$$W = \int_L \frac{k}{\left[x^2 + (1-y)^2 \right]^{\frac{3}{2}}} [-x \, \mathrm{d}x + (1-y) \, \mathrm{d}y].$$

令 $P(x, y) = \dfrac{-kx}{\left[x^2 + (1-y)^2 \right]^{\frac{3}{2}}}$，$Q(x, y) = \dfrac{k(1-y)}{\left[x^2 + (1-y)^2 \right]^{\frac{3}{2}}}$，则有

$$\frac{\partial P}{\partial y} = \frac{-kx \cdot (-1) \cdot \dfrac{3}{2} \left[x^2 + (1-y)^2 \right]^{\frac{1}{2}} \cdot 2(y-1)}{\left[x^2 + (1-y)^2 \right]^3} = \frac{\partial Q}{\partial x},$$

从而曲线积分与路径无关. 取从点 $B(2, 0)$ 沿 $y = 0$ 到点 $O(0, 0)$ 的积分路径，得

$$W = \int_L \frac{k}{\left[x^2 + (1-y)^2 \right]^{\frac{3}{2}}} [-x \, \mathrm{d}x + (1-y) \, \mathrm{d}y]$$

$$= \int_2^0 \frac{-kx\,\mathrm{d}x}{(1+x^2)^{\frac{3}{2}}} = k \left[\frac{1}{(1+x^2)^{1/2}} \right]_2^0 = k\left(1 - \frac{1}{\sqrt{5}}\right).$$

5. **解**：由题意知 $W = \int_L yz\,\mathrm{d}x + zx\,\mathrm{d}y + xy\,\mathrm{d}z$，其中 L：$\begin{cases} x = \xi \cdot t, \\ y = \eta \cdot t, \\ z = \zeta \cdot t, \end{cases}$ t 从 0 变到 1，代入

计算得 $W = \xi \cdot \eta \cdot \zeta$. 令 $F(\xi, \eta, \zeta) = \xi \cdot \eta \cdot \zeta + \lambda\left(\dfrac{\xi^2}{a^2} + \dfrac{\eta^2}{b^2} + \dfrac{\zeta^2}{c^2} - 1\right)$，由

$$\begin{cases} F_\xi = \eta \cdot \zeta + \lambda \cdot \dfrac{2\xi}{a^2} = 0, \\[2mm] F_\eta = \xi \cdot \zeta + \lambda \cdot \dfrac{2\eta}{b^2} = 0, \\[2mm] F_\zeta = \xi \cdot \eta + \lambda \cdot \dfrac{2\zeta}{c^2} = 0, \\[2mm] \dfrac{\xi^2}{a^2} + \dfrac{\eta^2}{b^2} + \dfrac{\zeta^2}{c^2} - 1 = 0 \end{cases}$$

解得 $\dfrac{\xi^2}{a^2} = \dfrac{\eta^2}{b^2} = \dfrac{\zeta^2}{c^2} = \dfrac{1}{3}$. 因点 $M(\xi, \eta, \zeta)$ 在第一卦限，所以 $\xi = \dfrac{a}{\sqrt{3}}$，$\eta = \dfrac{b}{\sqrt{3}}$，$\zeta = \dfrac{c}{\sqrt{3}}$，结合

问题的实际意义及只有一个驻点，可知当 $\xi = \dfrac{a}{\sqrt{3}}$，$\eta = \dfrac{b}{\sqrt{3}}$，$\zeta = \dfrac{c}{\sqrt{3}}$ 时，力 $\boldsymbol{F}$ 所做的功 W 最大，

W 的最大值为 $\dfrac{\sqrt{3}\,abc}{9}$.

五、综合题

1. **解**：因为 $\mathbf{grad}\ r = \left(\dfrac{\partial r}{\partial x}, \dfrac{\partial r}{\partial y}, \dfrac{\partial r}{\partial z}\right)$，所以

$$\mathrm{div}\,(\mathbf{grad}\ r) = \frac{\partial^2 r}{\partial x^2} + \frac{\partial^2 r}{\partial y^2} + \frac{\partial^2 r}{\partial z^2}.$$

又 $\dfrac{\partial r}{\partial x} = \dfrac{x}{\sqrt{x^2 + y^2 + z^2}}$，从而

$$\frac{\partial^2 r}{\partial x^2} = \frac{\sqrt{x^2 + y^2 + z^2} - x\dfrac{x}{\sqrt{x^2 + y^2 + z^2}}}{(\sqrt{x^2 + y^2 + z^2})^2} = \frac{y^2 + z^2}{(x^2 + y^2 + z^2)^{\frac{3}{2}}}.$$

由 r 关于自变量的对称性可求得 $\dfrac{\partial^2 r}{\partial y^2}$，$\dfrac{\partial^2 r}{\partial z^2}$，于是

$$\frac{\partial^2 r}{\partial x^2} + \frac{\partial^2 r}{\partial y^2} + \frac{\partial^2 r}{\partial z^2} = \frac{2}{\sqrt{x^2 + y^2 + z^2}}.$$

代入 $x = 1$，$y = -2$，$z = 2$，计算得 $\mathrm{div}(\mathbf{grad}\ r)\big|_{(1, -2, 2)} = \dfrac{2}{3}$.

2. **解**：记 Σ 为平面 $x + y + z = 2$ 上 $\varGamma$ 所围部分的上侧，其在 xOy 面上的投影区域

$D_{xy} = \{(x, y) \mid |x| + |y| \leqslant 1\}$，$\Sigma$ 的单位法向量为 $(\cos\alpha, \cos\beta, \cos\gamma) = \dfrac{\sqrt{3}}{3}(1, 1, 1)$，

则由斯托克斯公式得

$$I = \iint\limits_{\Sigma} \begin{vmatrix} \cos\alpha & \cos\beta & \cos\gamma \\[4pt] \dfrac{\partial}{\partial x} & \dfrac{\partial}{\partial y} & \dfrac{\partial}{\partial z} \\[4pt] y^2 - z^2 & 2z^2 - x^2 & 3x^2 - y^2 \end{vmatrix} \mathrm{d}S$$

$$= \iint\limits_{\Sigma} \left[-\frac{2}{\sqrt{3}}(4x + 2y + 3z) \right] \mathrm{d}S$$

$$= -\frac{2}{\sqrt{3}} \iint\limits_{D_{xy}} [4x + 2y + 3(2 - x - y)] \sqrt{1 + z_x^2 + z_y^2}\, \mathrm{d}x\,\mathrm{d}y$$

$$= -2 \iint\limits_{D_{xy}} (x - y + 6)\,\mathrm{d}x\,\mathrm{d}y = -12 \iint\limits_{D_{xy}} \mathrm{d}x\,\mathrm{d}y = -24$$

（由区域的对称性与被积函数关于 x 或 y 的奇偶性知 $\iint\limits_{D_{xy}} (x - y)\mathrm{d}x\,\mathrm{d}y = 0$）.

3. (1) **证明**：因　$\dfrac{\partial}{\partial y} \left\{ \dfrac{1}{y} [1 + y^2 f(xy)] \right\}$

$$= -\frac{1}{y^2} [1 + y^2 f(xy)] + \frac{1}{y} [2y f(xy) + y^2 f'(xy) \cdot x]$$

$$= f(xy) - \frac{1}{y^2} + xy f'(xy)$$

$$= \frac{\partial}{\partial x} \left\{ \frac{x}{y^2} [y^2 f(xy) - 1] \right\},$$

故曲线积分 I 与路径 L 无关.

(2) **解**：因曲线积分 I 与路径 L 无关，所以选择从点 (a, b) 沿直线 $y = b$ 到点 (c, b) 再沿直线 $x = c$ 到点 (c, d) 的积分路径，得

$$I = \int_a^c \frac{1}{b} [1 + b^2 f(bx)]\mathrm{d}x + \int_b^d \frac{c}{y^2} [y^2 f(cy) - 1]\mathrm{d}y$$

$$= \frac{c - a}{b} + \left[\frac{c}{y} \right]_b^d + \int_a^c f(bx)\mathrm{d}(bx) + \int_b^d f(cy)\mathrm{d}(cy)$$

$$= \frac{c}{d} - \frac{a}{b} + \int_{ab}^{bc} f(t)\mathrm{d}t + \int_{bc}^{cd} f(t)\mathrm{d}t.$$

又 $ab = cd$，故 $\displaystyle\int_{ab}^{bc} f(t)\mathrm{d}t + \int_{bc}^{cd} f(t)\mathrm{d}t = 0$，从而 $I = \dfrac{c}{d} - \dfrac{a}{b} = \dfrac{bc - ad}{bd}$.

4. **证明**：（方法一）(1) 左边 $= \displaystyle\int_0^\pi \pi \mathrm{e}^{\sin y}\mathrm{d}y - \int_\pi^0 \pi \mathrm{e}^{-\sin x}\mathrm{d}x = \pi \int_0^\pi (\mathrm{e}^{\sin x} + \mathrm{e}^{-\sin x})\mathrm{d}x$，

右边 $= \displaystyle\int_0^\pi \pi \mathrm{e}^{-\sin y}\mathrm{d}y - \int_\pi^0 \pi \mathrm{e}^{\sin x}\mathrm{d}x = \pi \int_0^\pi (\mathrm{e}^{\sin x} + \mathrm{e}^{-\sin x})\mathrm{d}x$，

所以

$$\oint_L x e^{\sin y} dy - y e^{-\sin x} dx = \oint_L x e^{-\sin y} dy - y e^{\sin x} dx.$$

(2) 由于 $e^{\sin x} + e^{-\sin x} \geqslant 2$, 因此

$$\oint_L x e^{\sin y} dy - y e^{-\sin x} dx = \pi \int_0^\pi (e^{\sin x} + e^{-\sin x}) dx \geqslant 2\pi^2.$$

(方法二)(1) 因为区域 D 关于直线 $y = x$ 对称, 所以

$$\oint_L x e^{\sin y} dy - y e^{-\sin x} dx = \iint_D (e^{\sin y} + e^{-\sin x}) dx dy = \iint_D (e^{-\sin y} + e^{\sin x}) dx dy,$$

从而

$$\oint_L x e^{\sin y} dy - y e^{-\sin x} dx = \oint_L x e^{-\sin y} dy - y e^{\sin x} dx.$$

(2) 由(1)知 $\oint_L x e^{\sin y} dy - y e^{-\sin x} dx$

$$= \iint_D (e^{\sin y} + e^{-\sin x}) dx dy$$

$$= \iint_D e^{\sin y} dx dy + \iint_D e^{-\sin x} dx dy = \iint_D e^{\sin x} dx dy + \iint_D e^{-\sin x} dx dy$$

$$= \iint_D (e^{\sin x} + e^{-\sin x}) dx dy \geqslant \iint_D 2 dx dy = 2\pi^2.$$

5. **解**: 有向曲线 L 的参数方程可表示为 $\begin{cases} x = \sqrt{2} \cos\theta, \\ y = \sqrt{2} \sin\theta, \end{cases}$ θ 从 0 变到 $\dfrac{\pi}{2}$, 于是

$$\int_L x dy - 2y dx = \int_0^{\frac{\pi}{2}} [\sqrt{2} \cos\theta \cdot \sqrt{2} \cos\theta - 2\sqrt{2} \sin\theta \cdot (-\sqrt{2} \sin\theta)] d\theta$$

$$= \frac{\pi}{2} \cdot 2 + \int_0^{\frac{\pi}{2}} 2\sin^2\theta d\theta = \pi + \int_0^{\frac{\pi}{2}} (1 - \cos 2\theta) d\theta = \frac{3}{2}\pi.$$

6. **解**: 取 Σ_1 为 xOy 面上被圆 $x^2 + y^2 = 1$ 所围部分的下侧, 记 Ω 为由 Σ 与 Σ_1 所围成的空间闭区域, 则

$$I = \iint_{\Sigma + \Sigma_1} 2x^3 dy dz + 2y^3 dz dx + 3(z^2 - 1) dx dy$$

$$- \iint_{\Sigma_1} 2x^3 dy dz + 2y^3 dz dx + 3(z^2 - 1) dx dy$$

$$= \iiint_\Omega 6(x^2 + y^2 + z) dx dy dz + \iint_{x^2 + y^2 \leqslant 1} -3 dx dy$$

$$= 6 \int_0^{2\pi} d\theta \int_0^1 dr \int_0^{1 - r^2} (z + r^2) r dz - 3\pi = 2\pi - 3\pi = -\pi.$$

7. **解**: $\iint_\Sigma x dy dz + y dz dx + z dx dy$

$$= \iiint_\Omega 3 dx dy dz$$

$$= 3 \int_0^{2\pi} d\theta \int_0^{\frac{\pi}{4}} d\varphi \int_0^R r^2 \sin\varphi dr = 2\pi \left(1 - \frac{\sqrt{2}}{2}\right) R^3.$$

8. (1) **证明**：如图 11-1，将 C 分解为 $l_1 + l_2$，另作一条曲线 l_3 围绕原点且与 C 相接，则

$$\oint_C \frac{\varphi(y)\mathrm{d}x + 2xy\mathrm{d}y}{2x^2 + y^4}$$

$$= \oint_{l_1 + l_3} \frac{\varphi(y)\mathrm{d}x + 2xy\mathrm{d}y}{2x^2 + y^4} - \oint_{l_2 + l_3} \frac{\varphi(y)\mathrm{d}x + 2xy\mathrm{d}y}{2x^2 + y^4}$$

$$= 0.$$

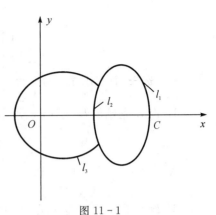

图 11-1

(2) **解**：设 $P = \dfrac{\varphi(y)}{2x^2 + y^4}$，$Q = \dfrac{2xy}{2x^2 + y^4}$，$P$，$Q$ 在

右半平面 $(x > 0)$ 内具有一阶连续偏导数. 由 (1) 知，

曲线积分 $\oint_L \dfrac{\varphi(y)\mathrm{d}x + 2xy\mathrm{d}y}{2x^2 + y^4}$ 在右半平面 $(x > 0)$ 内

与路径无关，故当 $x > 0$ 时，总有 $\dfrac{\partial Q}{\partial x} = \dfrac{\partial P}{\partial y}$，而

$$\frac{\partial Q}{\partial x} = \frac{2y(2x^2 + y^4) - 4x \cdot 2xy}{(2x^2 + y^4)^2} = \frac{-4x^2 y + 2y^5}{(2x^2 + y^4)^2}, \tag{1}$$

$$\frac{\partial P}{\partial y} = \frac{\varphi'(y)(2x^2 + y^4) - 4\varphi(y)y^3}{(2x^2 + y^4)^2} = \frac{2x^2\varphi'(y) + \varphi'(y)y^4 - 4\varphi(y)y^3}{(2x^2 + y^4)^2}, \tag{2}$$

比较 (1)(2) 两式的右端，得

$$\begin{cases} \varphi'(y) = -2y, & (3) \\ \varphi'(y)y^4 - 4\varphi(y)y^3 = 2y^5. & (4) \end{cases}$$

由 (3) 得 $\varphi(y) = -y^2 + C$，代入 (4) 得 $2y^5 - 4Cy^3 = 2y^5$，所以 $C = 0$，从而 $\varphi(y) = -y^2$.

9. **解**：设 Σ_1：$z = 1(x^2 + y^2 \leqslant 1)$，取上侧，记 Σ 与 Σ_1 所围成的空间闭区域为 Ω，则

$$\iint_\Sigma x\,\mathrm{d}y\mathrm{d}z + 2y\,\mathrm{d}z\mathrm{d}x + 3(z-1)\mathrm{d}x\mathrm{d}y$$

$$= \iint_{\Sigma + \Sigma_1} x\,\mathrm{d}y\mathrm{d}z + 2y\,\mathrm{d}z\mathrm{d}x + 3(z-1)\mathrm{d}x\mathrm{d}y - \iint_{\Sigma_1} x\,\mathrm{d}y\mathrm{d}z + 2y\,\mathrm{d}z\mathrm{d}x + 3(z-1)\mathrm{d}x\mathrm{d}y$$

$$= \iiint_\Omega 6\,\mathrm{d}v - 0 = 2\pi.$$

10. **证明**：等式 $f(tx, ty) = t^{-2} f(x, y)$ 两边对 t 求导得

$$xf_1'(tx, ty) + yf_2'(tx, ty) = -2t^{-3} f(x, y),$$

令 $t = 1$，可得

$$xf_x(x, y) + yf_y(x, y) = -2f(x, y). \tag{1}$$

设 $P(x, y) = yf(x, y)$，$Q(x, y) = -xf(x, y)$，则

$$\frac{\partial Q}{\partial x} = -f(x, y) - xf_x(x, y), \qquad \frac{\partial P}{\partial y} = f(x, y) + yf_y(x, y),$$

结合 (1) 可得 $\dfrac{\partial Q}{\partial x} = \dfrac{\partial P}{\partial y}$，故曲线积分与路径无关，从而对 D 内的任意分段光滑的有向简单闭曲线 L，都有

$$\oint_L yf(x, y)\mathrm{d}x - xf(x, y)\mathrm{d}y = 0.$$

11.5 本章自测题

一、选择题(每小题 3 分,共 18 分)

1. 设 L 是圆域 $D = \{(x, y) \mid x^2 + y^2 \leqslant -2x\}$ 的正向周界,则 $\oint_L -y\,dx + x\,dy = $ ( ).

A. -2π B. 0 C. $\dfrac{3}{2}\pi$ D. 2π

2. 设 L 为 $y = x^2$ 上从点 $(0, 0)$ 到点 $(1, 1)$ 的一段弧,则 $\int_L \sqrt{y}\,ds = $ ( ).

A. $\displaystyle\int_0^1 \sqrt{1 + 4x^2}\,dx$ B. $\displaystyle\int_0^1 \sqrt{y}\,\sqrt{1 + y}\,dy$

C. $\displaystyle\int_0^1 x\sqrt{1 + 4x^2}\,dx$ D. $\displaystyle\int_0^1 \sqrt{y}\,\sqrt{1 + \dfrac{1}{y}}\,dy$

3. 设平面有向曲线 $L: x = \sqrt{\cos t}$,$y = \sqrt{\sin t}$,起点对应 $t = 0$,终点对应 $t = \dfrac{\pi}{2}$,则曲线积分 $\displaystyle\int_L x^2 y\,dy - y^2 x\,dx = $ ( ).

A. $\displaystyle\int_0^{\frac{\pi}{2}} (\cos t\sqrt{\sin t} - \sin t\sqrt{\cos t})\,dt$

B. $\dfrac{1}{2}\displaystyle\int_0^{\frac{\pi}{2}} dt$

C. $\displaystyle\int_0^{\frac{\pi}{2}} \cos t\sqrt{\sin t} \cdot \dfrac{dt}{2\sqrt{\sin t}} - \int_0^{\frac{\pi}{2}} \sin t\sqrt{\cos t} \cdot \dfrac{dt}{2\sqrt{\cos t}}$

D. $\displaystyle\int_0^{\frac{\pi}{2}} (\cos^2 t - \sin^2 t)\,dt$

4. 曲线积分 $\displaystyle\int_L (4x^3 + 2y^3)\,dx + 6xy^2\,dy$ 的值( ).

A. 与曲线 L 及其起点、终点均有关   B. 仅与曲线 L 的起点、终点有关

C. 与曲线 L 的起点、终点无关   D. 等于零

5. 设 Σ 为球面 $x^2 + y^2 + z^2 = a^2$ 上 $z \geqslant h (0 < h < a)$ 的部分,则 $\displaystyle\iint_\Sigma z\,dS = $ ( ).

A. $\displaystyle\int_0^{2\pi} d\theta \int_0^{a^2 - h^2} \sqrt{a^2 - \rho^2}\,d\rho$ B. $\displaystyle\int_0^{2\pi} d\theta \int_0^{\sqrt{a^2 - h^2}} \sqrt{a^2 - \rho^2}\,d\rho$

C. $\displaystyle\int_0^{2\pi} d\theta \int_{-\sqrt{a^2 - h^2}}^{\sqrt{a^2 - h^2}} a\rho\,d\rho$ D. $\displaystyle\int_0^{2\pi} d\theta \int_0^{\sqrt{a^2 - h^2}} a\rho\,d\rho$

6. 设 Σ 为柱面 $x^2 + y^2 = 1$ 被平面 $z = 0$ 及 $z = 3$ 所截得的第一卦限部分的前侧,则 $\displaystyle\iint_\Sigma z\,dx\,dy + x\,dy\,dz + y\,dz\,dx = $ ( ).

A. $3\iint\limits_{D_{xy}}\sqrt{1-x^2}\,\mathrm{d}x\,\mathrm{d}y=3\int_0^3\mathrm{d}y\int_0^1\sqrt{1-x^2}\,\mathrm{d}x$

B. $2\iint\limits_{D_{yz}}\sqrt{1-y^2}\,\mathrm{d}y\,\mathrm{d}z=2\int_0^3\mathrm{d}z\int_0^1\sqrt{1-y^2}\,\mathrm{d}y$

C. $3\int_0^{2\pi}\mathrm{d}\theta\int_0^1\sqrt{1-\rho^2}\,\rho\,\mathrm{d}\rho$

D. $3\int_0^{2\pi}\mathrm{d}\theta\int_0^1\rho\cos\theta\,\mathrm{d}\rho$

二、填空题（每小题 3 分，共 12 分）

1. 设 L 是 xOy 面上的圆周 $x^2+y^2=1$，沿顺时针方向，则 $I_1=\oint_L x^3\mathrm{d}s$ 与 $I_2=\oint_L y^5\mathrm{d}s$ 的大小关系是 _____.

2. 设曲线 L 是 $x=a(t-\sin t)$，$y=a(1-\cos t)$ 上从 $t=0$ 到 $t=2\pi$ 的一段弧，则曲线积分 $\int_L(2a-y)\mathrm{d}x+x\mathrm{d}y=$ _____.

3. 设 L 是从点 $A(1,1)$ 到点 $B(2,3)$ 的直线段，则 $\int_L(x+3y)\mathrm{d}x+(y+3x)\mathrm{d}y=$ _____.

4. 设 L 是圆周 $x^2+y^2=4$ 在第一象限内从点 $(2,0)$ 到点 $(0,2)$ 的一段弧，则 $\int_L\dfrac{(1-y)\mathrm{d}x+x\mathrm{d}y}{(x+y-1)^2}=$ _____.

三、计算题（每小题 6 分，共 36 分）

1. 求 $\int_L x\mathrm{d}s$，其中 L 为区域 $D=\{(x,y)\mid x^2\leqslant y\leqslant x\}$ 的整个边界曲线.

2. 已知曲线 Γ：$x(t)=\mathrm{e}^t\cos t$，$y(t)=\mathrm{e}^t\sin t$，$z(t)=\mathrm{e}^t(0\leqslant t\leqslant 2\pi)$，求 $\int_\Gamma\sqrt{x^2+y^2+z^2}\,\mathrm{d}s$.

3. 计算曲线积分 $I=\int_\Gamma \boldsymbol{f}\cdot\mathrm{d}\boldsymbol{r}$，其中 Γ 是曲线 $\boldsymbol{r}(t)=t\boldsymbol{i}+t^2\boldsymbol{j}+t^3\boldsymbol{k}$ 上从点 $(0,0,0)$ 到点 $(1,1,1)$ 的一段弧，向量场 $\boldsymbol{f}(x,y,z)=2xz\boldsymbol{i}-xy\boldsymbol{j}+yz^2\boldsymbol{k}$.

4. 设 L 是抛物线 $y^2=x$ 上从点 $A(1,-1)$ 到点 $B(1,1)$ 的一段弧，求 $\int_L xy\mathrm{d}y$.

5. 计算 $\iint\limits_\Sigma xyz\,\mathrm{d}S$，其中 Σ 为球面 $x^2+y^2+z^2=R^2$ 在第一卦限的部分.

6. （2016 年数学一）设有界区域 Ω 由平面 $2x+y+2z=2$ 与三个坐标面围成，Σ 为 Ω 整个表面的外侧，计算曲面积分 $I=\iint\limits_\Sigma(x^2+1)\mathrm{d}y\mathrm{d}z-2y\mathrm{d}z\mathrm{d}x+3z\mathrm{d}x\mathrm{d}y$.

四、综合题(每小题 6 分，共 24 分)

1. 已知曲线积分 $I = \int_L [e^x + 2f(x)]y\,dx - f(x)\,dy$ 与积分路径无关，且 $f(0) = 0$，求 $f(x)$，并计算 $I = \int_{(0,0)}^{(1,1)} [e^x + 2f(x)]y\,dx - f(x)\,dy$ 的值.

2. 计算曲线积分 $\int_L (5x - e^x \sin y)\,dy + e^x \cos y\,dx$，其中 L 为曲线 $x = \sqrt{2y - y^2}$，沿 y 增大的方向.

3. 计算曲面积分 $\iint_\Sigma (x^3 + x^2)\,dy\,dz + (y^3 - xz)\,dz\,dx + (z^3 - 2xz)\,dx\,dy$，其中 Σ 为方程 $x^2 + y^2 = z(0 \leqslant z \leqslant 1)$ 所确定曲面的上侧.

4. 验证在全平面内存在函数 $u(x, y)$，满足
$$(2x e^y + y)dx + (x^2 e^y + x - 2y)dy = du(x, y),$$
并求 $u(x, y)$.

五、证明题(本题 10 分)

设曲面 Σ 为球面 $(x - a)^2 + (y - a)^2 + (z - a)^2 = a^2$，$a > 0$. 试证：
$$\oiint_\Sigma (x + y + z + \sqrt{3}\,a)\,dS \geqslant 12\pi a^3.$$

第 12 章　无 穷 级 数

12.1　本章内容和学习要求

本章内容：常数项级数的概念与性质，常数项级数的审敛法，幂级数，函数展开成幂级数，傅里叶级数.

学习要求：

（1）理解常数项级数收敛与发散、收敛级数的和等概念，掌握收敛级数的基本性质和级数收敛的必要条件.

（2）掌握几类常见级数如几何级数、p 级数收敛与发散的条件.

（3）掌握正项级数的审敛法（包括比较审敛法、比较审敛法的极限形式、比值审敛法、根值审敛法和极限审敛法）.

（4）理解级数绝对收敛与条件收敛的概念，掌握交错级数的莱布尼茨定理.

（5）理解幂级数的概念及 Abel 定理，掌握幂级数的收敛半径、收敛区间及收敛域的方法.

（6）会求一些简单幂级数在其收敛区间内的和函数及某些数项级数的和，了解幂级数在其收敛区间内的基本性质（和函数的连续性、逐项求导与逐项积分）.

（7）掌握几类常见函数如 $y = \mathrm{e}^x$、$y = \sin x$ 等的麦克劳林展开式，并会利用这些展开式将一些简单函数展开成幂级数.

（8）掌握傅里叶级数的表达式、收敛定理和狄利克雷条件.

（9）掌握将周期函数展开成傅里叶级数的方法.

12.2　基 础 巩 固

习　题

一、选择题

1. 关于级数 $\sum\limits_{n=1}^{\infty} u_n$、$\sum\limits_{n=1}^{\infty} v_n$ 与 $\sum\limits_{n=1}^{\infty}(u_n + v_n)$，下列说法错误的是（　　）.

A. 若 $\sum\limits_{n=1}^{\infty} u_n$ 发散，$\sum\limits_{n=1}^{\infty} v_n$ 发散，则 $\sum\limits_{n=1}^{\infty}(u_n + v_n)$ 发散

B. 若 $\sum\limits_{n=1}^{\infty} u_n$ 收敛，$\sum\limits_{n=1}^{\infty} v_n$ 收敛，则 $\sum\limits_{n=1}^{\infty}(u_n + v_n)$ 收敛

C. 若 $\displaystyle\sum_{n=1}^{\infty} u_n$ 收敛，$\displaystyle\sum_{n=1}^{\infty} v_n$ 收敛，则 $\displaystyle\sum_{n=1}^{\infty} (u_n - v_n)$ 收敛

D. 若 $\displaystyle\sum_{n=1}^{\infty} u_n$ 发散，$\displaystyle\sum_{n=1}^{\infty} v_n$ 发散，则 $\displaystyle\sum_{n=1}^{\infty} (u_n + v_n)$ 不一定发散

2. 若级数 $\displaystyle\sum_{n=1}^{\infty} u_n$ 发散，$\displaystyle\sum_{n=1}^{\infty} v_n$ 收敛，则(　　　).

A. $\displaystyle\sum_{n=1}^{\infty} (u_n + v_n)$ 发散　　　　　　　B. $\displaystyle\sum_{n=1}^{\infty} u_n v_n$ 发散

C. $\displaystyle\sum_{n=1}^{\infty} (u_n^2 + v_n^2)$ 发散　　　　　D. $\displaystyle\sum_{n=1}^{\infty} (u_n + v_n)$ 既可能收敛,也可能发散

3. 如果 $\displaystyle\sum_{n=1}^{\infty} \frac{u_n + |u_n|}{2}$ 和 $\displaystyle\sum_{n=1}^{\infty} \frac{u_n - |u_n|}{2}$ 都是发散的,那么级数 $\displaystyle\sum_{n=1}^{\infty} u_n$(　　　).

A. 发散　　　　　　　　　　　　　B. 条件收敛

C. 绝对收敛　　　　　　　　　　　D. 无法判断

4. 若级数 $\displaystyle\sum_{n=1}^{\infty} a_n$ 和 $\displaystyle\sum_{n=1}^{\infty} b_n$ 都收敛,则(　　　).

A. $\displaystyle\sum_{n=1}^{\infty} a_n b_n$ 收敛　　　　　　　　B. $\displaystyle\sum_{n=1}^{\infty} (a_n^2 + b_n^2)$ 收敛

C. $\displaystyle\sum_{n=1}^{\infty} (-1)^n (a_n + b_n)$ 收敛　　　D. $\displaystyle\sum_{n=1}^{\infty} (a_n + b_n)$ 收敛

5. 已知级数 $\displaystyle\sum_{n=1}^{\infty} (-1)^{n-1} a_n = 2$，$\displaystyle\sum_{n=1}^{\infty} a_{2n-1} = 5$，则级数 $\displaystyle\sum_{n=1}^{\infty} a_n = ($　　　$)$.

A. 3　　　　　　　　　　　　　　　B. 7

C. 8　　　　　　　　　　　　　　　D. 9

6. 下列级数发散的是(　　　).

A. $\displaystyle\sum_{n=1}^{\infty} (-1)^{n-1} \frac{1}{\ln(n+1)}$　　　　B. $\displaystyle\sum_{n=1}^{\infty} \frac{n}{3n-1}$

C. $\displaystyle\sum_{n=1}^{\infty} (-1)^{n-1} \frac{1}{3^n}$　　　　　　D. $\displaystyle\sum_{n=1}^{\infty} \frac{n}{3^{\frac{n}{2}}}$

7. 设 a 为常数,则级数 $\displaystyle\sum_{n=1}^{\infty} \left(\frac{\sin na}{n^2} - \frac{1}{\sqrt{n}} \right)$ (　　　).

A. 绝对收敛　　　　　　　　　　　B. 条件收敛

C. 发散　　　　　　　　　　　　　D. 收敛性取决于 a 值

8. 设常数 $k > 0$,则级数 $\displaystyle\sum_{n=1}^{\infty} (-1)^n \frac{k+n}{n^2}$(　　　).

A. 发散　　　　　　　　　　　　　B. 绝对收敛

C. 条件收敛　　　　　　　　　　　D. 收敛性取决于 k 值

9. 若级数 $\displaystyle\sum_{n=1}^{\infty} a_n (x-2)^n$ 在 $x = -2$ 处收敛,则此级数在 $x = 5$ 处(　　　).

A. 发散

B. 条件收敛

C. 绝对收敛

D. 收敛性不能确定

10. 若级数 $\sum\limits_{n=1}^{\infty} a_n (x-1)^n$ 在 $x=2$ 处收敛，则此级数在 $x=-1$ 处（   ）.

A. 条件收敛

B. 绝对收敛

C. 发散

D. 收敛性不能确定

11. 若幂级数 $\sum\limits_{n=1}^{\infty} a_n x^n$ 在 $x=-2$ 处收敛，在 $x=3$ 处发散，则该级数（   ）.

A. 必在 $x=-3$ 处发散

B. 必在 $x=2$ 处收敛

C. 必在 $|x|>3$ 时发散

D. 收敛区间为 $[-2,3)$

12. 若 $\lim\limits_{n\to\infty}\left|\dfrac{C_n}{C_{n+1}}\right|=3$，则幂级数 $\sum\limits_{n=0}^{\infty} C_n (x-1)^n$（   ）.

A. 必在 $|x|>3$ 时发散

B. 在 $x=-3$ 处的敛散性不确定

C. 必在 $|x|\leqslant 3$ 时收敛

D. 收敛半径为 3

13. 幂级数 $\sum\limits_{n=0}^{\infty} (-1)^n \dfrac{(x-1)^n}{3^n \sqrt{n+1}}$ 在收敛区间的两端点处（   ）.

A. 全是发散的

B. 左端点处发散，右端点处收敛

C. 全是收敛的

D. 左端点处收敛，右端点处发散

14. 幂级数 $\sum\limits_{n=0}^{\infty} \dfrac{a^n-b^n}{a^n+b^n} x^n \,(0<a<b)$ 的收敛半径 R 等于（   ）.

A. b

B. $\dfrac{1}{a}$

C. $\dfrac{1}{b}$

D. 与 a、b 无关的值

15. R 为级数 $\sum\limits_{n=0}^{\infty} a_n x^n$ 的收敛半径的充分必要条件是（   ）.

A. 当 $|x|<R$ 时，$\sum\limits_{n=0}^{\infty} a_n x^n$ 收敛

B. 当 $|x|<R$ 时，$\sum\limits_{n=0}^{\infty} a_n x^n$ 收敛，且当 $|x|\geqslant R$ 时，$\sum\limits_{n=0}^{\infty} a_n x^n$ 发散

C. 当 $|x|\leqslant R$ 时，$\sum\limits_{n=0}^{\infty} a_n x^n$ 收敛，且当 $|x|>R$ 时，$\sum\limits_{n=0}^{\infty} a_n x^n$ 发散

D. 当 $|x|<R$ 时，$\sum\limits_{n=0}^{\infty} a_n x^n$ 收敛，且当 $|x|>R$ 时，$\sum\limits_{n=0}^{\infty} a_n x^n$ 发散

16. 级数 $\sum\limits_{n=0}^{\infty} \dfrac{x^n}{3^{\sqrt{n}}}$ 的收敛区间是（   ）.

A. $[-1,1]$

B. $[-3,3]$

C. $(-3,3)$

D. $(-1,1)$

17. 设数列 $\{a_n\}$ 单调减少，$\lim\limits_{n\to\infty} a_n=0$，$s_n=\sum\limits_{k=1}^{n} a_k \,(n=1,2,\cdots)$ 无界，则幂级数

$\displaystyle\sum_{n=1}^{\infty} a_n (x-1)^n$ 的收敛域为( ).

A. $(-1, 1]$

B. $[-1, 1)$

C. $[0, 2)$

D. $(0, 2]$

18. 幂级数 $\displaystyle\sum_{n=1}^{\infty} \frac{x^n}{n}$ 在 $|x| < 1$ 时的和函数是( ).

A. $\ln(1-x)$

B. $-\ln(1-x)$

C. $\ln(x-1)$

D. $-\ln(x-1)$

19. 正项级数 $\displaystyle\sum_{n=1}^{\infty} a_n$ 收敛是级数 $\displaystyle\sum_{n=1}^{\infty} a_n^2$ 收敛的( ).

A. 充分非必要条件

B. 必要非充分条件

C. 充分必要条件

D. 既非充分又非必要条件

20. 已知函数 $f(x) = \begin{cases} \sin x, & x \in [0, \pi], \\ \cos x, & x \in [-\pi, 0), \end{cases}$ 假设 $f(x)$ 的傅里叶级数在 $x = 0$ 处和 $x = \pi$ 处分别收敛于 A 和 B，则( ).

A. $A = 0$, $B = 1$

B. $A = 1$, $B = 0$

C. $A = \dfrac{1}{2}$, $B = 0$

D. $A = \dfrac{1}{2}$, $B = -\dfrac{1}{2}$

21. 设 $f(x) = x^2 (0 \leqslant x \leqslant 1)$，正弦级数 $s(x) = \displaystyle\sum_{n=1}^{\infty} b_n \sin n\pi x$，其中 $b_n = 2\displaystyle\int_0^1 f(x) \sin n\pi x \, \mathrm{d}x \, (n = 1, 2, \cdots)$，则 $s\left(-\dfrac{1}{2}\right) = ($).

A. $\dfrac{1}{2}$

B. $\dfrac{1}{4}$

C. $-\dfrac{1}{4}$

D. $-\dfrac{1}{2}$

22. 当 $|x| < 4$ 时，幂级数 $\displaystyle\sum_{n=1}^{\infty} \frac{x^n}{n 4^n}$ 的和函数是( ).

A. $-\ln(4-x)$

B. $-4\ln(1-x)$

C. $-\ln\left(1 - \dfrac{x}{4}\right)$

D. $\ln\left(1 + \dfrac{x}{4}\right)$

二、填空题

1. 已知级数 $\displaystyle\sum_{n=1}^{\infty} u_n$ 的部分和为 $s_n = \dfrac{2n}{n+1}$，则 $u_n = $ _____.

2. 级数 $1 + \dfrac{1 \cdot 3}{1 \cdot 4} + \dfrac{1 \cdot 3 \cdot 5}{1 \cdot 4 \cdot 7} + \dfrac{1 \cdot 3 \cdot 5 \cdot 7}{1 \cdot 4 \cdot 7 \cdot 10} + \cdots$ 的一般项为 _____.

3. 已知级数 $\displaystyle\sum_{n=1}^{\infty} \frac{1}{n^2} = \frac{\pi^2}{6}$，则级数 $\displaystyle\sum_{n=1}^{\infty} \frac{1}{(2n-1)^2}$ 的和等于 _____.

4. 级数 $\dfrac{1}{3} - \dfrac{1}{9} + \dfrac{1}{27} + \cdots + \dfrac{(-1)^{n-1}}{3^n} + \cdots$ 的和等于 _____.

5. 级数 $\displaystyle\sum_{n=2}^{\infty} \frac{1}{n^2-1}$ 的和等于 _____ .

6. 已知 $\lim\limits_{n\to\infty} b_n = \infty$, 且 $b_n \neq 0 (n=1, 2, \cdots)$, 则 $\displaystyle\sum_{n=1}^{\infty}\left(\frac{1}{b_n}-\frac{1}{b_{n+1}}\right) = $ _____ .

7. 级数 $\displaystyle\sum_{n=1}^{\infty} \frac{3^n+1}{9^n}$ 的和为 _____ .

8. 级数 $\displaystyle\sum_{n=1}^{\infty} (\sqrt{n+2}-2\sqrt{n+1}+\sqrt{n})$ 的和为 _____ .

9. 幂级数 $\displaystyle\sum_{n=1}^{\infty} n!\left(\frac{x}{n}\right)^n$ 的收敛半径 $R = $ _____ .

10. 级数 $\displaystyle\sum_{n=0}^{\infty} \frac{1}{a^n+b^n}x^n (a>0, b>0)$ 的收敛半径 $R = $ _____ .

11. 函数 $\ln(4-9x^2)$ 的麦克劳林级数的收敛半径 $R = $ _____ .

12. 将函数 $\ln(a+bx)(a>0, b\neq 0)$ 展开为 x 的幂级数, 该幂级数的收敛半径 $R = $ _____ .

13. 幂级数 $\displaystyle\sum_{n=0}^{\infty} 4(x+1)^n$ 的收敛区间是 _____ .

14. 函数 $\dfrac{1}{2-x}$ 在 $x=1$ 处的泰勒级数为 _____ , 该泰勒级数的收敛区间是 _____ .

15. 函数 $\ln x$ 在 $x=1$ 处的幂级数展开式为 _____ .

16. 将函数 $f(x)=\dfrac{x}{a+bx}(ab\neq 0)$ 展开为 x 的幂级数, 该幂级数的收敛半径 $R = $ _____ .

17. 级数 $1+\dfrac{1}{1+2}+\dfrac{1}{1+2+3}+\cdots+\dfrac{1}{1+2+3+\cdots+n}+\cdots$ 的收敛性是 _____ ; 若收敛, 其和等于 _____ .

18. 把函数 $f(x)=\dfrac{1}{(1-2x)(1-3x)}$ 展开为 x 的幂级数, 该幂级数的收敛半径 $R = $ _____ .

19. 级数 $\displaystyle\sum_{n=1}^{\infty}\left[\frac{1}{\sqrt{n}}+\frac{(-1)^n}{n}\right]x^n$ 的收敛域为 _____ .

20. 函数 $x^2+\sin x$ 的麦克劳林级数的收敛区间是 _____ .

21. 设函数 $f(x)=|\sin 2x|$ 在 $[0, \pi]$ 上的余弦级数的和函数为 $s(x)$, 则 $s(x)$ 的周期是 _____ .

22. 设函数 $f(x)=x^2-x$ 在 $[0, 1]$ 上的余弦级数的和函数为 $s(x)$, 则 $s(x)$ 的周期为 _____ .

23. 设 $f(x)$ 是以 2π 为周期的周期函数, 在 $[-\pi, \pi]$ 上, $f(x)=\begin{cases} -1, & -\pi \leqslant x<0, \\ 1, & 0 \leqslant x<\pi, \end{cases}$

若它的傅里叶级数的和函数为 $s(x)$，则 $s\left(\dfrac{5\pi}{2}\right)=$ _____.

24. 周期为 2 的函数 $f(x)$ 在一个周期内的表达式为 $f(x)=x$，$-1\leqslant x<1$，设它的傅里叶级数的和函数为 $s(x)$，则 $s\left(\dfrac{3}{2}\right)=$ _____.

25. 设 $f(x)$ 是周期为 2 的周期函数，在区间 $(-1,1]$ 上，$f(x)=\begin{cases}2, & -1<x\leqslant 0,\\ x^3, & 0<x\leqslant 1,\end{cases}$ 则 $f(x)$ 的傅里叶级数在 $x=1$ 处收敛于 _____.

26. 函数 $f(x)=x(0<x<\pi)$ 的正弦级数为 _____.

27. 设 $f(x)=\begin{cases}-1, & -\pi<x\leqslant 0,\\ 1+x^2, & 0<x\leqslant\pi,\end{cases}$ 则其傅里叶级数在 $x=\pi$ 处收敛于 _____.

28. 设函数 $f(x)=\pi x+x^2(-\pi<x<\pi)$ 的傅里叶级数展开式为 $\dfrac{a_0}{2}+\sum\limits_{n=1}^{\infty}(a_n\cos nx+b_n\sin nx)$，则系数 $b_3=$ _____.

三、计算题

1. 用定义判定级数 $\sum\limits_{n=1}^{\infty}\dfrac{1}{(5n-4)(5n+1)}$ 的敛散性. 若级数收敛，试求其和.

2. 若幂级数 $\sum\limits_{n=0}^{\infty}a_nx^n$ 在 $x=-2$ 处收敛，判断级数 $\sum\limits_{n=0}^{\infty}a_n\left(\dfrac{1}{2}\right)^n$ 的敛散性.

3. 判定下列级数的敛散性：

(1) $\sum\limits_{n=1}^{\infty}\dfrac{a^n}{(1+a)(1+a^2)\cdots(1+a^n)}(a>0)$；

(2) $\sum\limits_{n=1}^{\infty}\left[\sqrt{(n+1)^2+1}-\sqrt{n^2+1}\right]$；

(3) $\sum\limits_{n=1}^{\infty}\dfrac{1}{2^n-n}$；

(4) $\sum\limits_{n=1}^{\infty}n\mathrm{e}^{-n^2}$；

(5) $\sum\limits_{n=1}^{\infty}\sqrt{\dfrac{n^2+1}{2n^4+1}}$.

4. 判定下列级数是否收敛. 如果收敛，是绝对收敛还是条件收敛？

(1) $\sum\limits_{n=2}^{\infty}\dfrac{(-1)^{n-1}}{n\cdot 2^n}$；

(2) $\sum\limits_{n=1}^{\infty}(-1)^n\sin\dfrac{\pi}{n}$；

(3) $\sum\limits_{n=1}^{\infty}(-1)^{n-1}\dfrac{n+1}{3n-2}$.

5. 将函数 $f(x)=\dfrac{1}{x^2-3x+2}$ 展开成 x 的幂级数.

6. 试求幂级数 $\sum\limits_{n=1}^{\infty}\dfrac{5^n+(-3)^n}{n}x^n$ 的收敛半径，并讨论该幂级数在收敛区间端点处的收敛性，同时求该幂级数的和函数.

7. 将函数 $y=\ln(1-x-2x^2)$ 展开成 x 的幂级数，并指出该幂级数的收敛域.

8. 将函数 $f(x)=x-1(0\leqslant x\leqslant 2)$ 展开成余弦级数.

9. 求幂级数 $\sum\limits_{n=1}^{\infty}\dfrac{(-1)^{n-1}}{2n-1}x^{2n}$ 的收敛域及和函数.

四、证明题

1. 设 s_{2n} 为级数 $\sum\limits_{n=1}^{\infty}u_n$ 的前 $2n$ 项之和，u_n 为其一般项，已知 $\lim\limits_{n\to\infty}s_{2n}=a$，$\lim\limits_{n\to\infty}u_n=0$，试证：级数 $\sum\limits_{n=1}^{\infty}u_n$ 收敛且其和 $s=a$.

2. 若 $\sum\limits_{n=1}^{\infty}u_n$ 是绝对收敛的任意项级数，记 $p_n=\begin{cases}0, & u_n\leqslant 0,\\ u_n, & u_n>0,\end{cases}$ $q_n=\begin{cases}-u_n, & u_n\leqslant 0,\\ 0, & u_n>0,\end{cases}$

试证：$\sum\limits_{n=1}^{\infty}p_n$ 及 $\sum\limits_{n=1}^{\infty}q_n$ 都收敛，并写出 $\sum\limits_{n=1}^{\infty}u_n$、$\sum\limits_{n=1}^{\infty}p_n$、$\sum\limits_{n=1}^{\infty}q_n$ 三个级数之间的关系.

习题详解

一、选择题

1. A. **解析**：由收敛级数的基本性质知两个收敛级数的一般项逐项相加或相减所得的级数仍收敛，所以选项 B 和 C 正确；设 $u_n=\dfrac{1}{n}$，$v_n=-\dfrac{1}{n}$，则 $\sum\limits_{n=1}^{\infty}u_n$ 和 $\sum\limits_{n=1}^{\infty}v_n$ 均发散，但是 $u_n+v_n=0$，从而 $\sum\limits_{n=1}^{\infty}(u_n+v_n)$ 收敛，所以选项 D 正确. 故选 A.

2. A. **解析**：由收敛级数的基本性质可推得选项 A 正确. 对于选项 B 和 C，取 $u_n=\dfrac{1}{n}$，$v_n=(-1)^n\dfrac{1}{n}$，有 $\sum\limits_{n=1}^{\infty}u_n$ 发散，$\sum\limits_{n=1}^{\infty}v_n$ 收敛，但 $\sum\limits_{n=1}^{\infty}u_nv_n=\sum\limits_{n=1}^{\infty}(-1)^n\dfrac{1}{n^2}$ 和 $\sum\limits_{n=1}^{\infty}(u_n^2+v_n^2)=\sum\limits_{n=1}^{\infty}\dfrac{2}{n^2}$ 均收敛.

3. D. **解析**：由于 $\dfrac{u_n+|u_n|}{2}=\begin{cases}u_n, & u_n\geqslant 0,\\ 0, & u_n<0,\end{cases}$ $\dfrac{u_n-|u_n|}{2}=\begin{cases}0, & u_n\geqslant 0,\\ u_n, & u_n<0,\end{cases}$ 因此取 $\sum\limits_{n=1}^{\infty}u_n=\sum\limits_{n=1}^{\infty}(-1)^n\dfrac{1}{n}$ 及 $\sum\limits_{n=1}^{\infty}u_n=\sum\limits_{n=1}^{\infty}(-1)^n$ 都满足条件，但前者收敛，后者发散.

4. D. **解析**：由收敛级数的基本性质知选项 D 正确. 对于选项 A、B、C，取 $a_n=b_n=(-1)^n\dfrac{1}{\sqrt{n}}$，有级数 $\sum\limits_{n=1}^{\infty}a_n$ 和 $\sum\limits_{n=1}^{\infty}b_n$ 都收敛，但 $\sum\limits_{n=1}^{\infty}a_nb_n$、$\sum\limits_{n=1}^{\infty}(a_n^2+b_n^2)$、$\sum\limits_{n=1}^{\infty}(-1)^n(a_n+b_n)$ 都发散.

5. C. **解析**：由于 $\sum\limits_{n=1}^{\infty} a_{2n} = \sum\limits_{n=1}^{\infty} a_{2n-1} - \sum\limits_{n=1}^{\infty} (-1)^{n-1} a_n = 5 - 2 = 3$，因此

$$\sum_{n=1}^{\infty} a_n = \sum_{n=1}^{\infty} a_{2n-1} + \sum_{n=1}^{\infty} a_{2n} = 5 + 3 = 8.$$

6. B. **解析**：因为选项 B 中级数 $\sum\limits_{n=1}^{\infty} \dfrac{n}{3n-1}$ 的一般项的极限等于 $\dfrac{1}{3}$，所以该级数发散；由于选项 A、C 中的交错级数都满足莱布尼茨定理收敛条件，因此它们都收敛；对于选项 D 中的级数 $\sum\limits_{n=1}^{\infty} \dfrac{n}{3^{\frac{n}{2}}}$，利用根值审敛法得 $\rho = \lim\limits_{n\to\infty} \sqrt[n]{\dfrac{n}{3^{\frac{n}{2}}}} = \dfrac{1}{\sqrt{3}} < 1$，于是该级数收敛. 故选 B.

7. C. **解析**：由于 $\left| \dfrac{\sin na}{n^2} \right| \leqslant \dfrac{1}{n^2}$ 且级数 $\sum\limits_{n=1}^{\infty} \dfrac{1}{n^2}$ 收敛，因此级数 $\sum\limits_{n=1}^{\infty} \dfrac{\sin na}{n^2}$ 绝对收敛，而 $\sum\limits_{n=1}^{\infty} \dfrac{1}{\sqrt{n}}$ 为发散的 p 级数，故级数 $\sum\limits_{n=1}^{\infty} \left(\dfrac{\sin na}{n^2} - \dfrac{1}{\sqrt{n}} \right)$ 发散.

8. C. **解析**：由于 $\dfrac{k+n}{n^2} > \dfrac{1}{n}$ 且级数 $\sum\limits_{n=1}^{\infty} \dfrac{1}{n}$ 发散，因此级数 $\sum\limits_{n=1}^{\infty} \dfrac{k+n}{n^2}$ 发散. 又级数 $\sum\limits_{n=1}^{\infty} (-1)^n \dfrac{1}{n}$ 和 $\sum\limits_{n=1}^{\infty} (-1)^n \dfrac{k}{n^2}$ 都收敛，所以级数 $\sum\limits_{n=1}^{\infty} (-1)^n \dfrac{k+n}{n^2}$ 也收敛，从而该级数条件收敛.

9. C. **解析**：令 $z = x - 2$，得 $\sum\limits_{n=1}^{\infty} a_n (x-2)^n = \sum\limits_{n=1}^{\infty} a_n z^n$，则 $x = -2$ 和 $x = 5$ 分别对应于 $z = -4$ 和 $z = 3$. 由于级数 $\sum\limits_{n=1}^{\infty} a_n z^n$ 在 $z = -4$ 处收敛，因此由 Abel 定理知该级数在 $|z| < 4$ 时绝对收敛，从而该级数在 $z = 3$ 处绝对收敛.

10. D. **解析**：令 $z = x - 1$，代入原幂级数得 $\sum\limits_{n=1}^{\infty} a_n z^n$，则 $x = 2$ 和 $x = -1$ 分别对应于 $z = 1$ 和 $z = -2$. 由于级数 $\sum\limits_{n=1}^{\infty} a_n z^n$ 在 $z = 1$ 处收敛，因此由 Abel 定理知该级数在 $|z| < 1$ 时绝对收敛，而在 $|z| > 1$ 时的收敛性不确定，故选 D.

11. C. **解析**：根据 Abel 定理，该级数在 $|x| < 2$ 时绝对收敛，在 $|x| > 3$ 时发散.

12. D. **解析**：因 $\lim\limits_{n\to\infty} \left| \dfrac{C_n}{C_{n+1}} \right| = 3$，故 $\sum\limits_{n=0}^{\infty} C_n (x-1)^n$ 的收敛半径 $R = 3$. 由 Abel 定理知，当 $|x-1| < 3$ 时级数绝对收敛，当 $|x-1| > 3$ 时级数发散，故选 D.

13. B. **解析**：令 $z = x - 1$，代入原级数得 $\sum\limits_{n=0}^{\infty} (-1)^n \dfrac{z^n}{3^n \sqrt{n+1}}$. 由于

$$\lim_{n\to\infty} \frac{|a_n|}{|a_{n+1}|} = \lim_{n\to\infty} \frac{3\sqrt{n+2}}{\sqrt{n+1}} = 3,$$

因此级数 $\sum\limits_{n=0}^{\infty} (-1)^n \dfrac{z^n}{3^n \sqrt{n+1}}$ 的收敛半径 $R = 3$.

当 $z=3$ 时,该级数化为交错级数 $\sum_{n=0}^{\infty}(-1)^n\dfrac{1}{\sqrt{n+1}}$,满足莱布尼茨定理条件,故该级

数收敛;

当 $z=-3$ 时,该级数化为 $\sum_{n=0}^{\infty}\dfrac{1}{\sqrt{n+1}}$,与调和级数 $\sum_{n=1}^{\infty}\dfrac{1}{n}$ 比较得该级数发散.

综上,对于级数 $\sum_{n=0}^{\infty}(-1)^n\dfrac{(x-1)^n}{3^n\sqrt{n+1}}$ 而言,当 $x=4$(右端点)时收敛,当 $x=-2$(左端

点)时发散.

14. D. **解析**:$R=\lim\limits_{n\to\infty}\left|\dfrac{a_n}{a_{n+1}}\right|=\lim\limits_{n\to\infty}\dfrac{1-\left(\dfrac{a}{b}\right)^n}{1+\left(\dfrac{a}{b}\right)^n}\cdot\dfrac{1+\left(\dfrac{a}{b}\right)^{n+1}}{1-\left(\dfrac{a}{b}\right)^{n+1}}=1.$

15. D. **解析**:幂级数在收敛区间内绝对收敛,在左、右端点处可能发散,也可能收敛,所以选项 B、C 都是错误的,而选项 A 表达不完整,故选 D.

16. D. **解析**:因收敛半径 $R=\lim\limits_{n\to\infty}\left|\dfrac{a_n}{a_{n+1}}\right|=\lim\limits_{n\to\infty}(3^{\sqrt{n+1}-\sqrt{n}})=1$,故收敛区间为 $(-1,1)$.

17. C. **解析**:由题设知交错级数 $\sum_{n=1}^{\infty}(-1)^n a_n$ 收敛,则幂级数 $\sum_{n=1}^{\infty}a_n(x-1)^n$ 在 $x=0$ 处

收敛.又 $s_n=\sum_{k=1}^{n}a_k$ 无界,故数列 $\{s_n\}$ 发散,即级数 $\sum_{n=1}^{\infty}a_n$ 发散,从而幂级数 $\sum_{n=1}^{\infty}a_n(x-1)^n$

在 $x=2$ 处发散.因此幂级数 $\sum_{n=1}^{\infty}a_n(x-1)^n$ 的收敛域为 $[0,2)$.

18. B. **解析**:易知此幂级数的收敛半径为 1.设在 $(-1,1)$ 内,$\sum_{n=1}^{\infty}\dfrac{x^n}{n}=s(x)$,则

$$s'(x)=\left(\sum_{n=1}^{\infty}\dfrac{x^n}{n}\right)'=\sum_{n=1}^{\infty}\left(\dfrac{x^n}{n}\right)'=\sum_{n=1}^{\infty}x^{n-1}=\dfrac{1}{1-x}.$$

又 $s(0)=0$,于是

$$s(x)=\int_0^x s'(t)\mathrm{d}t=\int_0^x\dfrac{1}{1-t}\mathrm{d}t=-\ln(1-x).$$

19. A. **解析**:若正项级数 $\sum_{n=1}^{\infty}a_n$ 收敛,则存在 $N\in\mathbf{N}^+$,当 $n>N$ 时,$0\leqslant a_n^2\leqslant a_n$,所

以级数 $\sum_{n=1}^{\infty}a_n^2$ 也收敛.反之,若 $\sum_{n=1}^{\infty}a_n^2$ 收敛,则 $\sum_{n=1}^{\infty}a_n$ 不一定收敛,如取 $a_n=\dfrac{1}{n}$.

20. D. **解析**:根据傅里叶级数的收敛定理,在 $f(x)$ 的连续点处其傅里叶级数收敛于 $f(x)$,在 $f(x)$ 的不连续点处其傅里叶级数收敛于 $\dfrac{1}{2}[f(x^-)+f(x^+)]$,于是

$$A=\dfrac{1}{2}(\sin 0+\cos 0)=\dfrac{1}{2},\qquad B=\dfrac{1}{2}[\sin\pi+\cos(-\pi)]=-\dfrac{1}{2}.$$

21. C. **解析**:因 $s(x)$ 是 $f(x)$ 的正弦级数的和函数,且 $f(x)$ 在 $x=-\dfrac{1}{2}$ 处连续,故

$$s\left(-\frac{1}{2}\right) = -s\left(\frac{1}{2}\right) = -f\left(\frac{1}{2}\right) = -\frac{1}{4}.$$

22. C. 解析: 令幂级数 $\displaystyle\sum_{n=1}^{\infty}\frac{x^n}{n4^n}$ 在 $(-4,4)$ 内的和函数是 $s(x)$，则幂级数在 $(-4,4)$ 内

逐项求导得 $s'(x) = \displaystyle\sum_{n=1}^{\infty}\frac{x^{n-1}}{4^n} = \frac{1}{4-x}$. 又 $s(0) = 0$，于是

$$s(x) = \int_0^x \frac{\mathrm{d}t}{4-t} = -\ln\frac{4-x}{4} = -\ln\left(1 - \frac{x}{4}\right).$$

二、填空题

1. $\dfrac{2}{n(n+1)}$. **解析:** $u_n = s_n - s_{n-1} = \dfrac{2n}{n+1} - \dfrac{2(n-1)}{n} = \dfrac{2}{n(n+1)}$.

2. $u_n = \dfrac{1 \cdot 3 \cdot 5 \cdots (2n-1)}{1 \cdot 4 \cdot 7 \cdots (3n-2)}$.

3. $\dfrac{\pi^2}{8}$. **解析:** 因 $\displaystyle\sum_{n=1}^{\infty}\frac{1}{n^2} = \sum_{n=1}^{\infty}\frac{1}{(2n-1)^2} + \sum_{n=1}^{\infty}\frac{1}{(2n)^2} = \sum_{n=1}^{\infty}\frac{1}{(2n-1)^2} + \frac{1}{4}\sum_{n=1}^{\infty}\frac{1}{n^2}$, 故

$$\sum_{n=1}^{\infty}\frac{1}{(2n-1)^2} = \frac{3}{4}\sum_{n=1}^{\infty}\frac{1}{n^2} = \frac{3}{4} \times \frac{\pi^2}{6} = \frac{\pi^2}{8}.$$

4. $\dfrac{1}{4}$. **解析:** 所给级数是首项为 $a_1 = \dfrac{1}{3}$、公比为 $-\dfrac{1}{3}$ 的等比级数，所以该级数收敛，

且和为 $\dfrac{1}{3} \cdot \dfrac{1}{1 - \left(-\dfrac{1}{3}\right)} = \dfrac{1}{4}$.

5. $\dfrac{3}{4}$. **解析:** 因为级数 $\displaystyle\sum_{n=2}^{\infty}\frac{1}{n^2-1}$ 的部分和为

$$s_n = \sum_{i=2}^{n+1}\frac{1}{i^2-1} = \frac{1}{2}\left(1 + \frac{1}{2} - \frac{1}{n+1} - \frac{1}{n+2}\right),$$

所以该级数的和为 $s = \displaystyle\lim_{n\to\infty} s_n = \dfrac{3}{4}$.

6. $\dfrac{1}{b_1}$. **解析:** $\displaystyle\sum_{n=1}^{\infty}\left(\frac{1}{b_n} - \frac{1}{b_{n+1}}\right) = \lim_{n\to\infty}\left[\sum_{i=1}^{n}\left(\frac{1}{b_i} - \frac{1}{b_{i+1}}\right)\right] = \lim_{n\to\infty}\left(\frac{1}{b_1} - \frac{1}{b_{n+1}}\right) = \frac{1}{b_1}$.

7. $\dfrac{5}{8}$. **解析:** $\displaystyle\sum_{n=1}^{\infty}\frac{3^n+1}{9^n} = \sum_{n=1}^{\infty}\frac{1}{3^n} + \sum_{n=1}^{\infty}\frac{1}{9^n} = \frac{1}{3} \cdot \frac{1}{1-\dfrac{1}{3}} + \frac{1}{9} \cdot \frac{1}{1-\dfrac{1}{9}} = \frac{5}{8}$.

8. $1 - \sqrt{2}$. **解析:** 因为级数 $\displaystyle\sum_{n=1}^{\infty}\left(\sqrt{n+2} - 2\sqrt{n+1} + \sqrt{n}\right)$ 的部分和为

$$s_n = \sum_{i=1}^{n}\left(\sqrt{i+2} - 2\sqrt{i+1} + \sqrt{i}\right) = 1 - \sqrt{2} + \sqrt{n+2} - \sqrt{n+1},$$

所以该级数的和为

$$s = \lim_{n\to\infty} s_n = 1 - \sqrt{2} + \lim_{n\to\infty}\left(\sqrt{n+2} - \sqrt{n+1}\right) = 1 - \sqrt{2} + \lim_{n\to\infty}\frac{n+2-(n+1)}{\sqrt{n+2} + \sqrt{n+1}}$$

$$= 1 - \sqrt{2} + \lim_{n \to \infty} \frac{1}{\sqrt{n+2} + \sqrt{n+1}} = 1 - \sqrt{2}.$$

9. e. **解析**: $R = \lim\limits_{n \to \infty} \left| \dfrac{a_n}{a_{n+1}} \right| = \lim\limits_{n \to \infty} \dfrac{n!(n+1)^{n+1}}{(n+1)! \, n^n} = \lim\limits_{n \to \infty} \left(1 + \dfrac{1}{n} \right)^n = e.$

10. $\max\{a, b\}$. **解析**: $R = \lim\limits_{n \to \infty} \left| \dfrac{a_n}{a_{n+1}} \right| = \lim\limits_{n \to \infty} \dfrac{a^{n+1} + b^{n+1}}{a^n + b^n}$. 若 $a \geqslant b$, 则 $\lim\limits_{n \to \infty} \dfrac{a^{n+1} + b^{n+1}}{a^n + b^n} =$

$\lim\limits_{n \to \infty} \dfrac{a + b \left(\dfrac{b}{a} \right)^n}{1 + \left(\dfrac{b}{a} \right)^n} = a$; 若 $a < b$, 则 $\lim\limits_{n \to \infty} \dfrac{a^{n+1} + b^{n+1}}{a^n + b^n} = b$. 因此收敛半径 $R = \max\{a, b\}$.

11. $\dfrac{2}{3}$. **解析**: 因为 $\ln(4 - 9x^2) = \ln 4 + \ln \left[1 + \left(-\dfrac{9}{4} x^2 \right) \right]$, 所以其麦克劳林级数的收

敛区间为 $\left| -\dfrac{9}{4} x^2 \right| < 1$, 即 $|x| < \dfrac{2}{3}$, 从而 $R = \dfrac{2}{3}$.

12. $\dfrac{a}{|b|}$. **解析**: 因为 $\ln(a + bx) = \ln a + \ln \left(1 + \dfrac{b}{a} x \right)$, 所以展开后的幂级数的收敛区

间为 $\left| \dfrac{b}{a} x \right| < 1$, 即 $|x| < \dfrac{a}{|b|}$, 从而 $R = \dfrac{a}{|b|}$.

13. $(-2, 0)$. **解析**: 令 $x + 1 = z$. 因为级数 $\sum\limits_{n=0}^{\infty} 4 z^n$ 的收敛区间是 $(-1, 1)$, 所以原幂

级数的收敛区间是 $(-2, 0)$.

14. $\sum\limits_{n=0}^{\infty} (x-1)^n$, $(0, 2)$. **解析**: 因为 $\dfrac{1}{2-x} = \dfrac{1}{1-(x-1)}$, 所以 $\dfrac{1}{2-x}$ 在 $x = 1$ 处的泰

勒级数为 $\sum\limits_{n=0}^{\infty} (x-1)^n$, 其收敛区间为 $(0, 2)$.

15. $\sum\limits_{n=1}^{\infty} (-1)^{n-1} \dfrac{(x-1)^n}{n}$ $(0 < x \leqslant 2)$. **解析**: 函数 $\ln x$ 在 $x = 1$ 处的幂级数展开式为

$$\ln x = \ln[1 + (x-1)] = \sum\limits_{n=1}^{\infty} (-1)^{n-1} \frac{(x-1)^n}{n},$$

其收敛区间为 $|x-1| < 1$. 又 $x = 0$ 时级数发散, $x = 2$ 时级数收敛, 所以该幂级数的收敛

域为 $(0, 2]$.

16. $\left| \dfrac{a}{b} \right|$. **解析**: 因为 $f(x) = \dfrac{x}{a + bx} = \dfrac{\dfrac{1}{b}(a + bx) - \dfrac{a}{b}}{a + bx} = \dfrac{1}{b} - \dfrac{1}{b} \left(\dfrac{1}{1 + \dfrac{bx}{a}} \right)$, 所以展

开后的幂级数的收敛区间为 $\left| \dfrac{b}{a} x \right| < 1$, 即 $|x| < \left| \dfrac{a}{b} \right|$, 从而 $R = \left| \dfrac{a}{b} \right|$.

17. 收敛, 2. **解析**: 因为级数的一般项为 $u_n = \dfrac{1}{1 + 2 + \cdots + n} = \dfrac{2}{n(n+1)} =$

$2 \left(\dfrac{1}{n} - \dfrac{1}{n+1} \right)$, 所以级数的部分和为 $s_n = 2 \left(1 - \dfrac{1}{n+1} \right)$, 从而级数的和为 $s =$

$$\lim_{n \to \infty} 2\left(1 - \frac{1}{n+1}\right) = 2.$$

18. $\frac{1}{3}$. **解析**：因为 $f(x) = \dfrac{1}{(1-2x)(1-3x)} = \dfrac{3}{1-3x} - \dfrac{2}{1-2x}$，而 $\dfrac{3}{1-3x}$ 的麦克劳林级数的收敛半径为 $\dfrac{1}{3}$，$\dfrac{2}{1-2x}$ 的麦克劳林级数的收敛半径为 $\dfrac{1}{2}$，所以展开后的幂级数的收敛半径 $R = \min\left\{\dfrac{1}{2}, \dfrac{1}{3}\right\} = \dfrac{1}{3}$.

19. $(-1, 1)$. **解析**：因 $\displaystyle\sum_{n=1}^{\infty} \frac{1}{\sqrt{n}} x^n$ 的收敛域为 $[-1, 1)$，$\displaystyle\sum_{n=1}^{\infty} \frac{(-1)^n}{n} x^n$ 的收敛域为 $(-1, 1]$，故级数 $\displaystyle\sum_{n=1}^{\infty} \left[\frac{1}{\sqrt{n}} + \frac{(-1)^n}{n}\right] x^n$ 的收敛域为 $(-1, 1)$.

20. $(-\infty, +\infty)$. **解析**：由于 $\sin x$ 的麦克劳林级数的收敛区间是 $(-\infty, +\infty)$，而 x^2 的麦克劳林级数就是自身，因此 $x^2 + \sin x$ 的麦克劳林级数的收敛区间是 $(-\infty, +\infty)$.

21. $\frac{\pi}{2}$. **解析**：将 $f(x)$ 进行偶延拓得周期函数 $F(x)$，根据图像知 $F(x)$ 在 $[-\pi, \pi]$ 上有四个周期，所以 $s(x)$ 的周期是 $\dfrac{\pi}{2}$.

22. 1. **解析**：将 $f(x)$ 进行偶延拓得周期函数 $F(x)$，根据图像得 $F(x)$ 在区间 $[-1, 1]$ 上有两个周期，故 $s(x)$ 的周期为 1.

23. 1. **解析**：由于 $s\left(\dfrac{5\pi}{2}\right) = s\left(2\pi + \dfrac{\pi}{2}\right) = s\left(\dfrac{\pi}{2}\right)$，且 $\dfrac{\pi}{2}$ 是 $f(x)$ 的连续点，因此

$$s\left(\frac{5\pi}{2}\right) = f\left(\frac{\pi}{2}\right) = 1.$$

24. $-\dfrac{1}{2}$. **解析**：由于 $s\left(\dfrac{3}{2}\right) = s\left(-\dfrac{1}{2}\right)$，且 $-\dfrac{1}{2}$ 是 $f(x)$ 的连续点，因此

$$s\left(\frac{3}{2}\right) = f\left(-\frac{1}{2}\right) = -\frac{1}{2}.$$

25. $\dfrac{3}{2}$. **解析**：由于 $x = 1$ 是 $f(x)$ 的第一类间断点，因此 $f(x)$ 的傅里叶级数在 $x = 1$ 处收敛于 $\dfrac{f(1^-) + f(-1^+)}{2} = \dfrac{1+2}{2} = \dfrac{3}{2}$.

26. $2\displaystyle\sum_{n=1}^{\infty} \frac{(-1)^{n-1}}{n} \sin nx \ (0 < x < \pi)$. **解析**：将 $f(x)$ 进行奇延拓得周期函数 $F(x)$，易知 $F(x)$ 在 $(0, \pi)$ 内连续，计算 $F(x)$ 的傅里叶系数如下：

$$a_n = 0 \quad (n = 0, 1, 2, 3, \cdots),$$

$$b_n = \frac{2}{\pi} \int_0^\pi x \sin nx \, dx = -\frac{2}{n\pi}\left(x \cos nx \Big|_0^\pi - \int_0^\pi \cos nx \, dx\right)$$

$$= (-1)^{n-1} \frac{2}{n} \quad (n = 1, 2, 3, \cdots),$$

所以

$$f(x) = \sum_{n=1}^{\infty} b_n \sin nx = 2 \sum_{n=1}^{\infty} \frac{(-1)^{n-1}}{n} \sin nx \quad (0 < x < \pi).$$

27. $\frac{\pi^2}{2}$. **解析：** $f(x)$ 的傅里叶级数在端点处收敛于 $\dfrac{f(\pi^-) + f(-\pi^+)}{2} = \dfrac{\pi^2}{2}$.

28. $\frac{2\pi}{3}$. **解析：** 由题设知 $l = \pi$，所以 $b_3 = \dfrac{1}{\pi} \displaystyle\int_{-\pi}^{\pi} (\pi x + x^2) \sin 3x \, dx = \dfrac{2\pi}{3}$.

三、计算题

1. **解：** 因为级数的一般项为

$$u_n = \frac{1}{(5n-4)(5n+1)} = \frac{1}{5}\left(\frac{1}{5n-4} - \frac{1}{5n+1}\right),$$

所以

$$\sum_{n=1}^{\infty} \frac{1}{(5n-4)(5n+1)} = \lim_{n \to \infty} s_n = \lim_{n \to \infty} \frac{1}{5}\left(1 - \frac{1}{5n+1}\right) = \frac{1}{5},$$

从而级数收敛，且其和 $s = \dfrac{1}{5}$.

2. **解：** 由于幂级数 $\displaystyle\sum_{n=0}^{\infty} a_n x^n$ 在 $x = -2$ 处收敛，因此其在 $|x| < 2$ 内绝对收敛，从而级数 $\displaystyle\sum_{n=0}^{\infty} a_n \left(\frac{1}{2}\right)^n$ 收敛.

3. **解：** (1) 因为该级数的一般项 $u_n \geqslant 0$，并且

$$\rho = \lim_{n \to \infty} \frac{u_{n+1}}{u_n} = \lim_{n \to \infty} \frac{a}{1 + a^{n+1}} = \begin{cases} a < 1, & 0 < a < 1, \\ \dfrac{1}{2} < 1, & a = 1, \\ 0 < 1, & a > 1, \end{cases}$$

所以该级数收敛.

(2) 由该级数的部分和

$$s_n = \sum_{i=1}^{n} \left[\sqrt{(i+1)^2 + 1} - \sqrt{i^2 + 1}\right] = \sqrt{(n+1)^2 + 1} - \sqrt{2}$$

得 $\lim\limits_{n \to \infty} s_n = \infty$，所以该级数发散.

(3) 因为该级数的一般项 $u_n \geqslant 0$，所以该级数为正项级数. 又

$$\lim_{n \to \infty} 2^n u_n = \lim_{n \to \infty} \frac{2^n}{2^n - n} = 1,$$

从而该级数收敛.

(4) 因为 $\rho = \lim\limits_{n \to \infty} \dfrac{u_{n+1}}{u_n} = \lim\limits_{n \to \infty} \dfrac{(n+1)e^{n^2}}{n e^{(n+1)^2}} = \lim\limits_{n \to \infty} e^{-2n-1} = 0 < 1$，所以该级数收敛.

(5) 由于 $\lim\limits_{n \to \infty} n u_n = \lim\limits_{n \to \infty} n \sqrt{\dfrac{n^2+1}{2n^4+1}} = \dfrac{\sqrt{2}}{2}$，因此该级数发散.

4. **解：** (1) 因为 $\rho = \lim\limits_{n \to \infty} \dfrac{|u_{n+1}|}{|u_n|} = \lim\limits_{n \to \infty} \dfrac{1}{2} \cdot \dfrac{n}{1+n} = \dfrac{1}{2} < 1$，所以级数收敛，且绝对收敛.

（2）因为 $\lim\limits_{n\to\infty} n\,|u_n| = \lim\limits_{n\to\infty} n\sin\dfrac{\pi}{n} = \pi$，所以此级数非绝对收敛. 又去掉首项后的级数

$\sum\limits_{n=2}^{\infty}(-1)^n\sin\dfrac{\pi}{n}$ 是交错级数，满足莱布尼茨定理条件，从而原级数收敛，而且条件收敛.

（3）由于 $\lim\limits_{n\to\infty}|u_n| = \lim\limits_{n\to\infty}\dfrac{n+1}{3n-2} = \dfrac{1}{3}$，从而 $\lim\limits_{n\to\infty}u_n \neq 0$，因此级数发散.

5. **解**：由于 $f(x) = \dfrac{1}{x^2-3x+2} = \dfrac{1}{1-x} - \dfrac{1}{2-x}$，并且

$$\frac{1}{1-x} = \sum_{n=0}^{\infty}x^n \quad (-1 < x < 1),$$

$$\frac{1}{2-x} = \frac{1}{2}\cdot\frac{1}{1-\dfrac{x}{2}} = \sum_{n=0}^{\infty}\frac{x^n}{2^{n+1}} \quad (-2 < x < 2),$$

因此

$$f(x) = \sum_{n=0}^{\infty}x^n - \sum_{n=0}^{\infty}\frac{1}{2^{n+1}}x^n = \sum_{n=0}^{\infty}\left(1-\frac{1}{2^{n+1}}\right)x^n \quad (-1 < x < 1).$$

6. **解**：因为 $\sum\limits_{n=1}^{\infty}\dfrac{5^n}{n}x^n$ 的收敛半径 $R_1 = \dfrac{1}{5}$，$\sum\limits_{n=1}^{\infty}\dfrac{(-3)^n}{n}x^n$ 的收敛半径 $R_2 = \dfrac{1}{3}$，所以原级

数的收敛半径 $R = \min\{R_1, R_2\} = \dfrac{1}{5}$.

当 $x = -\dfrac{1}{5}$ 时，级数 $\sum\limits_{n=1}^{\infty}\dfrac{5^n}{n}x^n$ 与 $\sum\limits_{n=1}^{\infty}\dfrac{(-3)^n}{n}x^n$ 都收敛，从而 $\sum\limits_{n=1}^{\infty}\dfrac{5^n+(-3)^n}{n}x^n$ 收敛；

当 $x = \dfrac{1}{5}$ 时，级数 $\sum\limits_{n=1}^{\infty}\dfrac{5^n}{n}x^n$ 发散，级数 $\sum\limits_{n=1}^{\infty}\dfrac{(-3)^n}{n}x^n$ 收敛，于是 $\sum\limits_{n=1}^{\infty}\dfrac{5^n+(-3)^n}{n}x^n$

发散.

令 $s(x) = \sum\limits_{n=1}^{\infty}\dfrac{5^n+(-3)^n}{n}x^n$，则

$$s'(x) = \sum_{n=1}^{\infty}\left[5^n+(-3)^n\right]x^{n-1} = 5\sum_{n=0}^{\infty}(5x)^n - 3\sum_{n=0}^{\infty}(-3x)^n = \frac{5}{1-5x} - \frac{3}{1+3x},$$

故

$$s(x) = \int_0^x s'(t)\,\mathrm{d}t + s(0) = \int_0^x\left(\frac{5}{1-5t} - \frac{3}{1+3t}\right)\mathrm{d}t$$

$$= -\ln(1+3x)(1-5x) \quad \left(-\frac{1}{5} \leqslant x < \frac{1}{5}\right).$$

7. **解**：易知 $y = \ln(1+x) + \ln(1-2x)$，且函数的定义域为 $x \in \left(-1, \dfrac{1}{2}\right)$. 因为

$$\ln(1+x) = \sum_{n=1}^{\infty}\frac{(-1)^{n-1}}{n}x^n \quad (-1 < x \leqslant 1),$$

$$\ln(1-2x) = \sum_{n=1}^{\infty}\frac{(-1)^{n-1}}{n}(-2x)^n \quad (-1 < -2x \leqslant 1),$$

所以

$$y = \ln(1 - x - 2x^2) = \ln(1 + x) + \ln(1 - 2x)$$
$$= \sum_{n=1}^{\infty} \frac{(-1)^{n-1} - 2^n}{n} x^n \quad \left(-\frac{1}{2} \leqslant x < \frac{1}{2}\right).$$

8. **解**：将函数 $f(x)$ 进行偶延拓得周期函数 $F(x)$，则 $F(x)$ 在 $(-\infty, +\infty)$ 内连续，并且当 $x \in [0, 2]$ 时 $F(x) = f(x)$，计算 $F(x)$ 的傅里叶系数如下：

$$b_n = 0 \quad (n = 1, 2, 3, \cdots),$$

$$a_0 = \int_0^2 (x - 1) \mathrm{d}x = 0,$$

$$a_n = \int_0^2 (x - 1) \cos \frac{n\pi x}{2} \mathrm{d}x = \frac{4}{(n\pi)^2} \left[(-1)^n - 1\right] \quad (n = 1, 2, 3, \cdots),$$

从而 $f(x)$ 的余弦级数为

$$f(x) = -\frac{8}{\pi^2} \left(\cos \frac{\pi x}{2} + \frac{1}{3^2} \cos \frac{3\pi x}{2} + \frac{1}{5^2} \cos \frac{5\pi x}{2} + \cdots\right), \quad x \in [0, 2].$$

9. **解**：因为级数缺少奇数次幂的项，所以利用比值审敛法，得

$$\rho = \lim_{n \to \infty} \left|\frac{u_{n+1}(x)}{u_n(x)}\right| = x^2 < 1,$$

即 $|x| < 1$ 时，级数绝对收敛，$|x| > 1$ 时，级数发散，从而级数的收敛半径 $R = 1$. 又当 $x = \pm 1$ 时，级数 $\sum\limits_{n=1}^{\infty} \frac{(-1)^{n-1}}{2n-1}$ 收敛，故 $\sum\limits_{n=1}^{\infty} \frac{(-1)^{n-1}}{2n-1} x^{2n}$ 的收敛域为 $[-1, 1]$.

记和函数为 $s(x)$，则 $s(x) = \sum\limits_{n=1}^{\infty} \frac{(-1)^{n-1}}{2n-1} x^{2n}$. 令 $s_1(x) = \sum\limits_{n=1}^{\infty} \frac{(-1)^{n-1}}{2n-1} x^{2n-1}$，由于

$$s_1'(x) = \sum_{n=1}^{\infty} \left[\frac{(-1)^{n-1}}{2n-1} x^{2n-1}\right]' = \sum_{n=1}^{\infty} (-1)^{n-1} x^{2n-2} = \sum_{n=1}^{\infty} (-x^2)^{n-1} = \frac{1}{1 + x^2},$$

因此

$$s_1(x) = \int_0^x s_1'(t) \mathrm{d}t + s_1(0) = \int_0^x \frac{1}{1 + t^2} \mathrm{d}t = \arctan x,$$

于是

$$s(x) = x s_1(x) = x \arctan x, \quad x \in [-1, 1].$$

四、证明题

1. **证明**：因为 $\lim\limits_{n \to \infty} s_{2n+1} = \lim\limits_{n \to \infty} (s_{2n} + u_{2n+1}) = a + 0 = a$，且 $\lim\limits_{n \to \infty} s_{2n} = a$，所以 $\lim\limits_{n \to \infty} s_n = a$，即级数 $\sum\limits_{n=1}^{\infty} u_n$ 收敛，且其和 $s = a$.

2. **证明**：由题设知 $\sum\limits_{n=1}^{\infty} p_n$ 是正项级数，且 $p_n \leqslant |u_n|$，则由比较审敛法得级数 $\sum\limits_{n=1}^{\infty} p_n$ 收敛. 同理级数 $\sum\limits_{n=1}^{\infty} q_n$ 也收敛.

由 $u_n = p_n - q_n$ 知三个级数之间的关系为 $\sum\limits_{n=1}^{\infty} u_n = \sum\limits_{n=1}^{\infty} p_n - \sum\limits_{n=1}^{\infty} q_n$.

12.3　应用提升

习　题

一、选择题

1. 若级数 $\sum\limits_{n=1}^{\infty} u_n$ 与 $\sum\limits_{n=1}^{\infty} v_n$ 满足 $u_n \leqslant v_n (n=1, 2, \cdots)$，则(　　).

A. 当 $\sum\limits_{n=1}^{\infty} v_n$ 收敛时，$\sum\limits_{n=1}^{\infty} u_n$ 也收敛　　　B. 当 $\sum\limits_{n=1}^{\infty} u_n$ 发散时，$\sum\limits_{n=1}^{\infty} v_n$ 收敛

C. 当 $\sum\limits_{n=1}^{\infty} v_n$ 收敛时，$\sum\limits_{n=1}^{\infty} u_n$ 未必收敛　　D. 当 $\sum\limits_{n=1}^{\infty} u_n$ 发散时，$\sum\limits_{n=1}^{\infty} v_n$ 也发散

2. 设两个常数项级数 $\sum\limits_{n=1}^{\infty} u_n$ 与 $\sum\limits_{n=1}^{\infty} v_n$ 都发散，则(　　).

A. $\sum\limits_{n=1}^{\infty} (u_n + v_n)$ 一定发散

B. $\sum\limits_{n=1}^{\infty} \max(|u_n|, |v_n|)$ 可能收敛，也可能发散

C. $\sum\limits_{n=1}^{\infty} (|u_n| - |v_n|)$ 一定发散

D. $\sum\limits_{n=1}^{\infty} (u_n + v_n)^2$ 可能收敛，也可能发散

3. 设 $u_n \geqslant 0$，$v_n > 0$，且 $\lim\limits_{n \to \infty} \dfrac{u_n}{v_n} = 0$，则(　　).

A. 当 $\sum\limits_{n=1}^{\infty} v_n$ 收敛时，$\sum\limits_{n=1}^{\infty} u_n$ 收敛　　　B. 当 $\sum\limits_{n=1}^{\infty} v_n$ 收敛时，$\sum\limits_{n=1}^{\infty} u_n$ 发散

C. 当 $\sum\limits_{n=1}^{\infty} v_n$ 发散时，$\sum\limits_{n=1}^{\infty} u_n$ 收敛　　　D. 当 $\sum\limits_{n=1}^{\infty} v_n$ 发散时，$\sum\limits_{n=1}^{\infty} u_n$ 发散

4. 若级数 $\sum\limits_{n=1}^{\infty} a_n(x+2)^n$ 在 $x = -4$ 处是收敛的，则此级数在 $x = 1$ 处(　　).

A. 发散　　　　　B. 条件收敛　　　　　C. 绝对收敛　　　　　D. 收敛性不确定

5. 设 $0 \leqslant a_n < \dfrac{1}{n}(n=1, 2, \cdots)$，则下列级数中一定绝对收敛的是(　　).

A. $\sum\limits_{n=1}^{\infty} a_n$　　　B. $\sum\limits_{n=1}^{\infty} (-1)^n a_n$　　　C. $\sum\limits_{n=1}^{\infty} \sqrt{a_n}$　　　D. $\sum\limits_{n=1}^{\infty} (-1)^n a_n^2$

6. 对于正项级数 $\sum\limits_{n=1}^{\infty} u_n$ 和 $\sum\limits_{n=1}^{\infty} v_n$，极限 $\lim\limits_{n \to \infty} \dfrac{u_n}{v_n} = \rho$，则当(　　)时，不能判定这两个正项级数有相同的敛散性.

A. $\rho = 0$　　　B. $\rho = \dfrac{1}{2}$　　　C. $\rho = 1$　　　D. $\rho = 2$

7. $\sum\limits_{n=0}^{\infty} \dfrac{(-1)^n x^{2n}}{n!}$ 在 $(-\infty, +\infty)$ 内的和函数表达式是（　　）.

A. e^{-x^2} 　　　　　B. e^{x^2} 　　　　　C. $-e^{-x^2}$ 　　　　　D. $-e^{x^2}$

8. 级数 $\sum\limits_{n=0}^{\infty} (\lg|x|)^n$ 的收敛域是（　　）.

A. $(-1, 1)$ 　　　　　　　　　　　　B. $(-10, 10)$

C. $\left(-\dfrac{1}{10}, \dfrac{1}{10}\right)$ 　　　　　　　　　D. $\left(\dfrac{1}{10}, 10\right) \cup \left(-10, -\dfrac{1}{10}\right)$

9. 若 $\lim\limits_{n\to\infty} \left|\dfrac{C_{n+1}}{C_n}\right| = \dfrac{1}{4}$，则幂级数 $\sum\limits_{n=0}^{\infty} C_n x^{2n}$（　　）.

A. 在 $|x| < 2$ 时绝对收敛 　　　　　　B. 在 $|x| > \dfrac{1}{4}$ 时发散

C. 在 $|x| < 4$ 时绝对收敛 　　　　　　D. 在 $|x| > \dfrac{1}{2}$ 时发散

10. 当常数 $p > 0$ 时，幂级数 $\sum\limits_{n=1}^{\infty} (-1)^{n-1} \dfrac{x^n}{n^p}$ 在其收敛区间的右端点处（　　）.

A. 条件收敛 　　　　　　　　　　　　B. 绝对收敛
C. 发散 　　　　　　　　　　　　　　D. $p \leqslant 1$ 条件收敛，$p > 1$ 绝对收敛

11. 已知级数 $(1)\sum\limits_{n=1}^{\infty}\left[1 - \dfrac{1}{2} + \dfrac{1}{3} - \dfrac{1}{4} + \cdots + \dfrac{(-1)^{n+1}}{n}\right]$ 和 $(2)\sum\limits_{n=1}^{\infty}\left(1 + \dfrac{1}{2} + \cdots + \dfrac{1}{n}\right)$，
则有（　　）.

A. 级数 (1) 收敛，级数 (2) 发散 　　　B. 两级数都收敛
C. 级数 (1) 发散，级数 (2) 收敛 　　　D. 两级数都发散

12. 设 $s_n = \sum\limits_{i=1}^{n} u_i$，则数列 $\{s_n\}$ 有界是级数 $\sum\limits_{n=1}^{\infty} u_n$ 收敛的（　　）.

A. 充分非必要条件 　　　　　　　　　B. 必要非充分条件
C. 充分必要条件 　　　　　　　　　　D. 既非充分又非必要条件

13. 设常数 $\lambda > 0$，且级数 $\sum\limits_{n=1}^{\infty} a_n^2$ 收敛，则级数 $\sum\limits_{n=1}^{\infty} (-1)^n \dfrac{|a_n|}{\sqrt{n^2 + \lambda}}$（　　）.

A. 发散 　　　　B. 条件收敛 　　　　C. 绝对收敛 　　　　D. 收敛性与 λ 有关

14. 设 $a_n > 0 (n = 1, 2, \cdots)$，且 $\sum\limits_{n=1}^{\infty} a_n$ 收敛，常数 $\lambda \in \left(0, \dfrac{\pi}{2}\right)$，则级数
$\sum\limits_{n=1}^{\infty} (-1)^n \left(n \tan \dfrac{\lambda}{n}\right) a_n$（　　）.

A. 绝对收敛 　　　B. 条件收敛 　　　　C. 发散 　　　　D. 收敛性与 λ 有关

15. 设常数 $\lambda > 0$，则级数 $\sum\limits_{n=1}^{\infty} (-1)^n \left(1 - \cos \dfrac{\lambda}{n}\right)$（　　）.

A. 发散 　　　　B. 条件收敛 　　　　C. 绝对收敛 　　　　D. 收敛性与 λ 有关

16. （2015 年数学三）下列级数中发散的是（　　）.

A. $\sum_{n=1}^{\infty} \dfrac{n}{3^n}$ B. $\sum_{n=1}^{\infty} \dfrac{1}{\sqrt{n}} \ln\left(1 + \dfrac{1}{n}\right)$

C. $\sum_{n=2}^{\infty} \dfrac{(-1)^n + 1}{\ln n}$ D. $\sum_{n=1}^{\infty} \dfrac{n!}{n^n}$

17. (2016 年数学三) 级数 $\sum_{n=1}^{\infty} \left(\dfrac{1}{\sqrt{n}} - \dfrac{1}{\sqrt{n+1}}\right) \sin(n+k)$（$k$ 为常数）（   ）.

A. 绝对收敛   B. 条件收敛   C. 发散   D. 敛散性与 k 有关

18. (2017 年数学三) 若级数 $\sum_{n=2}^{\infty} \left[\sin\dfrac{1}{n} - k\ln\left(1 - \dfrac{1}{n}\right)\right]$ 收敛，则 $k = $（   ）.

A. 1   B. 2   C. -1 D. -2

19. (2018 年数学一) $\sum_{n=0}^{\infty} (-1)^n \dfrac{2n+3}{(2n+1)!} = $（   ）.

A. $\sin 1 + \cos 1$ B. $2\sin 1 + \cos 1$

C. $2\sin 1 + 2\cos 1$ D. $2\sin 1 + 3\cos 1$

20. (2019 年数学一) 若 $\{u_n\}$ 单调增加且有界，则下列级数中收敛的是（   ）.

A. $\sum_{n=1}^{\infty} \dfrac{u_n}{n}$ B. $\sum_{n=1}^{\infty} (-1)^n \dfrac{1}{u_n}$

C. $\sum_{n=1}^{\infty} \left(1 - \dfrac{u_n}{u_{n+1}}\right)$ D. $\sum_{n=1}^{\infty} (u_{n+1}^2 - u_n^2)$

21. (2019 年数学三) 若级数 $\sum_{n=1}^{\infty} n u_n$ 绝对收敛，$\sum_{n=1}^{\infty} \dfrac{v_n}{n}$ 条件收敛，则（   ）.

A. $\sum_{n=1}^{\infty} u_n v_n$ 条件收敛   B. $\sum_{n=1}^{\infty} u_n v_n$ 绝对收敛

C. $\sum_{n=1}^{\infty} (u_n + v_n)$ 收敛   D. $\sum_{n=1}^{\infty} (u_n + v_n)$ 发散

22. (2020 年数学一) 设 $\sum_{n=1}^{\infty} a_n x^n$ 的收敛半径为 R，r 是实数，则（   ）.

A. 当 $\sum_{n=1}^{\infty} a_{2n} r^{2n}$ 发散时，$|r| \geqslant R$ B. 当 $\sum_{n=1}^{\infty} a_{2n} r^{2n}$ 发散时，$|r| \leqslant R$

C. 当 $|r| \geqslant R$ 时，$\sum_{n=1}^{\infty} a_{2n} r^{2n}$ 发散   D. 当 $|r| \leqslant R$ 时，$\sum_{n=1}^{\infty} a_{2n} r^{2n}$ 发散

23. (2020 年数学三) 设幂级数 $\sum_{n=1}^{\infty} n a_n (x-2)^n$ 的收敛区间为 $(-2, 6)$，则 $\sum_{n=1}^{\infty} a_n (x+1)^{2n}$ 的收敛区间为（   ）.

A. $(-2, 6)$ B. $(-3, 1)$ C. $(-5, 3)$ D. $(-17, 15)$

二、填空题

1. 设 $\sum_{n=1}^{\infty} a_n x^n$ 的收敛半径为 8，则幂级数 $\sum_{n=1}^{\infty} a_n x^{3n+1}$ 的收敛半径 $R = $ _____ .

2. 设 $\displaystyle\sum_{n=1}^{\infty} a_n x^n$ 与 $\displaystyle\sum_{n=1}^{\infty} b_n x^n$ 的收敛半径分别为 2 和 3，则 $\displaystyle\sum_{n=1}^{\infty}(a_n-b_n)x^n$ 的收敛半径 $R=$ _____.

3. 级数 $\displaystyle\sum_{n=1}^{\infty}\frac{(x-2)^{2n}}{n\,4^n}$ 的收敛域是 _____.

4. 级数 $\displaystyle\sum_{n=1}^{\infty}\frac{2^n}{2n-1}x^{5n}$ 的收敛域是 _____.

5. 级数 $\displaystyle\sum_{n=1}^{\infty}n\left(\frac{1}{2}\right)^n$ 的和为 _____.

6. 已知 $f(x)=\ln(1+x)-\ln(1-x)$，则 $f^{(n)}(0)(n=0,1,2,\cdots)=$ _____.

7. 级数 $\displaystyle\sum_{n=1}^{\infty}\mathrm{e}^{nx}$ 的收敛域为 _____.

8. 级数 $\displaystyle\sum_{n=1}^{\infty}\frac{1}{n^x}$ 的收敛域为 _____.

9. （2017 年数学一）幂级数 $\displaystyle\sum_{n=1}^{\infty}(-1)^{n-1}nx^{n-1}$ 在 $(-1,1)$ 内的和函数 $s(x)=$ _____.

10. （2019 年数学一）幂级数 $\displaystyle\sum_{n=1}^{\infty}\frac{(-1)^n}{(2n)!}x^n$ 在 $(0,+\infty)$ 内的和函数 $s(x)=$ _____.

三、计算题

1. 判定下列级数的敛散性：

(1) $\displaystyle\sum_{n=1}^{\infty}\frac{n^{n+1}}{(n+1)^{n+2}}$；
　　　　　　(2) $\displaystyle\sum_{n=1}^{\infty}\left(\int_0^{\frac{\pi}{n}}\frac{\sin x}{1+x}\mathrm{d}x\right)$；

(3) $\displaystyle\sum_{n=2}^{\infty}\frac{\sqrt{n+2}-\sqrt{n-2}}{n^\alpha}\ (\alpha>0)$；
　　(4) $\displaystyle\sum_{n=1}^{\infty}\left[\frac{1}{n}-\ln\left(1+\frac{1}{n}\right)\right]$；

(5) $\dfrac{1}{\sqrt{2}-1}-\dfrac{1}{\sqrt{2}+1}+\cdots+\dfrac{1}{\sqrt{n}-1}-\dfrac{1}{\sqrt{n}+1}+\cdots$.

2. 求下列幂级数的收敛区间：

(1) $\displaystyle\sum_{n=0}^{\infty}(\sqrt{n+1}-\sqrt{n})2^n x^{2n}$；
　　(2) $\displaystyle\sum_{n=0}^{\infty}\frac{2^{n+1}}{\sqrt{n+1}}(x+1)^n$；

(3) $\displaystyle\sum_{n=1}^{\infty}\frac{(2x+1)^n}{n}$；
　　　　　(4) $\displaystyle\sum_{n=1}^{\infty}\frac{3^n+(-2)^n}{n}(x-2)^n$；

(5) $\displaystyle\sum_{n=1}^{\infty}\frac{(x-3)^n}{n\cdot3^n}$.

3. 求下列级数的收敛域：

(1) $\displaystyle\sum_{n=1}^{\infty}\frac{x^n}{(n+1)^p}\ (p>0)$；
　　(2) $\displaystyle\sum_{n=1}^{\infty}\frac{1}{nx^n}$；
　　(3) $\displaystyle\sum_{n=-1}^{\infty}x^n$.

4. 求幂级数 $\displaystyle\sum_{n=0}^{\infty}(n+1)(n+3)x^n$ 的收敛域及和函数.

5. 将函数 $f(x)=\dfrac{1+x}{(1-x)^3}$ 展开成 x 的幂级数，并求级数 $\displaystyle\sum_{n=1}^{\infty}\frac{n^2}{2^{n-1}}$ 的和.

6. 求级数 $\displaystyle\sum_{n=1}^{\infty} \dfrac{2n-1}{3^n}$ 的和.

7. 求 $f(x)=\begin{cases} -(x+2)^2, & -2 \leqslant x < -1, \\ x^2, & |x| \leqslant 1, \\ -(x-2)^2, & 1 < x \leqslant 2 \end{cases}$ 的傅里叶级数的和函数 $s(x)$ 的表达式 (不要求写出傅里叶级数).

8. 将函数 $f(x)=x\sin x\,(0 \leqslant x \leqslant \pi)$ 展开成正弦级数.

9. 将 $f(x)=1-x^2\,(0 \leqslant x \leqslant \pi)$ 展开成余弦级数, 并求级数 $\displaystyle\sum_{n=1}^{\infty} \dfrac{(-1)^{n-1}}{n^2}$ 的和.

10. (2016 年数学三) 求幂级数 $\displaystyle\sum_{n=0}^{\infty} \dfrac{x^{2n+2}}{(n+1)(2n+1)}$ 的收敛域及和函数.

11. (2021 年数学一) 设 $u_n(x)=\mathrm{e}^{-nx}+\dfrac{1}{n(n+1)}x^{n+1}\,(n=1,2,\cdots)$, 求级数 $\displaystyle\sum_{n=1}^{\infty} u_n(x)$ 的收敛域及和函数.

12. (2021 年数学三) 设 n 为正整数, $y=y_n(x)$ 是微分方程 $xy'-(n+1)y=0$ 满足条件 $y_n(1)=\dfrac{1}{n(n+1)}$ 的解.

(1) 求 $y_n(x)$;

(2) 求级数 $\displaystyle\sum_{n=1}^{\infty} y_n(x)$ 的收敛域及和函数.

四、证明题

1. 设级数 $\displaystyle\sum_{n=1}^{\infty} a_n$、$\displaystyle\sum_{n=1}^{\infty} b_n$ 收敛, 且 $a_n \geqslant 0, b_n \geqslant 0$, 证明: $\displaystyle\sum_{n=1}^{\infty} \sqrt{a_n b_n}$ 收敛.

2. 证明: 若级数 $\displaystyle\sum_{n=1}^{\infty} a_n^2$ 收敛, 则级数 $\displaystyle\sum_{n=1}^{\infty} \dfrac{a_n}{n}$ 收敛.

3. 设级数 $\displaystyle\sum_{n=1}^{\infty} u_n$ 绝对收敛, 证明: $\displaystyle\sum_{n=1}^{\infty} \left(1+\dfrac{1}{n}\right)^n u_n$ 绝对收敛.

4. 设 $a_n > 0, b_n > 0\,(n=1,2,\cdots)$, 若级数 $\displaystyle\sum_{n=1}^{\infty} b_n$、$\displaystyle\sum_{n=1}^{\infty} (a_{n+1}-a_n)$ 收敛, 证明: $\displaystyle\sum_{n=1}^{\infty} a_n b_n$ 收敛.

5. 已知 $\displaystyle\lim_{n\to\infty} nu_n=0$, 级数 $\displaystyle\sum_{n=1}^{\infty} (n+1)(u_{n+1}-u_n)$ 收敛, 试证 $\displaystyle\sum_{n=1}^{\infty} u_n$ 也收敛.

6. 证明: 由等差数列各项的倒数组成的级数是发散的.

7. 设 $\displaystyle\sum_{n=1}^{\infty} a_n x^n$ 的收敛半径为 R_1, $\displaystyle\sum_{n=1}^{\infty} b_n x^n$ 的收敛半径为 R_2, 且 $0 < R_1 < R_2$. 证明 $\displaystyle\sum_{n=1}^{\infty} (a_n+b_n)x^n$ 的收敛半径为 R_1.

8. 若 $f(x)$ 是以 2π 为周期的连续函数, 且满足

$$f(x) - H = H - f(-x)(-\pi \leqslant x \leqslant \pi),$$

试证：$f(x)$ 的傅里叶系数满足 $a_0 = 2H$，$a_n = 0 (n \neq 0)$.

9.（2020 年数学一）设数列 $\{a_n\}$ 满足 $a_1 = 1$，$(n+1)a_{n+1} = \left(n + \dfrac{1}{2}\right)a_n$. 证明：当 $|x| < 1$ 时，幂级数 $\sum\limits_{n=1}^{\infty} a_n x^n$ 收敛，并求其和函数.

10.（2016 年数学一）已知 $f(x)$ 可导，且 $f(0) = 1$，$0 < f'(x) < \dfrac{1}{2}$，设 $\{x_n\}$ 为满足 $x_{n+1} = f(x_n)$ 的数列，证明：

(1) 级数 $\sum\limits_{n=1}^{\infty}(x_{n+1} - x_n)$ 绝对收敛；

(2) $\lim\limits_{n \to \infty} x_n$ 存在，且 $0 < \lim\limits_{n \to \infty} x_n < 2$.

习 题 详 解

一、选择题

1. C. **解析**：因为比较审敛法是针对正项级数的，所以选项 A、B 错误. 对于选项 D，取 $u_n = -\dfrac{1}{n}$，$v_n = \dfrac{1}{n^2}$，有 $u_n \leqslant v_n$，$\sum\limits_{n=1}^{\infty} u_n$ 发散，但 $\sum\limits_{n=1}^{\infty} v_n$ 收敛. 故选 C.

2. D. **解析**：取 $u_n = -v_n = \dfrac{1}{n}$，有级数 $\sum\limits_{n=1}^{\infty} u_n$ 与 $\sum\limits_{n=1}^{\infty} v_n$ 都发散，但 $\sum\limits_{n=1}^{\infty}(u_n + v_n)$、$\sum\limits_{n=1}^{\infty}(|u_n| - |v_n|)$、$\sum\limits_{n=1}^{\infty}(u_n + v_n)^2$ 都收敛，所以选项 A、C 错误；取 $u_n = v_n = \dfrac{1}{2\sqrt{n}}$，有级数 $\sum\limits_{n=1}^{\infty} u_n$ 与 $\sum\limits_{n=1}^{\infty} v_n$ 都发散，且级数 $\sum\limits_{n=1}^{\infty}(u_n + v_n)^2 = \sum\limits_{n=1}^{\infty} \dfrac{1}{n}$ 也发散，从而选项 D 正确；对于选项 B，因为级数 $\sum\limits_{n=1}^{\infty} u_n$ 与 $\sum\limits_{n=1}^{\infty} v_n$ 都发散，所以级数 $\sum\limits_{n=1}^{\infty} |u_n|$ 与 $\sum\limits_{n=1}^{\infty} |v_n|$ 都发散，由正项级数的比较审敛法得 $\sum\limits_{n=1}^{\infty} \max(|u_n|, |v_n|)$ 也发散，于是选项 B 错误. 故选 D.

3. A. **解析**：利用正项级数比较审敛法的极限形式可得选项 A 正确.

4. D. **解析**：根据 Abel 定理，级数在 $|x+2| < |-4+2| = 2$ 内绝对收敛，但在 $x = 1$ 处 $|x+2| = |1+2| = 3 > 2$，所以此级数在 $x = 1$ 处的收敛性不确定.

5. D. **解析**：令 $a_n = \dfrac{1}{n \ln n}$，则 a_n 满足题设条件，但 $\sum\limits_{n=1}^{\infty} a_n$ 和 $\sum\limits_{n=1}^{\infty} \sqrt{a_n}$ 均发散，$\sum\limits_{n=1}^{\infty}(-1)^n a_n$ 条件收敛，故选项 A、B、C 都错误. 对于选项 D，因为 $0 \leqslant a_n < \dfrac{1}{n}$，所以 $a_n^2 < \dfrac{1}{n^2}$，从而 $\sum\limits_{n=1}^{\infty}(-1)^n a_n^2$ 绝对收敛，故选 D.

6. A. **解析**：由比较审敛法的极限形式可知，只要 $0 < \rho < +\infty$，两个级数就有相同的敛散性，而当 $\rho = 0$ 时，它们就没有了相同的敛散性. 事实上，取 $u_n = \dfrac{1}{n^2}$，$v_n = \dfrac{1}{n}$，则有

$\rho = 0$，但 $\sum\limits_{n=1}^{\infty} u_n$ 收敛，$\sum\limits_{n=1}^{\infty} v_n$ 发散.

7. **A.** **解析**：$\sum\limits_{n=0}^{\infty} \dfrac{(-1)^n x^{2n}}{n!} = \sum\limits_{n=0}^{\infty} \dfrac{(-x^2)^n}{n!} = \mathrm{e}^{-x^2}$.

8. **D.** **解析**：由于级数 $\sum\limits_{n=0}^{\infty} (\lg|x|)^n$ 是公比为 $q = \lg|x|$ 的等比级数，因此当 $|q| < 1$，即 $\dfrac{1}{10} < |x| < 10$ 时级数收敛，当 $|q| \geqslant 1$ 时级数发散，从而级数 $\sum\limits_{n=0}^{\infty} (\lg|x|)^n$ 的收敛域为 $\left(\dfrac{1}{10}, 10\right) \cup \left(-10, -\dfrac{1}{10}\right)$.

9. **A.** **解析**：由比值法知 $\rho = \lim\limits_{n\to\infty} \left|\dfrac{u_{n+1}(x)}{u_n(x)}\right| = \lim\limits_{n\to\infty} \left|\dfrac{C_{n+1}}{C_n}\right| x^2 = \dfrac{x^2}{4} < 1$，即 $|x| < 2$ 时级数绝对收敛，而 $\rho > 1$ 时级数发散，故选 A.

10. **D.** **解析**：幂级数的收敛半径 $R = \lim\limits_{n\to\infty} \left|\dfrac{a_n}{a_{n+1}}\right| = \lim\limits_{n\to\infty} \dfrac{(n+1)^p}{n^p} = 1$，在收敛区间的右端点 $x = 1$ 处，级数 $\sum\limits_{n=1}^{\infty} (-1)^{n-1} \dfrac{1}{n^p}$ 在 $p \leqslant 1$ 时条件收敛，$p > 1$ 时绝对收敛.

11. **D.** **解析**：记 $u_n = 1 - \dfrac{1}{2} + \dfrac{1}{3} - \cdots + \dfrac{(-1)^{n+1}}{n}$，$v_n = 1 + \dfrac{1}{2} + \cdots + \dfrac{1}{n}$，则级数(1) 和级数(2) 分别为 $\sum\limits_{n=1}^{\infty} u_n$ 和 $\sum\limits_{n=1}^{\infty} v_n$. 对于级数 $\sum\limits_{n=1}^{\infty} u_n$，当 $n > 2$ 时，$u_n > 1 - \dfrac{1}{2} = \dfrac{1}{2}$，所以级数 $\sum\limits_{n=1}^{\infty} u_n$ 发散；对于级数 $\sum\limits_{n=1}^{\infty} v_n$，由于调和级数发散，从而 $\lim\limits_{n\to\infty} v_n = \infty$，因此级数 $\sum\limits_{n=1}^{\infty} v_n$ 也发散.

12. **B.** **解析**：对于正项级数，部分和数列有界是级数收敛的充分必要条件. 对于一般级数，级数收敛就是部分和数列收敛，从而部分和数列有界；反之，部分和数列有界，级数不一定收敛，例如级数 $\sum\limits_{n=1}^{\infty} (-1)^n$ 的部分和数列有界，但是该级数发散.

13. **C.** **解析**：因为 $|u_n| = |a_n| \cdot \dfrac{1}{\sqrt{n^2+\lambda}} \leqslant \dfrac{1}{2}\left(a_n^2 + \dfrac{1}{n^2+\lambda}\right)$，并且 $\sum\limits_{n=1}^{\infty} a_n^2$ 和 $\sum\limits_{n=1}^{\infty} \dfrac{1}{n^2+\lambda}$ 都收敛，所以级数 $\sum\limits_{n=1}^{\infty} (-1)^n \dfrac{|a_n|}{\sqrt{n^2+\lambda}}$ 绝对收敛.

14. **A.** **解析**：因为 $\lim\limits_{n\to\infty} \dfrac{|u_n|}{a_n} = \lim\limits_{n\to\infty} n\tan\dfrac{\lambda}{n} = \lambda$，而 $\sum\limits_{n=1}^{\infty} a_n$ 收敛，所以原级数绝对收敛.

15. **C.** **解析**：因为 $\lim\limits_{n\to\infty} n^2 |u_n| = \lim\limits_{n\to\infty} n^2 \left(1 - \cos\dfrac{\lambda}{n}\right) = \dfrac{1}{2}\lambda^2$，所以原级数绝对收敛.

16. **C.** **解析**：利用比值法可得选项 A、D 中的级数收敛. 对于选项 B，由于 $\lim\limits_{n\to\infty} n^{\frac{3}{2}} u_n = \lim\limits_{n\to\infty} n\ln\left(1 + \dfrac{1}{n}\right) = 1$，因此级数 $\sum\limits_{n=1}^{\infty} \dfrac{1}{\sqrt{n}}\ln\left(1 + \dfrac{1}{n}\right)$ 收敛. 对于选项 C，因为 $\sum\limits_{n=2}^{\infty} (-1)^n \dfrac{1}{\ln n}$ 收敛，$\sum\limits_{n=2}^{\infty} \dfrac{1}{\ln n}$ 发散，所以级数 $\sum\limits_{n=2}^{\infty} \dfrac{(-1)^n + 1}{\ln n}$ 发散.

17. A. **解析：** 因为 $|u_n| \leqslant \dfrac{1}{\sqrt{n}} - \dfrac{1}{\sqrt{n+1}} \overset{\text{记}}{=} v_n$，而

$$\sum_{n=1}^{\infty} v_n = \lim_{n \to \infty} \sum_{i=1}^{n} v_i = \lim_{n \to \infty} \left(1 - \dfrac{1}{\sqrt{n+1}}\right) = 1,$$

所以原级数绝对收敛.

18. C. **解析：** 因为

$$\sin \dfrac{1}{n} = \dfrac{1}{n} - \dfrac{1}{6n^3} + o\left(\dfrac{1}{n^3}\right), \quad \ln\left(1 - \dfrac{1}{n}\right) = -\dfrac{1}{n} - \dfrac{1}{2n^2} + o\left(\dfrac{1}{n^2}\right),$$

所以

$$u_n = \sin \dfrac{1}{n} - k \ln\left(1 - \dfrac{1}{n}\right) = \dfrac{1}{n} - k\left(-\dfrac{1}{n} - \dfrac{1}{2n^2}\right) + o\left(\dfrac{1}{n^2}\right)$$

$$= (1 + k)\dfrac{1}{n} + \dfrac{k}{2n^2} + o\left(\dfrac{1}{n^2}\right).$$

又当 $p > 1$ 时，p 级数 $\displaystyle\sum_{n=1}^{\infty} \dfrac{1}{n^p}$ 收敛，从而要使原级数收敛，只有 $1 + k = 0$，即 $k = -1$.

19. B. **解析：** 因为 $\sin x = \displaystyle\sum_{n=0}^{\infty} (-1)^n \dfrac{x^{2n+1}}{(2n+1)!}$，$\cos x = \displaystyle\sum_{n=0}^{\infty} (-1)^n \dfrac{x^{2n}}{(2n)!}$，所以

$$\sum_{n=0}^{\infty} (-1)^n \dfrac{2n+3}{(2n+1)!} = \sum_{n=0}^{\infty} (-1)^n \dfrac{2n+1+2}{(2n+1)!}$$

$$= \sum_{n=0}^{\infty} \left[(-1)^n \dfrac{1}{(2n)!} + (-1)^n \dfrac{2}{(2n+1)!}\right]$$

$$= 2\sum_{n=0}^{\infty} (-1)^n \dfrac{1}{(2n+1)!} + \sum_{n=0}^{\infty} (-1)^n \dfrac{1}{(2n)!}$$

$$= 2\sin 1 + \cos 1.$$

20. D. **解析：** 选项 A 和 B 的反例：$u_n = \dfrac{n-1}{n}$；选项 C 的反例：$u_n = -\dfrac{1}{n}$；对于选项 D，易知级数的部分和 $s_n = u_{n+1}^2 - u_1^2$，而数列 $\{u_n\}$ 单调有界，即收敛，设其收敛于 u，则 $\lim\limits_{n \to \infty} s_n = \lim\limits_{n \to \infty} u_{n+1}^2 - u_1^2 = u^2 - u_1^2$，故级数 $\displaystyle\sum_{n=1}^{\infty} (u_{n+1}^2 - u_n^2)$ 收敛.

21. B. **解析：** 选项 A 和 C 的反例：$u_n = \dfrac{1}{n^3}$，$v_n = (-1)^n$；选项 D 的反例：$u_n = \dfrac{1}{n^3}$，$v_n = (-1)^n \dfrac{1}{\ln n}$；对于选项 B，由于 $\displaystyle\sum_{n=1}^{\infty} \dfrac{v_n}{n}$ 收敛，因此 $\lim\limits_{n \to \infty} \dfrac{v_n}{n} = 0$，从而当 n 充分大时 $\left|\dfrac{v_n}{n}\right| < 1$，于是 $|u_n v_n| = \left|n u_n \cdot \dfrac{v_n}{n}\right| < |n u_n|$，又 $\displaystyle\sum_{n=1}^{\infty} n u_n$ 绝对收敛，所以 $\displaystyle\sum_{n=1}^{\infty} u_n v_n$ 也绝对收敛.

22. A. **解析：** 因为 R 为 $\displaystyle\sum_{n=1}^{\infty} a_n x^n$ 的收敛半径，所以当 $|r| < R$ 时 $\displaystyle\sum_{n=1}^{\infty} a_n r^n$ 收敛，从而其偶数项构成的级数 $\displaystyle\sum_{n=1}^{\infty} a_{2n} r^{2n}$ 也收敛. 等价命题为如果 $\displaystyle\sum_{n=1}^{\infty} a_{2n} r^{2n}$ 发散，那么 $|r| \geqslant R$，即选项 A 正确.

等数学·习题精选精练(下册)

23. B. **解析:** 因为 $\sum\limits_{n=1}^{\infty} n a_n (x-2)^n$ 的收敛区间为 $(-2,6)$，所以其收敛半径为 4，于是

$\sum\limits_{n=1}^{\infty} a_n (x+1)^n$ 的收敛半径也是 4，从而 $\sum\limits_{n=1}^{\infty} a_n (x+1)^{2n}$ 的收敛半径为 2，故

$\sum\limits_{n=1}^{\infty} a_n (x+1)^{2n}$ 的收敛区间为 $-2 < x+1 < 2$，即 $-3 < x < 1$.

二、填空题

1. 2. **解析:** 因为 $\sum\limits_{n=1}^{\infty} a_n x^n$ 的收敛半径是 8，所以 $\lim\limits_{n\to\infty}\left|\dfrac{a_n}{a_{n+1}}\right|=8$. 对于幂级数 $\sum\limits_{n=1}^{\infty} a_n x^{3n+1}$，

由比值法知 $\rho=\lim\limits_{n\to\infty}\left|\dfrac{u_{n+1}}{u_n}\right|=\lim\limits_{n\to\infty}\left|\dfrac{a_{n+1}}{a_n}\right|\cdot|x|^3=\dfrac{|x|^3}{8}<1$，即 $|x|<2$ 时级数绝对收敛，

$\rho>1$，即 $|x|>2$ 时级数发散，故其收敛半径 $R=2$.

2. 2. **解析:** 根据幂级数的运算，$\sum\limits_{n=1}^{\infty}(a_n-b_n)x^n$ 在 $(-2,2)$ 内绝对收敛. 又由 Abel 定

理知，$\forall x_0 \in (2,3)$，$\sum\limits_{n=1}^{\infty}(a_n-b_n)x_0^n$ 发散，所以 $\sum\limits_{n=1}^{\infty}(a_n-b_n)x^n$ 的收敛半径 $R=2$.

3. $(0,4)$. **解析:** 由比值法知 $\rho=\lim\limits_{n\to\infty}\left|\dfrac{u_{n+1}}{u_n}\right|=\dfrac{(x-2)^2}{4}<1$，即 $|x-2|<2$ 时级数绝

对收敛，$\rho>1$，即 $|x-2|>2$ 时级数发散. 又 $|x-2|=2$ 时级数发散，所以级数的收敛域

为 $(0,4)$.

4. $\left[-\dfrac{1}{\sqrt[5]{2}},\dfrac{1}{\sqrt[5]{2}}\right)$. **解析:** 由比值法知 $\rho=\lim\limits_{n\to\infty}\left|\dfrac{u_{n+1}}{u_n}\right|=2|x|^5<1$，即 $|x|<\dfrac{1}{\sqrt[5]{2}}$ 时级数绝

对收敛，$|x|>\dfrac{1}{\sqrt[5]{2}}$ 时级数发散. 又当 $x=-\dfrac{1}{\sqrt[5]{2}}$ 时级数收敛，当 $x=\dfrac{1}{\sqrt[5]{2}}$ 时级数发散，所以级

数的收敛域为 $\left[-\dfrac{1}{\sqrt[5]{2}},\dfrac{1}{\sqrt[5]{2}}\right)$.

5. 2. **解析:** $\sum\limits_{n=1}^{\infty} n\left(\dfrac{1}{2}\right)^n = \dfrac{1}{2}\sum\limits_{n=1}^{\infty} n\left(\dfrac{1}{2}\right)^{n-1}$. 令 $f(x)=\sum\limits_{n=1}^{\infty} nx^{n-1}$，则 $\sum\limits_{n=1}^{\infty} nx^{n-1}$ 的收敛区

间为 $(-1,1)$，且当 $x\in(-1,1)$ 时，

$$\int_0^x f(x)\mathrm{d}x = \sum\limits_{n=1}^{\infty}\int_0^x nx^{n-1}\mathrm{d}x = \sum\limits_{n=1}^{\infty} x^n = \dfrac{x}{1-x},$$

所以 $f(x)=\left(\dfrac{x}{1-x}\right)'=\dfrac{1}{(1-x)^2}$，从而

$$\sum\limits_{n=1}^{\infty} n\left(\dfrac{1}{2}\right)^n = \dfrac{1}{2}\sum\limits_{n=1}^{\infty} n\left(\dfrac{1}{2}\right)^{n-1} = \dfrac{1}{2}f\left(\dfrac{1}{2}\right)=2.$$

6. $\begin{cases} 0, & n=2k, \\ 2(2k)!, & n=2k+1 \end{cases}$ $(k=0,1,2,3,\cdots)$. **解析:** 因为 $f(x)$ 的麦克劳林级数的

x^n 的系数为 $\dfrac{f^{(n)}(0)}{n!}$，而 $f(x)=\ln(1+x)-\ln(1-x)=\sum\limits_{n=1}^{\infty}\dfrac{(-1)^{n-1}+1}{n}x^n$，所以

$$f^{(n)}(0) = \frac{(-1)^{n-1}+1}{n} \cdot n! = \begin{cases} 0, & n=2k, \\ 2(2k)!, & n=2k+1 \end{cases} \quad (k=0,1,2,3,\cdots).$$

7. $(-\infty,0)$. **解析：**该级数是以 $q=e^x$ 为公比的等比级数，所以当 $e^x<1$ 时级数收敛，当 $e^x \geqslant 1$ 时级数发散，从而其收敛域是 $(-\infty,0)$.

8. $(1,+\infty)$. **解析：**根据 p 级数的敛散性，当 $x>1$ 时级数收敛，当 $x \leqslant 1$ 时级数发散，故级数的收敛域是 $(1,+\infty)$.

9. $\dfrac{1}{(1+x)^2}$. **解析：** $s(x) = \sum\limits_{n=1}^{\infty}(-1)^{n-1}nx^{n-1} = -\left[\sum\limits_{n=1}^{\infty}(-x)^n\right]'$

$$= -\left(\frac{-x}{1+x}\right)' = \frac{1}{(1+x)^2}.$$

10. $\cos\sqrt{x}$. **解析：** $s(x) = \sum\limits_{n=1}^{\infty}\frac{(-1)^n}{(2n)!}x^n = \sum\limits_{n=1}^{\infty}(-1)^n\frac{(\sqrt{x})^{2n}}{(2n)!} = \cos\sqrt{x}$.

三、计算题

1. **解：**(1) 因为 $\left(1+\dfrac{1}{n}\right)^n$ 关于 n 单调增加，且 $\left(1+\dfrac{1}{n}\right)^n < e < 3$，所以

$$u_n = \frac{1}{\left(1+\dfrac{1}{n}\right)^n} \cdot \frac{n}{(n+1)^2} > \frac{n}{3(n+1)^2} \stackrel{记}{=\!=\!=} v_n,$$

而 $\lim\limits_{n\to\infty}nv_n = \dfrac{1}{3}$，故级数 $\sum\limits_{n=1}^{\infty}v_n$ 发散，根据比较审敛法，原级数也发散.

(2) 当 $x \in \left(0,\dfrac{\pi}{n}\right)$ 时，$\dfrac{\sin x}{1+x} > 0$，从而 $\displaystyle\int_0^{\frac{\pi}{n}}\frac{\sin x}{1+x}\mathrm{d}x > 0$，故该级数是正项级数. 另一方面，当 $x \in \left(0,\dfrac{\pi}{n}\right)$ 时，$\dfrac{\sin x}{1+x} < \sin x < x < \dfrac{\pi}{n}$，所以 $\displaystyle\int_0^{\frac{\pi}{n}}\frac{\sin x}{1+x}\mathrm{d}x < \frac{\pi^2}{n^2}$，而 $\sum\limits_{n=1}^{\infty}\dfrac{\pi^2}{n^2}$ 收敛，于是原级数收敛.

(3) 因为 $u_n = \dfrac{\sqrt{n+2}-\sqrt{n-2}}{n^\alpha} = \dfrac{4}{n^\alpha(\sqrt{n+2}+\sqrt{n-2})}$，且 $\lim\limits_{n\to\infty}n^{\alpha+\frac{1}{2}}u_n = 2$，所以原级数与 $\sum\limits_{n=2}^{\infty}\dfrac{1}{n^{\alpha+\frac{1}{2}}}$ 有相同的敛散性. 根据 p 级数的敛散性，$\alpha > \dfrac{1}{2}$ 时原级数收敛，$0 < \alpha \leqslant \dfrac{1}{2}$ 时原级数发散.

(4) 因为 $\ln(1+x) = x - \dfrac{1}{2}x^2 + o(x^2)$，所以 $x - \ln(1+x) = \dfrac{x^2}{2} + o(x^2)$. 令 $x = \dfrac{1}{n}$，得 $\lim\limits_{n\to\infty}n^2u_n = \dfrac{1}{2}$，从而原级数收敛.

(5) 考虑部分和

$$s_{2n} = \left(\frac{1}{\sqrt{2}-1} - \frac{1}{\sqrt{2}+1}\right) + \cdots + \left(\frac{1}{\sqrt{n+1}-1} - \frac{1}{\sqrt{n+1}+1}\right) = 2\left(1 + \frac{1}{2} + \cdots + \frac{1}{n}\right).$$

因为调和级数发散，所以 $\lim\limits_{n\to\infty}s_{2n} = +\infty$，于是原级数发散.

2. **解**：(1) 利用比值法得 $\rho =\lim\limits_{n\to\infty}\left|\dfrac{u_{n+1}}{u_n}\right|=2x^2<1$ 时级数绝对收敛，$\rho=2x^2>1$ 时级数发散，所以其收敛区间为 $\left(-\dfrac{\sqrt{2}}{2},\dfrac{\sqrt{2}}{2}\right)$.

(2) 因为幂级数的收敛半径 $R=\lim\limits_{n\to\infty}\left|\dfrac{a_n}{a_{n+1}}\right|=\lim\limits_{n\to\infty}\dfrac{\sqrt{n+2}}{2\sqrt{n+1}}=\dfrac{1}{2}$，所以其收敛区间满足 $|x+1|<\dfrac{1}{2}$，即幂级数的收敛区间为 $\left(-\dfrac{3}{2},-\dfrac{1}{2}\right)$.

(3) 利用比值法得 $\rho=\lim\limits_{n\to\infty}\left|\dfrac{u_{n+1}}{u_n}\right|=|2x+1|<1$ 时级数绝对收敛，$\rho=|2x+1|>1$ 时级数发散，所以其收敛区间为 $(-1,0)$.

(4) 因为级数 $\sum\limits_{n=1}^{\infty}\dfrac{3^n}{n}(x-2)^n$ 与 $\sum\limits_{n=1}^{\infty}\dfrac{(-2)^n}{n}(x-2)^n$ 的收敛区间分别为 $\left(\dfrac{5}{3},\dfrac{7}{3}\right)$，$\left(\dfrac{3}{2},\dfrac{5}{2}\right)$，所以原级数的收敛区间为 $\left(\dfrac{5}{3},\dfrac{7}{3}\right)\bigcap\left(\dfrac{3}{2},\dfrac{5}{2}\right)=\left(\dfrac{5}{3},\dfrac{7}{3}\right)$.

(5) 因为幂级数的收敛半径 $R=\lim\limits_{n\to\infty}\left|\dfrac{a_n}{a_{n+1}}\right|=3$，所以其收敛区间满足 $|x-3|<3$，即幂级数的收敛区间为 $(0,6)$.

3. **解**：(1) 因为级数的收敛半径 $R=\lim\limits_{n\to\infty}\left|\dfrac{a_n}{a_{n+1}}\right|=1$，所以其收敛区间为 $(-1,1)$. 考虑级数在收敛区间端点处的敛散性：

当 $x=1$ 时，原级数化为 $\sum\limits_{n=1}^{\infty}\dfrac{1}{(n+1)^p}=\sum\limits_{n=2}^{\infty}\dfrac{1}{n^p}$，则 $p>1$ 时级数收敛，$p\leqslant 1$ 时级数发散；

当 $x=-1$ 时，原级数化为 $\sum\limits_{n=1}^{\infty}\dfrac{(-1)^n}{(n+1)^p}=\sum\limits_{n=2}^{\infty}\dfrac{(-1)^{n-1}}{n^p}$，则 $p>0$ 时级数收敛，$p\leqslant 0$ 时级数发散.

综上，当 $p>1$ 时，级数的收敛域为 $[-1,1]$；当 $0<p\leqslant 1$ 时，级数的收敛域为 $[-1,1)$；当 $p\leqslant 0$ 时，级数的收敛域为 $(-1,1)$.

(2) 因为 $x\neq 0$，且 $\rho=\lim\limits_{n\to\infty}\left|\dfrac{u_{n+1}}{u_n}\right|=\dfrac{1}{|x|}<1$ 时级数绝对收敛，$\rho=\dfrac{1}{|x|}>1$ 时级数发散，而 $x=-1$ 时级数收敛，$x=1$ 时级数发散，所以级数的收敛域为 $(-\infty,-1]\bigcup(1,+\infty)$.

(3) 因幂级数 $\sum\limits_{n=0}^{\infty}x^n$ 的收敛域是 $(-1,1)$，但级数 $\sum\limits_{n=-1}^{\infty}x^n$ 的首项是 $\dfrac{1}{x}$，在原点处无定义，故级数 $\sum\limits_{n=-1}^{\infty}x^n$ 的收敛域为 $(-1,0)\bigcup(0,1)$.

4. **解**：因为幂级数的收敛半径 $R=\lim\limits_{n\to\infty}\left|\dfrac{a_n}{a_{n+1}}\right|=1$，且 $x=\pm 1$ 时级数发散，所以其收敛域为 $(-1,1)$. 设幂级数的和函数为 $s(x)$，则

$$s(x) = \sum_{n=0}^{\infty}(n+1)(n+3)x^n = \sum_{n=0}^{\infty}(n+1)\big[(n+2)+1\big]x^n$$

$$= \sum_{n=0}^{\infty}(n+1)(n+2)x^n + \sum_{n=0}^{\infty}(n+1)x^n = \sum_{n=0}^{\infty}(x^{n+2})'' + \sum_{n=0}^{\infty}(x^{n+1})'$$

$$= \Big(\sum_{n=0}^{\infty}x^{n+2}\Big)'' + \Big(\sum_{n=0}^{\infty}x^{n+1}\Big)' = \Big(\frac{x^2}{1-x}\Big)'' + \Big(\frac{x}{1-x}\Big)' = \frac{3-x}{(1-x)^3},$$

即 $s(x) = \dfrac{3-x}{(1-x)^3}\ (-1 < x < 1).$

5. 解: 令 $g(x) = \dfrac{1}{(1-x)^3}$，经计算得 $g^{(n)}(0) = \dfrac{(n+2)!}{2}$，则

$$g(x) = \sum_{n=0}^{\infty}\frac{g^{(n)}(0)}{n!}x^n = \sum_{n=0}^{\infty}\frac{(n+1)(n+2)}{2}x^n,$$

其收敛半径 $R=1$，且在 $x=\pm 1$ 处发散，从而

$$f(x) = (1+x)g(x) = g(x) + xg(x) = \sum_{n=0}^{\infty}(n+1)^2 x^n,\quad x\in(-1,1).$$

令 $x = \dfrac{1}{2}$，得 $\displaystyle\sum_{n=1}^{\infty}\frac{n^2}{2^{n-1}} = \sum_{n=0}^{\infty}(n+1)^2\Big(\frac{1}{2}\Big)^n = f\Big(\frac{1}{2}\Big) = \Big(1+\frac{1}{2}\Big)\Big(1-\frac{1}{2}\Big)^{-3} = 12.$

6. 解:（方法一）由于级数的一般项是等差数列与等比数列通项的乘积，因此可令

$$s_n = \sum_{i=1}^{n}\frac{2i-1}{3^i} = \sum_{i=1}^{n-1}\frac{2i-1}{3^i} + \frac{2n-1}{3^n},$$

从而

$$3s_n = \sum_{i=1}^{n}\frac{2i-1}{3^{i-1}} = 1 + \sum_{i=1}^{n-1}\frac{2i+1}{3^i},$$

于是

$$3s_n - s_n = 1 + \sum_{i=1}^{n-1}\frac{2}{3^i} - \frac{2n-1}{3^n},$$

故

$$\sum_{n=1}^{\infty}\frac{2n-1}{3^n} = \lim_{n\to\infty}s_n = \frac{1}{2}\Big(1 + \sum_{n=1}^{\infty}\frac{2}{3^n} + 0\Big) = 1.$$

（方法二）令 $f(x) = \displaystyle\sum_{n=1}^{\infty}\frac{2n-1}{3^n}x^{2n-2}$，则易求得该级数的收敛区间为 $(-\sqrt{3},\sqrt{3})$，在该区间内，

$$\int_0^x f(x)\mathrm{d}x = \sum_{n=1}^{\infty}\frac{1}{3^n}x^{2n-1} = \frac{1}{x}\cdot\sum_{n=1}^{\infty}\Big(\frac{x^2}{3}\Big)^n = \frac{1}{x}\cdot\frac{\dfrac{x^2}{3}}{1-\dfrac{x^2}{3}} = \frac{x}{3-x^2},$$

于是

$$f(x) = \Big(\frac{x}{3-x^2}\Big)' = \frac{3+x^2}{(3-x^2)^2},$$

从而

$$\sum_{n=1}^{\infty} \frac{2n-1}{3^n} = f(1) = 1.$$

7. 解： 根据傅里叶级数的收敛定理，在$(-2, 2)$内：

$$s(x) = \begin{cases} f(x), & x \text{ 为 } f(x) \text{ 的连续点,} \\ \dfrac{f(x^-) + f(x^+)}{2}, & x \text{ 为 } f(x) \text{ 的间断点,} \end{cases}$$

$$s(-2) = s(2) = \frac{f(-2^+) + f(2^-)}{2} = 0.$$

又$f(x)$的间断点只有$x = \pm 1$，且

$$f(-1^-) = -1, \quad f(-1^+) = 1, \quad f(1^-) = 1, \quad f(1^+) = -1,$$

所以

$$s(x) = \begin{cases} -(x+2)^2, & -2 \leqslant x < -1, \\ x^2, & |x| < 1, \\ -(x-2)^2, & 1 < x \leqslant 2, \\ 0, & x = \pm 1. \end{cases}$$

8. 解： 将函数$f(x)$进行奇延拓得周期函数$F(x)$，因为$f(x)$在$[0, \pi]$上连续，且$f(0) = f(\pi) = 0$，所以$F(x)$在$(-\infty, +\infty)$内连续．计算$F(x)$的傅里叶系数如下：

$$a_n = 0 \quad (n = 0, 1, 2, \cdots),$$

$$b_n = \frac{1}{\pi} \int_{-\pi}^{\pi} F(x) \sin nx \, \mathrm{d}x = \frac{2}{\pi} \int_0^{\pi} x \sin x \sin nx \, \mathrm{d}x$$

$$= \frac{1}{\pi} \left[\int_0^{\pi} x \cos(n-1)x \, \mathrm{d}x - \int_0^{\pi} x \cos(n+1)x \, \mathrm{d}x \right].$$

当$n = 1$时，$b_1 = \dfrac{1}{\pi} \int_0^{\pi} x(1 - \cos 2x) \, \mathrm{d}x = \dfrac{\pi}{2}$．

当$n > 1$时，由于

$$\int_0^{\pi} x \cos(n-1)x \, \mathrm{d}x = \frac{\cos(n-1)\pi - 1}{(n-1)^2} = \frac{(-1)^{n-1} - 1}{(n-1)^2},$$

$$\int_0^{\pi} x \cos(n+1)x \, \mathrm{d}x = \frac{(-1)^{n+1} - 1}{(n+1)^2},$$

因此

$$b_n = \frac{1}{\pi} \left[\frac{(-1)^{n-1} - 1}{(n-1)^2} - \frac{(-1)^{n+1} - 1}{(n+1)^2} \right] = \begin{cases} 0, & n = 2k+1, \\ \dfrac{-16k}{(4k^2 - 1)^2 \pi}, & n = 2k \end{cases} \quad (k = 1, 2, 3, \cdots),$$

于是

$$f(x) = x \sin x = \frac{\pi}{2} \sin x - \frac{16}{\pi} \sum_{k=1}^{\infty} \frac{k}{(4k^2 - 1)^2} \sin 2kx \quad (0 \leqslant x \leqslant \pi).$$

9. 解： 将$f(x)$进行周期偶延拓得周期函数$F(x)$，易知$F(x)$在$(-\infty, +\infty)$内连续．计算$F(x)$的傅里叶系数如下：

$$b_n = 0 \quad (n = 1, 2, \cdots),$$

$$a_0 = \frac{2}{\pi} \int_0^\pi (1 - x^2) \mathrm{d}x = 2\left(1 - \frac{\pi^2}{3}\right),$$

$$a_n = \frac{2}{\pi} \int_0^\pi f(x) \cos nx \, \mathrm{d}x = \frac{2}{\pi}\left(\int_0^\pi \cos nx \, \mathrm{d}x - \int_0^\pi x^2 \cos nx \, \mathrm{d}x\right)$$

$$= -\frac{2}{\pi} \int_0^\pi x^2 \cos nx \, \mathrm{d}x = -\frac{2}{n\pi} \int_0^\pi x^2 \mathrm{d}\sin nx$$

$$= -\frac{2}{n\pi}\left(x^2 \sin nx \Big|_0^\pi - \int_0^\pi 2x \sin nx \, \mathrm{d}x\right) = (-1)^{n-1} \frac{4}{n^2} \quad (n = 1, 2, \cdots),$$

从而

$$f(x) = 1 - x^2 = \frac{a_0}{2} + \sum_{n=1}^{\infty} a_n \cos nx = 1 - \frac{\pi^2}{3} + 4 \sum_{n=1}^{\infty} \frac{(-1)^{n-1}}{n^2} \cos nx \quad (0 \leqslant x \leqslant \pi).$$

取 $x = 0$，得 $1 = 1 - \dfrac{\pi^2}{3} + 4 \displaystyle\sum_{n=1}^{\infty} \frac{(-1)^{n-1}}{n^2}$，则 $\displaystyle\sum_{n=1}^{\infty} \frac{(-1)^{n-1}}{n^2} = \frac{\pi^2}{12}$.

10. 解：由比值法得 $\rho = \lim\limits_{n \to \infty} \left| \dfrac{u_{n+1}}{u_n} \right| = x^2 < 1$ 时级数绝对收敛，则其收敛半径 $R = 1$，又 $x = \pm 1$ 时级数都收敛，所以级数的收敛域为 $[-1, 1]$.

在 $(-1, 1)$ 内，令 $s(x) = \displaystyle\sum_{n=0}^{\infty} \frac{x^{2n+2}}{(n+1)(2n+1)}$，两边同时对 x 求导得

$$s'(x) = 2 \sum_{n=0}^{\infty} \frac{x^{2n+1}}{(2n+1)},$$

上式两边再同时对 x 求导得

$$s''(x) = 2 \sum_{n=0}^{\infty} x^{2n} = \frac{2}{1-x^2},$$

从而

$$s'(x) = \int_0^x s''(t) \mathrm{d}t + s'(0) = \ln(1+x) - \ln(1-x),$$

$$s(x) = \int_0^x s'(t) \mathrm{d}t + s(0) = (1+x)\ln(1+x) + (1-x)\ln(1-x).$$

又

$$s(-1) = \lim_{x \to -1^+} \left[(1+x)\ln(1+x) + (1-x)\ln(1-x)\right] = 2\ln 2,$$

$$s(1) = \lim_{x \to 1^-} \left[(1+x)\ln(1+x) + (1-x)\ln(1-x)\right] = 2\ln 2,$$

于是

$$s(x) = \begin{cases} (1+x)\ln(1+x) + (1-x)\ln(1-x), & x \in (-1, 1), \\ 2\ln 2, & x = \pm 1. \end{cases}$$

11. 解：设 $a_n(x) = \mathrm{e}^{-nx}$，$b_n(x) = \dfrac{1}{n(n+1)} x^{n+1}$，则 $u_n(x) = a_n(x) + b_n(x)$.

对于级数 $\displaystyle\sum_{n=1}^{\infty} a_n(x)$，由 $\rho = \lim\limits_{n \to \infty} \left| \dfrac{a_{n+1}(x)}{a_n(x)} \right| = \dfrac{1}{\mathrm{e}^x} < 1$，得 $x > 0$，而当 $x = 0$ 时，级数 $\displaystyle\sum_{n=1}^{\infty} a_n(0) = \sum_{n=1}^{\infty} 1$ 发散，所以级数 $\displaystyle\sum_{n=1}^{\infty} a_n(x)$ 的收敛域为 $(0, +\infty)$.

对于级数 $\sum\limits_{n=1}^{\infty} b_n(x)$，易知其收敛半径 $R=1$，且 $x=\pm1$ 时级数 $\sum\limits_{n=1}^{\infty} b_n(x)$ 都收敛，从而级数 $\sum\limits_{n=1}^{\infty} b_n(x)$ 的收敛域为 $[-1,1]$.

于是级数 $\sum\limits_{n=1}^{\infty} u_n(x)$ 的收敛域为 $(0,+\infty) \bigcap [-1,1]=(0,1]$.

令 $\sum\limits_{n=1}^{\infty} a_n(x)$、$\sum\limits_{n=1}^{\infty} b_n(x)$ 的和函数分别为 $s_1(x)$、$s_2(x)$，得

$$s_1(x)=\sum_{n=1}^{\infty} \mathrm{e}^{-nx}=\sum_{n=1}^{\infty}(\mathrm{e}^{-x})^n=\frac{\mathrm{e}^{-x}}{1-\mathrm{e}^{-x}}=\frac{1}{\mathrm{e}^x-1} \quad (0<x\leqslant1),$$

$$s_2(x)=\sum_{n=1}^{\infty} \frac{x^{n+1}}{n(n+1)}=\sum_{n=1}^{\infty}\Big(\frac{1}{n}-\frac{1}{n+1}\Big)x^{n+1}=x\sum_{n=1}^{\infty}\frac{x^n}{n}-\sum_{n=2}^{\infty}\frac{x^n}{n}$$

$$=x^2+(x-1)\sum_{n=2}^{\infty}\frac{x^n}{n}=x^2+(x-1)\sum_{n=2}^{\infty}\int_0^x t^{n-1}\mathrm{d}t$$

$$=x^2+(x-1)\int_0^x \frac{t}{1-t}\mathrm{d}t=x+(1-x)\ln(1-x) \quad (0<x<1).$$

又

$$s_1(1)=\frac{1}{\mathrm{e}-1}, \quad s_2(1)=\sum_{n=1}^{\infty}\frac{1}{n(n+1)}=1,$$

故级数 $\sum\limits_{n=1}^{\infty} u_n(x)$ 的和函数为

$$s(x)=s_1(x)+s_2(x)=\begin{cases}\dfrac{1}{\mathrm{e}^x-1}+x+(1-x)\ln(1-x), & x\in(0,1),\\[2mm]\dfrac{1}{\mathrm{e}-1}+1, & x=1.\end{cases}$$

12. **解：**(1) 将此微分方程变量分离得 $\dfrac{\mathrm{d}y}{y}=(n+1)\dfrac{\mathrm{d}x}{x}$，两边积分得 $y=Cx^{n+1}$，将 $y(1)=\dfrac{1}{n(n+1)}$ 代入得 $C=\dfrac{1}{n(n+1)}$，所以 $y_n(x)=\dfrac{1}{n(n+1)}x^{n+1}$.

(2) 级数 $\sum\limits_{n=1}^{\infty} y_n(x)=\sum\limits_{n=1}^{\infty}\dfrac{1}{n(n+1)}x^{n+1}$ 就是本大题第 11 小题中的级数 $\sum\limits_{n=1}^{\infty} b_n(x)$，从而该级数的和函数为

$$s(x)=\begin{cases}x+(1-x)\ln(1-x), & x\in[-1,1),\\1, & x=1.\end{cases}$$

四、证明题

1. **证明：**因为 $u_n=\sqrt{a_nb_n}\leqslant\dfrac{a_n+b_n}{2}$，而级数 $\sum\limits_{n=1}^{\infty} a_n$ 和 $\sum\limits_{n=1}^{\infty} b_n$ 都收敛，所以级数 $\sum\limits_{n=1}^{\infty}\sqrt{a_nb_n}$ 收敛.

2. **证明：** 因为级数 $\displaystyle\sum_{n=1}^{\infty}\frac{1}{n^2}$ 与 $\displaystyle\sum_{n=1}^{\infty}a_n^2$ 都收敛，且 $\dfrac{1}{n^2}+a_n^2\geqslant 2\left|\dfrac{a_n}{n}\right|$，所以 $\displaystyle\sum_{n=1}^{\infty}\dfrac{a_n}{n}$ 绝对收敛，

从而该级数收敛.

3. **证明：** 因为 $\left(1+\dfrac{1}{n}\right)^n$ 关于 n 单调增加，且 $\left(1+\dfrac{1}{n}\right)^n<3$，所以

$$\left|\left(1+\frac{1}{n}\right)^n u_n\right|\leqslant 3\,|u_n|,$$

由比较审敛法知 $\displaystyle\sum_{n=1}^{\infty}\left(1+\dfrac{1}{n}\right)^n u_n$ 绝对收敛.

4. **证明：** 因为级数 $\displaystyle\sum_{n=1}^{\infty}(a_{n+1}-a_n)$ 收敛，所以其部分和数列 $\{s_n\}$ 收敛，从而有界. 又

$s_n=\displaystyle\sum_{i=1}^{n}(a_{i+1}-a_i)=a_{n+1}-a_1$，故数列 $\{a_n\}$ 有界，即 $\exists M>0$，$\forall n\in\mathbf{N}$，有 $|a_n|<M$，

于是 $|a_n b_n|=a_n b_n<M b_n$. 由于级数 $\displaystyle\sum_{n=1}^{\infty}b_n$ 收敛，因此级数 $\displaystyle\sum_{n=1}^{\infty}a_n b_n$ 也收敛.

5. **证明：** 因为 $(n+1)(u_{n+1}-u_n)=(n+1)u_{n+1}-nu_n-u_n$，所以级数 $\displaystyle\sum_{n=1}^{\infty}(n+$

$1)(u_{n+1}-u_n)$ 的部分和 $s_n=(n+1)u_{n+1}-u_1-\displaystyle\sum_{i=1}^{n}u_i$. 又 $\displaystyle\lim_{n\to\infty}s_n$ 存在，且 $\displaystyle\lim_{n\to\infty}nu_n=0$，故

$\displaystyle\lim_{n\to\infty}\sum_{i=1}^{n}u_i$ 也存在，从而级数 $\displaystyle\sum_{n=1}^{\infty}u_n$ 收敛.

6. **证明：** 设等差数列的首项为 a，公差为 d，则其各项的倒数组成的级数为

$$\sum_{n=0}^{\infty}\frac{1}{a+nd}=\frac{1}{a}+\frac{1}{a+d}+\cdots+\frac{1}{a+(n-1)d}+\cdots.$$

当 $d=0$ 时，级数为 $\displaystyle\sum_{n=0}^{\infty}\dfrac{1}{a}$，该级数显然发散；

当 $d\neq 0$ 时，$\exists N\in\mathbf{N}^+$，当 $n>N$ 时，有 $a+nd\neq 0$，而 $\displaystyle\lim_{n\to\infty}n\cdot u_n=\lim_{n\to\infty}n\cdot\dfrac{1}{a+(n-1)d}=$

$\dfrac{1}{d}\neq 0$，所以 $\displaystyle\sum_{n=0}^{\infty}\dfrac{1}{a+nd}$ 发散.

综上所述，由等差数列各项的倒数组成的级数是发散的.

7. **证明：** 根据收敛级数的性质：

当 $|x|<R_1$ 时，因为 $\displaystyle\sum_{n=1}^{\infty}a_n x^n$ 和 $\displaystyle\sum_{n=1}^{\infty}b_n x^n$ 都收敛，所以 $\displaystyle\sum_{n=1}^{\infty}(a_n+b_n)x^n$ 在 $|x|<R_1$ 时

收敛；

任取 x_1 满足 $R_1<|x_1|<R_2$，则 $\displaystyle\sum_{n=1}^{\infty}a_n x_1^n$ 发散，$\displaystyle\sum_{n=1}^{\infty}b_n x_1^n$ 收敛，故 $\displaystyle\sum_{n=1}^{\infty}(a_n+b_n)x_1^n$

发散.

综上，$\displaystyle\sum_{n=1}^{\infty}(a_n+b_n)x^n$ 的收敛半径为 R_1.

8. 证明: 记 $F(x)=f(x)-H$,$f(x)$ 的傅里叶系数为 a_n、b_n,$F(x)$ 的傅里叶系数为 A_n、B_n. 由题设知 $F(-x)=f(-x)-H=-[f(x)-H]=-F(x)$,则 $F(x)$ 是奇函数,故 $A_n=0(n=0,1,2,\cdots)$. 又

$$A_n=\frac{1}{\pi}\int_{-\pi}^{\pi}F(x)\cos nx\,\mathrm{d}x=\frac{1}{\pi}\int_{-\pi}^{\pi}[f(x)-H]\cos nx\,\mathrm{d}x=a_n-\frac{H}{\pi}\int_{-\pi}^{\pi}\cos nx\,\mathrm{d}x,$$

所以

$$a_n=\frac{H}{\pi}\int_{-\pi}^{\pi}\cos nx\,\mathrm{d}x=\begin{cases}\dfrac{H}{\pi}\int_{-\pi}^{\pi}\mathrm{d}x=2H,&n=0,\\[3mm]\dfrac{H}{\pi}\int_{-\pi}^{\pi}\cos nx\,\mathrm{d}x=0,&n\neq0.\end{cases}$$

9. 证明: 因为幂级数的收敛半径 $R=\lim\limits_{n\to\infty}\left|\dfrac{a_n}{a_{n+1}}\right|=\lim\limits_{n\to\infty}\dfrac{n+1}{n+\dfrac{1}{2}}=1$,所以当 $|x|<1$ 时,幂

级数 $\sum\limits_{n=1}^{\infty}a_nx^n$ 收敛.

令 $s(x)=\sum\limits_{n=1}^{\infty}a_nx^n$,则

$$s'(x)=\sum_{n=1}^{\infty}na_nx^{n-1}=a_1+\sum_{n=1}^{\infty}(n+1)a_{n+1}x^n=a_1+\sum_{n=1}^{\infty}\left(n+\frac{1}{2}\right)a_nx^n$$

$$=1+\sum_{n=1}^{\infty}na_nx^n+\frac{1}{2}\sum_{n=1}^{\infty}a_nx^n=1+xs'(x)+\frac{1}{2}s(x),$$

整理得微分方程 $2(1-x)s'(x)=s(x)+2$,分离变量并两边积分得

$$\int\frac{\mathrm{d}s(x)}{s(x)+2}=\int\frac{\mathrm{d}x}{2(1-x)},$$

解得 $s(x)=\dfrac{C}{\sqrt{1-x}}-2$. 由 $s(0)=0$,得 $C=2$,所以和函数 $s(x)=\dfrac{2}{\sqrt{1-x}}-2(-1<x<1)$.

10. 证明: (1) 因为 $x_{n+1}=f(x_n)$,并且 $f(x)$ 可导,所以

$$|x_{n+1}-x_n|=|f(x_n)-f(x_{n-1})|=|f'(\xi)||x_n-x_{n-1}|\quad(\xi\text{ 介于 }x_n\text{ 与 }x_{n-1}\text{ 之间}).$$

又 $0<f'(x)<\dfrac{1}{2}$,故

$$|x_{n+1}-x_n|\leqslant\frac{1}{2}|x_n-x_{n-1}|\leqslant\frac{1}{2^2}|x_{n-1}-x_{n-2}|\leqslant\cdots\leqslant\frac{1}{2^{n-1}}|x_2-x_1|,$$

而级数 $\sum\limits_{n=1}^{\infty}\dfrac{1}{2^{n-1}}|x_2-x_1|$ 收敛,于是级数 $\sum\limits_{n=1}^{\infty}(x_{n+1}-x_n)$ 绝对收敛.

(2) 设级数 $\sum\limits_{n=1}^{\infty}(x_{n+1}-x_n)$ 的部分和为 s_n,易得 $s_n=x_{n+1}-x_1$. 由(1)得 $\lim\limits_{n\to\infty}s_n$ 存在,故 $\lim\limits_{n\to\infty}x_n$ 存在. 设 $\lim\limits_{n\to\infty}x_n=a$,由 $x_{n+1}=f(x_n)$ 及 $f(x)$ 的连续性知 $f(a)=a$,则 $a-1=f(a)-f(0)=f'(\xi)a(\xi$ 介于 a 与 0 之间),得 $a=\dfrac{1}{1-f'(\xi)}$. 由于 $0<f'(x)<\dfrac{1}{2}$,因此 $0<a<2$.

12.4　综　合　拓　展

习　题

一、选择题

1. 设 $a_n \leqslant c_n \leqslant b_n (n=1, 2, \cdots)$，且 $\sum\limits_{n=1}^{\infty} a_n$ 与 $\sum\limits_{n=1}^{\infty} b_n$ 均收敛，则级数 $\sum\limits_{n=1}^{\infty} c_n$（　　）.

　A. 必收敛　　　　　　　　　　　　B. 必发散

　C. 未必收敛，但 $\lim\limits_{n \to \infty} c_n = 0$　　　　D. 以上结论都不对

2. 若函数 $f(x)$ 满足条件 $f(x+\pi) = -f(x)$，则 $f(x)$ 在区间 $(-\pi, \pi)$ 上的傅里叶系数 a_n 和 b_n 满足（　　）.

　A. $a_{2n} = b_{2n+1} = 0$　　　　　　B. $a_{2n+1} = b_{2n} = 0$

　C. $a_{2n} = b_{2n} = 0$　　　　　　　D. $a_{2n+1} = b_{2n+1} = 0$

3. 下列各级数中，条件收敛但不绝对收敛的是（　　）.

　A. $\sum\limits_{n=1}^{\infty} \dfrac{(-1)^n}{n \ln(n+1)}$　　　　　　B. $\sum\limits_{n=1}^{\infty} (-1)^n \dfrac{\sqrt{n}}{(n+2)\sqrt{n+1}} \sin\dfrac{1}{\sqrt{n}}$

　C. $\sum\limits_{n=1}^{\infty} (-1)^n \left(1+\dfrac{1}{\sqrt{n}}\right)^{-n^{\frac{3}{2}}}$　　　D. $\sum\limits_{n=1}^{\infty} (-1)^n \left(\dfrac{n}{n+1}\right)^{n^2}$

4. 下列级数中满足"若加括号后的新级数收敛，则原级数也收敛"的是（　　）.

　A. 正项级数　　　　　　　　　　　B. 任意项级数

　C. 交错级数　　　　　　　　　　　D. 几何级数

5. 设 $u_n = (-1)^n \ln\left(1+\dfrac{1}{\sqrt{n}}\right)$，则级数（　　）.

　A. $\sum\limits_{n=1}^{\infty} u_n$ 与 $\sum\limits_{n=1}^{\infty} u_n^2$ 都收敛　　　B. $\sum\limits_{n=1}^{\infty} u_n$ 与 $\sum\limits_{n=1}^{\infty} u_n^2$ 都发散

　C. $\sum\limits_{n=1}^{\infty} u_n$ 收敛，$\sum\limits_{n=1}^{\infty} u_n^2$ 发散　　D. $\sum\limits_{n=1}^{\infty} u_n$ 发散，$\sum\limits_{n=1}^{\infty} u_n^2$ 收敛

6. 下列各级数中，一定收敛的是（　　）.

　A. $\sum\limits_{n=1}^{\infty} \left(\dfrac{\alpha^n}{n+2}\right)^n (\alpha > 0)$　　　　B. $\sum\limits_{n=1}^{\infty} \dfrac{(2n)!}{(n!)^2}$

　C. $\sum\limits_{n=1}^{\infty} \left(\dfrac{n-1}{n+1}\right)^{n^2+4n+5}$　　　　D. $\sum\limits_{n=1}^{\infty} \dfrac{\ln n}{n^{\alpha}} (\alpha > 0)$

7. 假设数项级数 $\sum\limits_{n=1}^{\infty} a_n$ 满足：若 $|a_n| > |a_{n+1}|$，且 $\lim\limits_{n \to \infty} a_n = 0$，则该级数（　　）.

　A. 必条件收敛　　　　　　　　　　B. 必绝对收敛

　C. 必发散　　　　　　　　　　　　D. 可能收敛，也可能发散

8. 若级数 $\sum\limits_{n=1}^{\infty} a_n^2$ 收敛,则级数 $\sum\limits_{n=1}^{\infty} a_n$ ( ).

A. 必绝对收敛

B. 必条件收敛

C. 必发散

D. 可能收敛,也可能发散

9. 若级数 $\sum\limits_{n=1}^{\infty} a_n$ 收敛,则级数 $\sum\limits_{n=1}^{\infty} a_n^2$ ( ).

A. 必绝对收敛

B. 必条件收敛

C. 必发散

D. 可能收敛,也可能发散

10. 设交错级数 $\sum\limits_{n=1}^{\infty} (-1)^{n-1} u_n (u_n > 0)$ 条件收敛,$u'_n = u_{2n-1}$,$u''_n = u_{2n} (n = 1, 2, 3, \cdots)$,则( ).

A. $\sum\limits_{n=1}^{\infty} u'_n$ 及 $\sum\limits_{n=1}^{\infty} u''_n$ 都收敛

B. $\sum\limits_{n=1}^{\infty} u'_n$ 及 $\sum\limits_{n=1}^{\infty} u''_n$ 都发散

C. $\sum\limits_{n=1}^{\infty} u'_n$ 收敛而 $\sum\limits_{n=1}^{\infty} u''_n$ 发散

D. $\sum\limits_{n=1}^{\infty} u'_n$ 发散而 $\sum\limits_{n=1}^{\infty} u''_n$ 收敛

11. 级数 $\sum\limits_{n=2}^{\infty} \dfrac{(-1)^n}{\sqrt{n + (-1)^n}}$ 的敛散性为( ).

A. 必绝对收敛

B. 必发散

C. 必条件收敛

D. 可能收敛,也可能发散

12. 正项级数 $\sum\limits_{n=1}^{\infty} a_n$ 收敛是 $\lim\limits_{n \to \infty} n a_n = 0$ 的( )条件.

A. 充分非必要

B. 既非充分也非必要

C. 必要非充分

D. 充分必要

二、填空题

1. 设 k、m 为正整数,$a_0 > 0$,$b_0 > 0$,$u_n = \dfrac{a_0 n^m + a_1 n^{m-1} + \cdots + a_{m-1} n + a_m}{b_0 n^k + b_1 n^{k-1} + \cdots + b_{k-1} n + b_k}$,则 $\sum\limits_{n=1}^{\infty} u_n$ 收敛的充分必要条件是 k、m 适合关系式_____.

2. 幂级数 $\sum\limits_{n=1}^{\infty} \dfrac{1 \cdot 2 \cdot 3 \cdot \cdots \cdot n}{1 \cdot 3 \cdot 5 \cdot \cdots \cdot (2n-1)} x^{2n}$ 的收敛域为_____.

3. 幂级数 $\sum\limits_{n=1}^{\infty} \dfrac{(n!)^2}{(2n)!} x^n$ 的收敛域为_____.

4. 级数 $\sum\limits_{n=0}^{\infty} \dfrac{n^2+1}{2^n n!} x^n$ 的收敛域为_____,和函数为_____.

5. 级数 $\sum\limits_{n=1}^{\infty} \dfrac{n}{(n+1)!}$ 的和是_____.

6. 幂级数 $\sum\limits_{n=1}^{\infty} (-1)^{n-1} n x^{n-1}$ 的收敛域为_____,和函数为_____.

7. 由幂级数 $\sum\limits_{n=1}^{\infty} \dfrac{n(n+1)}{2} x^{n-1}$ 可求出级数 $\sum\limits_{n=1}^{\infty} \dfrac{n(n+1)}{2^n}$ 的和是_____.

8. 幂级数 $\displaystyle\sum_{n=1}^{\infty} \dfrac{n^2}{n!} x^n$ 的收敛域为＿＿＿＿＿＿＿，和函数是＿＿＿＿＿＿.

三、计算题

1. 判定级数 $\displaystyle\sum_{n=1}^{\infty} \sin\sqrt{n^2+1}\,\pi$ 的敛散性. 如果收敛, 是条件收敛还是绝对收敛?

2. 判定级数 $\displaystyle\sum_{n=2}^{\infty} \dfrac{1}{(\ln n)^{\ln n}}$ 的敛散性.

3. 将函数 $f(x)=2+|x|\ (-1\leqslant x\leqslant 1)$ 展开成以 2 为周期的傅里叶级数, 并由此求级数 $\displaystyle\sum_{n=1}^{\infty} \dfrac{1}{n^2}$ 的和.

4. 求下列级数的收敛域及和函数:

(1) $\displaystyle\sum_{n=1}^{\infty} \dfrac{1}{n 2^n} x^{n-1}$;　　　　(2) $\displaystyle\sum_{n=1}^{\infty} (n+1)\left(\dfrac{x}{2}\right)^n$;

(3) $\displaystyle\sum_{n=1}^{\infty} \dfrac{x^n}{n(n+1)}$;　　　　　(4) $\displaystyle\sum_{n=0}^{\infty} \dfrac{2n+1}{n!} x^{2n+1}$;

(5) $x + \dfrac{x^3}{1\cdot 3} + \dfrac{x^5}{1\cdot 3\cdot 5} + \dfrac{x^7}{1\cdot 3\cdot 5\cdot 7} + \cdots$.

5. 研究级数 $\displaystyle\sum_{n=1}^{\infty} \dfrac{n^2}{\sqrt{n!}}(x^n + x^{-n})$ 在 $\left[\dfrac{1}{2}, 2\right]$ 上的敛散性.

6. 已知 $\displaystyle\sum_{n=1}^{\infty} \dfrac{1}{n^2} = \dfrac{\pi^2}{6}$, 请利用幂级数的性质计算 $\displaystyle\int_0^1 \dfrac{\ln(1+x)}{x}\mathrm{d}x$ 的值.

7. 设级数 $\displaystyle\sum_{n=0}^{\infty} a_n x^n$ 的收敛域为 $(-\infty, +\infty)$, 当 $n\geqslant 2$ 时, $a_{n-2} - n(n-1)a_n = 0$, 且 $a_0 = 4$, $a_1 = 1$, 求该级数的和函数.

8. 设连续函数 $f(x)$ 以 2π 为周期, 其傅里叶系数为 a_n, $b_n\ (n=0, 1, 2, \cdots)$.

(1) 求 $f(x+l)$ (其中 l 为常数) 的傅里叶系数;

(2) 求 $\dfrac{1}{\pi}\displaystyle\int_{-\pi}^{\pi} f(t)f(x+t)\mathrm{d}t$ 的傅里叶系数, 并由此证明:

$$\dfrac{1}{\pi}\int_{-\pi}^{\pi} f^2(x)\mathrm{d}x = \dfrac{a_0^2}{2} + \sum_{n=1}^{\infty}(a_n^2 + b_n^2).$$

9. 判定级数 $\displaystyle\sum_{n=1}^{\infty} \dfrac{a^{\frac{n(n+1)}{2}}}{(1+a)(1+a^2)\cdots(1+a^n)}\ (a>0)$ 的敛散性.

10. 求级数 $\displaystyle\sum_{n=1}^{\infty} \dfrac{(-1)^n}{n(n+1)2^n}$ 的和.

11. 求幂级数 $\displaystyle\sum_{n=0}^{\infty} \dfrac{4n^2+4n+3}{2n+1} x^{2n}$ 的收敛域及和函数.

四、讨论与证明题

1. 设正项数列 $\{a_n\}$ 单调减少, 且 $\displaystyle\sum_{n=1}^{\infty} (-1)^n a_n$ 发散, 试问级数 $\displaystyle\sum_{n=1}^{\infty} \left(\dfrac{1}{a_n+1}\right)^n$ 是否收

敛？并说明理由.

2. 设幂级数 $\sum\limits_{n=1}^{\infty} a_n(x+1)^n$ 在 $x=3$ 处条件收敛，试确定该幂级数的收敛半径，并说明理由.

3. 设 $u_n>0$，$v_n>0$，且 $\dfrac{u_{n+1}}{u_n}\leqslant\dfrac{v_{n+1}}{v_n}(n=1,2,\cdots)$，证明：若 $\sum\limits_{n=1}^{\infty} v_n$ 收敛，则 $\sum\limits_{n=1}^{\infty} u_n$ 也收敛.

4. 若 $\sum\limits_{n=1}^{\infty} a_n$ 及 $\sum\limits_{n=1}^{\infty} b_n$ 都收敛，证明级数

$$a_1-b_1+a_2-b_2+\cdots+u_n+\cdots\quad(u_{2k+1}=a_k,\ u_{2k}=-b_k)$$

必收敛.

5. 设 $f(x)=\sum\limits_{k=1}^{\infty} a_k x^{k+1}$ 在 $[0,1]$ 上收敛，证明：$\sum\limits_{n=1}^{\infty} f\left(\dfrac{1}{n}\right)$ 收敛.

6. 设 $\sum\limits_{n=1}^{\infty} u_n$ 为正项级数，若 $\lim\limits_{n\to\infty}\dfrac{\ln\dfrac{1}{u_n}}{\ln n}$ 存在且为 q，试证：当 $q>1$ 时级数 $\sum\limits_{n=1}^{\infty} u_n$ 收敛，当 $q<1$ 时级数 $\sum\limits_{n=1}^{\infty} u_n$ 发散.

7. 试证幂级数 $\sum\limits_{n=0}^{\infty}\dfrac{x^{2n+1}}{(2n+1)!}$ 在收敛域内的和函数 $y(x)$ 满足微分方程 $y'+y=\mathrm{e}^x$，并求此幂级数的和函数.

8. 设 $f(x)$ 在 $x=0$ 的某一邻域内具有不为零的二阶连续导数，且 $\lim\limits_{x\to0}\dfrac{f(x)}{x}=0$，证明 $\sum\limits_{n=1}^{\infty} f\left(\dfrac{1}{n}\right)$ 绝对收敛.

9. 运用级数性质证明 $\lim\limits_{n\to\infty}\dfrac{n^n}{k^3(n!)^3}=0$.

习 题 详 解

一、选择题

1. **A.** **解析：**根据柯西审敛原理：若 $\sum\limits_{n=1}^{\infty} a_n$ 与 $\sum\limits_{n=1}^{\infty} b_n$ 均收敛，则 $\forall\varepsilon>0$，$\exists N_1\in\mathbf{N}^+$，使得当 $n>N_1$ 时，$\forall p\in\mathbf{N}^+$，都有 $\left|\sum\limits_{i=n}^{n+p} a_i\right|<\varepsilon$；$\exists N_2\in\mathbf{N}^+$，使得当 $n>N_2$ 时，$\forall p\in\mathbf{N}^+$，都有 $\left|\sum\limits_{i=n}^{n+p} b_i\right|<\varepsilon$. 取 $N=\max\{N_1,N_2\}$，当 $n>N$ 时，有 $\left|\sum\limits_{i=n}^{n+p} a_i\right|<\varepsilon$ 和 $\left|\sum\limits_{i=n}^{n+p} b_i\right|<\varepsilon$ 同时成立. 又 $a_n\leqslant c_n\leqslant b_n$，所以 $\sum\limits_{i=n}^{n+p} a_i\leqslant\sum\limits_{i=n}^{n+p} c_i\leqslant\sum\limits_{i=n}^{n+p} b_i$，从而 $\forall\varepsilon>0$，$\exists N\in\mathbf{N}^+$，使得当 $n>N$ 时，对于任意的正整数 p，都有 $\left|\sum\limits_{i=n}^{n+p} c_i\right|<\varepsilon$，于是级数 $\sum\limits_{n=1}^{\infty} c_n$ 必收敛.

2. C. **解析**：由题设知 $f(x)$ 是以 2π 为周期的周期函数，结合周期函数定积分运算的性质及傅里叶系数的定义，有：

$$a_{2n} = \frac{1}{\pi}\int_{-\pi}^{\pi} f(x)\cos 2nx\,\mathrm{d}x \overset{x=z-\pi}{=} \frac{1}{\pi}\int_{0}^{2\pi} f(z-\pi)\cos 2n(z-\pi)\mathrm{d}z$$

$$= -\frac{1}{\pi}\int_{0}^{2\pi} f(z)\cos 2nz\,\mathrm{d}z = -a_{2n},$$

$$b_{2n} = \frac{1}{\pi}\int_{-\pi}^{\pi} f(x)\sin 2nx\,\mathrm{d}x \overset{x=z-\pi}{=} \frac{1}{\pi}\int_{0}^{2\pi} f(z-\pi)\sin 2n(z-\pi)\mathrm{d}z$$

$$= -\frac{1}{\pi}\int_{0}^{2\pi} f(z)\sin 2nz\,\mathrm{d}z = -b_{2n},$$

于是 $a_{2n}=0$，$b_{2n}=0$. 另外，通过简单的计算发现，根据题中的条件得不出关于 a_{2n+1} 和 b_{2n+1} 的进一步结论，故选 C.

3. A. **解析**：对于选项 A，易得交错级数 $\sum_{n=1}^{\infty} \dfrac{(-1)^n}{n\ln(n+1)}$ 收敛，但因 $\displaystyle\int_{2}^{+\infty} \dfrac{1}{x\ln x}\mathrm{d}x =$

$\displaystyle\lim_{M\to+\infty}\int_{2}^{M} \dfrac{1}{x\ln x}\mathrm{d}x = \lim_{M\to+\infty}\ln\ln M - \ln\ln 2 = +\infty$，故由积分审敛法（设非负连续函数 $f(x)$ 在

$[1,+\infty)$ 上单调减少，则级数 $\sum_{n=1}^{\infty} f(n)$ 与反常积分 $\displaystyle\int_{1}^{+\infty} f(x)\mathrm{d}x$ 同敛散）得 $\sum_{n=2}^{\infty} \dfrac{1}{n\ln n}$ 发散，进

而 $\sum_{n=1}^{\infty} \dfrac{1}{n\ln(n+1)}$ 也发散，所以选项 A 中级数条件收敛；因 $\displaystyle\lim_{n\to\infty}\sqrt{n^3}\,\dfrac{\sqrt{n}}{(n+2)\sqrt{n+1}}\sin\dfrac{1}{\sqrt{n}} =$

1，故由比较审敛法的极限形式知 $\sum_{n=1}^{\infty}(-1)^n\dfrac{\sqrt{n}}{(n+2)\sqrt{n+1}}\sin\dfrac{1}{\sqrt{n}}$ 绝对收敛；由于 $\left(1+\dfrac{1}{x}\right)^x$

在 $(0,+\infty)$ 上是 x 的单调增加函数，因此 $\left(1+\dfrac{1}{\sqrt{n}}\right)^{\sqrt{n}} \geqslant 2$，从而 $\left(1+\dfrac{1}{\sqrt{n}}\right)^{-n^{\frac{3}{2}}} \leqslant \dfrac{1}{2^n}$，

于是 $\sum_{n=1}^{\infty}(-1)^n\left(1+\dfrac{1}{\sqrt{n}}\right)^{-n^{\frac{3}{2}}}$ 绝对收敛；同理可得 $\left(\dfrac{n}{n+1}\right)^{n^2} = \left(1+\dfrac{1}{n}\right)^{-n^2} \leqslant \dfrac{1}{2^n}$，则

$\sum_{n=1}^{\infty}(-1)^n\left(\dfrac{n}{n+1}\right)^{n^2}$ 绝对收敛. 故选 A.

4. A. **解析**：正项级数加括号后所得新级数的第 n 项必大于原级数的第 n 项，从而由新级数收敛可得原级数收敛，故选项 A 正确；非正项级数就不一定，例如 $\sum_{n=1}^{\infty}(-1)^n$ 加括号后得到 $(-1+1)+(-1+1)+\cdots$，显然新级数是收敛的，但原级数发散，又 $\sum_{n=1}^{\infty}(-1)^n$ 也是几何级数，故选项 B、C、D 错误. 故选 A.

5. C. **解析**：由于 $\ln(1+x)$ 是关于 x 的单调增加函数，因此 $\ln\left(1+\dfrac{1}{\sqrt{n}}\right)$ 是关于 n 的单调减少数列，又 $\displaystyle\lim_{n\to\infty}\ln\left(1+\dfrac{1}{\sqrt{n}}\right)=0$，所以 $\sum_{n=1}^{\infty} u_n$ 收敛. 因

$$\lim_{n \to \infty} n \ln^2 \left(1 + \frac{1}{\sqrt{n}}\right) = \lim_{n \to \infty} \left[\ln\left(1 + \frac{1}{\sqrt{n}}\right)^{\sqrt{n}}\right]^2 = 1,$$

故 $\sum\limits_{n=1}^{\infty} u_n^2$ 发散. 故选 C.

6. C. **解析**: 对于 $\sum\limits_{n=1}^{\infty} \left(\dfrac{\alpha^n}{n+2}\right)^n (\alpha > 0)$, 当 $\alpha = 2$ 时, $2^n > n+2$, 则 $\left(\dfrac{2^n}{n+2}\right)^n > 1$, 故

该级数发散; 由于 $\dfrac{(2n)!}{(n!)^2} = \dfrac{n+1}{1} \cdot \dfrac{n+2}{2} \cdot \cdots \cdot \dfrac{2n}{n} > n+1$, 因此 $\sum\limits_{n=1}^{\infty} \dfrac{(2n)!}{(n!)^2}$ 的一般项的极

限不等于零, 故该级数发散; 对于 $\sum\limits_{n=1}^{\infty} \dfrac{\ln n}{n^{\alpha}} (\alpha > 0)$, 当 $\alpha = 1$ 时, 由极限审敛法易知该级数发

散; 对于级数 $\sum\limits_{n=1}^{\infty} \left(\dfrac{n-1}{n+1}\right)^{n^2+4n+5}$, 因 $\left(1 + \dfrac{2}{n-1}\right)^{n-1} > 2$, 故

$$\left(\frac{n-1}{n+1}\right)^{n^2+4n+5} = \left(1 + \frac{2}{n-1}\right)^{-(n^2+4n+5)} < \left(\frac{1}{2}\right)^{\frac{n^2+4n+5}{n-1}},$$

而 $\lim\limits_{n \to \infty} 2^n \left(\dfrac{1}{2}\right)^{\frac{n^2+4n+5}{n-1}} = 2^{-5}$, 所以由比较审敛法的极限形式知 $\sum\limits_{n=2}^{\infty} \left(\dfrac{1}{2}\right)^{\frac{n^2+4n+5}{n-1}}$ 收敛, 从而由比较

审敛法可知级数 $\sum\limits_{n=1}^{\infty} \left(\dfrac{n-1}{n+1}\right)^{n^2+4n+5}$ 收敛. 故选 C.

7. D. **解析**: 例如 $\sum\limits_{n=1}^{\infty} \dfrac{1}{n}$ 和 $\sum\limits_{n=1}^{\infty} \dfrac{1}{n^2}$ 都满足题设条件, 但是前者发散, 后者收敛.

8. D. **解析**: 若 $a_n = \dfrac{1}{n}$, 则级数 $\sum\limits_{n=1}^{\infty} a_n^2$ 收敛, 而级数 $\sum\limits_{n=1}^{\infty} a_n$ 发散; 若 $a_n = \dfrac{1}{n^2}$, 则级数

$\sum\limits_{n=1}^{\infty} a_n^2$ 和 $\sum\limits_{n=1}^{\infty} a_n$ 都收敛.

9. D. **解析**: 若 $a_n = \dfrac{(-1)^n}{\sqrt{n}}$, 则级数 $\sum\limits_{n=1}^{\infty} a_n$ 收敛, 而级数 $\sum\limits_{n=1}^{\infty} a_n^2 = \sum\limits_{n=1}^{\infty} \dfrac{1}{n}$ 发散; 若 $a_n = $

$\dfrac{(-1)^n}{n}$, 则级数 $\sum\limits_{n=1}^{\infty} a_n$ 和 $\sum\limits_{n=1}^{\infty} a_n^2$ 都收敛.

10. B. **解析**: 令 $v_n' = \dfrac{u_n + (-1)^{n-1} u_n}{2} = \begin{cases} 0, & n \text{ 为偶数}, \\ u_n, & n \text{ 为奇数}, \end{cases}$ $v_n'' = \dfrac{u_n - (-1)^{n-1} u_n}{2} = $

$\begin{cases} u_n, & n \text{ 为偶数}, \\ 0, & n \text{ 为奇数}, \end{cases}$ 则 $\sum\limits_{n=1}^{\infty} v_n'$ 与 $\sum\limits_{n=1}^{\infty} u_n'$ 有相同的敛散性, $\sum\limits_{n=1}^{\infty} v_n''$ 与 $\sum\limits_{n=1}^{\infty} u_n''$ 有相同的敛散性. 因

为级数 $\sum\limits_{n=1}^{\infty} (-1)^{n-1} u_n$ 条件收敛, 即 $\sum\limits_{n=1}^{\infty} (-1)^{n-1} u_n$ 收敛, $\sum\limits_{n=1}^{\infty} u_n$ 发散, 所以级数 $\sum\limits_{n=1}^{\infty} v_n'$ 与

$\sum\limits_{n=1}^{\infty} v_n''$ 都发散, 从而 $\sum\limits_{n=1}^{\infty} u_n'$ 与 $\sum\limits_{n=1}^{\infty} u_n''$ 也都发散. 故选 B.

11. C. **解析**: 由于 $\dfrac{1}{\sqrt{n+(-1)^n}} \geq \dfrac{1}{n}$, 因此 $\sum\limits_{n=2}^{\infty} \dfrac{1}{\sqrt{n+(-1)^n}}$ 发散, 故排除选项 A. 记 s_n

为该级数的部分和, 则

$$s_{2n} = \left(\frac{1}{\sqrt{3}} - \frac{1}{\sqrt{2}}\right) + \left(\frac{1}{\sqrt{5}} - \frac{1}{\sqrt{4}}\right) + \left(\frac{1}{\sqrt{7}} - \frac{1}{\sqrt{6}}\right) + \cdots + \left(\frac{1}{\sqrt{2n-1}} - \frac{1}{\sqrt{2n-2}}\right) + \left(\frac{1}{\sqrt{2n+1}} - \frac{1}{\sqrt{2n}}\right) < 0,$$

并且 $s_{2n+2} = s_{2n} + \dfrac{1}{\sqrt{2n+3}} - \dfrac{1}{\sqrt{2n+2}} < s_{2n}$，即 $\{s_{2n}\}$ 是单调减少的数列. 又

$$s_{2n} = -\frac{1}{\sqrt{2}} + \left(\frac{1}{\sqrt{3}} - \frac{1}{\sqrt{4}}\right) + \left(\frac{1}{\sqrt{5}} - \frac{1}{\sqrt{6}}\right) + \cdots + \left(\frac{1}{\sqrt{2n-1}} - \frac{1}{\sqrt{2n}}\right) + \frac{1}{\sqrt{2n+1}} > -\frac{1}{\sqrt{2}},$$

亦即 $\{s_{2n}\}$ 是单调减少且有下界的数列，所以 $\lim\limits_{n\to\infty} s_{2n}$ 存在，而 $s_{2n+1} = s_{2n} + \dfrac{1}{\sqrt{2n+3}}$，故 $\lim\limits_{n\to\infty} s_{2n+1} = \lim\limits_{n\to\infty} s_{2n}$，从而 $\{s_n\}$ 收敛，于是原级数条件收敛. 故选 C.

12. B. **解析**：取 $a_n = \dfrac{1}{n\ln(n+1)}$，则 $\lim\limits_{n\to\infty} na_n = 0$，但是 $\sum\limits_{n=1}^{\infty} a_n$ 发散，故正项级数 $\sum\limits_{n=1}^{\infty} a_n$ 收敛不是 $\lim\limits_{n\to\infty} na_n = 0$ 的必要条件；设 $a_n = \begin{cases} \dfrac{1}{n}, & n = k^2, \\ \dfrac{1}{n^2}, & n \neq k^2, \end{cases}$ 显然该通项不满足 $\lim\limits_{n\to\infty} na_n = 0$，但是 $\sum\limits_{n=1}^{\infty} a_n$ 收敛，则正项级数 $\sum\limits_{n=1}^{\infty} a_n$ 收敛不是 $\lim\limits_{n\to\infty} na_n = 0$ 的充分条件，事实上，一般项不具备单调性的正项级数，即便收敛，也可以不满足 $\lim\limits_{n\to\infty} na_n = 0$，为了证明这个结论，我们首先证明 $\{s_{n^2}\}$ 是单调增加且有上界的数列，由于

$$\begin{aligned}
s_{n^2} &= 1 + \left(\frac{1}{2^2} + \frac{1}{3^2}\right) + \frac{1}{4} + \left(\frac{1}{5^2} + \frac{1}{6^2} + \frac{1}{7^2} + \frac{1}{8^2}\right) + \frac{1}{9} + \cdots \\
&\quad + \left\{\frac{1}{[(n-1)^2+1]^2} + \frac{1}{[(n-1)^2+2]^2} + \cdots + \frac{1}{(n^2-1)^2}\right\} + \frac{1}{n^2} \\
&= 1 + \frac{1}{4} + \frac{1}{9} + \cdots + \frac{1}{n^2} + \left(\frac{1}{2^2} + \frac{1}{3^2}\right) + \left(\frac{1}{5^2} + \frac{1}{6^2} + \frac{1}{7^2} + \frac{1}{8^2}\right) + \cdots \\
&\quad + \left\{\frac{1}{[(n-1)^2+1]^2} + \frac{1}{[(n-1)^2+2]^2} + \cdots + \frac{1}{(n^2-1)^2}\right\} \\
&< 1 + \frac{1}{4} + \frac{1}{9} + \cdots + \frac{1}{n^2} + \left[\frac{1}{2^2} + \frac{1}{3^2} + \frac{1}{4^2} + \cdots + \frac{1}{(n^2-1)^2}\right] \\
&< 1 + \frac{1}{1\cdot 2} + \frac{1}{2\cdot 3} + \cdots + \frac{1}{(n-1)n} + \left[\frac{1}{1\cdot 2} + \frac{1}{2\cdot 3} + \cdots + \frac{1}{(n^2-2)(n^2-1)}\right] \\
&= 1 + 1 - \frac{1}{n} + 1 - \frac{1}{n^2-1} < 3,
\end{aligned}$$

因此 $\{s_{n^2}\}$ 有上界，对于正项级数而言，$\{s_n\}$ 是单调增加数列，由 $\{s_{n^2}\}$ 有上界，易得 $\{s_n\}$ 也是有上界的数列，故 $\sum\limits_{n=1}^{\infty} a_n$ 收敛. 故选 B.

二、填空题

1. $k > m + 1$. **解析**：因为 $u_n > 0$，$\lim\limits_{n\to\infty} u_n n^{k-m} = \dfrac{a_0}{b_0}$，所以 $\sum\limits_{n=1}^{\infty} u_n$ 与 $\sum\limits_{n=1}^{\infty} n^{m-k}$ 同敛散，而

$\displaystyle\sum_{n=1}^{\infty}n^{m-k}$ 收敛的充要条件是 $k>m+1$，于是 $\displaystyle\sum_{n=1}^{\infty}u_n$ 收敛的充要条件是 $k>m+1$.

2. $(-\sqrt{2},\sqrt{2})$. **解析**：令 $z=x^2$，则原级数化为 $\displaystyle\sum_{n=1}^{\infty}\frac{1\cdot2\cdot3\cdot\cdots\cdot n}{1\cdot3\cdot5\cdot\cdots\cdot(2n-1)}z^n$，该新级

数的收敛半径 $R=\lim\limits_{n\to\infty}\dfrac{a_n}{a_{n+1}}=\lim\limits_{n\to\infty}\dfrac{2n+1}{n+1}=2$，因此原级数的收敛半径是 $\sqrt{2}$. 当 $x=\pm\sqrt{2}$ 时，

原级数的一般项

$$u_n=\frac{1\cdot2\cdot3\cdot\cdots\cdot n}{1\cdot3\cdot5\cdot\cdots\cdot(2n-1)}2^n=\frac{2}{1}\cdot\frac{4}{3}\cdot\frac{6}{5}\cdot\cdots\cdot\frac{2n}{2n-1}>1,$$

所以原级数发散，从而原级数的收敛域为 $(-\sqrt{2},\sqrt{2})$.

3. $(-4,4)$. **解析**：易知级数的收敛半径 $R=\lim\limits_{n\to\infty}\dfrac{a_n}{a_{n+1}}=\lim\limits_{n\to\infty}\dfrac{(2n+2)(2n+1)}{(n+1)^2}=4$.

当 $x=\pm4$ 时，由原级数得 $\displaystyle\sum_{n=1}^{\infty}\frac{(n!)^2}{(2n)!}(\pm4)^n$，因其一般项满足

$$|u_n|=\frac{(n!)^2}{(2n)!}4^n=\frac{4^n(n!)^2}{2^n n!(2n-1)!!}=\frac{2}{1}\cdot\frac{4}{3}\cdot\cdots\cdot\frac{2n}{2n-1}>1,$$

所以 $\displaystyle\sum_{n=1}^{\infty}\frac{(n!)^2}{(2n)!}(\pm4)^n$ 发散. 于是所求幂级数的收敛域为 $(-4,4)$.

4. $(-\infty,\infty)$，$\left(\dfrac{x}{2}\right)^2 e^{\frac{x}{2}}+\dfrac{x}{2}e^{\frac{x}{2}}+e^{\frac{x}{2}}$. **解析**：因为级数的收敛半径

$$R=\lim_{n\to\infty}\frac{a_n}{a_{n+1}}=\lim_{n\to\infty}\frac{2(n+1)(n^2+1)}{(n+1)^2+1}=+\infty,$$

所以其收敛域是 $(-\infty,+\infty)$.

设原幂级数在 $(-\infty,+\infty)$ 上的和函数为 $f(x)$，则

$$f(x)=\sum_{n=0}^{\infty}\frac{n^2+1}{2^n n!}x^n=1+\sum_{n=1}^{\infty}\frac{n(n-1)+n+1}{n!}\left(\frac{x}{2}\right)^n$$

$$=1+\sum_{n=1}^{\infty}\left[\frac{n-1}{(n-1)!}+\frac{1}{(n-1)!}+\frac{1}{n!}\right]\left(\frac{x}{2}\right)^n$$

$$=\sum_{n=2}^{\infty}\frac{1}{(n-2)!}\left(\frac{x}{2}\right)^n+\sum_{n=1}^{\infty}\frac{1}{(n-1)!}\left(\frac{x}{2}\right)^n+\sum_{n=0}^{\infty}\frac{1}{n!}\left(\frac{x}{2}\right)^n$$

$$=\left(\frac{x}{2}\right)^2 e^{\frac{x}{2}}+\frac{x}{2}e^{\frac{x}{2}}+e^{\frac{x}{2}}.$$

5. 1. **解析**：(方法一)

$$\sum_{n=1}^{\infty}\frac{n}{(n+1)!}=\sum_{n=1}^{\infty}\frac{n+1-1}{(n+1)!}=\sum_{n=1}^{\infty}\frac{1}{n!}-\sum_{n=1}^{\infty}\frac{1}{(n+1)!}=\sum_{n=1}^{\infty}\frac{1}{n!}-\sum_{n=2}^{\infty}\frac{1}{n!}=1.$$

(方法二)设 $f(x)=\displaystyle\sum_{n=1}^{\infty}\frac{n}{(n+1)!}x^{n-1}$，则该幂级数的收敛半径 $R=\infty$，故其收敛域是

$(-\infty,+\infty)$，积分得

$$\int_0^x f(x)\mathrm{d}x=\sum_{n=1}^{\infty}\frac{1}{(n+1)!}x^n=\frac{1}{x}\sum_{n=1}^{\infty}\frac{x^{n+1}}{(n+1)!}=\frac{1}{x}(e^x-1-x),$$

从而 $f(x) = \dfrac{\mathrm{d}}{\mathrm{d}x}\left(\dfrac{\mathrm{e}^x - 1 - x}{x}\right) = \dfrac{x\,\mathrm{e}^x - \mathrm{e}^x + 1}{x^2}$，于是原级数的和为 $f(1) = 1$.

6. $(-1, 1)$，$\dfrac{1}{(1+x)^2}$. **解析**：因幂级数的收敛半径 $R = 1$，而当 $x = \pm 1$ 时，所得数项级数的一般项的极限都不为零，即幂级数在收敛区间的两个端点处均发散，所以幂级数的收敛域是 $(-1, 1)$.

设 $f(x) = \displaystyle\sum_{n=1}^{\infty} (-1)^{n-1} n x^{n-1}\ (-1 < x < 1)$，积分得

$$\int_0^x f(x)\,\mathrm{d}x = \sum_{n=1}^{\infty} (-1)^{n-1} x^n = \frac{x}{1+x},$$

对上述等式两边求导数得和函数 $f(x) = \dfrac{\mathrm{d}}{\mathrm{d}x}\left(\dfrac{x}{1+x}\right) = \dfrac{1}{(1+x)^2}$.

7. 8. **解析**：因幂级数的收敛半径 $R = 1$，而当 $x = \pm 1$ 时，所得数项级数的一般项不趋于零，即幂级数在收敛区间的两个端点处均发散，故其收敛域是 $(-1, 1)$.

设幂级数的和函数为 $f(x)$，即 $f(x) = \displaystyle\sum_{n=1}^{\infty} \dfrac{n(n+1)}{2} x^{n-1}$，积分得

$$\int_0^x f(x)\,\mathrm{d}x = \sum_{n=1}^{\infty} \frac{n+1}{2} x^n,$$

再对上式两边积分得

$$\int_0^x \left[\int_0^x f(x)\,\mathrm{d}x\right]\mathrm{d}x = \frac{1}{2}\sum_{n=1}^{\infty} x^{n+1} = \frac{1}{2}\cdot\frac{x^2}{1-x},$$

对上述等式两边求导数得

$$\int_0^x f(x)\,\mathrm{d}x = \frac{1}{2}\,\frac{\mathrm{d}}{\mathrm{d}x}\left(\frac{x^2}{1-x}\right) = \frac{1}{2}\cdot\frac{2x - x^2}{(1-x)^2},$$

再对上述等式两边求导数得

$$f(x) = \frac{1}{2}\,\frac{\mathrm{d}}{\mathrm{d}x}\left[\frac{2x - x^2}{(1-x)^2}\right] = \frac{(1-x)^2 + (2x - x^2)}{(1-x)^3} = \frac{1}{(1-x)^3}.$$

于是所求数项级数的和为 $f\left(\dfrac{1}{2}\right) = 8$.

8. $(-\infty, +\infty)$，$x(x+1)\mathrm{e}^x$. **解析**：因为幂级数的收敛半径 $R = \infty$，所以其收敛域为 $(-\infty, +\infty)$.

设幂级数的和函数为 $f(x)$，即

$$f(x) = \sum_{n=1}^{\infty} \frac{n^2}{n!} x^n,$$

记

$$g(x) = \sum_{n=1}^{\infty} \frac{n}{(n-1)!} x^{n-1}, \tag{1}$$

则

$$f(x) = x g(x). \tag{2}$$

对 (1) 式两边求积分得

$$\int_0^x g(x)\mathrm{d}x = \sum_{n=1}^{\infty} \frac{x^n}{(n-1)!} = x\sum_{n=1}^{\infty} \frac{x^{n-1}}{(n-1)!} = x\,\mathrm{e}^x,$$

对上述等式两边求导数得

$$g(x) = (x\,\mathrm{e}^x)' = (x+1)\mathrm{e}^x,$$

代入(2)式得

$$f(x) = x(x+1)\mathrm{e}^x, \quad x\in(-\infty, +\infty).$$

三、计算题

1. 解：对级数进行变形，得

$$\begin{aligned}
\sum_{n=1}^{\infty} \sin\sqrt{n^2+1}\,\pi &= \sum_{n=1}^{\infty} \sin(n\pi + \sqrt{n^2+1}\,\pi - n\pi) \\
&= \sum_{n=1}^{\infty} (-1)^n \sin(\sqrt{n^2+1}-n)\pi \\
&= \sum_{n=1}^{\infty} (-1)^n \sin\frac{\pi}{\sqrt{n^2+1}+n},
\end{aligned}$$

显然此交错级数满足莱布尼茨定理条件，从而此级数收敛. 又

$$\lim_{n\to\infty} n\mid u_n\mid = \lim_{n\to\infty} n\sin\frac{\pi}{\sqrt{n^2+1}+n} = \frac{\pi}{2},$$

所以原级数各项取绝对值后所得的级数与 $\displaystyle\sum_{n=1}^{\infty}\frac{1}{n}$ 同敛散，而 $\displaystyle\sum_{n=1}^{\infty}\frac{1}{n}$ 发散，于是原级数条件收敛.

2. 解：令 $z=(\ln n)^{\ln n}$，则 $\ln z = \ln n(\ln\ln n) = \ln n^{\ln\ln n}$，故 $z = n^{\ln\ln n}$，于是级数 $\displaystyle\sum_{n=2}^{\infty}\frac{1}{(\ln n)^{\ln n}}$

可化为 $\displaystyle\sum_{n=2}^{\infty}\frac{1}{n^{\ln\ln n}}$. 又当 $n>3^9$ 时，

$$\ln\ln n > \ln(9\ln 3) > \ln 9 = 2\ln 3 > 2,$$

从而 $\dfrac{1}{n^{\ln\ln n}} < \dfrac{1}{n^2}$. 因 $\displaystyle\sum_{n=1}^{\infty}\frac{1}{n^2}$ 收敛，所以原级数收敛.

3. 解：由于函数 $f(x)=2+\mid x\mid\ (-1\leqslant x\leqslant 1)$ 是偶函数，将其以 2 为周期进行延拓，得延拓后的周期函数在 $(-\infty, +\infty)$ 内连续，计算该函数的傅里叶系数如下：

$$b_n = 0,$$

$$a_0 = 2\int_0^1 f(x)\mathrm{d}x = 2\int_0^1 (2+\mid x\mid)\mathrm{d}x = 5,$$

$$a_n = 2\int_0^1 f(x)\cos n\pi x\,\mathrm{d}x = 2\int_0^1 (2+x)\cos n\pi x\,\mathrm{d}x = \frac{2[(-1)^n-1]}{n^2\pi^2}$$

$$= \begin{cases} 0, & n=2k, \\ \dfrac{-4}{(2k-1)^2\pi}, & n=2k-1, \end{cases} \quad k=1,2,3,\cdots,$$

从而

$$f(x) = 2+\mid x\mid = \frac{5}{2} - \frac{4}{\pi^2}\sum_{n=1}^{\infty}\frac{\cos(2n-1)\pi x}{(2n-1)^2}, \quad x\in[-1,1].$$

令 $x = 0$, 有 $2 = \dfrac{5}{2} - \dfrac{4}{\pi^2} \sum\limits_{n=1}^{\infty} \dfrac{1}{(2n-1)^2}$, 于是 $\sum\limits_{n=1}^{\infty} \dfrac{1}{(2n-1)^2} = \dfrac{\pi^2}{8}$. 又

$$\sum_{n=1}^{\infty} \frac{1}{n^2} = \sum_{n=1}^{\infty} \frac{1}{(2n)^2} + \sum_{n=1}^{\infty} \frac{1}{(2n-1)^2} = \frac{\pi^2}{8} + \frac{1}{4} \sum_{n=1}^{\infty} \frac{1}{n^2},$$

故 $\sum\limits_{n=1}^{\infty} \dfrac{1}{n^2} = \dfrac{4}{3} \cdot \dfrac{\pi^2}{8} = \dfrac{\pi^2}{6}$.

4. 解：(1) 因为原幂级数的收敛半径 $R = \lim\limits_{n \to \infty} \dfrac{a_n}{a_{n+1}} = \lim\limits_{n \to \infty} \dfrac{(n+1)2^{n+1}}{n 2^n} = 2$, 而当 $x = 2$ 时，

由原幂级数得 $\dfrac{1}{2} \sum\limits_{n=1}^{\infty} \dfrac{1}{n}$, 该级数发散，当 $x = -2$ 时，由原幂级数得 $\dfrac{1}{2} \sum\limits_{n=1}^{\infty} \dfrac{(-1)^{n-1}}{n}$, 该级数

收敛，所以原幂级数的收敛域是 $[-2, 2)$.

设原幂级数的和函数为 $f(x)$, 即 $f(x) = \sum\limits_{n=1}^{\infty} \dfrac{x^{n-1}}{n 2^n}$, $x \in [-2, 2)$, 则 $xf(x) = \sum\limits_{n=1}^{\infty} \dfrac{x^n}{n 2^n}$,

逐项求导得 $[xf(x)]' = \sum\limits_{n=1}^{\infty} \dfrac{x^{n-1}}{2^n} = \dfrac{1}{2} \sum\limits_{n=1}^{\infty} \left(\dfrac{x}{2}\right)^{n-1} = \dfrac{1}{2-x}$, 从而

$$xf(x) = \int_0^x \frac{1}{2-x} \mathrm{d}x = \ln \frac{2}{2-x}.$$

注意到 $f(0) = \dfrac{1}{2}$, 于是原幂级数在 $[-2, 2)$ 上的和函数为

$$f(x) = \begin{cases} \dfrac{1}{x} \ln \dfrac{2}{2-x}, & x \neq 0, \\ \dfrac{1}{2}, & x = 0. \end{cases}$$

(2) 因原幂级数的收敛半径 $R = 2$, 而当 $x = \pm 2$ 时，由原幂级数所得的数项级数的一般项均不趋于零，即原幂级在收敛区间的两个端点处均发散，故原幂级数的收敛域是 $(-2, 2)$.

设原幂级数的和函数为 $f(x)$, 则

$$\int_0^x f(x) \mathrm{d}x = \sum_{n=1}^{\infty} \frac{x^{n+1}}{2^n} = 2 \sum_{n=1}^{\infty} \left(\frac{x}{2}\right)^{n+1} = 2 \frac{\left(\dfrac{x}{2}\right)^2}{1 - \dfrac{x}{2}} = \frac{x^2}{2-x},$$

从而

$$f(x) = \frac{\mathrm{d}}{\mathrm{d}x} \left(\frac{x^2}{2-x}\right) = \frac{4x - x^2}{(2-x)^2}, \quad x \in (-2, 2).$$

(3) 因原幂级数的收敛半径 $R = 1$, 而当 $x = \pm 1$ 时，由原幂级数所得的数项级数为 $\sum\limits_{n=1}^{\infty} \dfrac{1}{n(n+1)}$ 和 $\sum\limits_{n=1}^{\infty} \dfrac{(-1)^n}{n(n+1)}$, 显然这两个级数均收敛，故原幂级数的收敛域为 $[-1, 1]$.

设 $\sum\limits_{n=1}^{\infty} \dfrac{x^n}{n(n+1)}$ 的和函数为 $f(x)$, 则在 $(-1, 0) \bigcup (0, 1)$ 内，

$$f(x) = \sum_{n=1}^{\infty} \frac{x^n}{n(n+1)} = \sum_{n=1}^{\infty} \left(\frac{x^n}{n} - \frac{x^n}{n+1}\right) = \sum_{n=1}^{\infty} \frac{x^n}{n} - \frac{1}{x} \sum_{n=1}^{\infty} \frac{x^{n+1}}{n+1},$$

而

$$\sum_{n=1}^{\infty} \frac{x^n}{n} = \sum_{n=1}^{\infty} \int_0^x x^{n-1} \mathrm{d}x = \int_0^x \sum_{n=1}^{\infty} x^{n-1} \mathrm{d}x = \int_0^x \frac{1}{1-x} \mathrm{d}x = -\ln(1-x),$$

$$\frac{1}{x} \sum_{n=1}^{\infty} \frac{x^{n+1}}{n+1} = \frac{1}{x} \left(\sum_{n=1}^{\infty} \frac{x^n}{n} - x \right) = -\frac{1}{x} \left[\ln(1-x) + x \right],$$

所以

$$f(x) = -\ln(1-x) + \frac{1}{x} \left[\ln(1-x) + x \right] = 1 + \frac{1-x}{x} \ln(1-x).$$

又

$$f(1) = \sum_{n=1}^{\infty} \frac{1}{n(n+1)} = \sum_{n=1}^{\infty} \left(\frac{1}{n} - \frac{1}{n+1} \right) = 1, \quad f(0) = 0,$$

故所求和函数为

$$f(x) = \begin{cases} 1 + \dfrac{1-x}{x} \ln(1-x), & x \in [-1, 0,) \bigcup (0, 1), \\ 1, & x = 1, \\ 0, & x = 0. \end{cases}$$

(4) 因为幂级数的收敛半径 $R = \infty$,所以其收敛域为 $(-\infty, +\infty)$.

设幂级数的和函数为 $f(x)$,则当 $x \in (-\infty, +\infty)$ 时,

$$f(x) = \sum_{n=0}^{\infty} \frac{2n+1}{n!} x^{2n+1} = x \sum_{n=0}^{\infty} \frac{2n+1}{n!} x^{2n} = x \sum_{n=0}^{\infty} \left(\frac{x^{2n+1}}{n!} \right)' = x \left(\sum_{n=0}^{\infty} \frac{x^{2n+1}}{n!} \right)'$$

$$= x \left[x \sum_{n=0}^{\infty} \frac{(x^2)^n}{n!} \right]' = x (x e^{x^2})' = x(1 + 2x^2) e^{x^2},$$

故所求和函数为 $f(x) = x(1 + 2x^2) e^{x^2}$, $x \in (-\infty, +\infty)$.

(5) 因为 $\rho = \lim\limits_{n \to \infty} \dfrac{|u_{n+1}(x)|}{|u_n(x)|} = \lim\limits_{n \to \infty} \dfrac{x^2}{2n+1} = 0 < 1$,所以 $\forall x \in (-\infty, +\infty)$,该幂级数均收敛,即其收敛域是 $(-\infty, +\infty)$.

设该幂级数在 $(-\infty, +\infty)$ 上的和函数为 $f(x)$,则对该幂级数逐项求导,得

$$f'(x) = 1 + \frac{x^2}{1} + \frac{x^4}{1 \cdot 3} + \frac{x^6}{1 \cdot 3 \cdot 5} + \cdots = 1 + x f(x),$$

故和函数 $f(x)$ 满足如下一阶线性非齐次常微分方程的初值问题:

$$f'(x) - x f(x) = 1, \quad f(0) = 0.$$

求解上述问题得到:

$$f(x) = e^{\int_0^x x \mathrm{d}x} \left(\int_0^x e^{-\int_0^x x \mathrm{d}x} \mathrm{d}x + C \right) = e^{\frac{1}{2}x^2} \left(\int_0^x e^{-\frac{1}{2}x^2} \mathrm{d}x + C \right),$$

将初值条件代入得 $C = 0$,从而 $f(x) = \int_0^x e^{\frac{1}{2}(x^2 - t^2)} \mathrm{d}t$, $x \in (-\infty, +\infty)$.

5. **解**:对于幂级数 $\sum\limits_{n=1}^{\infty} \dfrac{n^2}{\sqrt{n!}} x^n$,其收敛半径

$$R = \lim_{n \to \infty} \frac{|a_n|}{|a_{n+1}|} = \lim_{n \to \infty} \frac{n^2}{\sqrt{n!}} \cdot \frac{\sqrt{(n+1)!}}{(n+1)^2} = \lim_{n \to \infty} \frac{n^2 \sqrt{n+1}}{(n+1)^2} = \infty,$$

故该幂级数的收敛域为 $(-\infty, +\infty)$.

对于幂级数 $\sum\limits_{n=1}^{\infty} \dfrac{n^2}{\sqrt{n!}} x^{-n}$，令 $z = \dfrac{1}{x}$，则 $\sum\limits_{n=1}^{\infty} \dfrac{n^2}{\sqrt{n!}} x^{-n} = \sum\limits_{n=1}^{\infty} \dfrac{n^2}{\sqrt{n!}} z^n$，由于幂级数

$\sum\limits_{n=1}^{\infty} \dfrac{n^2}{\sqrt{n!}} z^n$ 的收敛半径 $R = \infty$，故其收敛域为 $(-\infty, 0) \bigcup (0, +\infty)$. 于是 $\sum\limits_{n=1}^{\infty} \dfrac{n^2}{\sqrt{n!}} (x^n + x^{-n})$

在 $\left[\dfrac{1}{2}, 2\right]$ 上收敛.

6. **解**：将 $\ln(1+x) = \sum\limits_{n=1}^{\infty} (-1)^{n-1} \dfrac{x^n}{n}$ 代入积分式，得

$$\int_0^1 \dfrac{\ln(1+x)}{x} \mathrm{d}x = \int_0^1 \dfrac{1}{x} \sum\limits_{n=1}^{\infty} (-1)^{n-1} \dfrac{x^n}{n} \mathrm{d}x = \int_0^1 \sum\limits_{n=1}^{\infty} (-1)^{n-1} \dfrac{x^{n-1}}{n} \mathrm{d}x.$$

由于 $\sum\limits_{n=1}^{\infty} (-1)^{n-1} \dfrac{x^{n-1}}{n}$ 的收敛区间是 $(-1, 1]$，因此 $\int_0^1 \sum\limits_{n=1}^{\infty} (-1)^{n-1} \dfrac{x^{n-1}}{n} \mathrm{d}x$ 可以逐项进行积分，经过计算得

$$\int_0^1 \sum\limits_{n=1}^{\infty} (-1)^{n-1} \dfrac{x^{n-1}}{n} \mathrm{d}x = \sum\limits_{n=1}^{\infty} (-1)^{n-1} \dfrac{1}{n^2},$$

所以

$$\int_0^1 \dfrac{\ln(1+x)}{x} \mathrm{d}x = \sum\limits_{n=1}^{\infty} (-1)^{n-1} \dfrac{1}{n^2} = \sum\limits_{n=1}^{\infty} \dfrac{1}{(2n-1)^2} - \sum\limits_{n=1}^{\infty} \dfrac{1}{(2n)^2}. \tag{1}$$

又 $\sum\limits_{n=1}^{\infty} \dfrac{1}{n^2} = \dfrac{\pi^2}{6}$ 且 $\sum\limits_{n=1}^{\infty} \dfrac{1}{n^2} = \sum\limits_{n=1}^{\infty} \dfrac{1}{(2n-1)^2} + \sum\limits_{n=1}^{\infty} \dfrac{1}{(2n)^2}$，故

$$\sum\limits_{n=1}^{\infty} \dfrac{1}{(2n-1)^2} = \dfrac{3}{4} \sum\limits_{n=1}^{\infty} \dfrac{1}{n^2} = \dfrac{3}{4} \cdot \dfrac{\pi^2}{6} = \dfrac{\pi^2}{8},$$

将上述结果代入 (1) 式得

$$\int_0^1 \dfrac{\ln(1+x)}{x} \mathrm{d}x = \dfrac{\pi^2}{8} - \dfrac{1}{4} \cdot \dfrac{\pi^2}{6} = \dfrac{\pi^2}{12}.$$

7. **解**：设和函数 $f(x) = \sum\limits_{n=0}^{\infty} a_n x^n$，则

$$f''(x) = \sum\limits_{n=2}^{\infty} n(n-1) a_n x^{n-2} = \sum\limits_{n=2}^{\infty} a_{n-2} x^{n-2} = \sum\limits_{n=0}^{\infty} a_n x^n = f(x).$$

由 $a_0 = 4$ 得到 $f(0) = 4$，由 $a_1 = 1$ 得到 $f'(0) = 1$，从而和函数满足的常微分方程初值问题如下：

$$\begin{cases} f''(x) - f(x) = 0, \\ f(0) = 4, \ f'(0) = 1. \end{cases}$$

求解上述问题得通解

$$f(x) = C_1 \mathrm{e}^x + C_2 \mathrm{e}^{-x}, \ \text{且} \ C_1 = \dfrac{5}{2}, \ C_2 = \dfrac{3}{2},$$

故和函数为 $f(x) = \dfrac{5}{2} \mathrm{e}^x + \dfrac{3}{2} \mathrm{e}^{-x}$，$x \in (-\infty, +\infty)$.

8. (1) **解**：记 $A_n(l)$，$B_n(l)$ 为 $f(x+l)$（l 为常数）的傅里叶系数，则

$$A_0(l) = \frac{1}{\pi}\int_{-\pi}^{\pi} f(x+l)\mathrm{d}x \stackrel{t=x+l}{=} \frac{1}{\pi}\int_{-\pi+l}^{\pi+l} f(t)\mathrm{d}t = \frac{1}{\pi}\int_{-\pi}^{\pi} f(t)\mathrm{d}t = a_0,$$

$$A_n(l) = \frac{1}{\pi}\int_{-\pi}^{\pi} f(x+l)\cos nx\,\mathrm{d}x \stackrel{t=x+l}{=} \frac{1}{\pi}\int_{-\pi+l}^{\pi+l} f(t)\cos n(t-l)\mathrm{d}t$$

$$= \frac{1}{\pi}\int_{-\pi}^{\pi} f(t)\cos n(t-l)\mathrm{d}t = \frac{1}{\pi}\int_{-\pi}^{\pi} f(t)(\cos nt\cos nl + \sin nt\sin nl)\mathrm{d}t$$

$$= \frac{1}{\pi}\int_{-\pi}^{\pi} f(t)\cos nt\cos nl\,\mathrm{d}t + \frac{1}{\pi}\int_{-\pi}^{\pi} f(t)\sin nt\sin nl\,\mathrm{d}t$$

$$= a_n\cos nl + b_n\sin nl,$$

$$B_n(l) = \frac{1}{\pi}\int_{-\pi}^{\pi} f(x+l)\sin nx\,\mathrm{d}x \stackrel{t=x+l}{=} \frac{1}{\pi}\int_{-\pi+l}^{\pi+l} f(t)\sin n(t-l)\mathrm{d}t$$

$$= \frac{1}{\pi}\int_{-\pi}^{\pi} f(t)\sin n(t-l)\mathrm{d}t = \frac{1}{\pi}\int_{-\pi}^{\pi} f(t)(\sin nt\cos nl - \cos nt\sin nl)\mathrm{d}t$$

$$= \frac{1}{\pi}\int_{-\pi}^{\pi} f(t)\sin nt\cos nl\,\mathrm{d}t - \frac{1}{\pi}\int_{-\pi}^{\pi} f(t)\cos nt\sin nl\,\mathrm{d}t$$

$$= b_n\cos nl - a_n\sin nl.$$

(2) **证明:** 设 $F(x) = \dfrac{1}{\pi}\int_{-\pi}^{\pi} f(t)f(x+t)\mathrm{d}t$，并记 C_n, D_n 为其傅里叶系数，则

$$C_0 = \frac{1}{\pi}\int_{-\pi}^{\pi} F(x)\mathrm{d}x = \frac{1}{\pi}\int_{-\pi}^{\pi}\left[\frac{1}{\pi}\int_{-\pi}^{\pi} f(t)f(x+t)\mathrm{d}t\right]\mathrm{d}x$$

$$= \frac{1}{\pi}\int_{-\pi}^{\pi}\left[\frac{1}{\pi}\int_{-\pi}^{\pi} f(t)f(x+t)\mathrm{d}x\right]\mathrm{d}t$$

$$= \frac{1}{\pi}\int_{-\pi}^{\pi} f(t)\left[\frac{1}{\pi}\int_{-\pi}^{\pi} f(x+t)\mathrm{d}x\right]\mathrm{d}t$$

$$= \frac{1}{\pi}\int_{-\pi}^{\pi} f(t)A_0(t)\mathrm{d}t = \frac{1}{\pi}\int_{-\pi}^{\pi} f(t)a_0\mathrm{d}t = a_0^2,$$

$$C_n = \frac{1}{\pi}\int_{-\pi}^{\pi} F(x)\cos nx\,\mathrm{d}x = \frac{1}{\pi}\int_{-\pi}^{\pi}\left[\frac{1}{\pi}\int_{-\pi}^{\pi} f(t)f(x+t)\cos nx\,\mathrm{d}t\right]\mathrm{d}x$$

$$= \frac{1}{\pi}\int_{-\pi}^{\pi} f(t)\left[\frac{1}{\pi}\int_{-\pi}^{\pi} f(x+t)\cos nx\,\mathrm{d}x\right]\mathrm{d}t = \frac{1}{\pi}\int_{-\pi}^{\pi} f(t)A_n(t)\mathrm{d}t$$

$$= \frac{1}{\pi}\int_{-\pi}^{\pi} f(t)(a_n\cos nt + b_n\sin nt)\mathrm{d}t$$

$$= a_n\frac{1}{\pi}\int_{-\pi}^{\pi} f(t)\cos nt\,\mathrm{d}t + b_n\frac{1}{\pi}\int_{-\pi}^{\pi} f(t)\sin nt\,\mathrm{d}t = a_n^2 + b_n^2,$$

$$D_n = \frac{1}{\pi}\int_{-\pi}^{\pi} F(x)\sin nx\,\mathrm{d}x = \frac{1}{\pi}\int_{-\pi}^{\pi}\left[\frac{1}{\pi}\int_{-\pi}^{\pi} f(t)f(x+t)\sin nx\,\mathrm{d}t\right]\mathrm{d}x$$

$$= \frac{1}{\pi}\int_{-\pi}^{\pi} f(t)\left[\frac{1}{\pi}\int_{-\pi}^{\pi} f(x+t)\sin nx\,\mathrm{d}x\right]\mathrm{d}t = \frac{1}{\pi}\int_{-\pi}^{\pi} f(t)B_n(t)\mathrm{d}t$$

$$= \frac{1}{\pi}\int_{-\pi}^{\pi} f(t)(b_n\cos nt - a_n\sin nt)\mathrm{d}t$$

$$= b_n\frac{1}{\pi}\int_{-\pi}^{\pi} f(t)\cos nt\,\mathrm{d}t - a_n\frac{1}{\pi}\int_{-\pi}^{\pi} f(t)\sin nt\,\mathrm{d}t = a_n b_n - a_n b_n = 0.$$

由于 $F(x)$ 满足傅里叶级数收敛的条件,因此可将 $F(x)$ 展开为如下的傅里叶级数:

$$F(x) = \frac{C_0}{2} + \sum_{n=1}^{\infty} (C_n \cos nx + D_n \sin nx) = \frac{a_0^2}{2} + \sum_{n=1}^{\infty} (a_n^2 + b_n^2) \cos nx, \quad -\infty < x < +\infty.$$

当 $x = 0$ 时,$F(0) = \frac{a_0^2}{2} + \sum_{n=1}^{\infty} (a_n^2 + b_n^2)$,于是 $\frac{1}{\pi} \int_{-\pi}^{\pi} f^2(t) dt = \frac{a_0^2}{2} + \sum_{n=1}^{\infty} (a_n^2 + b_n^2)$.

9. 解: 运用比值审敛法,得

$$\rho = \lim_{n \to \infty} \frac{u_{n+1}}{u_n} = \lim_{n \to \infty} \frac{a^{\frac{(n+1)(n+2)}{2}}}{a^{\frac{n(n+1)}{2}}(1 + a^{n+1})} = \lim_{n \to \infty} \frac{a^{n+1}}{1 + a^{n+1}} = \begin{cases} 0, & 0 < a < 1, \\ \dfrac{1}{2}, & a = 1, \\ 1, & a > 1, \end{cases}$$

所以当 $0 < a \leqslant 1$ 时,级数收敛.

当 $a > 1$ 时,比值审敛法失效,令 $x_n = \dfrac{a^n}{1 + a^n}$,则

$$u_n = \frac{a^{1+2+3+\cdots+n}}{(1+a)(1+a^2)\cdots(1+a^n)} = \frac{a}{1+a} \cdot \frac{a^2}{1+a^2} \cdot \cdots \cdot \frac{a^n}{1+a^n} = x_1 x_2 \cdots x_n.$$

因 $a > 1$,$\lim\limits_{n \to \infty} \dfrac{a^n}{n} = \infty$,故存在正整数 N,当 $n > N$ 时,有 $a^n > n$,从而 $x_n = \dfrac{a^n}{1 + a^n} > \dfrac{n}{1+n}$,于是存在 $M > 0$,当 $n > N$ 时,有 $u_n = x_1 x_2 \cdots x_n > \dfrac{M}{n+1}$,即当 $a > 1$ 时,原级数发散.

10. 解: 考虑级数 $\sum\limits_{n=1}^{\infty} \dfrac{x^n}{n(n+1)}$,易得其收敛域为 $[-1, 1]$. 设

$$s(x) = \sum_{n=1}^{\infty} \frac{x^n}{n(n+1)} = \sum_{n=1}^{\infty} \frac{x^n}{n} - \sum_{n=1}^{\infty} \frac{x^n}{n+1}, \quad x \in [-1, 1].$$

令 $s_1(x) = \sum\limits_{n=1}^{\infty} \dfrac{x^n}{n}$,则

$$s_1'(x) = \left(\sum_{n=1}^{\infty} \frac{x^n}{n}\right)' = \sum_{n=1}^{\infty} x^{n-1} = \frac{1}{1-x} \quad (-1 < x < 1),$$

故 $\int_0^x s_1'(x) dx = \int_0^x \dfrac{1}{1-x} dx$,由于 $s_1(0) = 0$,因此 $s_1(x) = -\ln(1-x)$.

令 $s_2(x) = \sum\limits_{n=1}^{\infty} \dfrac{x^n}{n+1}$,得

$$[x s_2(x)]' = \left(\sum_{n=1}^{\infty} \frac{x^{n+1}}{n+1}\right)' = \sum_{n=1}^{\infty} x^n = \frac{x}{1-x} \quad (-1 < x < 1),$$

从而 $\int_0^x [x s_2(x)]' dx = \int_0^x \dfrac{x}{1-x} dx$,所以 $x s_2(x) = -x - \ln(1-x)$,即当 $x \neq 0$ 时,$s_2(x) = \dfrac{-x - \ln(1-x)}{x}$. 又 $s_2(0) = 0$,故

$$\sum_{n=1}^{\infty}\frac{x^{n}}{n(n+1)}=\begin{cases}s_1(x)-s_2(x)=1+\dfrac{(1-x)\ln(1-x)}{x}, & x\in[-1,0)\bigcup(0,1),\\[3mm] s(1)=\displaystyle\sum_{n=1}^{\infty}\dfrac{1}{n(n+1)}=1, & x=1,\\[3mm] 0, & x=0.\end{cases}$$

于是 $\displaystyle\sum_{n=1}^{\infty}\frac{(-1)^{n}}{n(n+1)2^{n}}=s\left(-\frac{1}{2}\right)=1-3\ln\frac{3}{2}.$

11. **解**：由 $\displaystyle\lim_{n\to\infty}\left|\frac{u_{n+1}(x)}{u_n(x)}\right|=\lim_{n\to\infty}\left|\dfrac{\dfrac{4(n+1)^2+4(n+1)+3}{2(n+1)+1}x^{2(n+1)}}{\dfrac{4n^2+4n+3}{2n+1}x^{2n}}\right|=x^2<1$，得 $|x|<1$，

故该幂级数的收敛区间是 $(-1,1)$. 又当 $x=\pm1$ 时，

$$u_n(x)=\frac{4n^2+4n+3}{2n+1}\to\infty\quad(n\to\infty),$$

所以级数 $\displaystyle\sum_{n=0}^{\infty}\frac{4n^2+4n+3}{2n+1}$ 发散，从而幂级数的收敛域为 $(-1,1)$.

设幂级数的和函数为 $s(x)$，则

$$s(x)=\sum_{n=0}^{\infty}\frac{4n^2+4n+3}{2n+1}x^{2n}=\sum_{n=0}^{\infty}\frac{2n(2n+1)+(2n+1)+2}{2n+1}x^{2n}$$

$$=\sum_{n=1}^{\infty}(2n+1)x^{2n}+2\sum_{n=0}^{\infty}\frac{x^{2n}}{2n+1}.$$

由于

$$\sum_{n=1}^{\infty}(2n+1)x^{2n}=\sum_{n=0}^{\infty}(x^{2n+1})'=\left(\sum_{n=0}^{\infty}x^{2n+1}\right)'$$

$$=\left(\frac{x}{1-x^2}\right)'=\frac{1+x^2}{(1-x^2)^2}\quad(-1<x<1),$$

$$2\sum_{n=0}^{\infty}\frac{x^{2n}}{2n+1}=\frac{2}{x}\sum_{n=0}^{\infty}\frac{x^{2n+1}}{2n+1}=\frac{2}{x}\sum_{n=0}^{\infty}\int_0^x x^{2n}\,\mathrm{d}x$$

$$=\frac{2}{x}\int_0^x\left(\sum_{n=0}^{\infty}x^{2n}\right)\mathrm{d}x=\frac{2}{x}\int_0^x\frac{1}{1-x^2}\mathrm{d}x$$

$$=\frac{1}{x}\ln\frac{1+x}{1-x}\quad(0<|x|<1),$$

因此当 $-1<x<0$ 或 $0<x<1$ 时，

$$s(x)=\frac{1+x^2}{(1-x^2)^2}+\frac{1}{x}\ln\frac{1+x}{1-x}.$$

又 $s(0)=3$，于是

$$s(x)=\begin{cases}\dfrac{1+x^2}{(1-x^2)^2}+\dfrac{1}{x}\ln\dfrac{1+x}{1-x}, & 0<|x|<1,\\[3mm] 3, & x=0.\end{cases}$$

四、讨论与证明题

1. **解**：由正项数列 $\{a_n\}$ 单调减少知其有界，从而 $\lim\limits_{n\to\infty} a_n$ 存在且有限，不妨设 $\lim\limits_{n\to\infty} a_n = a$.

由于级数 $\sum\limits_{n=1}^{\infty} (-1)^n a_n$ 发散，因此由莱布尼茨定理得 $\lim\limits_{n\to\infty} a_n \neq 0$，于是 $\lim\limits_{n\to\infty} a_n = a > 0$.

对于级数 $\sum\limits_{n=1}^{\infty} \left(\dfrac{1}{a_n + 1} \right)^n$，由根值审敛法知 $\lim\limits_{n\to\infty} \sqrt[n]{u_n} = \lim\limits_{n\to\infty} \dfrac{1}{a_n + 1} = \dfrac{1}{1 + a} < 1$，则 $\sum\limits_{n=1}^{\infty} \left(\dfrac{1}{a_n + 1} \right)^n$ 收敛.

2. **解**：令 $z = x + 1$，那么由原级数得到 $\sum\limits_{n=1}^{\infty} a_n z^n$，由题设条件知该级数在 $z = 4$ 处条件收敛，从而原级数 $\sum\limits_{n=1}^{\infty} a_n (x+1)^n$ 的收敛半径等于 4.

3. **证明**：由 $\dfrac{u_{n+1}}{u_n} \leqslant \dfrac{v_{n+1}}{v_n}$ 可知

$$\frac{u_2}{u_1} \leqslant \frac{v_2}{v_1},\ \frac{u_3}{u_2} \leqslant \frac{v_3}{v_2},\ \frac{u_4}{u_3} \leqslant \frac{v_4}{v_3},\ \cdots,\ \frac{u_n}{u_{n-1}} \leqslant \frac{v_n}{v_{n-1}},$$

将上述不等式两边分别相乘得 $\dfrac{u_n}{u_1} \leqslant \dfrac{v_n}{v_1}$，即 $u_n \leqslant \dfrac{u_1}{v_1} v_n$，根据比较审敛法，由 $\sum\limits_{n=1}^{\infty} v_n$ 收敛可推知 $\sum\limits_{n=1}^{\infty} u_n$ 也收敛.

4. **证明**：记级数 $a_1 - b_1 + a_2 - b_2 + \cdots + u_n + \cdots$ 的部分和为 s_n，$\sum\limits_{n=1}^{\infty} a_n = a$，$\sum\limits_{n=1}^{\infty} b_n = b$，则

$$\lim_{n\to\infty} s_{2n} = \lim_{n\to\infty} (a_1 - b_1 + a_2 - b_2 + \cdots + a_n - b_n) = a - b,$$

且

$$\lim_{n\to\infty} s_{2n+1} = \lim_{n\to\infty} (s_{2n} + u_{2n+1}) = \lim_{n\to\infty} s_{2n} + \lim_{n\to\infty} u_{2n+1} = a - b,$$

所以部分和数列 $\{s_n\}$ 收敛，且收敛于 $a - b$，从而原级数也收敛.

5. **证明**：因为 $\sum\limits_{k=1}^{\infty} a_k x^{k+1}$ 在 $[0, 1]$ 上收敛，所以 $\sum\limits_{k=1}^{\infty} a_k$ 收敛，即 $\lim\limits_{k\to\infty} a_k = 0$，从而 $\exists M > 0$，使得对任意的 k，有 $|a_k| < M$，于是

$$\left| f\left(\frac{1}{n} \right) \right| = \left| \sum_{k=1}^{\infty} a_k \left(\frac{1}{n} \right)^{k+1} \right| \leqslant \sum_{k=1}^{\infty} |a_k| \left(\frac{1}{n} \right)^{k+1} \leqslant M \sum_{k=1}^{\infty} \left(\frac{1}{n} \right)^{k+1} < \frac{M}{n(n-1)}.$$

由 $\sum\limits_{n=1}^{\infty} \dfrac{1}{n(n-1)}$ 收敛及比较审敛法知 $\sum\limits_{n=1}^{\infty} \left| f\left(\dfrac{1}{n} \right) \right|$ 收敛，进而知 $\sum\limits_{n=1}^{\infty} f\left(\dfrac{1}{n} \right)$ 收敛.

6. **证明**：因为 $\lim\limits_{n\to\infty} \dfrac{\ln \dfrac{1}{u_n}}{\ln n} = q$，所以由极限定义知

$$\forall \varepsilon > 0,\ \exists\ 正整数\ N,\ 当\ n > N\ 时，有\ q - \varepsilon < \frac{\ln \dfrac{1}{u_n}}{\ln n} < q + \varepsilon.$$

当 $q > 1$ 时,取 $\varepsilon_1 = \dfrac{1}{2}(q-1)$,则 $\exists$ 正整数 N_1,当 $n > N_1$ 时,有

$$(q - \varepsilon_1)\ln n < \ln \frac{1}{u_n}, \quad \text{即 } u_n < \frac{1}{n^{q-\varepsilon_1}}, \quad \text{其中 } q - \varepsilon_1 = \frac{q+1}{2} > 1,$$

由 $\displaystyle\sum_{n=1}^{\infty} \dfrac{1}{n^{q-\varepsilon_1}}$ 收敛知原级数收敛;

当 $q < 1$ 时,取 $\varepsilon_2 = \dfrac{1}{2}(1-q)$,则 $\exists$ 正整数 N_2,当 $n > N_2$ 时,有

$$\ln \frac{1}{u_n} < (q + \varepsilon_2)\ln n, \quad \text{即 } u_n > \frac{1}{n^{q+\varepsilon_2}}, \quad \text{其中 } q + \varepsilon_2 = \frac{q+1}{2} < 1,$$

由 $\displaystyle\sum_{n=1}^{\infty} \dfrac{1}{n^{q+\varepsilon_2}}$ 发散知原级数发散.

7. **证明:** 该幂级数的收敛半径 $R = \infty$,在收敛域 $(-\infty, +\infty)$ 内,对幂级数逐项求导,

得 $y'(x) = \displaystyle\sum_{n=0}^{\infty} \dfrac{x^{2n}}{(2n)!}$,于是

$$y'(x) + y(x) = \sum_{n=0}^{\infty} \frac{x^{2n+1}}{(2n+1)!} + \sum_{n=0}^{\infty} \frac{x^{2n}}{(2n)!} = \sum_{n=0}^{\infty} \frac{x^n}{n!} = e^x.$$

即和函数 $y(x)$ 满足微分方程 $y'(x) + y(x) = e^x$.

解上述微分方程得通解

$$y(x) = e^{-\int_0^x dx}\left(C + \int_0^x e^x e^{\int_0^x dx}\, dx\right) = e^{-x}\left(C + \int_0^x e^{2x}\, dx\right) = e^{-x}\left(C + \frac{1}{2}e^{2x}\right).$$

易得 $x = 0$ 时 $y = 0$,代入得 $C = -\dfrac{1}{2}$,所以原幂级数的和函数为 $y(x) = \dfrac{1}{2}(e^x - e^{-x})$,$x \in (-\infty, +\infty)$.

8. **证明:** 因为 $\lim\limits_{x \to 0} \dfrac{f(x)}{x} = 0$,所以

$$f(0) = \lim_{x \to 0} f(x) = 0, \quad f'(0) = \lim_{x \to 0} \frac{f(x) - f(0)}{x - 0} = 0,$$

从而由泰勒中值定理可得

$$f(x) = f(0) + f'(0)x + \frac{1}{2}f''(\xi)x^2 = \frac{1}{2}f''(\xi)x^2.$$

又 $f''(x)$ 在 $x = 0$ 的某邻域内连续,故 $\exists M > 0$,在某一小邻域内有 $|f''(x)| \leqslant M$. 取 $x = \dfrac{1}{n}$,则 $\exists \xi \in \left(0, \dfrac{1}{n}\right)$,使得当 n 充分大时,$\left| f\left(\dfrac{1}{n}\right) \right| = \dfrac{1}{2}|f''(\xi)| \dfrac{1}{n^2} \leqslant \dfrac{M}{2} \cdot \dfrac{1}{n^2}$ 成立,进而由比较审敛法知 $\displaystyle\sum_{n=1}^{\infty} f\left(\dfrac{1}{n}\right)$ 绝对收敛.

9. **证明:** 考虑级数 $\displaystyle\sum_{n=1}^{\infty} \dfrac{n^n}{k^3(n!)^3}$,则该级数的一般项为 $u_n = \dfrac{n^n}{k^3(n!)^3}$,从而

$$\rho = \lim_{n \to \infty} \frac{u_{n+1}}{u_n} = \lim_{n \to \infty} \frac{k^3(n!)^3}{n^n} \cdot \frac{(n+1)^{n+1}}{k^3[(n+1)!]^3} = \lim_{n \to \infty} \frac{(n+1)^{n+1}}{n^n(n+1)^3}$$

$$=\lim_{n\to\infty}\frac{1}{(n+1)^2}\left(1+\frac{1}{n}\right)^n=\lim_{n\to\infty}\frac{1}{(n+1)^2}\lim_{n\to\infty}\left(1+\frac{1}{n}\right)^n=0<1,$$

所以由比值审敛法知该级数收敛，于是该级数的一般项的极限必须为零，即证得

$$\lim_{n\to\infty}\frac{n^n}{k^3(n!)^3}=0.$$

12.5　本章自测题

一、选择题(每小题 3 分，共 15 分)

1. 若常数项级数 $\sum\limits_{n=1}^{\infty}u_n$ 发散，则(　　).

A. 可能有 $\lim\limits_{n\to\infty}u_n=0$　　　　　　B. 一定有 $\lim\limits_{n\to\infty}u_n\neq 0$

C. 一定有 $\lim\limits_{n\to\infty}u_n=\infty$　　　　　　D. 一定有 $\lim\limits_{n\to\infty}u_n=0$

2. 下列级数发散的是(　　).

A. $\sum\limits_{n=1}^{\infty}\dfrac{n}{8^n}$　　　　　　　　　　B. $\sum\limits_{n=1}^{\infty}\dfrac{1}{\sqrt{n}}\ln\left(1+\dfrac{1}{n}\right)$

C. $\sum\limits_{n=1}^{\infty}\dfrac{(-1)^n+1}{\ln n}$　　　　　　D. $\sum\limits_{n=1}^{\infty}\dfrac{n!}{n^n}$

3. 设常数 $\alpha>0$，正项级数 $\sum\limits_{n=1}^{\infty}a_n$ 收敛，则级数 $\sum\limits_{n=1}^{\infty}(-1)^n\dfrac{\sqrt{a_{n+2}}}{\sqrt{n^2+1}+\cos\alpha}$(　　).

A. 发散　　　　　　　　　　B. 条件收敛

C. 绝对收敛　　　　　　　　D. 敛散性与 α 有关

4. 幂级数 $\sum\limits_{n=1}^{\infty}(-1)^n\dfrac{x^{2n}}{3^n}$ 的收敛区间是(　　).

A. $(-\sqrt{3},\sqrt{3})$　　　　　　B. $(-3,3)$

C. $[-\sqrt{3},\sqrt{3}]$　　　　　　D. $[-3,3]$

5. 若级数 $\sum\limits_{n=1}^{\infty}a_n$ 条件收敛，则 $x=\sqrt{3}$ 与 $x=3$ 依次为幂级数 $\sum\limits_{n=1}^{\infty}na_n(x-1)^n$ 的
(　　).

A. 收敛点、收敛点　　　　　　B. 收敛点、发散点

C. 发散点、收敛点　　　　　　D. 发散点、发散点

二、填空题(每小题 3 分，共 15 分)

1. 设级数 $\sum\limits_{n=1}^{\infty}u_n$ 收敛于 2，则级数 $\sum\limits_{n=1}^{\infty}\left(3u_n-\dfrac{5}{2^n}\right)$ 的和为＿＿＿＿＿＿.

2. 设幂级数 $\sum\limits_{n=0}^{\infty}a_n(x+2)^n$ 在 $x=0$ 处收敛，在 $x=-4$ 处发散，则该幂级数的收敛域
为＿＿＿＿＿＿.

3. 级数 $\sum\limits_{n=1}^{\infty} \dfrac{(-1)^{n-1}}{n}$ 的和是_____.

4. 设 $f(x) = x^3$, $x \in [0, 1]$, 而 $s(x) = \dfrac{a_0}{2} + \sum\limits_{n=1}^{\infty} a_n \cos n\pi x$, $x \in (-\infty, +\infty)$, 其中 $a_n = 2\int_0^1 f(x) \cos n\pi x \, \mathrm{d}x$, $n = 0, 1, 2, 3, \cdots$, 则 $s\left(-\dfrac{1}{3}\right) + s(-1) = $_____.

5. 设 $x^2 = \dfrac{a_0}{2} + \sum\limits_{n=1}^{\infty} a_n \cos nx$, $x \in [-\pi, \pi]$, 则 $a_2 = $_____.

三、计算题(每小题 10 分, 共 50 分)

1. 判定级数 $\sum\limits_{n=1}^{\infty} \left(\dfrac{1}{n^2} + \dfrac{n! \, \sqrt{n}}{3^n}\right)$ 的敛散性.

2. 判断级数 $\sum\limits_{n=1}^{\infty} \dfrac{(-1)^n}{n - \ln n}$ 是否收敛. 如果收敛, 是绝对收敛还是条件收敛?

3. 求幂级数 $\sum\limits_{n=1}^{\infty} \dfrac{(-1)^{n-1}}{2n-1} x^{2n}$ 的收敛半径、收敛域及和函数, 并求 $\sum\limits_{n=1}^{\infty} \dfrac{(-1)^{n-1}}{(2n-1)3^n}$.

4. 将函数 $f(x) = \ln(3x - x^2)$ 展开成 $(x-1)$ 的幂级数.

5. 将函数 $f(x) = \dfrac{\pi - x}{2} (0 \leqslant x \leqslant \pi)$ 展开成余弦级数.

四、证明题(每小题 10 分, 共 20 分)

1. 设数列 $\{a_n\}$, $\{b_n\}$ 满足 $0 < a_n < \dfrac{\pi}{2}$, $0 < b_n < \dfrac{\pi}{2}$, $\cos a_n - a_n = \cos b_n$, 并且级数 $\sum\limits_{n=1}^{\infty} b_n$ 收敛, 证明:

(1) $\lim\limits_{n \to \infty} a_n = 0$;

(2) 级数 $\sum\limits_{n=1}^{\infty} \dfrac{a_n}{b_n}$ 收敛.

2. 用级数理论证明: 当 $n \to \infty$ 时, $\dfrac{1}{n^n} = o\left(\dfrac{1}{n!}\right)$.

附录 1 高等数学(下册)期末模拟试卷 A 卷

一、填空题(本题共 4 小题,每小题 3 分,共 12 分)

1. 平面 $\Pi_1: x-y+2z-6=0$ 和平面 $\Pi_2: 2x+y+z-5=0$ 的夹角为 _____.

2. 设 L 是从点 $A\left(1, \dfrac{1}{2}\right)$ 沿曲线 $2y=x^2$ 到点 $B(2, 2)$ 的弧段,则 $\displaystyle\int_L \dfrac{2x}{y}\mathrm{d}x - \dfrac{x^2}{y^2}\mathrm{d}y =$

_____.

3. 设 $D=\{(x, y)\,|\,x^2+y^2 \leqslant 2x\}$,则 $\displaystyle\iint_D (1+2y)\mathrm{d}x\,\mathrm{d}y =$ _____.

4. 若级数 $\displaystyle\sum_{n=1}^{\infty} b_n \sin nx$ 在 $(0, \pi)$ 内的和函数为 $s(x)=1+x$,则此级数在 $x=3\pi$ 处收敛

于 _____.

二、选择题(本题共 8 小题,每小题 3 分,共 24 分)

1. 设 L 是从点 $A(1, 0)$ 到点 $B(-1, 2)$ 的直线段,则 $\displaystyle\int_L (x+y)\mathrm{d}s =$( ).

A. $\sqrt{2}$ 　　　　　B. $2\sqrt{2}$ 　　　　　C. 2 　　　　　D. 0

2. 函数 $f(x)=x^2\mathrm{e}^{x^2}$ 在 $(-\infty, +\infty)$ 内展开为 x 的幂级数为( ).

A. $\displaystyle\sum_{n=0}^{\infty} \dfrac{x^{2n}}{n!}$ 　　B. $\displaystyle\sum_{n=0}^{\infty} \dfrac{x^{n+2}}{n!}$ 　　C. $\displaystyle\sum_{n=0}^{\infty} \dfrac{x^{2(n+1)}}{n!}$ 　　D. $\displaystyle\sum_{n=1}^{\infty} \dfrac{(-1)^n x^{2n-1}}{(2n-1)!}$

3. 函数 $z=z(x, y)$ 由方程 $F(xy, z)=x$ 所确定,其中 $F(u, v)$ 具有连续的一阶偏导数,则 z_x+z_y 等于( ).

A. $\dfrac{1-yF_1-xF_1}{F_2}$ 　　B. $\dfrac{1-yF_x-xF_y}{F_2}$ 　　C. 0 　　　　D. 1

4. 设 L 是圆域 $D=\{(x, y)\,|\,x^2+y^2 \leqslant -2x\}$ 的正向周界,则 $\displaystyle\oint_L (x^3-y)\mathrm{d}x + (x-y^3)\mathrm{d}y =$( ).

A. -2π 　　　　B. 0 　　　　C. $\dfrac{3}{2}\pi$ 　　　　D. 2π

5. 设 Σ 为柱面 $x^2+y^2=1$ 及平面 $z=0$ 与 $z=1$ 所围立体的外侧,则 $\displaystyle\oiint_\Sigma z\mathrm{d}x\,\mathrm{d}y =$( ).

A. 3π 　　　　B. π 　　　　C. -2π 　　　　D. 2π

6. 若幂级数 $\displaystyle\sum_{n=1}^{\infty} a_n(x+1)^n$ 在 $x=1$ 处发散,则该级数在 $x=-4$ 处( ).

A. 绝对收敛 　　B. 条件收敛 　　C. 发散 　　　D. 敛散性无法判定

7. 下列级数中收敛的是( ).

A. $\displaystyle\sum_{n=1}^{+\infty}\frac{n+1}{n(n+2)}$　　　　　　　　　　　　　B. $\displaystyle\sum_{n=1}^{+\infty}\frac{3^{n}}{n\,2^{n}}$

C. $\displaystyle\sum_{n=1}^{+\infty}\frac{1}{n\sqrt[n]{n}}$　　　　　　　　　　　　　D. $\displaystyle\sum_{n=1}^{\infty}\frac{\sin na}{n^{2}}$，其中 $0<a<1$

8. 设 $f(x,y)$ 是连续函数，则 $\displaystyle\int_{1}^{2}\mathrm{d}x\int_{2-x}^{\sqrt{2x-x^{2}}}f(x,y)\mathrm{d}y$ 的积分次序交换后为(　　).

A. $\displaystyle\int_{0}^{1}\mathrm{d}y\int_{2-y}^{y^{2}}f(x,y)\mathrm{d}x$　　　　　　　　B. $\displaystyle\int_{0}^{1}\mathrm{d}y\int_{2-y}^{1+\sqrt{1-y^{2}}}f(x,y)\mathrm{d}x$

C. $\displaystyle\int_{0}^{1}\mathrm{d}y\int_{0}^{\sqrt{1-y^{2}}}f(x,y)\mathrm{d}x$　　　　　　D. $\displaystyle\int_{0}^{1}\mathrm{d}y\int_{y}^{2-y}f(x,y)\mathrm{d}x$

三、计算题(本题共 6 小题，每小题 6 分，共 36 分)

1. 设 $f(x,y)=x\ln(x+\ln y)$，求 $\dfrac{\partial f}{\partial x}$ 和 $\dfrac{\partial f}{\partial y}$.

2. 判定级数 $\displaystyle\sum_{n=1}^{\infty}\frac{\sin(n^{2})}{n\sqrt{n}}$ 的敛散性，并给出理由(若收敛，要说明是条件收敛还是绝对收敛).

3. 计算 $\displaystyle\iint_{D}xy\mathrm{d}x\mathrm{d}y$，其中 D 是由曲线 $y^{2}=x$ 及直线 $y=x-2$ 所围成的闭区域.

4. 立体 Ω 由曲面 $x^{2}+y^{2}=4z$ 和平面 $z=4$ 所围成，求其表面积.

5. 求 $\displaystyle\int_{0}^{1}\mathrm{d}y\int_{0}^{\sqrt{1-y^{2}}}\mathrm{e}^{x^{2}+y^{2}}\mathrm{d}x$.

6. 求级数 $\displaystyle\sum_{n=1}^{\infty}(2n+1)x^{n}$ 的收敛域及和函数.

四、应用题(本题共 15 分)

1. (5 分) 求曲线 $x=t$，$y=-t^{2}$，$z=3t-1$ 上一点处与平面 $x+2y+z=4$ 平行的切线方程.

2. (10 分) 设曲面 Σ：$\dfrac{x^{2}}{2}+y^{2}+\dfrac{z^{2}}{4}=1$ 和平面 Π：$2x+2y+z+5=0$.

(1) 试求曲面 Σ 上平行于平面 Π 的切平面方程；

(2) 试求曲面 Σ 和平面 Π 之间的最短距离.

五、综合题(本题 8 分)

计算曲面积分 $\displaystyle\iint_{\Sigma}3xz^{2}\mathrm{d}y\mathrm{d}z+y(z^{2}+1)\mathrm{d}z\mathrm{d}x+(9-z^{3})\mathrm{d}x\mathrm{d}y$，其中 Σ 为旋转抛物面 $z=x^{2}+y^{2}+1(1\leqslant z\leqslant 2)$，取下侧.

六、证明题(本题 5 分)

设正项级数 $\displaystyle\sum_{n=1}^{\infty}u_{n}$ 和 $\displaystyle\sum_{n=1}^{\infty}v_{n}$ 满足 $\dfrac{u_{n+1}}{u_{n}}\leqslant\dfrac{v_{n+1}}{v_{n}}$，证明：当级数 $\displaystyle\sum_{n=1}^{\infty}v_{n}$ 收敛时，$\displaystyle\sum_{n=1}^{\infty}u_{n}$ 也收敛.

附录 2　高等数学(下册)期末模拟试卷 B 卷

一、填空题(本题共 6 小题，每小题 3 分，共 18 分)

1. 已知空间坐标系中的两点 $M_1(-1, 3, 0)$ 和 $M_2(0, 1, 2)$，那么与向量 $\overrightarrow{M_1 M_2}$ 同方向的单位向量为 _____．

2. $\lim\limits_{(x, y)\to(0, 0)} \dfrac{\sqrt{4+xy}-2}{xy} =$ _____．

3. 设 $D = \{(x, y) \mid x^2 + y^2 \leqslant 1\}$，比较两个二重积分：

$$I_1 = \iint\limits_{D} \cos(x^2 + y^2)\mathrm{d}\sigma, \qquad I_2 = \iint\limits_{D} \cos(x^2 + y^2)^3 \mathrm{d}\sigma,$$

可得 I_1 _____ I_2(填"$\geqslant$"、"$=$"或"$\leqslant$")．

4. 设 $I = \displaystyle\int_0^2 \mathrm{d}x \int_x^{\sqrt{2x}} f(x, y)\mathrm{d}y$，交换积分次序后 $I =$ _____．

5. 平面上单位圆周 $L: x^2 + y^2 = 1$ 上的曲线积分 $\displaystyle\oint_L (x^2 + y^2 + 3)\mathrm{d}s =$ _____．

6. 级数 $\displaystyle\sum_{n=1}^{\infty} \dfrac{2^n + 1}{3^n}$ 的和是 _____．

二、选择题(本题共 6 小题，每小题 3 分，共 18 分)

1. 设 $f(x, y, z) = x^2 + 2y^2 + 3z^2 - 4x - 5y - 6z$，那么梯度 $\mathbf{grad} f(1, 1, 1) = ($ 　　$)$．

A. $\boldsymbol{i} + 2\boldsymbol{j} + 3\boldsymbol{k}$ 　　　　B. $2\boldsymbol{i} + \boldsymbol{j}$ 　　　　C. $-2\boldsymbol{i} - \boldsymbol{j} + \boldsymbol{k}$ 　　　　D. $-2\boldsymbol{i} - \boldsymbol{j}$

2. 使 $\dfrac{\partial^2 z}{\partial x \partial y} = 2x - y$ 成立的函数是($\quad$)．

A. $z = x^2 y - \dfrac{1}{2}xy^2 + \mathrm{e}^{x+y}$ 　　　　　　B. $z = x^2 y - \dfrac{1}{2}xy^2 + \mathrm{e}^x$

C. $z = x^2 y - \dfrac{1}{2}xy^2 + \cos(x+y)$ 　　　　D. $z = x^2 y - \dfrac{1}{2}xy^2 + \mathrm{e}^{xy} + 3$

3. 幂级数 $\displaystyle\sum_{n=1}^{\infty} \dfrac{x^n}{2^n n^2}$ 的收敛域为($\quad$)．

A. $[-2, 2)$ 　　　　B. $(-2, 2)$ 　　　　C. $(-2, 2]$ 　　　　D. $[-2, 2]$

4. 已知直线 $L: \dfrac{x-1}{2} = \dfrac{y}{0} = \dfrac{z-2}{1}$，平面 $\Pi: -x + y + 2z - 6 = 0$，则 L 与 Π 之间的夹角为($\quad$)．

A. $\dfrac{\pi}{4}$ 　　　　　　B. $\dfrac{\pi}{6}$ 　　　　　　C. 0 　　　　　　D. $\dfrac{\pi}{2}$

5. 设 L 为取正向的圆周 $x^2 + y^2 = a^2$，那么 $\displaystyle\oint_L (y^2 \mathrm{e}^x - y)\mathrm{d}x + (2y\mathrm{e}^x + x)\mathrm{d}y = ($ 　　$)$．

A. π B. πa^2 C. 0 D. $2\pi a^2$

6. 周期为 2π 的函数 $f(x)=x$, $x\in[-\pi,\pi)$ 的傅里叶展开式中, 系数(　　).

A. $a_n=\dfrac{2}{\pi}\displaystyle\int_0^\pi x\sin nx\,\mathrm{d}x$ B. $a_n=0$ $(n=0,1,2,\cdots)$

C. $b_n=\dfrac{2}{\pi}\displaystyle\int_0^\pi x\cos nx\,\mathrm{d}x$ D. $b_n=0$ $(n=1,2,\cdots)$

三、简单计算题(本题共 4 小题, 每小题 6 分, 共 24 分)

1. 已知 $z=u\ln v$, 而 $u=\dfrac{x}{y}$, $v=x-2y$, 求 $\dfrac{\partial z}{\partial x}$ 和 $\dfrac{\partial z}{\partial y}$.

2. 求经过原点及点 $(6,-3,2)$ 且与平面 $4x-y+2z=8$ 垂直的平面方程.

3. 已知函数 $z(x,y)$ 满足 $z^3+\mathrm{e}^z-\sin(xy)=2017$, 求全微分 $\mathrm{d}z$.

4. 判断级数 $\displaystyle\sum_{n=1}^{\infty}(-1)^{n-1}\ln\left(1+\dfrac{1}{n}\right)$ 的敛散性. 如果收敛, 请判断是条件收敛还是绝对收敛, 并说明理由.

四、综合计算题(本题共 4 小题, 每小题 7 分, 共 28 分)

1. 将函数 $f(x)=\dfrac{x}{x^2-5x+6}$ 展开成 x 的幂级数, 并指出其收敛区间.

2. 计算二重积分 $\displaystyle\iint_D(x^2+y^2)\mathrm{d}x\mathrm{d}y$, 其中 D 是由圆 $x^2+y^2=4$ 及两直线 $y=\dfrac{\sqrt{3}}{3}x$, $x=0$ 在第一象限所围成的平面区域.

3. 计算 $\displaystyle\int_L(x^2-y)\mathrm{d}x-(x+y)\mathrm{d}y$, 其中 L 是圆周 $y=\sqrt{2x-x^2}$ 上从点 $O(0,0)$ 到点 $A(1,1)$ 的一段弧.

4. 计算 $\displaystyle\iint_\Sigma x\mathrm{d}y\mathrm{d}z+y\mathrm{d}z\mathrm{d}x+z\mathrm{d}x\mathrm{d}y$, 其中 Σ 是锥面 $x^2+y^2=2z^2$ 被平面 $z=\sqrt{2}$ 所截得部分的表面, 取下侧.

五、应用题(本题 8 分)

某产品在不同地段的甲、乙两摊位出售, 分别定价为 x 元和 y 元, 销量分别为 m 件和 n 件, 且满足 $m=40-2x$, $n=30-y$, 已知销售总量为 $m+n=50$, 总成本为 270 元, 试问: 怎样定价可以使得在销售总量维持不变的情况下获得利润最大? 最大利润为多少?

六、证明题(本题 4 分)

求证: 曲面 $xyz=1$ 上任意一点 (x_0,y_0,z_0) 处的切平面与三坐标面围成的立体的体积 V 为一定值.

附录3　参考答案

第8章自测题

一、选择题

1. D. **解析：** 因为 $a \cdot [(a \cdot c)b - (a \cdot b)c] = 0$，$a \cdot \left(b - \dfrac{a \cdot b}{a^2}a\right) = 0$，$a \cdot (a \times b) = 0$，$a \cdot [a + (a \times b) \times a] = |a|^2 \neq 0$，所以选 D.

2. B. **解析：** 向量 $a = (6, -1, 2)$ 在向量 $b = (7, -4, 4)$ 上的投影为
$$\text{Prj}_b a = |a| \cos(\widehat{a, b}) = \frac{a \cdot b}{|b|} = 6.$$

3. C. **解析：** 将两个方程联立，消去变量 z，同时联合 $z = 0$，即可得到曲线在 xOy 面上的投影方程.

4. A. **解析：** 曲线绕 x 轴旋转所形成的曲面方程为 $x^2 - (y^2 + z^2) = 4$，即 $x^2 - y^2 - z^2 = 4$.

5. A. **解析：** 两条直线的方向向量分别为 $s_1 = (2, -2, 1)$，$s_2 = (4, M, -2)$，根据两直线相互垂直，有 $s_1 \cdot s_2 = (2, -2, 1) \cdot (4, M, -2) = 0$，从而 $M = 3$.

6. B. **解析：** 令两直线的方向向量分别为 $s_1 = (2, 3, 5)$，$s_2 = (-3, 2, 4)$，则两直线的方向向量不平行，故选项 C 和 D 不正确. 又两直线方程联立所得方程组无解，所以选项 A 不正确，故选 B.

7. C. **解析：** 两直线的方向向量分别为 $s_1 = (1, -2, 1)$，$s_2 = (1, -1, 0) \times (0, 2, 1)$ $= (-1, -1, 2)$，则两直线的夹角为两直线的方向向量的夹角（锐角）. 又 $|\cos(\widehat{s_1, s_2})| = $ $\left| \dfrac{s_1 \cdot s_2}{|s_1||s_2|} \right| = \dfrac{1}{2}$，故 L_1 与 L_2 的夹角为 $\dfrac{\pi}{3}$.

8. A. **解析：** 直线 L 的方向向量为 $s = (1, 3, 2) \times (2, -1, -10) = -7 \times (4, -2, 1)$，平面 Π 的法向量为 $\alpha = (4, -2, 1)$. 因为 $\alpha \parallel s$，所以 $L \perp \Pi$.

二、填空题

1. $\dfrac{1}{7}$. **解析：** 因为 $a = (1, 0, 2)$，$b = (1, 1, 3)$，所以 $a \times b = (-2, -1, 1)$，$(a \times b) \times a = (-2, 5, 1)$，从而 $d = (1 - 2\lambda, 5\lambda, 2 + \lambda)$. 又 $b \parallel d$，故 $\lambda = \dfrac{1}{7}$.

2. $\dfrac{x-2}{3} = \dfrac{y+3}{5} = \dfrac{z-4}{1}$. **解析：** 因为所求直线垂直于直线 $\dfrac{x-2}{1} = \dfrac{1-y}{1} = \dfrac{z+5}{2}$ 和 $\dfrac{x-4}{3} = \dfrac{y+2}{-2} = \dfrac{z-1}{1}$，所以所求直线的方向向量为 $s = (1, -1, 2) \times (3, -2, 1) = (3, 5,$

1). 又所求直线过点 $(2, -3, 4)$，故所求直线方程为 $\dfrac{x-2}{3} = \dfrac{y+3}{5} = \dfrac{z-4}{1}$.

3. $\sqrt{2}$. **解析**：所求距离为 $d = \dfrac{|3 \times 2 + 4 \times 1 + 5 \times 0|}{\sqrt{3^2 + 4^2 + 5^2}} = \sqrt{2}$.

4. $4x - y - 3z + 7 = 0$. **解析**：因为已知点 $(1, -1, 4)$ 和直线 $\dfrac{x+1}{2} = \dfrac{y}{5} = \dfrac{1-z}{-1}$ 在所求平面上，所以点 $(-1, 0, 1)$ 在平面上，从而所求平面的法向量为

$$n = (2, 5, 1) \times ((1, -1, 4) - (-1, 0, 1)) = 4 \times (4, -1, -3),$$

故所求的平面方程为

$$4(x - 1) - (y + 1) - 3(z - 4) = 0,$$

即 $4x - y - 3z + 7 = 0$.

三、计算题

1. **解**：设向量 $a + b$ 和 $a - b$ 的夹角为 φ，则 $\cos\varphi = \dfrac{(a + b) \cdot (a - b)}{|a + b||a - b|}$. 又

$$(a + b) \cdot (a - b) = |a|^2 - |b|^2 = 2,$$

$$|a + b| = \sqrt{(a + b) \cdot (a + b)} = \sqrt{|a|^2 + |b|^2 + 2a \cdot b} = \sqrt{3 + 1 + 2\sqrt{3} \times \dfrac{\sqrt{3}}{2}} = \sqrt{7},$$

$$|a - b| = \sqrt{(a - b) \cdot (a - b)} = \sqrt{|a|^2 + |b|^2 - 2a \cdot b} = \sqrt{3 + 1 - 2\sqrt{3} \times \dfrac{\sqrt{3}}{2}} = 1,$$

所以 $\cos\varphi = \dfrac{2}{\sqrt{7}} = \dfrac{2\sqrt{7}}{7}$，从而 $\varphi = \arccos \dfrac{2\sqrt{7}}{7}$.

2. **解**：因为直线的方向向量为 $s = (-1, 2, 1)$，直线上一点 P 的坐标为 $(3, 1, 0)$，所以所求平面的法向量为 $n = s \times \overrightarrow{OP} = (-1, 2, 1) \times (3, 1, 0) = (-1, 3, -7)$，故所求的平面方程为 $-1 \times (x - 0) + 3 \times (y - 0) - 7 \times (z - 0) = 0$，化简得 $x - 3y + 7z = 0$.

3. **解**：因为所求平面平行于平面 $x + y + z = 100$，所以可设其方程为 $x + y + z + D = 0$. 又所求平面与球面 $x^2 + y^2 + z^2 = 4$ 相切，故球心到所求平面的距离为 2，即 $\dfrac{|D|}{\sqrt{1^2 + 1^2 + 1^2}} = 2$，解得 $D = \pm 2\sqrt{3}$，从而所求的平面方程为 $x + y + z \pm 2\sqrt{3} = 0$.

4. **解**：所给直线的方向向量为 $s = (1, -1, 1) \times (2, 0, 1) = (-1, 1, 2)$，任取该直线上的一点，如取 $B(2, 7, 0)$，得 $\overrightarrow{AB} = (-2, 6, 2)$，于是所求距离为 $d = \dfrac{|\overrightarrow{AB} \times s|}{|s|} = \dfrac{|(10, 2, 4)|}{\sqrt{6}} = 2\sqrt{5}$.

5. **解**：过点 $A(2, -3, 1)$ 且与直线 $\dfrac{x-1}{2} = \dfrac{y+1}{-1} = \dfrac{z-3}{3}$ 垂直的平面方程为

$$2(x - 2) - (y + 3) + 3(z - 1) = 0.$$

解方程组 $\begin{cases} 2(x - 2) - (y + 3) + 3(z - 1) = 0, \\ x - 1 = -2(y + 1), \\ 3(y + 1) = -(z - 3), \end{cases}$　　　得 $x = \dfrac{5}{7}$，$y = \dfrac{-6}{7}$，$z = \dfrac{18}{7}$，所以所求直线

的方向向量为 $\left(2-\dfrac{5}{7}, -3+\dfrac{6}{7}, 1-\dfrac{18}{7}\right)$，即 $\left(\dfrac{9}{7}, -\dfrac{15}{7}, -\dfrac{11}{7}\right)$，从而所求直线方程为

$$\frac{x-2}{9} = \frac{y+3}{-15} = \frac{z-1}{-11}.$$

6. **解**：过直线 L_1 的平面束方程可设为 $\lambda(x+y)+x-y+z+4=0$，将点 $A(2, 3, 1)$ 的坐标代入上述方程，得 $\lambda=-\dfrac{4}{5}$，所以过点 $A(2, 3, 1)$ 和直线 L_1 的平面方程 Π 为 $x-9y+5z+20=0$. 由 $\begin{cases} x+3y-1=0, \\ y+z-2=0, \\ x-9y+5z+20=0 \end{cases}$　解得直线 L_2 与平面 Π 的交点 B 的坐标为 $\left(-\dfrac{76}{17}, \dfrac{31}{17}, \dfrac{3}{17}\right)$，从而所求直线过点 $A(2, 3, 1)$ 和点 $B\left(-\dfrac{76}{17}, \dfrac{31}{17}, \dfrac{3}{17}\right)$，其方向向量可取为 $\left(-\dfrac{76}{17}-2, \dfrac{31}{17}-3, \dfrac{3}{17}-1\right)=\left(-\dfrac{110}{17}, -\dfrac{20}{17}, -\dfrac{14}{17}\right)$，于是所求直线方程为 $\dfrac{x-2}{55}=\dfrac{y-3}{10}=\dfrac{z-1}{7}.$

四、应用及证明题

1. **解**：设过 L_2 的平面束方程为 $\Pi: x+5y+z+\lambda(x+y-z+4)=0$，即
$$\Pi: (1+\lambda)x+(5+\lambda)y+(1-\lambda)z+4\lambda=0.$$

令 $L_1 /\!/ \Pi$，则应有 $(6, -1, 1) \cdot (1+\lambda, 5+\lambda, 1-\lambda)=0$，解得 $\lambda=-\dfrac{1}{2}$，从而与 L_1 平行的平面方程为 $x+9y+3z-4=0$. 又 $(-5, 1, -3)$ 是 L_1 上的点，故该点到平面 $x+9y+3z-4=0$ 的距离即所求距离，为 $d=\dfrac{|-5+9+3\times(-3)-4|}{\sqrt{1^2+9^2+3^2}}=\dfrac{9}{\sqrt{91}}=\dfrac{9\sqrt{91}}{91}.$

2. **解**：设过直线 L 的平面束方程为 $x+y+z+1+\lambda(2x+y+z)=0$，即
$$(1+2\lambda)x+(1+\lambda)y+(1+\lambda)z+1=0, \tag{1}$$

则原点到平面 (1) 的距离为 $d=\dfrac{1}{\sqrt{(1+2\lambda)^2+(1+\lambda)^2+(1+\lambda)^2}}$. 要使 d 最大，即使 $(1+2\lambda)^2+(1+\lambda)^2+(1+\lambda)^2=6\lambda^2+8\lambda+3=6\left(\lambda+\dfrac{2}{3}\right)^2+\dfrac{1}{3}$ 最小. 显然，原点到平面 $2x+y+z=0$ 的距离为 0，故 $2x+y+z=0$ 不是与原点距离最长的平面，所以当 $\lambda=-\dfrac{2}{3}$ 时，d 最大，从而所求平面方程为 $x-y-z-3=0$.

3. **证明**：设题中所指平面为 Π. 因为 (a_1, b_1, c_1) 和 (a_2, b_2, c_2) 均在所求平面 Π 上，所以 $(a_2-a_1, b_2-b_1, c_2-c_1) /\!/ \Pi$. 又 $(l, m, n) /\!/ \Pi$，故所求平面的法向量为
$$\boldsymbol{n}=(a_2-a_1, b_2-b_1, c_2-c_1)\times(l, m, n),$$
进而利用所求平面 Π 上的点 (a_1, b_1, c_1) 和法向量 $\boldsymbol{n}$ 得平面 Π 的方程为
$$\begin{vmatrix} x-a_1 & y-b_1 & z-c_1 \\ a_2-a_1 & b_2-b_1 & c_2-c_1 \\ l & m & n \end{vmatrix}=0.$$

第 9 章自测题

一、选择题

1. C. **解析：**因为

$$\frac{\partial f}{\partial x}\Big|_{(0,0)} = \lim_{x\to 0}\frac{(x^2+0^2)\cos\left(\frac{1}{\sqrt{x^2+0^2}}\right)-0}{x-0} = \lim_{x\to 0}x\cos\left(\frac{1}{\sqrt{x^2+0^2}}\right) = 0,$$

所以选项 A 错误. 由于

$$\frac{\partial f}{\partial x}\Big|_{(x,y)\neq(0,0)} = 2x\cos\left(\frac{1}{\sqrt{x^2+y^2}}\right) + \frac{x}{\sqrt{x^2+y^2}}\sin\left(\frac{1}{\sqrt{x^2+y^2}}\right),$$

且 $\lim_{\substack{x\to 0\\ y=0}}\frac{\partial f}{\partial x}$ 不存在，因此 $\frac{\partial f}{\partial x}$ 不连续，故选项 B 错误. 又 $\lim_{(x,y)\to(0,0)}f(x,y)=0$，从而 $f(x,y)$ 连续，故选项 D 错误. 故选 C.

2. B. **解析：**对方程 $F\left(\frac{y}{x},\frac{z}{x}\right)=0$ 两端分别关于 $x，y$ 求偏导数得

$$F_1'\left(\frac{y}{x},\frac{z}{x}\right)\left(-\frac{y}{x^2}\right) + F_2'\left(\frac{y}{x},\frac{z}{x}\right)\left(\frac{xz_x-z}{x^2}\right) = 0,$$

$$F_1'\left(\frac{y}{x},\frac{z}{x}\right)\left(\frac{1}{x}\right) + F_2'\left(\frac{y}{x},\frac{z}{x}\right)\left(\frac{z_y}{x}\right) = 0.$$

于是

$$z_x = \frac{yF_1'\left(\frac{y}{x},\frac{z}{x}\right) + zF_2'\left(\frac{y}{x},\frac{z}{x}\right)}{xF_2'\left(\frac{y}{x},\frac{z}{x}\right)}, \quad z_y = -\frac{F_1'\left(\frac{y}{x},\frac{z}{x}\right)}{F_2'\left(\frac{y}{x},\frac{z}{x}\right)},$$

从而 $x\dfrac{\partial z}{\partial x} + y\dfrac{\partial z}{\partial y} = z$.

3. B. **解析：**因为 $u(x,y) = \varphi(x+y) + \varphi(x-y) + \displaystyle\int_{x-y}^{x+y}\psi(t)\mathrm{d}t$，所以

$$\frac{\partial u}{\partial x} = \varphi'(x+y) + \varphi'(x-y) + \psi(x+y) - \psi(x-y),$$

$$\frac{\partial u}{\partial y} = \varphi'(x+y) - \varphi'(x-y) + \psi(x+y) + \psi(x-y),$$

从而

$$\frac{\partial^2 u}{\partial x^2} = \varphi''(x+y) + \varphi''(x-y) + \psi'(x+y) - \psi'(x-y),$$

$$\frac{\partial^2 u}{\partial y^2} = \varphi''(x+y) + \varphi''(x-y) + \psi'(x+y) - \psi'(x-y),$$

$$\frac{\partial^2 u}{\partial x\partial y} = \varphi''(x+y) - \varphi''(x-y) + \psi'(x+y) + \psi'(x-y).$$

故选 B.

4. A. **解析**：令 $F(x, y, z) = x^2 + \cos(xy) + yz + x$，则

$$F_x = 2x - y\sin(xy) + 1, \quad F_y = -x\sin(xy) + z, \quad F_z = y,$$

所以曲面在点 $(0, 1, -1)$ 处的法向量为 $\boldsymbol{n}\big|_{(0, 1, -1)} = (F_x, F_y, F_z)\big|_{(0, 1, -1)} = (1, -1, 1)$，

从而曲面在点 $(0, 1, -1)$ 处的切平面方程为 $x - y + z = -2$.

5. B. **解析**：设点 P 的坐标为 (x_0, y_0, z_0)，则由题意知

$$\frac{2x_0}{2} = \frac{2y_0}{2} = \frac{1}{1},$$

解得 $x_0 = y_0 = 1$，$z_0 = 2$，故点 P 的坐标为 $(1, 1, 2)$.

6. C. **解析**：因为函数 $z = x^2 + y^2$ 在点 $P(1, 1)$ 处的方向导数的最大值为梯度的模，所以方向导数的最大值为

$$|\operatorname{\boldsymbol{grad}}z(1, 1)| = |(z_x(1, 1), z_y(1, 1))| = |(2x, 2y)|_{(1, 1)} = 2\sqrt{2}.$$

7. A. **解析**：$\operatorname{\boldsymbol{grad}} f(0, 1) = (f_x(0, 1), f_y(0, 1)) = \left(\dfrac{y}{x^2 + y^2}, \dfrac{-x}{x^2 + y^2}\right)\Big|_{(0, 1)} = \boldsymbol{i}.$

8. D. **解析**：令 $F(x, y) = f(x, y) + \lambda\varphi(x, y)$，由方程组

$$\begin{cases} F_x = f_x(x, y) + \lambda\varphi_x(x, y) = 0, \\ F_y = f_y(x, y) + \lambda\varphi_y(x, y) = 0 \end{cases}$$

消去 λ 得

$$f_x(x_0, y_0) = \frac{f_y(x_0, y_0)}{\varphi_y(x_0, y_0)}\varphi_x(x_0, y_0).$$

故选 D.

二、填空题

1. $x - y + 1 = 0$. **解析**：令 $F(x, y) = \sin(xy) + \ln(y - x) - x$，则

$$F_x = y\cos(xy) - \frac{1}{y - x} - 1, \quad F_y = x\cos(xy) - \frac{1}{y - x},$$

所以 $\dfrac{\mathrm{d}y}{\mathrm{d}x}\Big|_{(0, 1)} = -\dfrac{F_x}{F_y}\Big|_{(0, 1)} = 1$，从而曲线在点 $(0, 1)$ 的切线方程为 $x - y + 1 = 0$.

2. $\dfrac{1}{\sqrt{3}}$. **解析**：由 $u(x, y, z) = 1 + \dfrac{x^2}{6} + \dfrac{y^2}{12} + \dfrac{z^2}{18}$，知

$$u_x = \frac{x}{3}, \quad u_y = \frac{y}{6}, \quad u_z = \frac{z}{9},$$

所以

$$\frac{\partial u}{\partial n}\Big|_{(1, 2, 3)} = (u_x, u_y, u_z)\cdot\boldsymbol{n}\Big|_{(1, 2, 3)} = \frac{1}{\sqrt{3}}(u_x + u_y + u_z)\Big|_{(1, 2, 3)} = \frac{1}{\sqrt{3}}.$$

3. $y\mathrm{e}^{xy}\mathrm{d}x + x\mathrm{e}^{xy}\mathrm{d}y$. **解析**：$\mathrm{d}z = z_x\mathrm{d}x + z_y\mathrm{d}y = y\mathrm{e}^{xy}\mathrm{d}x + x\mathrm{e}^{xy}\mathrm{d}y$.

4. $\mathrm{e}^{x+y}\cos y(\sin x + \cos x)$. **解析**：$\dfrac{\partial z}{\partial x} = \dfrac{\partial z}{\partial u}\dfrac{\partial u}{\partial x} + \dfrac{\partial z}{\partial v}\dfrac{\partial v}{\partial x} = v\mathrm{e}^x\cos y + u\mathrm{e}^y\cos x = \mathrm{e}^{x+y}\cos y(\sin x + \cos x).$

三、计算题

1. 解：$\lim\limits_{\substack{x \to 0 \\ y \to 0}}(1 + x^2 y^2)^{\frac{1}{x^2+y^2}} = \lim\limits_{\substack{x \to 0 \\ y \to 0}}(1 + x^2 y^2)^{\frac{1}{x^2 y^2} \cdot \frac{x^2 y^2}{x^2+y^2}} = e^{\lim\limits_{x \to 0} \frac{x^2 y^2}{x^2+y^2}} = e^0 = 1.$

2. 解：对所给方程组中两个方程两端同时关于 x 求导得

$$\begin{cases} 1 + \dfrac{\mathrm{d}y}{\mathrm{d}x} + \dfrac{\mathrm{d}z}{\mathrm{d}x} = 0, \\[3mm] 2x + 2y\dfrac{\mathrm{d}y}{\mathrm{d}x} + 2z\dfrac{\mathrm{d}z}{\mathrm{d}x} = 0, \end{cases}$$

解得 $\dfrac{\mathrm{d}y}{\mathrm{d}x} = \dfrac{z-x}{y-z}$，$\dfrac{\mathrm{d}z}{\mathrm{d}x} = \dfrac{x-y}{y-z}$，从而曲线在点 $(1, -1, 2)$ 处的切向量为

$$\left. \boldsymbol{T} \right|_{(1, -1, 2)} = \left(1, \dfrac{\mathrm{d}y}{\mathrm{d}x}, \dfrac{\mathrm{d}z}{\mathrm{d}x}\right)\bigg|_{(1, -1, 2)} = \left(1, -\dfrac{1}{3}, -\dfrac{2}{3}\right),$$

故曲线在点 $(1, -1, 2)$ 处的切线方程为

$$\dfrac{x-1}{1} = \dfrac{y+1}{-\dfrac{1}{3}} = \dfrac{z-2}{-\dfrac{2}{3}},$$

法平面方程为

$$(x-1) - \dfrac{1}{3}(y+1) - \dfrac{2}{3}(z-2) = 0, \quad \text{即 } 3x - y - 2z = 0.$$

3. 解：由 $x'(t) = 1$，$y'(t) = 4t$，$z'(t) = 3t^2$，知曲线在点 $P(1, 1, 1)$ 处的切线的方向向量为 $\boldsymbol{T}_1 = (1, 4, 3)$ 和 $\boldsymbol{T}_2 = (-1, -4, -3)$，它们对应的单位向量分别为

$$\boldsymbol{e}_{T_1} = \left(\dfrac{1}{\sqrt{26}}, \dfrac{4}{\sqrt{26}}, \dfrac{3}{\sqrt{26}}\right) \text{ 和 } \boldsymbol{e}_{T_2} = \left(-\dfrac{1}{\sqrt{26}}, -\dfrac{4}{\sqrt{26}}, -\dfrac{3}{\sqrt{26}}\right).$$

又 $(u_x, u_y, u_z) = (yz\mathrm{e}^{xyz} + 2x, xz\mathrm{e}^{xyz} + 2y, xy\mathrm{e}^{xyz})$，故

$$\left. (u_x, u_y, u_z) \right|_{(1, 1, 1)} = (\mathrm{e} + 2, \mathrm{e} + 2, \mathrm{e}),$$

从而所求方向导数为

$$\left. \dfrac{\partial u}{\partial T_1} \right|_{(1, 1, 1)} = (u_x, u_y, u_z) \cdot \boldsymbol{e}_{T_1} \bigg|_{(1, 1, 1)}$$

$$= (\mathrm{e} + 2, \mathrm{e} + 2, \mathrm{e}) \cdot \left(\dfrac{1}{\sqrt{26}}, \dfrac{4}{\sqrt{26}}, \dfrac{3}{\sqrt{26}}\right) = \dfrac{1}{\sqrt{26}}(8\mathrm{e} + 10),$$

$$\left. \dfrac{\partial u}{\partial T_2} \right|_{(1, 1, 1)} = (u_x, u_y, u_z) \cdot \boldsymbol{e}_{T_2} \bigg|_{(1, 1, 1)} = -\dfrac{1}{\sqrt{26}}(8\mathrm{e} + 10),$$

所求梯度为

$$\left. \mathbf{grad}u \right|_{(1, 1, 1)} = (\mathrm{e} + 2, \mathrm{e} + 2, \mathrm{e}).$$

4. 解：由复合函数求导法则知 $\dfrac{\partial z}{\partial x} = f_1'\cos x + f_3'\mathrm{e}^{x+y}$，从而

$$\dfrac{\partial^2 z}{\partial x \partial y} = (-f_{12}''\sin y + f_{13}''\mathrm{e}^{x+y})\cos x + (-f_{32}''\sin y + f_{33}''\mathrm{e}^{x+y})\mathrm{e}^{x+y} + f_3'\mathrm{e}^{x+y}.$$

5. **解**：设 $F(x,\ y,\ z)=x^2+y^2+z^2-3xyz$，则

$$y_x=-\frac{F_x}{F_y}=-\frac{2x-3yz}{2y-3xz}.$$

又

$$\frac{\partial u}{\partial x}=y^2z^3+2xyz^3y_x=y^2z^3-2xyz^3\cdot\frac{2x-3yz}{2y-3xz},$$

所以 $\dfrac{\partial u}{\partial x}\Bigg|_{(1,\,1,\,1)}$.

6. **解**：由方程组

$$\begin{cases}f_x=x^2e^{x+y}+\left(y+\dfrac{x^3}{3}\right)e^{x+y}=0,\\[2mm]f_y=e^{x+y}+\left(y+\dfrac{x^3}{3}\right)e^{x+y}=0\end{cases}$$

解得 $\begin{cases}x=-1,\\[1mm]y=-\dfrac{2}{3}\end{cases}$ 或 $\begin{cases}x=1,\\[1mm]y=-\dfrac{4}{3},\end{cases}$ 于是驻点为 $\left(-1,-\dfrac{2}{3}\right)$，$\left(1,-\dfrac{4}{3}\right)$. 求二阶偏导数得

$$\begin{cases}f_{xx}=\left(2x+2x^2+y+\dfrac{x^3}{3}\right)e^{x+y},\\[2mm]f_{xy}=\left(x^2+1+y+\dfrac{x^3}{3}\right)e^{x+y},\\[2mm]f_{yy}=\left(2+y+\dfrac{x^3}{3}\right)e^{x+y}.\end{cases}$$

在驻点 $\left(-1,-\dfrac{2}{3}\right)$ 处，因为

$$A=f_{xx}\left(-1,-\frac{2}{3}\right)=-e^{-\frac{5}{3}},$$

$$B=f_{xy}\left(-1,-\frac{2}{3}\right)=e^{-\frac{5}{3}},$$

$$C=f_{yy}\left(-1,-\frac{2}{3}\right)=e^{-\frac{5}{3}},$$

所以 $A<0$，$AC-B^2<0$，从而 $\left(-1,-\dfrac{2}{3}\right)$ 不是极值点.

在驻点 $\left(1,-\dfrac{4}{3}\right)$ 处，因为

$$A=f_{xx}\left(1,-\frac{4}{3}\right)=3e^{-\frac{1}{3}},$$

$$B=f_{xy}\left(1,-\frac{4}{3}\right)=e^{-\frac{1}{3}},$$

$$C=f_{yy}\left(1,-\frac{4}{3}\right)=e^{-\frac{1}{3}},$$

所以 $A > 0$,$AC - B^2 > 0$,从而 $\left(1, -\dfrac{4}{3}\right)$ 是极小值点,极小值为 $f\left(1, -\dfrac{4}{3}\right) = -\mathrm{e}^{-\frac{1}{3}}$.

四、应用及证明题

1. **解**:因为曲线 C 上任意一点 (x, y, z) 到 xOy 面的距离为 $|z|$,所以求曲线 C 上距离 xOy 面最远的点和最近的点等价于求函数 $H = z^2$ 在条件 $x^2 + y^2 - 2z^2 = 0$ 和 $x + y + 3z = 5$ 下的最大值点和最小值点. 构造拉格朗日函数

$$L(x, y, z) = z^2 + \lambda(x^2 + y^2 - 2z^2) + \mu(x + y + 3z - 5),$$

由

$$\begin{cases} L_x = 2\lambda x + \mu = 0, \\ L_y = 2\lambda y + \mu = 0, \\ L_z = 2z - 4\lambda z + 3\mu = 0, \\ x^2 + y^2 - 2z^2 = 0, \\ x + y + 3z = 5 \end{cases}$$

可得 $x = y$,从而 $\begin{cases} 2x^2 - 2z^2 = 0, \\ 2x + 3y = 5, \end{cases}$ 解得 $\begin{cases} x = 1, \\ y = 1, \\ z = 1 \end{cases}$ 或 $\begin{cases} x = -5, \\ y = -5, \\ z = 5. \end{cases}$ 故曲线 C 上距离 xOy 面最远的点和最近的点分别为 $(-5, -5, 5)$ 和 $(1, 1, 1)$.

2. **证明**:设 $P(x_0, y_0, z_0)$ 是曲面上任意一点,$F(x, y, z) = xyz - a^3$,则曲面在点 $P(x_0, y_0, z_0)$ 处的切平面的法向量为

$$\boldsymbol{n}\Big|_{(x_0, y_0, z_0)} = (F_x, F_y, F_z)\Big|_{(x_0, y_0, z_0)} = (yz, xz, xy)\Big|_{(x_0, y_0, z_0)} = (y_0 z_0, x_0 z_0, x_0 y_0),$$

所以曲面在点 $P(x_0, y_0, z_0)$ 处的切平面方程为

$$y_0 z_0 (x - x_0) + x_0 z_0 (y - y_0) + x_0 y_0 (z - z_0) = 0,$$

即

$$y_0 z_0 x + x_0 z_0 y + x_0 y_0 z = 3a^3.$$

从而切平面在三个坐标轴上的截距分别为 $\dfrac{3a^3}{y_0 z_0}$,$\dfrac{3a^3}{x_0 z_0}$,$\dfrac{3a^3}{x_0 y_0}$,故切平面与三个坐标面所围成的四面体的体积为

$$V = \frac{1}{6} \cdot \frac{3a^3}{y_0 z_0} \cdot \frac{3a^3}{x_0 z_0} \cdot \frac{3a^3}{x_0 y_0} = \frac{9}{2} a^3.$$

3. **解**:由于 $\boldsymbol{l} = \overrightarrow{AB} = (1, -1, 0)$,因此其方向余弦为

$$\cos\alpha = \frac{1}{\sqrt{2}}, \quad \cos\beta = -\frac{1}{\sqrt{2}}, \quad \cos\gamma = 0.$$

又 $f_x = 2x$,$f_y = 2y$,$f_z = 2z$,所以

$$\frac{\partial f}{\partial l} = f_x \cos\alpha + f_y \cos\beta + f_z \cos\gamma = \frac{2}{\sqrt{2}}(x - y).$$

构造拉格朗日函数 $L(x, y, z) = \dfrac{2}{\sqrt{2}}(x - y) + \lambda(2x^2 + 2y^2 + 2z^2 - 1)$,由

$$
\begin{cases}
L_x = \dfrac{2}{\sqrt{2}} + 4\lambda x = 0, \\[2mm]
L_y = \dfrac{-2}{\sqrt{2}} + 4\lambda y = 0, \\[2mm]
L_z = 4\lambda z = 0, \\[2mm]
2x^2 + 2y^2 + 2z^2 = 1
\end{cases}
$$

得到驻点为 $\left(\dfrac{1}{2}, -\dfrac{1}{2}, 0\right)$ 和 $\left(-\dfrac{1}{2}, \dfrac{1}{2}, 0\right)$. 又在点 $\left(\dfrac{1}{2}, -\dfrac{1}{2}, 0\right)$ 处, $f(x, y, z) = x^2 + y^2 + z^2$ 的梯度方向与 $\overrightarrow{AB}$ 同向, 所以函数 $f(x, y, z) = x^2 + y^2 + z^2$ 在点 $\left(\dfrac{1}{2}, -\dfrac{1}{2}, 0\right)$ 处取到方向导数的最大值, 且 $\left.\dfrac{\partial f}{\partial l}\right|_{\max} = \sqrt{2}$.

第 10 章自测题

一、选择题

1. C. **解析**: 题中所给二次积分表示单位球体积的 $\dfrac{1}{8}$, 为 $\dfrac{\pi}{6}$.

2. A. **解析**: $\displaystyle\iint\limits_{D} e^{x+y} \, dx \, dy = \int_0^1 dx \int_0^1 e^{x+y} \, dy = (e-1)^2$.

3. A. **解析**: 交换积分限可得原式 $= \displaystyle\int_0^4 dy \int_{\frac{1}{4}y^2}^{y} f(x, y) \, dx$.

4. D. **解析**: 由 $0 \leqslant \theta \leqslant \dfrac{\pi}{2}$ 知图形在第一象限, 又 $0 \leqslant \rho \leqslant \cos\theta$, 故 $x^2 + y^2 \leqslant x$, 从而 $D = \{(x, y) \mid 0 \leqslant x \leqslant 1, 0 \leqslant y \leqslant \sqrt{x - x^2}\}$. 故选 D.

5. B. **解析**: $\displaystyle\iint\limits_{D} \sqrt{a^2 - x^2 - y^2} \, dx \, dy = \int_0^{2\pi} d\theta \int_0^a \sqrt{a - \rho^2} \cdot \rho \, d\rho = \dfrac{2}{3}\pi a^3$, 故选 B.

6. B. **解析**: 由二重积分的中值定理知 $\dfrac{1}{\pi a^2} \displaystyle\iint\limits_{D} f(x, y) \, d\sigma = f(\xi, \eta)$, 结合被积函数的连续性可得选项 B 正确.

7. C. **解析**: 各选项要求被积函数既是 x 的偶函数, 又是 y 的偶函数, 故选 C.

8. B. **解析**: 原式 $= \displaystyle\int_{-1}^0 dx \int_0^{\sqrt{1+x}} f(x, y) \, dy + \int_0^1 dx \int_0^{1-x} f(x, y) \, dy$.

二、填空题

1. $\dfrac{\pi}{4}$. **解析**: $\displaystyle\iint\limits_{D} x(x+y) \, d\sigma = \iint\limits_{D} x^2 \, d\sigma = \int_0^{2\pi} d\theta \int_0^1 \rho^2 \cos^2\theta \cdot \rho \, d\rho = \dfrac{\pi}{4}$.

2. $\displaystyle\int_0^1 dx \int_0^{x^2} f(x, y) \, dy + \int_1^{\sqrt{2}} dx \int_0^{\sqrt{2-x^2}} f(x, y) \, dy$. **解析**: 积分区域为
$\{(x, y) \mid 0 \leqslant x \leqslant 1, 0 \leqslant y \leqslant x^2\} \cup \{(x, y) \mid 1 \leqslant x \leqslant \sqrt{2}, 0 \leqslant y \leqslant \sqrt{2 - x^2}\}$.

3. $1-\sin 1$. 解析：$\displaystyle\iint\limits_{D}\frac{\sin x}{x}\mathrm{d}x\,\mathrm{d}y=\int_{0}^{1}\mathrm{d}x\int_{x^{2}}^{x}\frac{\sin x}{x}\mathrm{d}y=1-\sin 1.$

4. $\pi\left(\ln 2-\dfrac{1}{2}\right)$. 解析：
$$\iint\limits_{x^{2}+y^{2}\leqslant 1,\,x\geqslant 0}\ln(1+x^{2}+y^{2})\mathrm{d}\sigma=\int_{-\frac{\pi}{2}}^{\frac{\pi}{2}}\mathrm{d}\theta\int_{0}^{1}\ln(1+\rho^{2})\cdot\rho\,\mathrm{d}\rho$$
$$=\frac{\pi}{2}\int_{1}^{2}\ln s\,\mathrm{d}s=\frac{\pi}{2}(2\ln 2-1).$$

三、计算题

1. 解：原式 $=\displaystyle\int_{0}^{1}\mathrm{d}x\int_{-1}^{0}x\,\mathrm{e}^{xy}\,\mathrm{d}y=\mathrm{e}^{-1}.$

2. 解：$\displaystyle\iint\limits_{D}\sin\sqrt{x^{2}+y^{2}}\,\mathrm{d}x\,\mathrm{d}y=\int_{0}^{2\pi}\mathrm{d}\theta\int_{\pi}^{2\pi}\sin\rho\cdot\rho\,\mathrm{d}\rho=-6\pi^{2}.$

3. 解：$\displaystyle\iint\limits_{D}y\,\mathrm{d}x\,\mathrm{d}y=\int_{0}^{2}\mathrm{d}y\int_{-2}^{-\sqrt{2y-y^{2}}}y\,\mathrm{d}x$
$$=\int_{0}^{2}(2-\sqrt{2y-y^{2}})y\,\mathrm{d}y\,(\diamondsuit\,y=1+\sin t)$$
$$=\int_{-\frac{\pi}{2}}^{\frac{\pi}{2}}(2-\cos t)(1+\sin t)\cos t\,\mathrm{d}t$$
$$=\int_{-\frac{\pi}{2}}^{\frac{\pi}{2}}(2-\cos t)\cos t\,\mathrm{d}t=4-\frac{\pi}{2}.$$

4. 解：若 $h>0$，则
$$\iiint\limits_{\Omega}z\,\mathrm{d}v=\int_{0}^{h}z\,\mathrm{d}z\left(\iint\limits_{x^{2}+y^{2}\leqslant\frac{R^{2}}{h^{2}}z^{2}}\mathrm{d}x\,\mathrm{d}y\right)=\pi\,\frac{R^{2}}{h^{2}}\int_{0}^{h}z^{3}\,\mathrm{d}z=\frac{\pi}{4}R^{2}h^{2}\,;$$

若 $h<0$，同理可得 $\displaystyle\iiint\limits_{\Omega}z\,\mathrm{d}v=-\frac{\pi}{4}R^{2}h^{2}.$

5. 解：记
$$D_{1}=\left\{(x,y)\,|\,0\leqslant x\leqslant\frac{\pi}{2},\,0\leqslant y\leqslant\frac{\pi}{2}-x\right\},$$
$$D_{2}=\left\{(x,y)\,|\,0\leqslant x\leqslant\frac{\pi}{2},\,\frac{\pi}{2}-x\leqslant y\leqslant\frac{\pi}{2}\right\},$$
则
$$I=\iint\limits_{D}|\cos(x+y)|\,\mathrm{d}x\,\mathrm{d}y$$
$$=\iint\limits_{D_{1}}\cos(x+y)\,\mathrm{d}x\,\mathrm{d}y-\iint\limits_{D_{2}}\cos(x+y)\,\mathrm{d}x\,\mathrm{d}y$$
$$=\int_{0}^{\frac{\pi}{2}}\mathrm{d}x\int_{0}^{\frac{\pi}{2}-x}\cos(x+y)\,\mathrm{d}y-\int_{0}^{\frac{\pi}{2}}\mathrm{d}x\int_{\frac{\pi}{2}-x}^{\frac{\pi}{2}}\cos(x+y)\,\mathrm{d}y=\pi-2.$$

6. 解：旋转所得曲面为 $x^{2}+y^{2}=2z$，则
$$\iiint\limits_{\Omega}(x^{2}+y^{2}+z^{2})\,\mathrm{d}v=\int_{0}^{2\pi}\mathrm{d}\theta\int_{0}^{2\sqrt{2}}\rho\,\mathrm{d}\rho\int_{\frac{\rho^{2}}{2}}^{4}(\rho^{2}+z^{2})\,\mathrm{d}z$$

$$= \int_0^{2\pi} d\theta \int_0^{2\sqrt{2}} \frac{1}{2} \left(4\rho^2 - \frac{1}{2}\rho^4 + \frac{64}{3} - \frac{\rho^6}{24} \right) d\rho^2$$

$$= \pi \int_0^8 \left(\frac{64}{3} + 4s - \frac{s^2}{2} - \frac{s^3}{24} \right) ds = \frac{512}{3}\pi.$$

7. **解**：柱体底面区域记为 $D = \{(x, y) \mid 0 \leqslant x \leqslant 1, 0 \leqslant y \leqslant 1-x\}$，则曲顶柱体体积为

$$\iint\limits_D (2x^2 + y^2 + 1) dx\, dy = \int_0^1 dx \int_0^{1-x} (2x^2 + y^2 + 1) dy$$

$$= \int_0^1 \left[(2x^2 + 1)(1-x) + \frac{(1-x)^3}{3} \right] dx$$

$$= \int_0^1 (1 - x + 2x^2 - 2x^3) dx + \frac{1}{12} = \frac{3}{4}.$$

8. **解**：由对称性知 $\iiint\limits_\Omega x\, dx\, dy\, dz = 0$. 又空间区域以圆锥面为底、球冠为顶，故

$$\iiint\limits_\Omega z\, dx\, dy\, dz = \int_0^{\frac{\pi}{4}} d\varphi \int_0^{2\pi} d\theta \int_0^1 r\cos\varphi \cdot r^2 \sin\varphi\, dr = \frac{\pi}{8}.$$

四、综合题

解：记 $D = \{(x, y) \mid 0 \leqslant x^2 + y^2 \leqslant R^2\}$. 因椭圆抛物面为 $z = \dfrac{1}{2a}(x^2 + y^2)$，则 $z_x = \dfrac{x}{a}$, $z_y = \dfrac{y}{a}$，故

$$S_1 = \iint\limits_D \sqrt{1 + z_x^2 + z_y^2}\, dx\, dy = \iint\limits_D \sqrt{1 + \frac{x^2 + y^2}{a^2}}\, dx\, dy.$$

由于双曲抛物面为 $z = \dfrac{1}{2a}(x^2 - y^2)$，因此 $z_x = \dfrac{x}{a}$, $z_y = -\dfrac{y}{a}$，从而

$$S_2 = \iint\limits_D \sqrt{1 + z_x^2 + z_y^2}\, dx\, dy = \iint\limits_D \sqrt{1 + \frac{x^2 + y^2}{a^2}}\, dx\, dy.$$

于是

$$S_1 = S_2 = \int_0^{2\pi} d\theta \int_0^R \sqrt{1 + \frac{\rho^2}{a^2}} \cdot \rho\, d\rho$$

$$= \int_0^{2\pi} \frac{a^2}{2} d\theta \int_0^R \sqrt{1 + \frac{\rho^2}{a^2}}\, d\frac{\rho^2}{a^2} = \frac{2\pi a^2}{3} \left[\left(1 + \frac{R^2}{a^2} \right)^{\frac{3}{2}} - 1 \right].$$

五、证明题

证明：由于 $\displaystyle\int_0^a f(x) dx \int_x^a f(y) dy = \iint\limits_{\substack{0 \leqslant y \leqslant a, \\ 0 \leqslant x \leqslant y}} f(x) f(y) dx\, dy$（互换 x, y）

$$= \iint\limits_{\substack{0 \leqslant x \leqslant a, \\ 0 \leqslant y \leqslant x}} f(x) f(y) dx\, dy = \int_0^a f(x) dx \int_0^x f(y) dy,$$

因此

$$2\int_0^a f(x)\mathrm{d}x\int_x^a f(y)\mathrm{d}y = \int_0^a f(x)\mathrm{d}x\int_x^a f(y)\mathrm{d}y + \int_0^a f(x)\mathrm{d}x\int_0^x f(y)\mathrm{d}y$$

$$= \int_0^a f(x)\mathrm{d}x\int_0^a f(y)\mathrm{d}y = \left[\int_0^a f(x)\mathrm{d}x\right]^2.$$

第 11 章自测题

一、选择题

1. D. **解析**：由格林公式得$\oint_L x\,\mathrm{d}y - y\,\mathrm{d}x = \iint\limits_D\left[\dfrac{\partial(x)}{\partial x} - \dfrac{\partial(-y)}{\partial y}\right]\mathrm{d}\sigma = 2S_D = 2\pi.$

2. C. **解析**：选择 x 为参数，直接由第一类曲线积分的计算法得选项 C 正确.

3. B. **解析**：直接由对坐标的曲线积分的计算法知选项 B 正确. 注意

$$\mathrm{d}x = \mathrm{d}\sqrt{\cos t} = \frac{-\sin t\,\mathrm{d}t}{2\sqrt{\cos t}}, \qquad \mathrm{d}y = \mathrm{d}\sqrt{\sin t} = \frac{\cos t\,\mathrm{d}t}{2\sqrt{\sin t}}.$$

4. B. **解析**：因为$\dfrac{\partial(4x^3 + 2y^3)}{\partial y} = 6y^2 = \dfrac{\partial(6xy^2)}{\partial x}$，所以曲线积分与路径无关. 故选 B.

5. D. **解析**：由题设知 $z = \sqrt{a^2 - x^2 - y^2}$，则

$$\frac{\partial z}{\partial x} = \frac{-x}{\sqrt{a^2 - x^2 - y^2}}, \qquad \frac{\partial z}{\partial y} = \frac{-y}{\sqrt{a^2 - x^2 - y^2}},$$

故

$$\mathrm{d}S = \sqrt{1 + \left(\frac{\partial z}{\partial x}\right)^2 + \left(\frac{\partial z}{\partial y}\right)^2}\,\mathrm{d}\sigma = \frac{a}{\sqrt{a^2 - x^2 - y^2}}\mathrm{d}\sigma,$$

从而

$$\iint\limits_{\Sigma} z\,\mathrm{d}S = \iint\limits_{x^2+y^2\leqslant a^2-h^2} \sqrt{a^2 - x^2 - y^2}\cdot\frac{a}{\sqrt{a^2 - x^2 - y^2}}\mathrm{d}\sigma = \int_0^{2\pi}\mathrm{d}\theta\int_0^{\sqrt{a^2-h^2}} a\rho\,\mathrm{d}\rho.$$

6. B. **解析**：由对坐标的曲面积分的计算法知

$$原式 = 0 + \iint\limits_{D_{yz}} \sqrt{1 - y^2}\,\mathrm{d}y\mathrm{d}z + \iint\limits_{D_{zx}} \sqrt{1 - x^2}\,\mathrm{d}z\mathrm{d}x$$

$$= 2\iint\limits_{D_{yz}} \sqrt{1 - y^2}\,\mathrm{d}y\mathrm{d}z = 2\int_0^3\mathrm{d}z\int_0^1 \sqrt{1 - y^2}\,\mathrm{d}y.$$

二、填空题

1. $I_1 = I_2.$ **解析**：因 x^3 为关于 x 的奇函数，曲线 L 关于 y 轴对称，所以 $I_1 = 0$，同理 $I_2 = 0$.

2. $-2\pi a^2.$ **解析**：原式 $= \int_0^{2\pi}\left[(a + a\cos t)a(1 - \cos t) + a(t - \sin t)a\sin t\right]\mathrm{d}t$

$$= a^2\int_0^{2\pi} t\sin t\,\mathrm{d}t = -2\pi a^2.$$

3. $\dfrac{41}{2}.$ **解析**：因为$\dfrac{\partial(y + 3x)}{\partial x} = 3 = \dfrac{\partial(x + 3y)}{\partial y}$，所以积分与路径无关，从而

$$原式 = \int_1^2 (x+3) \mathrm{d}x + \int_1^3 (y+6) \mathrm{d}y = \frac{41}{2}.$$

4. 2. **解析**：记 $P = \dfrac{1-y}{(x+y-1)^2}$，$Q = \dfrac{x}{(x+y-1)^2}$，则 $\dfrac{\partial P}{\partial y} = \dfrac{-x+y-1}{(x+y-1)^3} = \dfrac{\partial Q}{\partial x}$，所以积分与路径无关，从而

$$\int_L \frac{(1-y)\mathrm{d}x + x\,\mathrm{d}y}{(x+y-1)^2} = \left(\int_{(2,0)}^{(2,2)} + \int_{(2,2)}^{(0,2)} \right) \frac{(1-y)\mathrm{d}x + x\,\mathrm{d}y}{(x+y-1)^2}$$

$$= \int_0^2 \frac{2\mathrm{d}y}{(y+1)^2} + \int_2^0 \frac{-\mathrm{d}x}{(x+1)^2} = 2.$$

三、计算题

1. **解**：
$$\int_L x\,\mathrm{d}s = \int_0^1 x \cdot \sqrt{1+(2x)^2}\,\mathrm{d}x + \int_0^1 x \cdot \sqrt{2}\,\mathrm{d}x$$

$$= \left[\frac{1}{12}(1+4x^2)^{\frac{3}{2}} \right]_0^1 + \left[\frac{\sqrt{2}}{2} x^2 \right]_0^1 = \frac{1}{12}(5\sqrt{5}-1) + \frac{\sqrt{2}}{2}.$$

2. **解**：因为 $x'(t) = \mathrm{e}^t(\cos t - \sin t)$，$y'(t) = \mathrm{e}^t(\cos t + \sin t)$，$z'(t) = \mathrm{e}^t$，所以
$$\mathrm{d}s = \sqrt{\mathrm{e}^{2t}(1+1+1)}\,\mathrm{d}t = \sqrt{3}\,\mathrm{e}^t\,\mathrm{d}t,$$

从而

$$\int_\Gamma \sqrt{x^2+y^2+z^2}\,\mathrm{d}s = \int_0^{2\pi} \sqrt{\mathrm{e}^{2t}+\mathrm{e}^{2t}} \cdot \sqrt{3}\,\mathrm{e}^t\,\mathrm{d}t = \sqrt{6} \int_0^{2\pi} \mathrm{e}^{2t}\,\mathrm{d}t = \frac{\sqrt{6}}{2}(\mathrm{e}^{4\pi}-1).$$

3. **解**：曲线 Γ 的参数方程为 $\begin{cases} x = t, \\ y = t^2, \\ z = t^3, \end{cases}$ t 从 0 变到 1，则

$$I = \int_0^1 (2t \cdot t^3 - t \cdot t^2 \cdot 2t + t^2 \cdot t^6 \cdot 3t^2)\mathrm{d}t = \int_0^1 (2t^4 - 2t^4 + 3t^{10})\mathrm{d}t = \frac{3}{11}.$$

4. **解**：原式 $= \displaystyle\int_{-1}^1 y^2 \cdot y\,\mathrm{d}y = 0.$

5. **解**：由题意知 $z = \sqrt{R^2 - x^2 - y^2}$，则

$$z_x = \frac{-x}{\sqrt{R^2-x^2-y^2}}, \quad z_y = \frac{-y}{\sqrt{R^2-x^2-y^2}},$$

从而

$$\iint_\Sigma xyz\,\mathrm{d}S = \iint_{D_{xy}} xy \sqrt{R^2-x^2-y^2} \cdot \sqrt{1+z_x^2+z_y^2}\,\mathrm{d}x\,\mathrm{d}y$$

$$= R \iint_{D_{xy}} xy\,\mathrm{d}x\,\mathrm{d}y = R \int_0^R \left[\int_0^{\sqrt{R^2-y^2}} xy\,\mathrm{d}x \right] \mathrm{d}y = \frac{1}{8} R^5.$$

6. **解**：由高斯公式得

$$原式 = \iiint_\Omega (2x+1)\mathrm{d}x\,\mathrm{d}y\,\mathrm{d}z$$

$$= \int_0^1 \mathrm{d}x \int_0^{2-2x} \mathrm{d}y \int_0^{1-x-\frac{y}{2}} (2x+1)\mathrm{d}z = \frac{1}{2}.$$

四、综合题

1. **解**：因为曲线积分与路径无关，所以 $\dfrac{\partial[-f(x)]}{\partial x}=\dfrac{\partial\{[e^x+2f(x)]y\}}{\partial y}$，得一阶线性微分方程 $f'(x)+2f(x)=-e^x$. 利用常数变易法得

$$f(x)=e^{-\int 2\mathrm{d}x}\left[\int-e^x\cdot e^{\int 2\mathrm{d}x}\mathrm{d}x+C\right]=Ce^{-2x}-\frac{1}{3}e^x,$$

代入 $f(0)=0$ 得 $C=\dfrac{1}{3}$，故 $f(x)=\dfrac{1}{3}e^{-2x}-\dfrac{1}{3}e^x$.

取积分路径 $L:O(0,0)\to A(1,0)\to B(1,1)$，得

$$I=\int_0^1[-f(1)]\mathrm{d}y=-f(1)=\frac{1}{3}e-\frac{1}{3}e^{-2}.$$

2. **解**：添加 $L_{AO}:x=0$，y 从 2 变到 0，记 L 和 L_{AO} 所围区域为 D. 令

$$P=e^x\cos y,\qquad Q=5x-e^x\sin y,$$

则 $\dfrac{\partial Q}{\partial x}-\dfrac{\partial P}{\partial y}=5$，由格林公式得

$$\oint_{L+L_{AO}}(5x-e^x\sin y)\mathrm{d}y+e^x\cos y\mathrm{d}x=\iint_D 5\mathrm{d}\sigma=5\cdot\frac{1}{2}\pi.$$

又

$$\int_{L_{AO}}(5x-e^x\sin y)\mathrm{d}y+e^x\cos y\mathrm{d}x=\int_2^0-\sin y\mathrm{d}y=1-\cos2,$$

所以原式 $=\dfrac{5}{2}\pi-1+\cos2$.

3. **解**：添加曲面 $\Sigma_1:z=1(x^2+y^2\leqslant1)$，取上侧. 记 Σ_1 和 Σ 所围空间闭区域为 Ω，$P=x^3+x^2$，$Q=y^3-xz$，$R=z^3-2xz$，则

$$\frac{\partial P}{\partial x}+\frac{\partial Q}{\partial y}+\frac{\partial R}{\partial z}=3(x^2+y^2+z^2),$$

于是由高斯公式得

$$\oiint_{\Sigma_1+\Sigma}P\mathrm{d}y\mathrm{d}z+Q\mathrm{d}z\mathrm{d}x+R\mathrm{d}x\mathrm{d}y=3\iiint_\Omega(x^2+y^2+z^2)\mathrm{d}v$$

$$=3\int_0^{2\pi}\mathrm{d}\theta\int_0^1\rho\mathrm{d}\rho\int_{\rho^2}^1(\rho^2+z^2)\mathrm{d}z=\frac{5\pi}{4}.$$

又

$$\iint_{\Sigma_1}P\mathrm{d}y\mathrm{d}z+Q\mathrm{d}z\mathrm{d}x+R\mathrm{d}x\mathrm{d}y=\iint_{x^2+y^2\leqslant1}(1-2x)\mathrm{d}x\mathrm{d}y=\pi,$$

所以原积分 $=-\left(\dfrac{5\pi}{4}-\pi\right)=-\dfrac{\pi}{4}$.

4. **解**：令 $P(x,y)=2xe^y+y$，$Q(x,y)=x^2e^y+x-2y$. 因为 $\dfrac{\partial P}{\partial y}=2xe^y+1=\dfrac{\partial Q}{\partial x}$，所以 $P\mathrm{d}x+Q\mathrm{d}y$ 是某个二元函数 $u(x,y)$ 的全微分，且

$$u(x,y)=\int_{(0,0)}^{(x,y)}(2xe^y+y)\mathrm{d}x+(x^2e^y+x-2y)\mathrm{d}y+C$$

$$= \int_0^x 2x\,\mathrm{d}x + \int_0^y (x^2\mathrm{e}^y + x - 2y)\mathrm{d}y + C = x^2\mathrm{e}^y + xy - y^2 + C,$$

其中 C 为任意常数.

五、证明题

证明：记

$$f(x,y,z) = x + y + z + \sqrt{3}\,a, \quad g(x,y,z) = (x-a)^2 + (y-a)^2 + (z-a)^2 - a^2.$$

先求 $f(x,y,z)$ 在条件 $g(x,y,z) = 0$ 下的最小值. 作拉格朗日函数

$$L(x,y,z) = x + y + z + \sqrt{3}\,a + \lambda\big[(x-a)^2 + (y-a)^2 + (z-a)^2 - a^2\big],$$

令

$$\begin{cases} L_x = 1 + \lambda(2x - 2a) = 0, \\ L_y = 1 + \lambda(2y - 2a) = 0, \\ L_z = 1 + \lambda(2z - 2a) = 0, \\ (x-a)^2 + (y-a)^2 + (z-a)^2 - a^2 = 0, \end{cases}$$

解得 $x = y = z = a \pm \dfrac{1}{\sqrt{3}}a$，则

$$f(x,y,z)_{\min} = f\left(a - \frac{1}{\sqrt{3}}a,\ a - \frac{1}{\sqrt{3}}a,\ a - \frac{1}{\sqrt{3}}a\right) = 3a,$$

即在 Σ 上，$f(x,y,z) \geqslant 3a$，所以

$$\iint\limits_{\Sigma} (x + y + z + \sqrt{3}\,a)\mathrm{d}S \geqslant \iint\limits_{\Sigma} 3a\,\mathrm{d}S = 3a \cdot 4\pi a^2 = 12\pi a^3.$$

第 12 章自测题

一、选择题

1. A. **解析**：若原命题"若 $\displaystyle\sum_{n=1}^{\infty} u_n$ 收敛，则有 $\displaystyle\lim_{n\to\infty} u_n = 0$"成立，则其逆否命题"若 $\displaystyle\lim_{n\to\infty} u_n \neq 0$，则 $\displaystyle\sum_{n=1}^{\infty} u_n$ 发散"成立，但其逆命题和否命题均不成立，即 $\displaystyle\sum_{n=1}^{\infty} u_n$ 发散不一定有 $\displaystyle\lim_{n\to\infty} u_n \neq 0$. 如 $\displaystyle\sum_{n=1}^{\infty} \frac{1}{n}$，$\displaystyle\sum_{n=1}^{\infty} n$ 均发散，但 $\displaystyle\lim_{n\to\infty} u_n$ 分别为 0 和 ∞. 故选 A.

2. C. **解析**：对于选项 A，

$$\rho = \lim_{n\to\infty} \frac{a_{n+1}}{a_n} = \lim_{n\to\infty} \frac{(n+1)8^n}{n8^{n+1}} = \frac{1}{8} < 1,$$

对于选项 D，

$$\rho = \lim_{n\to\infty} \frac{a_{n+1}}{a_n} = \lim_{n\to\infty} \frac{(n+1)!\ n^n}{(n+1)^{n+1} n!} = \lim_{n\to\infty} \frac{n^n}{(n+1)^n} = \frac{1}{\mathrm{e}} < 1,$$

即由比值审敛法知选项 A、D 中的级数均收敛；由于 $\displaystyle\lim_{n\to\infty} \frac{\frac{1}{\sqrt{n}}\ln\left(1 + \frac{1}{n}\right)}{n^{-\frac{3}{2}}} = 1$，因此由比较审

敛法知选项 B 中的级数收敛;对于选项 C,因 $\sum\limits_{n=1}^{\infty}\dfrac{(-1)^n}{\ln n}$ 为莱布尼茨型交错级数,故收敛,

又 $\dfrac{1}{\ln n}>\dfrac{1}{n}$,所以 $\sum\limits_{n=1}^{\infty}\dfrac{1}{\ln n}$ 发散,从而由收敛级数的基本性质知 $\sum\limits_{n=1}^{\infty}\dfrac{(-1)^n+1}{\ln n}$ 发散. 故选 C.

3. C. **解析:** 因为

$$0\leqslant\dfrac{\sqrt{a_{n+2}}}{\sqrt{n^2+1+\cos\alpha}}\leqslant\dfrac{1}{2}\left(a_{n+2}+\dfrac{1}{n^2+1+\cos\alpha}\right)\leqslant\dfrac{1}{2}\left(a_{n+2}+\dfrac{1}{n^2}\right),$$

而级数 $\sum\limits_{n=1}^{\infty}a_n$ 和 $\sum\limits_{n=1}^{\infty}\dfrac{1}{n^2}$ 均收敛,所以由比较审敛法知 $\sum\limits_{n=1}^{\infty}\dfrac{\sqrt{a_{n+2}}}{\sqrt{n^2+1+\cos\alpha}}$ 收敛,从而原级数绝对收敛.

4. A. **解析:** 因为 $\rho=\lim\limits_{n\to\infty}\dfrac{|u_{n+1}|}{|u_n|}=\lim\limits_{n\to\infty}\left(\dfrac{x^{2n+2}}{3^{n+1}}\cdot\dfrac{3^n}{x^{2n}}\right)=\dfrac{x^2}{3}$,所以 $\rho<1$,即 $|x|<\sqrt{3}$ 时级数收敛,$\rho>1$,即 $|x|>\sqrt{3}$ 时级数发散,所以其收敛区间为 $(-\sqrt{3},\sqrt{3})$.

5. B. **解析:** 级数 $\sum\limits_{n=1}^{\infty}a_n$ 条件收敛,即级数 $\sum\limits_{n=1}^{\infty}a_nx^n$ 在 $x=1$ 处条件收敛,所以级数 $\sum\limits_{n=1}^{\infty}a_nx^n$ 的收敛半径 $R=1$,从而幂级数 $\sum\limits_{n=1}^{\infty}na_n(x-1)^n$ 的收敛半径也为 1,收敛区间为 $|x-1|<1$,即 $0<x<2$,于是 $x=\sqrt{3}$ 与 $x=3$ 依次为其收敛点、发散点.

二、填空题

1. 1. **解析:** $\sum\limits_{n=1}^{\infty}\left(3u_n-\dfrac{5}{2^n}\right)=3\sum\limits_{n=1}^{\infty}u_n-5\sum\limits_{n=1}^{\infty}\dfrac{1}{2^n}=3\times2-5\times\dfrac{\dfrac{1}{2}}{1-\dfrac{1}{2}}=1.$

2. $(-4,0]$. **解析:** 令 $x+2=z$,得 $\sum\limits_{n=0}^{\infty}a_n(x+2)^n=\sum\limits_{n=0}^{\infty}a_nz^n$,则原级数在 $x=0$ 处收敛,在 $x=-4$ 处发散,即级数 $\sum\limits_{n=0}^{\infty}a_nz^n$ 在 $z=2$ 处收敛,在 $z=-2$ 处发散,故由 Abel 定理知 $|z|<2$ 时级数绝对收敛,$|z|>2$ 时级数发散,从而 $\sum\limits_{n=0}^{\infty}a_nz^n$ 的收敛域为 $(-2,2]$,于是 $\sum\limits_{n=0}^{\infty}a_n(x+2)^n$ 的收敛域为 $(-4,0]$.

3. $\ln2$. **解析:** 由 $\ln(1+x)=\sum\limits_{n=1}^{\infty}\dfrac{(-1)^{n-1}}{n}x^n\,(-1<x\leqslant1)$ 可知,当 $x=1$ 时,$\sum\limits_{n=1}^{\infty}\dfrac{(-1)^{n-1}}{n}=\ln2.$

4. $\dfrac{28}{27}$. **解析:** 由题设知 $s(x)$ 是 $f(x)$ 作偶延拓后的傅里叶级数的和函数,而延拓后的周期函数在 $(-\infty,+\infty)$ 内连续,且周期为 2,所以根据傅里叶级数收敛定理,

$$s\left(-\dfrac{1}{3}\right)=s\left(\dfrac{1}{3}\right)=f\left(\dfrac{1}{3}\right)=\dfrac{1}{27},\quad s(-1)=s(1)=f(1)=1,$$

故 $s\left(-\dfrac{1}{3}\right)+s(-1)=\dfrac{28}{27}$.

5. **1.** **解析：** 因 a_2 是偶函数 $f(x)=x^2(-\pi\leqslant x\leqslant\pi)$ 的傅里叶级数中对应于 $\cos2x$ 的系数，故

$$a_2=\frac{2}{\pi}\int_0^\pi x^2\cos2x\,\mathrm{d}x=\frac{1}{\pi}\left(x^2\sin2x\,\Big|_0^\pi-\int_0^\pi 2x\sin2x\,\mathrm{d}x\right)$$

$$=-\frac{1}{\pi}\int_0^\pi 2x\sin2x\,\mathrm{d}x=1.$$

三、计算题

1. **解：** 由 p 级数性质知 $\displaystyle\sum_{n=1}^\infty\frac{1}{n^2}$ 收敛. 对于级数 $\displaystyle\sum_{n=1}^\infty\frac{n!\,\sqrt{n}}{3^n}$，因为

$$\rho=\lim_{n\to\infty}\frac{u_{n+1}}{u_n}=\lim_{n\to\infty}\frac{3^n(n+1)!\,\sqrt{n+1}}{3^{n+1}n!\,\sqrt{n}}=\lim_{n\to\infty}\frac{n+1}{3}\sqrt{\frac{n+1}{n}}=\infty,$$

所以级数 $\displaystyle\sum_{n=1}^\infty\frac{n!\,\sqrt{n}}{3^n}$ 发散，从而级数 $\displaystyle\sum_{n=1}^\infty\left(\frac{1}{n^2}+\frac{n!\,\sqrt{n}}{3^n}\right)$ 发散.

2. **解：** 因为 $\dfrac{1}{n-\ln n}\geqslant\dfrac{1}{n}$，而 $\displaystyle\sum_{n=1}^\infty\frac{1}{n}$ 发散，所以 $\displaystyle\sum_{n=1}^\infty\left|\frac{(-1)^n}{n-\ln n}\right|=\sum_{n=1}^\infty\frac{1}{n-\ln n}$ 发散. 下面证明该交错级数满足莱布尼茨定理条件. 令 $u_n=\dfrac{1}{n-\ln n}$，则 $\displaystyle\lim_{n\to\infty}u_n=\lim_{n\to\infty}\frac{1}{n}\cdot\frac{1}{1-\dfrac{\ln n}{n}}=0$，且

$$\frac{1}{u_{n+1}}-\frac{1}{u_n}=[(n+1)-\ln(n+1)]-(n-\ln n)=1-\ln\left(1+\frac{1}{n}\right)>0,$$

即 $u_{n+1}<u_n$，故 $\displaystyle\sum_{n=1}^\infty\frac{(-1)^n}{n-\ln n}$ 收敛，且条件收敛.

3. **解：** 由 $\displaystyle\lim_{n\to\infty}\frac{|u_{n+1}(x)|}{|u_n(x)|}=\lim_{n\to\infty}\frac{2n-1}{2n+1}x^2=x^2$，得 $x^2<1$ 时级数绝对收敛，$x^2>1$ 时级数发散，即幂级数的收敛半径 $R=1$.

当 $x=\pm1$ 时，级数为 $\displaystyle\sum_{n=1}^\infty\frac{(-1)^{n-1}}{2n-1}$，易知级数收敛，所以幂级数的收敛域为 $[-1,1]$.

记和函数 $s(x)=\displaystyle\sum_{n=1}^\infty\frac{(-1)^{n-1}}{2n-1}x^{2n}=x\sum_{n=1}^\infty\frac{(-1)^{n-1}}{2n-1}x^{2n-1}=xs_1(x)$，$s_1(x)$ 对 x 求导得

$$s_1'(x)=\left[\sum_{n=1}^\infty\frac{(-1)^{n-1}}{2n-1}x^{2n-1}\right]'=\sum_{n=1}^\infty\left[\frac{(-1)^{n-1}}{2n-1}x^{2n-1}\right]'$$

$$=\sum_{n=1}^\infty(-1)^{n-1}x^{2n-2}=\sum_{n=1}^\infty(-x^2)^{n-1}=\frac{1}{1+x^2},$$

又 $s_1(0)=0$，故 $s_1(x)=\displaystyle\int_0^x s_1'(x)\mathrm{d}x+s_1(0)=\int_0^x\frac{1}{1+x^2}\mathrm{d}x=\arctan x$，从而级数 $\displaystyle\sum_{n=1}^\infty\frac{(-1)^{n-1}}{2n-1}x^{2n}$ 的和函数 $s(x)=xs_1(x)=x\arctan x\ (-1\leqslant x\leqslant1)$.

当 $x = \dfrac{1}{\sqrt{3}}$ 时，级数

$$\sum_{n=1}^{\infty} \frac{(-1)^{n-1}}{(2n-1)3^n} = s\left(\frac{1}{\sqrt{3}}\right) = \frac{1}{\sqrt{3}} \arctan \frac{1}{\sqrt{3}} = \frac{\sqrt{3}}{18}\pi.$$

4. 解： 因为

$$f(x) = \ln x + \ln(3-x) = \ln[1+(x-1)] + \ln[2-(x-1)]$$

$$= \ln[1+(x-1)] + \ln 2 + \ln\left[1 + \frac{-(x-1)}{2}\right],$$

而

$$\ln[1+(x-1)] = \sum_{n=1}^{\infty} (-1)^{n-1} \frac{(x-1)^n}{n}, \quad -1 < x-1 \leqslant 1,$$

$$\ln[2-(x-1)] = \ln 2 + \ln\left[1 + \frac{-(x-1)}{2}\right]$$

$$= \ln 2 - \sum_{n=1}^{\infty} \frac{(x-1)^n}{2^n n}, \quad -1 < \frac{-(x-1)}{2} \leqslant 1,$$

所以

$$f(x) = \ln(3x - x^2) = \ln 2 + \sum_{n=1}^{\infty} \left[(-1)^{n-1} - \frac{1}{2^n}\right] \frac{(x-1)^n}{n}, \quad 0 < x \leqslant 2.$$

5. 解： 对函数 $f(x)$ 作偶延拓得到的周期函数在 $(-\infty, +\infty)$ 内连续，按公式有

$$a_0 = \frac{2}{\pi} \int_0^{\pi} \frac{\pi - x}{2} \mathrm{d}x = \frac{\pi}{2},$$

$$a_n = \frac{2}{\pi} \int_0^{\pi} \frac{\pi - x}{2} \cos nx \, \mathrm{d}x = \frac{1}{\pi}\left[\frac{(\pi - x)\sin nx}{n} - \frac{\cos nx}{n^2}\right]_0^{\pi} = \frac{1 - (-1)^n}{n^2 \pi},$$

则将函数 $f(x)$ 展开成余弦级数为

$$f(x) = \frac{\pi}{4} + \sum_{n=1}^{\infty} \frac{2}{(2n-1)^2 \pi} \cos(2n-1)x \quad (0 \leqslant x \leqslant \pi).$$

四、证明题

1. 证明： (1) 因为 $a_n = \cos a_n - \cos b_n > 0$，所以 $0 < a_n < b_n < \dfrac{\pi}{2}$. 又级数 $\displaystyle\sum_{n=1}^{\infty} b_n$ 收敛，

故级数 $\displaystyle\sum_{n=1}^{\infty} a_n$ 收敛，从而 $\displaystyle\lim_{n \to \infty} a_n = 0$.

(2) 由于

$$\lim_{n \to \infty} \frac{\dfrac{a_n}{b_n}}{b_n} = \lim_{n \to \infty} \frac{a_n}{b_n^2} = \lim_{n \to \infty} \left(\frac{1 - \cos b_n}{b_n^2} \cdot \frac{a_n}{1 - \cos b_n}\right)$$

$$= \frac{1}{2} \lim_{n \to \infty} \frac{a_n}{1 - \cos b_n} = \frac{1}{2} \lim_{n \to \infty} \frac{a_n}{a_n + 1 - \cos a_n}$$

$$= \frac{1}{2} \lim_{n \to \infty} \frac{a_n}{a_n + \left[\dfrac{1}{2} a_n^2 + o(a_n^2)\right]} = \frac{1}{2},$$

而级数 $\sum\limits_{n=1}^{\infty} b_n$ 收敛，因此级数 $\sum\limits_{n=1}^{\infty} \dfrac{a_n}{b_n}$ 收敛.

2. 证明：考虑级数 $\sum\limits_{n=1}^{\infty} \dfrac{n!}{n^n}$，该级数为正项级数，其中 $u_n = \dfrac{n!}{n^n}$，则由比值审敛法得

$$\lim_{n\to\infty}\frac{u_{n+1}}{u_n}=\lim_{n\to\infty}\frac{(n+1)!}{n!}\frac{n^n}{(n+1)^{n+1}}=\lim_{n\to\infty}\left(\frac{n}{n+1}\right)^n=\frac{1}{e}<1,$$

故 $\sum\limits_{n=1}^{\infty} \dfrac{n!}{n^n}$ 收敛. 又由级数收敛的必要条件知 $\lim\limits_{n\to\infty}\dfrac{n!}{n^n}=\lim\limits_{n\to\infty}\dfrac{\dfrac{1}{n^n}}{\dfrac{1}{n!}}=0$，所以当 $n\to\infty$ 时，$\dfrac{1}{n^n}$

$=o\left(\dfrac{1}{n!}\right)$.

高等数学(下册)期末模拟试卷 A 卷

一、填空题

1. $\dfrac{\pi}{3}$；　2. 0；　3. π；　4. 0.

二、选择题

1. B；　2. C；　3. A；　4. D；　5. B；　6. C；　7. D；　8. B.

三、计算题

1. 解：$\dfrac{\partial f}{\partial x}=\ln(x+\ln y)+\dfrac{x}{x+\ln y}$，$\dfrac{\partial f}{\partial y}=\dfrac{x}{y(x+\ln y)}$.

2. 解：先考察正项级数 $\sum\limits_{n=1}^{\infty}\left|\dfrac{\sin(n^2)}{n\sqrt{n}}\right|$ 的敛散性. 因 $\left|\dfrac{\sin(n^2)}{n\sqrt{n}}\right|\leqslant\dfrac{1}{n^{\frac{3}{2}}}$，而 $\sum\limits_{n=1}^{\infty}\dfrac{1}{n^{\frac{3}{2}}}$ 收敛，

故 $\sum\limits_{n=1}^{\infty}\left|\dfrac{\sin(n^2)}{n\sqrt{n}}\right|$ 收敛，因此 $\sum\limits_{n=1}^{\infty}\dfrac{\sin(n^2)}{n\sqrt{n}}$ 收敛，且绝对收敛.

3. 解：因积分区域 $D=\{(x,y)\,|-1\leqslant y\leqslant 2,\ y^2\leqslant x\leqslant y+2\}$，故

$$\iint\limits_{D}xy\,dx\,dy=\int_{-1}^{2}dy\int_{y^2}^{y+2}xy\,dx=\frac{1}{2}\int_{-1}^{2}[y(y+2)^2-y^5]dy$$

$$=\frac{1}{2}\left[\frac{y^4}{4}+\frac{4y^3}{3}+2y^2-\frac{y^6}{6}\right]_{-1}^{2}=\frac{45}{8}.$$

4. 解：立体 Ω 的表面按上、下可分为 Σ_1 和 Σ_2 两部分，易知圆面 Σ_1 的面积 $S_1=16\pi$，

Σ_2 的方程为 $z=\dfrac{1}{4}(x^2+y^2)$，则 $z_x=\dfrac{1}{2}x$，$z_y=\dfrac{1}{2}y$，故 Σ_2 上的面积元素为

$$dS=\sqrt{1+z_x^2+z_y^2}\,dx\,dy=\sqrt{1+\frac{1}{4}(x^2+y^2)}\,dx\,dy,$$

从而 Σ_2 的面积为

$$S_2 = \iint\limits_{x^2+y^2\leqslant 16} \sqrt{1+\frac{1}{4}(x^2+y^2)}\,\mathrm{d}x\,\mathrm{d}y = \iint\limits_{\substack{0\leqslant\theta\leqslant 2\pi \\ 0\leqslant\rho\leqslant 4}} \sqrt{1+\frac{1}{4}\rho^2}\,\rho\,\mathrm{d}\rho\,\mathrm{d}\theta$$

$$= \int_0^{2\pi}\mathrm{d}\theta \int_0^4 \sqrt{1+\frac{1}{4}\rho^2}\,\rho\,\mathrm{d}\rho = 4\pi \int_0^4 \left(1+\frac{1}{4}\rho^2\right)^{\frac{1}{2}}\mathrm{d}\left(1+\frac{1}{4}\rho^2\right)$$

$$= \frac{8\pi}{3}(5\sqrt{5}-1),$$

因此立体 Ω 的表面积为 $S = S_1 + S_2 = \dfrac{40\pi}{3}(\sqrt{5}+1)$.

5. 解：

$$\int_0^1 \mathrm{d}y \int_0^{\sqrt{1-y^2}} \mathrm{e}^{x^2+y^2}\,\mathrm{d}x = \iint\limits_D \mathrm{e}^{x^2+y^2}\,\mathrm{d}x\,\mathrm{d}y = \iint\limits_D \mathrm{e}^{\rho^2}\,\rho\,\mathrm{d}\rho\,\mathrm{d}\theta$$

$$= \int_0^{\frac{\pi}{2}}\mathrm{d}\theta \int_0^1 \mathrm{e}^{\rho^2}\,\rho\,\mathrm{d}\rho = \frac{\pi}{4}\big[\mathrm{e}^{\rho^2}\big]_0^1 = \frac{\pi}{4}(\mathrm{e}-1).$$

6. 解： 因 $a_n = 2n+1$，故 $\rho = \lim\limits_{n\to\infty}\left|\dfrac{a_{n+1}}{a_n}\right| = 1$，从而级数的收敛半径 $R = 1$. 当 $x \in (-1,$ 1)时，级数 $\sum\limits_{n=1}^{\infty}(2n+1)x^n$ 绝对收敛；当 $x = \pm 1$ 时，$\sum\limits_{n=1}^{\infty}(2n+1)x^n$ 发散. 因此级数 $\sum\limits_{n=1}^{\infty}(2n+1)x^n$ 的收敛域为$(-1,1)$.

令级数 $\sum\limits_{n=1}^{\infty}(2n+1)x^n$ 的和函数为 $s(x)$，则 $s(x) = \sum\limits_{n=1}^{\infty}(2n+1)x^n$，$x \in (-1,1)$，即

$$s(x) = \sum_{n=1}^{\infty}(n+1)x^n + \sum_{n=1}^{\infty}nx^n = \sum_{n=1}^{\infty}(x^{n+1})' + x\sum_{n=1}^{\infty}(x^n)' = \left(\sum_{n=1}^{\infty}x^{n+1}\right)' + x\left(\sum_{n=1}^{\infty}x^n\right)'$$

$$= \left(\frac{x^2}{1-x}\right)' + x\left(\frac{x}{1-x}\right)' = \frac{2x-x^2}{(1-x)^2} + \frac{x}{(1-x)^2} = \frac{3x-x^2}{(1-x)^2}.$$

四、应用题

1. 解： 记 $\boldsymbol{T}_{切} = (x_t, y_t, z_t) = (1, -2t, 3)$，$\boldsymbol{n}_{法} = (1, 2, 1)$，由题意知 $\boldsymbol{T}_{切} \perp \boldsymbol{n}_{法}$，则 $\boldsymbol{T}_{切} \cdot \boldsymbol{n}_{法} = 0$，解得 $t = 1$，故切点 $M_0(1, -1, 2)$，从而 $\boldsymbol{T}_{切}\big|_{M_0} = (1, -2, 3)$，于是所求切线方程为 $\dfrac{x-1}{1} = \dfrac{y+1}{-2} = \dfrac{z-2}{3}$.

2. 解： (1) 曲面 S 在点 $M(x, y, z)$ 处的法向量 $\boldsymbol{n} = \left(x, 2y, \dfrac{z}{2}\right)$，平面 $\boldsymbol{\Pi}$ 的法向量 $\boldsymbol{n}_0 = (2,2,1)$，由题意知 $\boldsymbol{n} \mathbin{/\!/} \boldsymbol{n}_0$，则 $\dfrac{x}{2} = \dfrac{2y}{2} = \dfrac{\frac{z}{2}}{1} = t$，将 $x = 2t$，$y = t$，$z = 2t$ 代入 $\dfrac{x^2}{2} + y^2 + \dfrac{z^2}{4} = 1$，解得 $t = \pm\dfrac{1}{2}$，于是切点 $M_1\left(1, \dfrac{1}{2}, 1\right)$ 处的切平面 $\boldsymbol{\Pi}_1$：$2x + 2y + z - 4 = 0$，切点 $M_2\left(-1, -\dfrac{1}{2}, -1\right)$ 处的切平面 $\boldsymbol{\Pi}_2$：$2x + 2y + z + 4 = 0$.

(2) 利用 $M(x, y, z)$ 到平面 $\boldsymbol{\Pi}$：$2x + 2y + z + 5 = 0$ 的距离公式 $d =$

$\dfrac{|2x+2y+z+5|}{3}$，易求出 M_1，M_2 到平面 Π 的距离分别为 $d_1=3$ 和 $d_2=\dfrac{1}{3}$，因此曲面 S 和平面 Π 之间的最短距离为 $d_2=\dfrac{1}{3}$.

五、综合题

解：添加曲面 Σ_1：$z=2(x^2+y^2\leqslant1)$，取上侧，记 Σ 和 Σ_1 围成的空间闭区域为 Ω，$P=3xz^2$，$Q=y(z^2+1)$，$R=9-z^3$，则 $\dfrac{\partial P}{\partial x}+\dfrac{\partial Q}{\partial y}+\dfrac{\partial R}{\partial z}=z^2+1$，故由高斯公式得

$$\oiint\limits_{\Sigma+\Sigma_1} P\,\mathrm{d}y\,\mathrm{d}z+Q\,\mathrm{d}z\,\mathrm{d}x+R\,\mathrm{d}x\,\mathrm{d}y=\iiint\limits_{\Omega}\left(\frac{\partial P}{\partial x}+\frac{\partial Q}{\partial y}+\frac{\partial R}{\partial z}\right)\mathrm{d}v,$$

即有

$$\oiint\limits_{\Sigma+\Sigma_1} 3xz^2\,\mathrm{d}y\,\mathrm{d}z+y(z^2+1)\,\mathrm{d}z\,\mathrm{d}x+(9-z^3)\,\mathrm{d}x\,\mathrm{d}y=\iiint\limits_{\Omega}(z^2+1)\,\mathrm{d}v,$$

而等式右端积分

$$\iiint\limits_{\Omega}(z^2+1)\,\mathrm{d}v=\int_1^2 z^2\,\mathrm{d}z\iint\limits_{x^2+y^2\leqslant z-1}\mathrm{d}x\,\mathrm{d}y+\int_1^2\mathrm{d}z\iint\limits_{x^2+y^2\leqslant z-1}\mathrm{d}x\,\mathrm{d}y=\frac{23}{12}\pi,$$

且

$$\iint\limits_{\Sigma_1} 3xz^2\,\mathrm{d}y\,\mathrm{d}z+y(z^2+1)\,\mathrm{d}z\,\mathrm{d}x+(9-z^3)\,\mathrm{d}x\,\mathrm{d}y=0+0+\iint\limits_{\Sigma_1}(9-z^3)\,\mathrm{d}x\,\mathrm{d}y=\iint\limits_{x^2+y^2\leqslant1}\mathrm{d}x\,\mathrm{d}y=\pi,$$

因此

$$\iint\limits_{\Sigma} 3xz^2\,\mathrm{d}y\,\mathrm{d}z+y(z^2+1)\,\mathrm{d}z\,\mathrm{d}x+(9-z^3)\,\mathrm{d}x\,\mathrm{d}y=\frac{23}{12}\pi-\pi=\frac{11}{12}\pi.$$

六、证明题

证明：因 $\dfrac{u_{n+1}}{u_1}=\dfrac{u_2}{u_1}\cdot\dfrac{u_3}{u_2}\cdot\dfrac{u_4}{u_3}\cdot\cdots\cdot\dfrac{u_{n+1}}{u_n}$，$\dfrac{v_{n+1}}{v_1}=\dfrac{v_2}{v_1}\cdot\dfrac{v_3}{v_2}\cdot\dfrac{v_4}{v_3}\cdot\cdots\cdot\dfrac{v_{n+1}}{v_n}$，且 $\dfrac{u_{n+1}}{u_n}\leqslant\dfrac{v_{n+1}}{v_n}$，故 $\dfrac{u_{n+1}}{u_1}\leqslant\dfrac{v_{n+1}}{v_1}$，即 $u_{n+1}\leqslant\dfrac{u_1}{v_1}v_{n+1}$. 由正项级数比较审敛法知，当级数 $\displaystyle\sum_{n=1}^{\infty} v_n$ 收敛时，$\displaystyle\sum_{n=1}^{\infty} u_n$ 也收敛.

高等数学(下册)期末模拟试卷 B 卷

一、填空题

1. $\left(\dfrac{1}{2},-\dfrac{2}{3},\dfrac{2}{3}\right)$；　2. $\dfrac{1}{4}$；　3. $\leqslant$；　4. $\displaystyle\int_0^2\mathrm{d}y\int_{\frac{1}{2}y^2}^{y}f(x,y)\mathrm{d}x$；　5. 8π；　6. $\dfrac{5}{2}$.

二、选择题

1. D；　2. B；　3. D；　4. C；　5. D；　6. B.

三、简单计算题

1. **解**：$\dfrac{\partial z}{\partial x} = \dfrac{\partial z}{\partial u} \cdot \dfrac{\partial u}{\partial x} + \dfrac{\partial z}{\partial v} \cdot \dfrac{\partial v}{\partial x} = \ln v \cdot \dfrac{1}{y} + \dfrac{u}{v} \cdot 1 = \dfrac{\ln(x-2y)}{y} + \dfrac{x}{y(x-2y)}$,

$\dfrac{\partial z}{\partial y} = \dfrac{\partial z}{\partial u} \cdot \dfrac{\partial u}{\partial y} + \dfrac{\partial z}{\partial v} \cdot \dfrac{\partial v}{\partial y} = \ln v \cdot \left(-\dfrac{x}{y^2}\right) + \dfrac{u}{v} \cdot (-2) = -\dfrac{x \ln(x-2y)}{y^2} - \dfrac{2x}{y(x-2y)}$.

2. **解**：设平面方程 Π：$Ax + By + Cz + D = 0$，由题意知

$$\begin{cases} D = 0, \\ 6A - 3B + 2C = 0, \\ 4A - B + 2C = 0, \end{cases} \text{解得} \begin{cases} B = A, \\ C = -\dfrac{3}{2}A, \end{cases}$$

于是可取 $A = 2$，得 Π：$2x + 2y - 3z = 0$.

3. **解**：令 $F(x, y, z) = z^3 + e^z - \sin(xy) - 2017$，则

$$F_x = -y\cos(xy), \quad F_y = -x\cos(xy), \quad F_z = 3z^2 + e^z,$$

故

$$\frac{\partial z}{\partial x} = -\frac{F_x}{F_z} = \frac{y\cos(xy)}{3z^2 + e^z}, \quad \frac{\partial z}{\partial y} = -\frac{F_y}{F_z} = \frac{x\cos(xy)}{3z^2 + e^z},$$

于是

$$dz = \frac{\partial z}{\partial x}dx + \frac{\partial z}{\partial y}dy = \frac{y\cos(xy)dx + x\cos(xy)dy}{3z^2 + e^z}.$$

4. **解**：令 $u_n = \ln\left(1 + \dfrac{1}{n}\right)$，则有 $u_n \geqslant u_{n+1}$，$\lim\limits_{n \to \infty} u_n = \lim\limits_{n \to \infty} \ln\left(1 + \dfrac{1}{n}\right) = 0$，由莱布尼茨定

理得 $\sum\limits_{n=1}^{\infty} (-1)^{n-1}\ln\left(1 + \dfrac{1}{n}\right)$ 收敛.

对级数的一般项取绝对值，得

$$\sum_{n=1}^{\infty} \left| (-1)^{n-1}\ln\left(1 + \frac{1}{n}\right) \right| = \sum_{n=1}^{\infty} \ln\left(1 + \frac{1}{n}\right),$$

由于

$$\lim_{n \to \infty} \frac{\ln\left(1 + \dfrac{1}{n}\right)}{\dfrac{1}{n}} = \lim_{n \to \infty} \ln\left(1 + \frac{1}{n}\right)^n = 1,$$

而 $\sum\limits_{n=1}^{\infty} \dfrac{1}{n}$ 是发散的，因此 $\sum\limits_{n=1}^{\infty} \left| (-1)^{n-1}\ln\left(1 + \dfrac{1}{n}\right) \right| = \sum\limits_{n=1}^{\infty} \ln\left(1 + \dfrac{1}{n}\right)$ 发散，于是原级数为条件收敛.

四、综合计算题

1. **解**：（方法一）$f(x) = x\left(\dfrac{1}{x-3} - \dfrac{1}{x-2}\right) = x\left(-\dfrac{1/3}{1 - x/3} + \dfrac{1/2}{1 - x/2}\right)$

$$= x\left(\frac{1}{2}\sum_{n=0}^{\infty} \frac{x^n}{2^n} - \frac{1}{3}\sum_{n=0}^{\infty} \frac{x^n}{3^n}\right),$$

其中 $\left|\dfrac{x}{2}\right| < 1$，$\left|\dfrac{x}{3}\right| < 1$，所以 $|x| < 2$，整理得

$$f(x) = \sum_{n=0}^{\infty} \left(\frac{1}{2^{n+1}} - \frac{1}{3^{n+1}} \right) x^{n+1} = \sum_{n=1}^{\infty} \left(\frac{1}{2^n} - \frac{1}{3^n} \right) x^n, \quad |x| < 2.$$

（方法二）$f(x) = \dfrac{-2}{x-2} + \dfrac{3}{x-3} = \dfrac{1}{1-x/2} - \dfrac{1}{1-x/3} = \sum_{n=0}^{\infty} \left(\dfrac{x}{2} \right)^n - \sum_{n=0}^{\infty} \left(\dfrac{x}{3} \right)^n$

$$= \sum_{n=0}^{\infty} \left(\frac{1}{2^n} - \frac{1}{3^n} \right) x^n = \sum_{n=1}^{\infty} \left(\frac{1}{2^n} - \frac{1}{3^n} \right) x^n, \quad |x| < 2.$$

2. **解**：$I = \iint\limits_{D} (x^2 + y^2) \mathrm{d}x\mathrm{d}y = \int_{\frac{\pi}{6}}^{\frac{\pi}{2}} \mathrm{d}\theta \int_0^2 \rho^2 \cdot \rho \mathrm{d}\rho = \int_{\frac{\pi}{6}}^{\frac{\pi}{2}} \left[\frac{1}{4} \rho^4 \right]_0^2 \mathrm{d}\theta = \frac{4}{3}\pi.$

3. **解**：由于 $\dfrac{\partial P}{\partial y} = -1 = \dfrac{\partial Q}{\partial x}$，因此积分与路径无关.

（方法一）取直线段 OA：$\begin{cases} x = x, \\ y = x, \end{cases}$ x 从 0 变到 1，则

$$I = \int_{OA} (x^2 - y)\mathrm{d}x - (x+y)\mathrm{d}y = \int_0^1 \left[x^2 - x - (x+x) \right]\mathrm{d}x$$

$$= \int_0^1 (x^2 - 3x)\mathrm{d}x = -\frac{7}{6}.$$

（方法二）取 x 轴上的线段 OB，$B(1, 0)$，再取垂直于 x 轴的线段 BA，可得积分

$$I = \int_{OB} (x^2 - y)\mathrm{d}x - (x+y)\mathrm{d}y + \int_{BA} (x^2 - y)\mathrm{d}x - (x+y)\mathrm{d}y$$

$$= \int_0^1 x^2 \mathrm{d}x + \int_0^1 -(1+y)\mathrm{d}y = -\frac{7}{6}.$$

4. **解**：补充曲面 Σ_0：$z = \sqrt{2}$ $(x^2 + y^2 \leqslant 4)$，取上侧，记 Σ_0 与 Σ 所围成的空间闭区域为 Ω，则由高斯公式得

$$\oiint\limits_{\Sigma + \Sigma_0} x\mathrm{d}y\mathrm{d}z + y\mathrm{d}z\mathrm{d}x + z\mathrm{d}x\mathrm{d}y = \iiint\limits_{\Omega} 3\mathrm{d}v = 4\sqrt{2}\pi.$$

又

$$\iint\limits_{\Sigma_0} x\mathrm{d}y\mathrm{d}z + y\mathrm{d}z\mathrm{d}x + z\mathrm{d}x\mathrm{d}y = \iint\limits_{D_{xy}} \sqrt{2}\,\mathrm{d}x\mathrm{d}y = 4\sqrt{2}\pi,$$

所以

$$\iint\limits_{\Sigma} x\mathrm{d}y\mathrm{d}z + y\mathrm{d}z\mathrm{d}x + z\mathrm{d}x\mathrm{d}y = \oiint\limits_{\Sigma + \Sigma_0} x\mathrm{d}y\mathrm{d}z + y\mathrm{d}z\mathrm{d}x + z\mathrm{d}x\mathrm{d}y - \iint\limits_{\Sigma_0} x\mathrm{d}y\mathrm{d}z + y\mathrm{d}z\mathrm{d}x + z\mathrm{d}x\mathrm{d}y = 0.$$

五、应用题

解：该实际问题可转化为求二元函数 $f(x, y) = mx + ny - 270 = 40x - 2x^2 + 30y - y^2 - 270$ 的最大值问题，其中约束条件为 $m + n = 40 - 2x + 30 - y = 50$，即 $2x + y = 20$.

构造拉格朗日函数 $F(x, y) = f(x, y) + \lambda(2x + y - 20)$，由

$$\begin{cases} F_x(x, y) = f_x(x, y) + 2\lambda = 40 - 4x + 2\lambda = 0, \\ F_y(x, y) = f_y(x, y) + \lambda = 30 - 2y + \lambda = 0, \\ 2x + y - 20 = 0 \end{cases}$$

解得 $\lambda = -10$，$x = 5$，$y = 10$，于是甲、乙分别定价为 5 元和 10 元可使所获得利润最大，最

大利润为 $f(x，y)_{\max}=80$ 元.

六、证明题

证明：令 $F=xyz-1$，则曲面在点 $(x_0，y_0，z_0)$ 处的法向量为

$$\boldsymbol{n}\Big|_{(x_0，y_0，z_0)}=(F_x，F_y，F_z)\Big|_{(x_0，y_0，z_0)}=(yz，zx，xy)\Big|_{(x_0，y_0，z_0)}$$

$$=(y_0z_0，z_0x_0，x_0y_0)=\left(\frac{1}{x_0}，\frac{1}{y_0}，\frac{1}{z_0}\right)，$$

故曲面在点 $(x_0，y_0，z_0)$ 处的切平面方程为

$$\frac{1}{x_0}(x-x_0)+\frac{1}{y_0}(y-y_0)+\frac{1}{z_0}(z-z_0)=0，$$

即

$$\frac{x}{3x_0}+\frac{y}{3y_0}+\frac{z}{3z_0}=1，$$

于是

$$V=\frac{1}{6}\left|3x_0\right\|3y_0\|3z_0\left|=\frac{9}{2}\right|x_0y_0z_0\left|=\frac{9}{2}.$$

参 考 文 献

[1] 同济大学数学系. 高等数学[M]. 7 版. 北京：高等教育出版社,2014.

[2] 苏德矿，金蒙伟. 微积分[M]. 北京：高等教育出版社,2004.

[3] 华东师范大学数学系. 高等数学习题与解答[M]. 上海：华东师范大学出版社,2010.

[4] 西北工业大学高等数学教研室. 高等数学同步学习辅导[M]. 西安：西北工业大学出版社，2003.

[5] 刘秀君,李秀敏,等. 高等数学同步辅导[M]. 2 版. 北京：清华大学出版社,2018.

[6] 陶有山,尤苏蓉,谢峰,等. 高等数学学习指导[M]. 北京：清华大学出版社,2010.

[7] 南京理工大学应用数学系. 高等数学学习辅导[M]. 2 版. 北京：机械工业出版社，2019.

[8] 张天德,孙钦福. 数学分析辅导及习题精解[M]. 杭州：浙江教育出版社,2020.

[9] 武忠祥. 高等数学辅导讲义[M]. 西安：西安交通大学出版社,2021.